AUTOCOMPAIXÃO
FEROZ

AUTOCOMPAIXÃO FEROZ

COMO AS MULHERES PODEM FAZER USO DA BONDADE PARA SE MANIFESTAR LIVREMENTE, REIVINDICAR SEU PODER E PROSPERAR

KRISTIN NEFF, PH.D.

Tradução de Beatriz Marcante Flores

Lúcida Letra
Editora interdependente

© 2021 Kristin Neff
Título original: *Fierce self-compassion — How women can harness kindness to speak up, claim their power, and thrive*

Todos os direitos desta edição são reservados
© 2022 Editora Lúcida Letra.

Coordenação editorial: Vítor Barreto
Tradução: Beatriz Marcante Flores
Revisão técnica: Erika Leonardo de Souza
Revisão: Celina Karam, Dirlene Martins
Projeto gráfico: Mariana Erthal (www.eehdesign.com)

1ª edição, 04/2022, 2ª tiragem, 01/2024

Dados Internacionais de Catalogação na Publicação (CIP)

N383a   Neff, Kristin.
Autocompaixão feroz : como as mulheres podem fazer uso da bondade para se manifestar livremente, reivindicar seu poder e prosperar / Kristin Neff ; tradução de Beatriz Marcante Flores. – Teresópolis, RJ : Lúcida Letra, 2022.

416 p. ; 23 cm.

ISBN 978-65-86133-52-3

1. Autocompaixão - Mulheres. 2. Autoestima em mulheres. 3. Mudança (Psicologia). I. Flores, Beatriz Marcante. II. Título.

CDU 159.947-055.2

Índice para catálogo sistemático:
1. Autocompaixão : Mulheres   159.947-055.2

(Bibliotecária responsável: Sabrina Leal Araujo – CRB 8/10213)

Para meu amado filho, Rowan,
e para todas as mulheres,
em todos os lugares.

SUMÁRIO

PARTE 1 POR QUE AS MULHERES PRECISAM DA AUTOCOMPAIXÃO FEROZ
Introdução: A força do cuidado 10
Capítulo 1: Os fundamentos da autocompaixão 26
Capítulo 2: O que o gênero tem a ver com isso? 58
Capítulo 3: Mulheres zangadas 82
Capítulo 4: #metoo 111

PARTE 2 INSTRUMENTOS DA AUTOCOMPAIXÃO
Capítulo 5: Abraçando a si mesma com ternura 138
Capítulo 6: Permanecendo firme e forte 170
Capítulo 7: Atendendo às nossas necessidades 208
Capítulo 8: Tornando-se o seu melhor eu 236

PARTE 3 A AUTOCOMPAIXÃO FEROZ NO MUNDO
Capítulo 9: Equilíbrio e igualdade no trabalho 270
Capítulo 10: Cuidando dos outros sem perder a si mesma 301
Capítulo 11: O que fazemos por amor 333

EPÍLOGO: TORNANDO-SE UMA BAGUNÇA COMPASSIVA 365
AGRADECIMENTOS 371
NOTAS 374

PARTE 1

POR QUE AS MULHERES PRECISAM DA AUTOCOMPAIXÃO FEROZ

INTRODUÇÃO:
A FORÇA DO CUIDADO

*Uma coisa é certa. Se fundirmos misericórdia e poder,
e o poder com a razão, então o amor se torna nossa herança,
mudando o legado para nossos filhos.*

— Amanda Gorman, U.S. National Youth Poet Laureate

Há algo no ar. Cada mulher que conheço pode senti-lo. Estamos fartas, com raiva e prontas para a mudança. Os papéis tradicionais de gênero e as estruturas sociais de poder restringem a capacidade de nós mulheres expressarmos toda a gama do que somos, com grande custo pessoal e político. À mulher é permitido ser suave, carinhosa e terna. Mas, se uma mulher se enfurece ou reage energicamente, as pessoas se espantam. Passamos a ser insultadas: bruxa, velha, megera e tirana, em geral, são os xingamentos mais suaves. Mas a verdade é que, se quisermos romper a dominação masculina e assumir nosso devido lugar à mesa do poder, precisamos reivindicar o direito de enfurecer. É assim que faremos a diferença no enfrentamento de questões urgentes e contemporâneas: pobreza arraigada, racismo sistêmico, falência da saúde e mudanças climáticas, apenas para começar. Este livro quer colaborar para que as mulheres assumam seu espaço.

A autocompaixão é um alicerce fundamental para que as mulheres promovam uma mudança produtiva. A compaixão alivia o sofrimento — consiste no impulso de ajudar, num sentimento ativo de preocupação com o outro, no instinto palpável de cuidar daqueles que precisam. Embora a maioria das pessoas sinta naturalmente compaixão, é mais difícil interiorizá-la, aplicá-la a si. Os últimos 20 anos de minha carreira foram dedicados justamente a pesquisar os benefícios psicológicos da autocompaixão para a saúde, ensinando as pessoas a serem mais gentis e solidárias consigo mesmas. Junto com meu colega, Dr. Chris Germer, desenvolvemos um programa de treinamento chamado *Mindful Self-Compassion*, que é ensinado em todo o mundo. Mas, para obter todos os benefícios da autocompaixão, precisamos desenvolver tanto o lado feroz quanto o terno.

Trata-se de uma descoberta recente para mim. No passado, em oficinas sobre autocompaixão, costumava contar uma história, divertida e verdadeira, destinada a ilustrar como mindfulness[1] e a autocompaixão podem nos ajudar a trabalhar com emoções "difíceis", como a raiva. Apesar de repetir a história, só consegui entendê-la plenamente mais tarde.

A história é a seguinte: quando meu filho Rowan tinha cerca de 6 anos, levei-o para ver um show de pássaros no zoológico. Assim que nos acomodamos, Rowan, que é autista, começou a se agitar — não uma agitação que perturbasse com gritos, mas ele falava alto e se levantava a toda hora. A mulher à nossa frente e suas duas garotinhas perfeitamente comportadas ao lado dela pediam insistentemente para Rowan se calar. Mas Rowan não conseguia. Tentei ajudá-lo, porém a animação não permitia que ele sossegasse. Depois da tentativa fracassada, a mulher se virou e, com um olhar enlouquecido, exclamou: "Fique quieto, estamos tentando ouvir o show!"

---

[1] Nota do editor: É comum traduzir-se mindfulness como *atenção plena*, mas optou-se por manter o termo mindfulness nesta obra para que a obra fique de acordo com o que é praticado pelos grupos de treinamento do MSC, já atuante no Brasil.

Rowan estava confuso. Com voz assustada, ele se virou para mim e perguntou: "Quem é aquela, mamãe?"

Fazer algo contra o meu filho me transforma imediatamente numa mãe ursa. Fiquei furiosa. Então, respondi: "Isso é uma..." Bem, digamos que usei uma palavra que começa com "P", e não era panda. Você pode usar sua imaginação. O show de pássaros terminou logo em seguida e a mulher se virou para me encarar.

"Como ousa me chamar assim?", disse ela.

"Como se atreve a olhar para o meu filho com esse olhar!", rebati. E nós começamos um bate-boca. Duas mães, com seus filhos ao lado, discutindo num show de pássaros! Felizmente, eu estava bem treinada em mindfulness na época (sim, entendo a ironia) e disse com relativa calma: "Estou com tanta raiva agora". A mulher respondeu: "Diga-me algo que eu não sei". Mas para mim foi um momento crucial, porque, em vez de me perder na minha raiva, fui capaz de ficar plenamente ciente, diminuir sua intensidade e ir embora.

E essa história é, sem dúvida, emblemática porque demonstra que habilidades, como mindfulness, têm o poder de nos afastar do limite, impedir que sejamos arrastados por nossas emoções reativas. Mas, durante anos, deixei de avaliar totalmente a importância do que aconteceu naquele zoológico: o surgimento instintivo da fúria enérgica da mãe ursa. Presumi, na época, que aquele era apenas um momento de ira momentânea e protetora. Avaliei e aceitei o episódio como se fosse um problema, quando, na verdade, representava algo notável e inspirador.

Ao explicar como nasceu a ideia de criar o personagem Hulk, Jack Kirby, escritor da Marvel Comics, conta que ficou muito surpreso ao testemunhar, após um acidente de carro, a força sobre-humana de uma mãe que foi capaz de levantar um veículo de 1.400 quilos para retirar o seu bebê das ferragens. Esse aspecto feroz de nossa natureza está longe de ser problemático; é um superpoder. Algo a ser celebrado em vez de meramente "aceito" com plena consciência. Não só podemos nos valer da força para proteger nossos filhos, mas também podemos usá-la para nos protegermos, para atender às nossas necessidades, para motivar a mudança e nos engajar na busca por justiça.

Este livro foi elaborado exatamente para ajudar mulheres a explorarem a feroz guerreira interior, para que todas possamos erguer e mudar o nosso mundo.

A FORÇA DO CUIDADO

Nós mulheres ainda vivemos em uma sociedade dominada pelos homens. Por isso, precisamos de todas as ferramentas ao nosso alcance para emergir triunfantes, saudáveis e íntegras. Uma das armas mais poderosas de nosso arsenal é a força do cuidado. A autocompaixão terna aproveita a energia de prover para aliviar o sofrimento, enquanto a autocompaixão feroz usa a energia da ação para aliviar o sofrimento. Quando ambas estão totalmente integradas, se manifestam como a força do cuidado. Nossa força é mais eficaz quando há zelo envolvido, pois combina força com amor. Essa é a mensagem ensinada por grandes líderes da mudança social, como Mahatma Gandhi, Madre Teresa, Nelson Mandela e Susan B. Anthony. É o que o reverendo Martin Luther King Jr. manifestou em seu apelo para acabar com a Guerra do Vietnã: "Quando falo de amor, não estou falando de uma resposta sentimental e fraca. Estou falando dessa força que... [é] o princípio unificador supremo da vida".

Felizmente, a força do cuidado pode ser direcionada tanto para dentro quanto para fora. Podemos usá-la para impulsionar nossa jornada pessoal de crescimento e cura, ao mesmo tempo em que lutamos por justiça. Afinal, o ativismo social é um ato de autocompaixão (não apenas de compaixão pelos outros), já que estamos interconectados e a injustiça afeta a todos.

Embora acreditasse que minha própria ferocidade era uma falha de caráter que precisava ser corrigida, percebo agora que, pelo contrário, me permitiu ter sucesso na vida. Em 2003, publiquei o primeiro artigo teórico definindo a autocompaixão, e criei a Escala de Autocompaixão (SCS) no mesmo ano para medi-la. Meus estudos iniciais demonstraram que pessoas que pontuam mais na SCS apresentavam nível mais alto de bem-estar. No início, fui a primeira pessoa a conduzir pesquisas sobre autocompaixão, essa área explodiu em seguida e, hoje, inclui mais de três mil artigos em revistas científicas, com novas pesquisas sendo publicadas diariamente. Duvido que tivesse a coragem de entrar num território desconhecido, se a mesma energia guerreira que, às vezes, me coloca em apuros (como xingar uma completa estranha na frente do meu filho, num show de pássaros) não fizesse parte do meu ser.

FECHANDO O CÍRCULO

O desenvolvimento mais recente do meu trabalho foi revelar os dois lados da autocompaixão — o feroz e o terno — e é algo sobre o qual ainda pretendo escrever mais. Ao mesmo tempo, se baseia em tópicos que percorreram minha carreira.

Fiz meu Ph.D. na área de desenvolvimento moral com um estudioso chamado Elliot Turiel, da Universidade da Califórnia, em Berkeley. Ele foi aluno de Lawrence Kohlberg, famoso teórico que propôs que a moralidade se desenvolvia em três estágios principais. De acordo com o modelo de Kohlberg, a primeira fase (na infância) se concentra em atender às necessidades pessoais. Já o segundo (na adolescência) se dedica a cuidar e atender às demandas alheias, e o estágio final (se houver, é alcançado na idade adulta) está centrado na justiça e considera equitativamente os direitos e necessidades de todos. A pesquisa de Kohlberg, conduzida principalmente na década de 1960, descobriu que as mulheres tendiam a tomar decisões morais com base no cuidado, enquanto os homens costumavam decidir levando em conta direito e justiça. O resultado foi a interpretação de que as mulheres pensavam de forma menos moral do que os homens.

Muitas feministas ficaram legitimamente furiosas por tal posição, vendo-a como tendenciosa. Carol Gilligan, autora do influente livro *Uma Voz Diferente*, argumentou que o cuidado e a justiça são duas lentes éticas diferentes pelas quais se pode ver o mundo. A forma do saber da mulher era conectada, em vez de autônoma, mas não inferior à perspectiva masculina. Embora sua teoria tivesse a intenção de frustrar a visão de que as mulheres eram menos morais do que os homens, ironicamente acabou retratando as mulheres como se não valorizassem a justiça!

Eu discordo de ambas as posições e considero cada uma delas sexista à sua maneira. Turiel explicou o argumento demonstrando que homens e mulheres, em todos os estágios de desenvolvimento, fazem julgamentos morais com base na autonomia, cuidado e justiça, dependendo do contexto. Quase todas as pessoas, independentemente de idade, sexo ou cultura, acreditam que é melhor cuidar e ajudar do que prejudicar os outros, que as pessoas deveriam ser capazes de tomar decisões autônomas sobre certas questões pessoais e que a justiça é importante. Na verdade, um dos primeiros julgamentos morais que as crianças fazem se resume a "isso não é justo!".

A pesquisa de Turiel também mostra que o poder social desempenha um papel importante na forma como se expressa cada tipo de raciocínio. Essa dominância concede tomadas de decisão mais autônomas e a subordinação exige mais cuidado com os outros. Por definição, uma característica central de deter o poder é a capacidade de fazer o que se quer, e parte do que define a subordinação é ter que atender às necessidades daqueles que detêm o poder. A igualdade de poder é necessária para garantir que as necessidades de todos sejam atendidas de forma justa. Passei um ano na Índia conduzindo a pesquisa para minha dissertação sobre como as crenças culturalmente arraigadas na hierarquia de gênero influenciam o raciocínio sobre essas questões em conflitos conjugais (mais sobre isso será aprofundado).

Foi só depois de voltar a Berkeley para escrever minha dissertação que aprendi sobre autocompaixão. Como relatei extensivamente no meu primeiro livro, *Autocompaixão*, minha jornada para a autobondade foi dolorosa. Pouco antes de embarcar em minha pesquisa no exterior, deixei meu marido por outro homem (para mim foi um grande horror e vergonha, visto que me considerava uma pessoa altamente atenciosa e moral), que deveria se juntar a mim na Índia. Mas, frustrando minhas expectativas, aquele homem não deixou sua parceira por mim, e nunca apareceu. E, infelizmente, não foi só isso. Quando voltei para casa, descobri que o homem que abandonara estava com câncer em estágio avançado no cérebro. Ele viria a morrer logo após o meu retorno.

Com minha vida despedaçada, decidi aprender a meditar para conseguir juntar os pedaços. Comecei a praticar com um grupo que seguia os ensinamentos de Thich Nhat Hanh, um mestre zen vietnamita que enfatiza a necessidade de sermos compassivos conosco e com os outros. Eu li livros de professores budistas ocidentais pioneiros, como *Loving Kindness* (*Bondade Amorosa*), de Sharon Salzberg, e *Um Caminho com o Coração*, de Jack Kornfield, obras que também enfatizam a importância de nos incluirmos no círculo da compaixão.

Como resultado dessa prática de leitura e meditação, tentei ser mais calorosa e solidária comigo mesma. Em vez de me culpar pelo que fiz, tentei ser mais compreensiva e piedosa. De nada adiantaria tentar me convencer de que era uma boa pessoa por odiar a pessoa má que fui. É assim que a mente se torna complicada.

Devo admitir que foi um pouco estranho no início. Quando eu tentava me dizer: "Os seres humanos cometem erros", outra voz se contrapunha: "Você está apenas inventando desculpas". Mas, à medida que fui aprendendo a reconhecer a dor do dano causado, a voz que fazia objeções se acalmou. Aprendi a ser gentil comigo mesma: "Sei que você teria feito de forma diferente se pudesse, mas não era capaz na época. Você estava frustrada com seu casamento e tentava encontrar a felicidade. Todo mundo quer ser feliz." Em vez de ficar obcecada com meus erros, comecei a apreciar minha humanidade imperfeita e como ela me conectava a um todo maior. Colocava minhas mãos no coração e dizia: "Sei que você está sofrendo, mas vai ficar tudo bem. Eu aceito você exatamente como é, com defeitos e tudo". Isso me permitiu assumir total responsabilidade pelo que fiz, por mais doloroso que tenha sido, sem me flagelar no processo. Com a prática, passei a conter minha vergonha com amor, o que mudou radicalmente minha vida para melhor.

Depois de me formar, fiz dois anos de pós-doutorado com Susan Harter, professora da Universidade de Denver, uma das principais pesquisadoras do país sobre autoestima, um conceito que dominou as concepções de bem-estar dos psicólogos por décadas. A autoestima pode ser definida como uma avaliação positiva da autovalorização. Os pesquisadores estavam começando a entender que, embora julgar a si mesmo positivamente o deixe mais feliz, isso pode levar as pessoas a armadilhas e becos sem saída, como o narcisismo e a comparação contínua com os outros. Além disso, a autoestima, muitas vezes, depende da aprovação social, ou de uma aparência atraente, assim como do sucesso em vez do fracasso. A autoestima é uma amiga em tempos bons. Está lá quando as coisas vão bem, mas abandona você quando as coisas vão mal, exatamente quando você mais precisa dela. A autocompaixão é uma alternativa perfeita à autoestima. Não exige que você se sinta melhor do que os outros, não é necessário que as outras pessoas gostem de você e não exige que as coisas sejam feitas da maneira certa. Tudo o que você precisa para ter autocompaixão é se admitir imperfeita como todo mundo. É uma fonte constante de apoio e refúgio.

Quando assumi o cargo de professora na Universidade do Texas, em Austin, não interrompi de imediato minha pesquisa sobre como o poder impacta a autonomia, o cuidado e a justiça nos relacionamentos. Paralelamente, estava desenvolvendo meus conceitos sobre autocompaixão como uma alternativa mais saudável à autoestima. Meu entusiasmo pela autocompaixão acabou me levando a abandonar todas as outras linhas de estudo e tem sido meu foco principal desde então. Só recentemente revisei meus primeiros interesses de pesquisa no contexto da autocompaixão. Quando nos relacionamos com nós mesmas com autocompaixão terna, conseguimos prover e cuidar de nós mesmas. Quando nos relacionamos com autocompaixão feroz, afirmamos nossa autonomia e defendemos nossos direitos. Quando a autocompaixão feroz e a terna estão em equilíbrio, podemos ser razoáveis e justas. As expectativas de poder e gênero também desempenham um papel na expressão da autocompaixão, com a dominação masculina enfatizando a ferocidade, a subordinação feminina enfatizando a ternura e o impulso para a igualdade de gênero exigindo a integração de ambos. As linhas, antes díspares do meu trabalho, agora se juntaram, como peças de um quebra-cabeça se encaixando corretamente.

POR QUE ESTE LIVRO FOI ESCRITO PARA MULHERES E POR QUE AGORA

A autocompaixão é útil para qualquer pessoa. Muito do que escrevi no passado foi neutro quanto a gênero. Mas acredito que a autocompaixão é especialmente necessária para as mulheres neste momento da história. Cansamos de reclamar e sermos tratadas como se fôssemos incompetentes. É hora de receber remuneração justa no mercado de trabalho e termos o mesmo poder e representação que líderes nacionais homens, tanto nos negócios quanto no governo. A autocompaixão feroz, especialmente quando equilibrada com a autocompaixão terna, pode nos ajudar a lutar por nossos direitos e combater o dano causado por séculos, quando era dito às mulheres para se calarem e ficarem bem comportadas.

Também fui inspirada a escrever este livro como consequência do Movimento *#MeToo*. Por muito tempo, as mulheres varreram o assédio e abuso sexual para debaixo do tapete. Temíamos que as pessoas nos desacreditassem. Isso nos traria vergonha ou apenas causaria mais danos. Mas isso mudou em 2017, quando centenas de milhares de mulheres usaram a *hashtag #MeToo* para compartilhar suas experiências de assédio e agressão sexual. De repente, eram os homens que estavam deixando seus empregos com suas reputações em ruínas.

Como abordarei em detalhes mais tarde, minha história ressoa com a de inúmeras outras mulheres ao redor do globo. Apesar de ser uma professora de mindfulness e compaixão reconhecida, fui enganada e manipulada por alguém que se revelou um predador sexual. Um homem em quem confiei e a quem apoiei estava realmente assediando e abusando de várias mulheres sem meu conhecimento. Minha prática de autocompaixão é o que me permitiu lidar com o horror da descoberta. Minha autocompaixão terna foi o que ajudou a me curar e a autocompaixão feroz me estimulou a falar e me comprometer a não deixar esse mal continuar. O movimento pelo direito das mulheres nos deu acesso ao campo profissional, mas, para termos sucesso, precisávamos agir como homens, suprimindo qualidades ternas que são desvalorizadas no mundo masculino. Ao mesmo tempo, não gostamos de ser agressivas e assertivas em demasia. Isso nos deixa diante de um impasse insólito: ter sucesso e, consequentemente, ser desprezada ou ser amada, mas permanecer desprezada. As mulheres sofrem mais pressão para provar seu valor no trabalho, além de estarem sujeitas a assédio sexual e receberem salários mais baixos.

O resultado final é o seguinte: a configuração atual não está mais funcionando para nós. Acredito que, desenvolvendo e integrando a autocompaixão feroz e terna, as mulheres estarão mais bem equipadas para perceber nosso verdadeiro eu e fazer as mudanças necessárias no mundo ao nosso redor. O patriarcado ainda está vivo e causando grandes malefícios. Estamos sendo chamadas por causa das urgentes questões de hoje — assédio sexual, desigualdade salarial, preconceito crescente, disparidades de saúde, divisão política, nosso planeta agonizando — para reivindicar nosso poder e agir.

Porque sou branca, cisgênero e mulher heterossexual, sem dúvida haverá viéses inconscientes naquilo que escrevo. Embora eu tente da melhor forma abordar a experiência diversificada de pessoas que se identificam como mulheres, meus esforços certamente serão insuficientes. Por favor, perdoem-me. É minha esperança que este livro estabeleça princípios gerais, falando de forma significativa da experiência de pessoas com diferentes interseções de identidades. Nem todas as mulheres são iguais, e nem todo sofrimento é o mesmo. Mas eu acredito que a autocompaixão feroz e terna, ao mesmo tempo, é relevante para todas as pessoas, e chave para a luta contra sexismo, racismo, heterossexismo, capacitismo e outras formas de opressão.

AUTOCOMPAIXÃO COMO PRÁTICA

A autocompaixão não se resume a uma boa ideia. É algo que podemos fazer. Podemos treinar nosso cérebro e construir novos hábitos para responder com compaixão à dor mental, física e emocional. A pesquisa mostra que, além de aprendermos a ter mais autocompaixão, ela muda nossas vidas radicalmente para melhor. Este livro apresenta conceitos, discute pesquisas para ajudar você a desenvolver uma autocompaixão terna e feroz ao mesmo tempo. Ensinará como combiná-las para criar a força do cuidado, usada em áreas-chave de sua vida, como relacionamentos, cuidado e trabalho.

Ao longo do livro, fornecerei ferramentas para ajudá-la a entender o que você está lendo em primeira mão. Apresentarei, também, avaliações empiricamente validadas de traços como autocompaixão, estereótipos de gênero ou estilos de relacionamento comumente aplicados em pesquisas, para que você possa realizar a mesma pesquisa sobre si mesma! Também incluirei exercícios concretos para auxiliá-la a desenvolver os músculos da autocompaixão. (Versões guiadas em áudio de muitas dessas práticas estão disponíveis em www.lucidaletra.com.br/pages/autocompaixaoferoz) E, embora haja algumas meditações, este não é um guia de meditação. Não sou uma professora espiritual, sou uma cientista. Mas, quando a autocompaixão se aprofunda, pode sim ser uma experiência espiritual.

A maioria das práticas incluídas neste livro é adaptada do *Programa de Mindfulness e Autocompaixão Mindful Self-Compassion* (MSC), cujo suporte empírico foi desenvolvido com Chris Germer. Você pode fazer um curso MSC online em www.CenterforMSC.org ou o programa por conta própria, usando o *Manual de Mindfulness e Autocompaixão*. Mesmo não sendo terapia, o MSC pode ser altamente terapêutico. Em vez de focar na cura de feridas específicas do passado, o MSC nos ajuda a adotar uma abordagem mais autocompassiva na vida cotidiana. Em um estudo anterior sobre a eficácia do MSC, descobrimos que oito semanas de treinamento elevaram em 43% o nível de autocompaixão. Os participantes relataram que também eram mais cuidadosos e compassivos com os outros; menos deprimidos, ansiosos, estressados e emocionalmente evasivos; bem como felizes e satisfeitos com a vida. Mais significativamente, o recurso da autocompaixão se tornou um amigo constante desde então. De forma comprovada, o aumento da autocompaixão e a melhoria do bem-estar obtidos com o MSC duraram, pelo menos, um ano.

O benefício obtido com o programa está proporcionalmente ligado à intensidade da prática. Por esse motivo, encorajo você a praticar a autocompaixão intencionalmente por, no mínimo, 20 minutos diários. Embora pesquisas mostrem que essas ferramentas de autocompaixão funcionam, a única maneira de saber com certeza é experimentando-as.

TESTE SEU NÍVEL DE AUTOCOMPAIXÃO

Se você deseja ter uma noção do quanto é autocompassiva, pode preencher esta breve versão da Escala de Autocompaixão (SCS), usada na maioria das pesquisas sobre autocompaixão. Para se divertir, registre sua pontuação e repita a SCS depois que terminar o livro, para ver se seu nível de autocompaixão mudou. Você notará que a SCS não diferencia entre autocompaixão feroz e terna. Embora eu possa refinar a escala para refletir esses dois lados da autocompaixão no futuro, atualmente a SCS é uma medida geral da característica.

INSTRUÇÕES

Leia cada declaração com atenção antes de responder. À esquerda de cada item, indique com que frequência você se comporta da maneira indicada. Responda de acordo com o que realmente reflete sua experiência, e não com o que acha que deveria ser.

Para o primeiro conjunto de itens, use a seguinte escala de 1 (quase nunca) a 5 (quase sempre):

_____ Tento ser compreensiva e paciente com aspectos da minha personalidade de que eu não gosto.

_____ Quando algo doloroso acontece, procuro ter uma visão equilibrada da situação.

_____ Tento ver minhas falhas como parte da condição humana.

_____ Quando estou passando por um momento muito difícil, dou a mim mesma o cuidado e ternura de que preciso.

_____ Quando algo me perturba, tento manter minhas emoções em equilíbrio.

_____ Quando me sinto inadequada de alguma forma, tento me lembrar que sentimentos de inadequação são compartilhados pela maioria das pessoas.

Para os próximos itens, use a escala de 1 (quase sempre) a 5 (quase nunca), ou algum ponto intermediário. Observe que o sistema de pontuação aqui foi cambiado, de modo que pontuações mais altas indicam frequência diminuída:

_____ Quando eu falho comigo mesma em algo importante, fico consumida por sentimentos de inadequação.

_____ Quando estou me sentindo para baixo, parece que a maioria das outras pessoas, provavelmente, está mais feliz do que eu.

_____ Quando eu falho em algo que é importante para mim, sinto-me sozinha com meu fracasso.

_____ Quando estou me sentindo para baixo, vem a tendência de ficar obcecada e me fixo em tudo o que está errado.

_____ Desaprovo e critico minhas próprias falhas e inadequações.

_____ Sou intolerante e impaciente com aspectos da minha personalidade de que eu não gosto.

Total (soma de todos os 12 itens) = _____
Pontuação média de autocompaixão (Total / 12) = _____

Em geral, você pode interpretar a pontuação variando de 2,75 a 3,25 como média, menos de 2,75 como baixa e acima de 3,25 como alta.

VÁ DEVAGAR

Ao ler este livro, você provavelmente encontrará sentimentos difíceis, que surgem naturalmente sempre que praticamos a compaixão. Quando nos damos amor, podemos nos lembrar imediatamente de todas as vezes no passado em que não éramos amados ou podem surgir pensamentos sobre todas as maneiras pelas quais não somos amados. Por exemplo, quando você tenta cuidar de si mesma estabelecendo limites em relação a um colega de trabalho que faz comentários impróprios, principalmente sobre sua aparência, talvez se lembre de como seu pai a deixava constrangida, lá na sua adolescência, pela maneira que você se vestia. Ou quando você tenta se consolar, quando está muito triste por um relacionamento fracassado, e é inundada de velhos medos ocultos, da percepção de não ser engraçada, atraente ou cativante o suficiente. Na verdade, esses são bons sinais. Eles mostram que você está abrindo seu coração. Significa que a velha dor enfiada nos cantos do seu inconsciente está sendo liberada para a luz do dia. Quando recebe espaço e é mantida com calor, a dor pode começar a sarar.

No entanto, esses sentimentos, às vezes, se tornam opressores. A prática da autocompaixão precisa ser segura, ou então não é autocompaixão! Especialmente para mulheres com histórico de trauma, é importante ir devagar e seguir um ritmo próprio, recuando sempre que necessário, desligando-se estrategicamente das práticas e voltando a elas mais tarde, talvez até com a orientação de um terapeuta ou outro profissional de saúde mental. Não podemos aprender coisas novas se nos sentimos oprimidos, então se julgar que um determinado exercício (ou prática) é muito desestabilizador, se permita pausar. Por favor, assuma a responsabilidade por sua própria segurança emocional e não se force a fazer algo se não parece certo ou adequado no momento.

Este livro foi elaborado para ajudá-la a desbloquear o potencial da autocompaixão em suas duas formas, feroz e terna. As duas estão, frequentemente, desequilibradas e é importante aprender a integrá-las. A autocompaixão permitirá que você acesse seu poder interior para que prospere e seja feliz. Isso a ajudará a ser mais autêntica e interiormente satisfeita, para que possa ser uma agente eficaz de progresso na sociedade. O mundo está se transformando rapidamente e as mulheres estão sendo chamadas para assumir a liderança e garantir que as coisas mudem para melhor. Com a força do cuidado, tudo é possível.

CAPÍTULO 1: OS FUNDAMENTOS DA AUTOCOMPAIXÃO

Precisamos de mulheres que sejam tão fortes a ponto de serem gentis... tão ferozes a ponto de serem compassivas.

—Kavita Ramdas, ex-presidente do Fundo Global para Mulheres

A autocompaixão não é criar foguetes ou outras experiências científicas que levam tempo para se concretizar. Não é um estado mental rarefeito que exige anos de prática de meditação para ser alcançada. No nível mais básico, a autocompaixão simplesmente consiste em ser uma boa amiga para si própria. Sem dúvida, uma notícia animadora, porque a maioria de nós já sabe como ser uma boa amiga, pelo menos para os outros. Quando alguém próximo a nós está triste ou enfrentando um desafio difícil na vida, aprendemos ao longo dos anos uma série de palavras de conforto: "Sinto muito. Do que você precisa agora? Posso fazer algo para ajudar? Lembre-se de que estou aqui para ajudá-lo." Sabemos como suavizar nossa voz, usar um tom caloroso e relaxarmos nosso corpo. Sabemos utilizar com habilidade o toque para transmitir o sentimento de que nos importamos, dando um abraço na pessoa ou segurando sua mão. Quando necessário, também estamos acostumadas a tomar medidas mais violentas na defesa de nossos entes queridos. Sentimos que a energia da mãe ursa surge dentro de nós quando alguém de quem gostamos é ameaçado e precisa de proteção, ou quando essa pessoa precisa de um pequeno chute no traseiro para enfrentar um desafio. Em resumo, conquistamos a sabedoria necessária para entender quais são as etapas que devem ser seguidas no momento.

Mas, infelizmente, o que aparece naturalmente em relação aos outros raramente se aplica a nós mesmas. Em vez de pararmos para perguntar do que precisamos naquele momento, para que consigamos nos consolar ou nos acolher, o que mais acontece é nos julgarmos, ficarmos absorvidas na solução de problemas ou, simplesmente, pirarmos.

Digamos que você tenha sofrido um acidente de carro a caminho do trabalho porque se distraiu com algo. Uma conversa interna típica pode ser: "Você é uma estúpida idiota. Veja só o que fez. É melhor ligar para a seguradora imediatamente e dizer ao chefe que perderá a reunião. Aposto que vai ser demitida". Você falaria assim com alguém de quem gosta? Provavelmente não. Mas, muitas vezes, nós nos tratamos dessa maneira e pensamos que é o certo a fazer. Podemos ser abertamente mesquinhas conosco, ainda mais severas do que com aqueles de quem não gostamos. A regra de ouro diz: "Faça aos outros o que você gostaria que fizessem a você". Vamos incluir um adendo: NÃO faça aos outros o que você faz a si mesma ou você não terá amigos.

Um primeiro passo importante para se tornar mais autocompassiva é examinar e comparar como nos tratamos quando sofremos, e como tratamos aqueles com quem nos importamos quando eles precisam. O melhor contexto para examinarmos esse comportamento é uma amizade íntima — vamos falar a verdade, às vezes, não somos tão compassivas quanto poderíamos ser com nossos filhos ou parceiros, ou ainda membros da nossa família: eles são muito próximos. Nossa tendência é dar mais espaço às nossas reações com os amigos, e consideramos normal, uma vez que esses relacionamentos são voluntários. Isso significa que, muitas vezes, somos o que temos de melhor com nossos amigos íntimos.

COMO TRATO MEUS AMIGOS E A MIM MESMA EM TEMPOS DIFÍCEIS?

Pode ser realmente revelador considerar o grau de compaixão que você demonstra por seus amigos em comparação a você mesma. Nós começamos o programa MSC com o exercício a seguir, preparando o terreno para o aprendizado da autocompaixão. Este é um exercício escrito portanto pegue papel e caneta.

INSTRUÇÕES

Pense nas várias ocasiões em que uma amiga ou amigo próximo estava sofrendo de alguma forma. Considere os diferentes tipos de situações: talvez ela ou ele estivesse se sentindo mal consigo por um erro que tenha cometido ou estivesse sendo intimidada(o) no trabalho ou ainda estivesse exausta(o) por cuidar dos filhos, ou com medo de uma tarefa desafiadora. Agora escreva suas respostas para as seguintes perguntas:

- Como você normalmente responde aos seus amigos nesses tipos de situações? O que você diz? Que tom de voz usa? Como é sua postura? Que gestos não verbais você usa?
- Como você normalmente reage consigo mesma em situações semelhantes? O que você diz? Que tom de voz usa? Como é sua postura? Que gestos não verbais você usa?
- Você percebe alguma diferença no padrão de como você responde a seus amigos comparado com como você responde a si própria? (Por exemplo, talvez você crie uma catástrofe com você mesma, mas se posiciona em outra perspectiva com amigos.)

- Como você acha que seria se você começasse a se tratar mais como você trata seus amigos? Que impacto isso poderia ter sobre sua vida?

Ao fazerem esse exercício, muitas pessoas ficam chocadas ao perceber a diferença com que tratam a si mesmas em relação a seus amigos. Pode ser um pouco desconcertante constatar até que ponto nós nos sabotamos. Felizmente, podemos usar nossa vasta experiência de compaixão pelos outros como um guia para se relacionar consigo mesma. É um modelo a ser construído, embora no início pareça um pouco estranho nos tratarmos da mesma maneira com que tratamos um amigo. Isso porque temos o hábito de sermos nossas próprias inimigas. Com o tempo, torna-se mais natural. Primeiramente, precisamos nos dar permissão para direcionar essas habilidades bem trabalhadas de compaixão para dentro de nós mesmas.

É claro que existem obstáculos que atrapalham; pode ser difícil se livrar de hábitos de autocrítica e sentimentos de indignidade e vergonha. É possível temer, também, que a autocompaixão não seja tão boa para nós. Será que vamos nos tornar preguiçosas, egoístas e autoindulgentes? Tentarei abordar esses bloqueios nos capítulos que se seguem, embora alguns possam querer ler os livros *Autocompaixão* ou *Manual de Mindfulness e Autocompaixão* para se aprofundar mais.

Ainda assim, a prática leva à perfeição ou, como gostamos de dizer no mundo da autocompaixão, "a prática leva à imperfeição". Podemos nos tornar mais hábeis em aceitar nossas limitações humanas e, ao mesmo tempo, aprender como agir para mudar as coisas para melhor. Como diz Jack Kornfield, "O objetivo da prática espiritual não é se aperfeiçoar, mas aperfeiçoar seu amor". O amor é a força motriz tanto da autocompaixão feroz quanto da terna.

OS TRÊS ELEMENTOS DA AUTOCOMPAIXÃO

Embora a autocompaixão envolva tratar a nós mesmas com gentileza idêntica à que naturalmente mostramos às amigas, é preciso mais do que bondade. Se fosse apenas para sermos gentis conosco, poderíamos facilmente nos tornar egocêntricas ou narcisistas. E até a bondade não chega a ser suficiente. Também precisamos enxergar nossas falhas, admiti-las e colocar nossas próprias experiências em perspectiva. Precisamos conectar nossas próprias lutas às dos outros, indo além de nosso pequeno eu, para perceber nosso lugar no escopo mais amplo das coisas.

De acordo com meu modelo, a autocompaixão é composta de três elementos principais: mindfulness, humanidade comum e bondade. Esses elementos são distintos, mas interagem como um sistema. Os três devem estar presentes na mentalidade da autocompaixão para torná-la saudável e estável.

Mindfulness. A base da autocompaixão é a capacidade de se voltar atentamente para o nosso desconforto para conseguirmos identificá-lo. Não suprimimos nossa dor e fingimos que ela não está lá, também não fugimos dela criando uma história dramática. Mindfulness nos permite ver claramente quando cometemos um erro ou falhamos. No lugar de fugirmos das emoções difíceis que acompanham nossos problemas, acabamos focando nelas, na dor, no medo, na tristeza, na raiva, na incerteza ou no arrependimento. Prestamos atenção à experiência do momento presente, cientes de nossos pensamentos, emoções e sensações que estão em constante mudança à medida que se desenvolvem. Mindfulness é essencial para a autocompaixão, para que possamos saber quando estamos sofrendo e possamos responder com bondade. Se ignorarmos nossa dor ou ficarmos completamente perdidos nela, não conseguiremos sair de nós mesmas para poder dizer: "Poxa, isso é estressante, estou precisando de um pouco de apoio".

Embora mindfulness seja simples, pode representar um desafio porque vai contra outras tendências naturais. Neurocientistas identificaram um conjunto de regiões cerebrais interconectadas, chamado de rede de modo padrão, que está localizado na linha média do cérebro, da frente para trás. É chamado de modo padrão porque é o estado normal do cérebro ativo quando não estamos ativamente focados e engajados em uma tarefa. O modo padrão executa três funções básicas: (1) cria um sentido de identidade, (2) projeta essa identidade no passado ou no futuro e (3) verifica os problemas. Assim, em vez de estarmos presentes no que está acontecendo, nos perdemos em preocupações e arrependimentos. Isso pode ser benéfico do ponto de vista evolutivo para que possamos aprender com nossas dificuldades passadas, antecipar ameaças futuras à sobrevivência e imaginar como poderíamos fazer as coisas de maneira diferente. No entanto, quando estamos sofrendo em tempo real, isso significa que muitas vezes não contamos com presença de espírito para termos a *consciência* de que lutamos contra algo. O que acontece é que nos impregnamos de histórias do passado ou projeções do futuro, enquanto tentamos resolver nossos problemas do presente. O foco intencional de atenção desativa o modo padrão, o que significa que podemos estar presentes com nossa própria dor enquanto a sentimos.

Como uma piscina clara e tranquila sem ondulações, mindfulness reflete o que está ocorrendo sem distorção, para que possamos ter uma perspectiva sobre nós mesmas e nossas vidas. Podemos, então, determinar, com sabedoria, o melhor plano de ação para nos ajudarmos. É preciso coragem para nos voltarmos para nossa dor e reconhecê-la. Tal ato de coragem, porém, é essencial para que nossos corações se abram em resposta ao sofrimento. É impossível curar o que não podemos sentir. Por esse motivo, mindfulness é o pilar sobre o qual se apoia a autocompaixão.

Humanidade comum. Também fundamental para a autocompaixão, o reconhecimento de nossa própria humanidade diferencia a autocompaixão da autopiedade. A palavra compaixão provém do latim e significa "sofrer" (paixão) "com" (com). A conectividade é inerente à compaixão. Quando a compaixão está voltada para dentro, significa que reconhecemos que todos os humanos são imperfeitos e levam uma vida imperfeita. Embora isso possa parecer óbvio, muitas vezes caímos na armadilha ao acreditar que tudo deveria correr bem, e que algo saiu da curva quando deu errado. Nós irracionalmente sentimos que, à exceção de nós, todo mundo está bem "porque escorreguei e quebrei um copo, cortei um nervo do meu polegar e tive que usar algo semelhante a uma fatia gigante de queijo rosa na minha mão direita por três meses, enquanto curava" (o que foi verdade). Isso adiciona insulto à injúria, porque não apenas estamos com dor, mas também nos sentimos sozinhas e isoladas. Essa sensação de desconexão é assustadora porque, como gostam de dizer em biologia evolutiva, um macaco solitário é um macaco morto.

Quando lembramos que a dor faz parte da experiência humana compartilhada, fugimos da toca do coelho da autocomiseração. Em vez de gritarmos "coitada de mim", honramos a natureza compartilhada do sofrimento. As circunstâncias e o grau de sofrimento são diferentes, é claro. Pessoas oprimidas por injustiças sistêmicas ou pobreza enraizada sofrem mais do que aquelas com privilégios. Mas também não há ser humano que escape completamente das dificuldades físicas, mentais ou emocionais.

A compaixão é baseada na ideia de que todos os seres conscientes são intrinsecamente dignos de um tratamento humano. Quando negamos a compaixão por nós mesmas, mas a estendemos a outros, ou quando sobrepomos as necessidades de um grupo sobre as de outro, estamos minando a verdade básica de que todos fazemos parte de um todo maior e interdependente. Suas ações impactam as minhas, assim como as minhas impactam as suas. A expressão "não cague onde você come" pode ser vulgar, mas transmite bem essa ideia. A maneira como me trato afeta minhas interações com todas as outras pessoas com quem entro em contato, e como trato as outras pessoas afeta de maneira semelhante todas as minhas interações. A consequência de não entender a interdependência pode ser vista em todos os lugares: tensões raciais, religiosas e políticas que geram violência; imigrantes fugindo para os Estados Unidos de países onde as políticas americanas ajudaram a semear o desespero econômico; e um planeta que está se aquecendo tão rapidamente que, em breve, ficará inabitável. A sabedoria de reconhecer nossa humanidade comum nos permite ver o quadro maior e perceber que estamos todos juntos.

Bondade. O núcleo motivacional da autocompaixão é a bondade — o desejo de aliviar o sofrimento. Essa necessidade de cuidar é experimentada como impulso para ajudar. É uma atitude calorosa, amigável e de apoio que nos protege enquanto caminhamos na lama da vida. Muitas vezes, quando estamos numa luta, é mais provável cometermos alguma agressão contra nós mesmas do que nos abraçarmos, demonstrando apoio. Mesmo as pessoas que são infalivelmente gentis com os outros costumam tratar a si próprias como lixo. A autobondade inverte essa tendência, para que sejamos genuinamente boas para nós mesmas.

Quando reconhecemos que cometemos um erro, a autobondade atua de forma significativa, pois é por meio dela que entendemos, aceitamos, e somos encorajadas a fazer melhor da próxima vez. Quando recebemos más notícias ou batemos de frente com os problemas da vida, abrimos nossos corações ativamente e nos permitimos ser emocionalmente movidas por nossa própria dor. Paramos para dizer: "Isso é realmente difícil. Como posso cuidar de mim neste momento?"

Não podemos ser perfeitos. A luta, inevitavelmente, será parte de nossas vidas. Mas quando respondemos com benevolência e boa vontade à nossa dor, geramos sentimentos de amor e carinho que fazem uma diferença positiva. A autobondade fornece os recursos para lidar com as adversidades e as torna mais suportáveis. É uma emoção recompensadora e gratificante, a doçura que neutraliza a amargura da vida.

OS BENEFÍCIOS DA AUTOCOMPAIXÃO

Milhares de estudos examinaram a associação entre autocompaixão e bem-estar. A pesquisa sobre autocompaixão é normalmente conduzida utilizando uma das três maneiras. O método mais comum é usar a Escala de Autocompaixão (SCS) para determinar se pontuações mais altas se correlacionam com níveis mais altos de resultados positivos, como felicidade; e pontuações mais baixas, com níveis mais baixos de resultados negativos, como depressão. Uma segunda maneira de estudar a autocompaixão é induzir experimentalmente um estado de espírito de autocompaixão, muitas vezes fazendo que as pessoas escrevam uma carta para si mesmas sobre uma dificuldade na sua vida, enquanto invocam mindfulness, humanidade comum e bondade. Os participantes são separados aleatoriamente em uma condição de autocompaixão ou em uma condição de controle; nesta última os participantes escrevem sobre algo neutro, talvez um hobby específico de que gostem. Em seguida, os grupos são comparados em termos de comportamentos, como motivação para estudar para um exame. Um terceiro método, cada vez mais comum, é treinar as pessoas na autocompaixão por meio de programas como o MSC, para ver se seu bem-estar muda após o treinamento. Todos os três métodos de pesquisa tendem a produzir as mesmas descobertas.

A literatura de pesquisa sobre os benefícios da autocompaixão será discutida ao longo deste livro, mas vou resumi-los brevemente aqui. Pessoas que têm mais autocompaixão tendem a ser mais felizes, esperançosas e otimistas. Elas estão mais satisfeitas com suas vidas e gratas pelo que têm. São menos ansiosas, deprimidas, estressadas e temerosas. Têm menos propensão a pensar em suicídio ou a usar drogas e álcool. Revelam-se mais sábias e emocionalmente inteligentes, capazes de controlar emoções negativas de forma mais eficaz. Elas possuem uma autoimagem corporal mais positiva e são menos propensas a desenvolver transtornos alimentares. Envolvem-se em atividades úteis, como exercícios físicos, além de comer bem e ir ao médico regularmente. São fisicamente mais saudáveis — dormem melhor, ficam menos resfriadas e têm um sistema imunológico forte. São motivadas, conscienciosas e assumem mais responsabilidade por si próprias. Elas são mais resilientes quando confrontadas com os desafios da vida e têm mais coragem e determinação para alcançar seus objetivos. Elas mantêm relacionamentos mais próximos e funcionais com amigos, familiares e parceiros românticos, e relatam mais satisfação sexual. São mais inclinadas a perdoar, empáticas e capazes de aceitar as perspectivas dos outros. Mostram-se mais compassivas com os outros, mas também são capazes de cuidar sem se esgotar. Não é um conjunto ruim de vantagens que resulta de algo tão simples quanto tratar a si mesma como se fosse uma boa amiga.

Pessoas com autocompaixão também têm um nível mais elevado de autoestima, mas não se deixam cair em armadilhas colocadas pela busca de uma autoestima elevada. A autocompaixão não está ligada ao narcisismo, da mesma maneira que a alta autoestima está. A autocompaixão não leva a uma constante comparação social ou à defesa do ego. O senso de valor próprio que vem da autocompaixão não depende de ter uma determinada aparência, ou de ser bem-sucedida, ou de ter outros aprovando você. É incondicional. Isso significa que o senso de valor que vem da autocompaixão é mais estável com o tempo.

Os tremendos benefícios da autocompaixão, combinados com o fato de ser uma habilidade que pode ser aprendida, ajuda a explicar por que tantos pesquisadores começaram a estudar essa mentalidade. Minha boa amiga e pesquisadora Shauna Shapiro, que escreveu um ótimo livro sobre mindfulness e autocompaixão chamado *Good Morning, I Love You* (*Bom Dia, Eu Te Amo*), gosta de dizer que a autocompaixão é o molho secreto da vida. Torna tudo melhor.

A FISIOLOGIA DA AUTOCOMPAIXÃO

Como eu disse antes, a maioria das pessoas não é tão compassiva consigo mesma quanto com os outros, especialmente quando falha ou se sente inadequada. Parte do motivo tem a ver com as reações automáticas do nosso sistema nervoso. Quando cometemos um erro ou nos deparamos com dificuldades na vida, instintivamente nos sentimos ameaçadas. Nem tudo está bem. Portanto, reagimos ao perigo com a "resposta de defesa contra ameaças" (às vezes, conhecida como nosso cérebro reptiliano), que é a reação reflexiva ao perigo mais rápida e facilmente acionada.

Quando nosso cérebro registra uma ameaça, o sistema nervoso simpático é ativado. Nossa amígdala entra em ação, liberamos cortisol e adrenalina e nos preparamos para lutar, fugir ou congelar. Esse sistema funciona bem para proteger o nosso corpo físico contra ameaças, como a queda de uma árvore ou um cachorro rosnando, mas pode ser problemático quando a ameaça deriva de pensamentos como "Sou uma perdedora" ou "Essa roupa me deixa gorda?"

Quando nosso autoconceito está ameaçado, o perigo é interior. Nós somos o atacante e o atacado. Portanto, lutamos contra nossas próprias críticas, esperando que elas nos livrem da fraqueza, nos forçando a mudar. Psicologicamente, fugimos dos outros nos encolhendo de vergonha, escondendo-nos para sermos esquecidas por nossa inutilidade. Às vezes, congelamos e ficamos presas em uma ruminação de pensamentos negativos como se, de alguma forma, pensar nisso pela trigésima nona vez fosse fazer o problema desaparecer. Esse estado constante de reatividade é o motivo pelo qual ser dura consigo mesma é tão ruim para nossa saúde, levando ao estresse, ansiedade e depressão. É importante não nos julgarmos por essas reações, pois elas derivam do desejo inocente de estarmos seguras.

Mas podemos aprender a nos sentirmos seguras de outra maneira — alcançando o sistema de cuidado dos mamíferos. A vantagem evolutiva dos mamíferos sobre os répteis é que os filhotes dos mamíferos nascem muito imaturos e têm um período de desenvolvimento mais longo para se adaptar ao ambiente. Em comparação com todos os outros mamíferos, os seres humanos demoram mais para amadurecer: leva de 25 a 30 anos para o córtex pré-frontal se desenvolver, devido a nossa notável plasticidade neuronal. Para manter os jovens vulneráveis a salvo durante esse longo período de desenvolvimento, a resposta "cuidar e fazer amizade" evoluiu, o que faz com que pais e filhos fiquem próximos e encontrem segurança por meio de laços sociais. Quando o sistema de cuidado é ativado, a oxitocina (o hormônio do amor) e as endorfinas (opiáceos naturais de bem-estar) são liberadas, o que aumenta a sensação de segurança.

Embora a resposta de cuidar e fazer amizade seja ativada instintivamente ao cuidar dos outros, também podemos aprender a direcioná-la para dentro de nós mesmas. Podemos cuidar de nós mesmas, nos tornarmos amigas de nós mesmas para proporcionar uma sensação de segurança, proteção e bem-estar. Quando fazemos isso, o sistema nervoso parassimpático fica *ligado*, o que aumenta a variabilidade da frequência cardíaca (para que estejamos mais abertas e relaxadas) e reduz a atividade simpática (para que fiquemos menos tensas). É fato que os três componentes da autocompaixão — bondade, humanidade comum e mindfulness — se opõem diretamente ao autojulgamento, ao isolamento e à ruminação de pensamentos que ocorrem como parte da reação na defesa contra ameaças. Na verdade, estamos mudando o equilíbrio entre esses dois comportamentos instintivos altamente evoluídos, ambos projetados para garantir nossa segurança, aumentando um e diminuindo o outro, simultaneamente.

Porque a autocompaixão acontece fisiologicamente, o toque físico é uma forma altamente eficaz de demonstrar cuidado por nós mesmas. Nossos corpos respondem ao toque físico quase que imediatamente, ajudando-nos prontamente a nos sentirmos apoiadas. O toque entra no sistema nervoso parassimpático, o que nos acalma e nos concentra. O corpo humano é primorosamente projetado para interpretar o toque como um sinal de cuidado. Assim como, durante os primeiros dois anos de vida, os pais transmitem uma sensação de segurança e amor aos filhos por meio do toque, podemos fazer o mesmo por nós mesmas.

TOQUE TRANQUILIZADOR E DE SUPORTE

Ensinamos o toque tranquilizador e de suporte como uma prática fundamental de autocompaixão no programa MSC. Quando estamos aborrecidas, ficamos oprimidas demais para nos lembrar de falarmos conosco de maneira gentil. O ato de sair da nossa cabeça para entrar em nosso corpo, direcionando a atenção do nosso pensamento para focalizar uma sensação física, como o toque, pode ser incrivelmente útil em momentos difíceis.

INSTRUÇÕES

Teste tipos diferentes de toque para descobrir que sensação causam em você. Dedique cerca de 15 segundos a cada tipo de toque e realmente se entregue à experiência. Faça uma análise do efeito em seu corpo. É bom encontrar um toque que traga alívio e conforto e outro que a ajude a se sentir vigorosa e apoiada. As pessoas são diferentes, então faça experiências até encontrar o que funciona melhor para você.

Algumas opções tranquilizantes ternas incluem:
- Coloque uma ou as duas mãos sobre o coração
- Segure seu rosto com as mãos
- Acaricie suavemente seus braços
- Cruze os braços e aperte suavemente
- Abrace-se e balance suavemente para a frente e para trás

Algumas opções de suporte forte incluem:

- Coloque um dos punhos sobre seu coração, com a outra mão sobre ele
- Coloque uma ou as duas mãos em seu plexo solar, seu centro energético (que está localizado logo abaixo de sua caixa torácica e a cerca de sete centímetros acima do umbigo)
- Coloque uma das mãos no coração e a outra no plexo solar
- Aperte sua própria mão
- Coloque os dois braços firmemente encostando seu quadril

A ideia é encontrar um toque confiável que você possa usar automaticamente em situações difíceis ou de estresse. Escolha dois toques por enquanto, e tente usá-los sempre que sentir desconforto emocional ou físico. Às vezes, nossa mente está sobrecarregada demais para pensar direito, mas você pode usar o toque para comunicar compaixão ao seu corpo. É uma maneira fácil e surpreendentemente eficaz de cuidar e se apoiar.

DIFICULDADES COM A AUTOCOMPAIXÃO

Algumas pessoas são naturalmente mais compassivas do que outras, em parte, devido à criação. Se nossos pais sempre nos nutriram e foram gentis conosco quando crianças, de modo que nosso sistema de cuidado mamífero se tornasse totalmente responsivo e funcionasse bem, aumenta a probabilidade de conseguirmos internalizar essa atitude de apoio como adultos. Se eles foram críticos severos ou negligentes e abusivos, pode ser mais desafiador trabalhar a autocompaixão.

O nível de segurança que sentimos em relação a nossos pais é chamado de teoria do apego. Pessoas com apego seguro — ou seja, aquelas cujos pais eram consistentemente afetuosos e atenciosos e que atendiam às suas necessidades — tendem a se sentir dignas de conforto e apoio e, em consequência, são mais gentis consigo mesmas quando adultas. Aquelas cujos pais eram inconsistentes — às vezes emocionalmente disponíveis, às vezes não — ou que eram negligentes, têm maior probabilidade de se sentirem desvalorizadas e indignas de serem amadas. Isso torna mais difícil ter autocompaixão. E para aquelas cujos pais foram emocional, física ou sexualmente abusivos, o medo pode se misturar com sinais de cuidado. Nesse caso, pode, de fato, ser assustador sentir compaixão por si própria.

Meu colega Chris Germer, psicólogo clínico e autor do perspicaz livro *The Mindful Path to Self-Compassion (O Caminho Consciente da Autocompaixão)*, frequentemente observava esse padrão em seus pacientes. O rótulo que ele criou para isso é "*backdraft* (contracorrente)", um termo de combate a incêndios. Quando um incêndio ocorre em uma sala fechada ou mal ventilada, os bombeiros têm cuidado ao abrir as portas para combater o incêndio. Se o oxigênio interno foi consumido pelo fogo e as portas são abertas de forma repentina, o oxigênio fresco entra, atiçando o fogo ainda mais. Pode ser perigoso e explosivo. A mesma coisa, às vezes, pode acontecer com a autocompaixão. Se tivemos que fechar bem as portas do nosso coração para lidar com as dores da primeira infância, quando começamos a abri-lo o "ar fresco" do amor entra e pode trazer consciência para o sofrimento que está preso dentro dele. Isso, às vezes, provoca explosão de maneira perturbadora, tornando a experiência opressiva. Não são apenas as pessoas com histórico de trauma que experimentam *backdraft*. Qualquer pessoa que costuma se fechar, como uma forma de gerenciar emoções difíceis, pode vivenciar o *backdraft* quando começar a praticar a autocompaixão. Na verdade, isso é um bom sinal, porque significa que o processo de cura começou.

Outra metáfora um pouco menos assustadora é quando nossas mãos congelam e ficam entorpecidas quando removemos a neve com uma pá e dói muito quando entramos e nos aquecemos. Assim como nossas mãos, queremos que nosso coração congelado descongele — é uma coisa boa, mesmo que doa. Mas não queremos nos mover muito rapidamente. Uma das razões pelas quais os bombeiros carregam essas picaretas é que eles podem fazer buracos no perímetro do prédio em chamas, permitindo que o ar entre mais lentamente. Às vezes, precisamos fazer isso conosco: trazer a compaixão lentamente para que não seja tão intensa. Em outras palavras, precisamos praticar a autocompaixão de uma forma que seja autocompassiva.

Quando nos perguntamos o que precisamos, às vezes, a resposta é: concentre-se em outra coisa por um tempo. Há maneiras indiretas de cuidar de nós mesmas, como tomar um banho, passear, acariciar o cachorro, beber uma xícara de chá. Fazer isso é, na verdade, um ato de bondade. É uma maneira de cuidar de nós mesmas e atender às nossas necessidades, ajudando, assim, a construir o hábito da compaixão. Quando nos sentirmos mais estabilizadas, podemos voltar à prática de abrir o coração de forma explícita.

Mindfulness é muito eficaz ao trabalhar com *backdraft*. Sempre que focamos nossa mente em um único objeto, isso tem o efeito de nos equilibrar. Esta é uma das razões pelas quais respirar de forma consciente é calmante, porque estamos focando em algo diferente de nossos pensamentos. Outra prática eficaz é, simplesmente, sentir as solas dos pés no chão, ajudando a estabilizar nossa consciência, estabelecendo uma conexão com a terra.

A SOLA DOS PÉS

Algumas pesquisas descobriram que essa prática ajuda as pessoas a se autorregularem e a se manterem centradas quando estão emocionalmente ativadas. É a prática principal que ensinamos no MSC para trabalhar com *backdraft*. Embora seja normalmente feito em pé, você pode sentar, se preferir.

INSTRUÇÕES

- Levante-se e comece a perceber as sensações — a sensação de toque — da sola dos pés no chão.
- Sinta melhor a sensação na planta dos pés; em pé, balance suavemente para a frente e para trás, de um lado para o outro. Então tente fazer pequenos círculos com os joelhos, sentindo a mudança da sensação na sola dos pés.
- Sinta como o chão sustenta todo o seu corpo.
- Volte a focar na sola dos pés se sua mente começar a divagar.
- Agora, comece a andar lentamente, percebendo a mudança de sensações na sola dos pés. Observe a sensação de levantar um pé, ir adiante e, em seguida, colocar o pé no chão novamente. Agora faça o mesmo com o outro pé. E assim sucessivamente.
- Conforme você caminha, observe como é pequena a área da superfície de cada pé e como seus pés ancoram seu corpo inteiro. Se preferir, demonstre gratidão pelo árduo trabalho que seus pés fazem por você, coisa a que normalmente não prestamos atenção.

- Imagine que o terreno está se elevando, vindo de encontro ao seu pé, para apoiá-lo com cada passo.
- Continue a caminhar, lentamente, sentindo a sola dos pés.
- Agora, volte a ficar parada e expanda sua consciência para todo o seu corpo — permitindo-se sentir o que quer que esteja sentindo e deixando-se ser como você é.

A AUTOCOMPAIXÃO NÃO É PARA FRACOS

A cultura tende a fornecer uma narrativa falsa sobre autocompaixão. Afirma que a autocompaixão é uma indulgência que nos tira o ímpeto e nos suaviza. Lembro-me de quando saiu o primeiro grande artigo no *New York Times* sobre o meu trabalho, fiquei surpresa ao ver que muitos dos comentários dos leitores eram negativos. Um em particular se destacou: "Ótimo, exatamente o que precisamos, uma nação de maricas". Comecei a ver que a maioria das pessoas não entende a natureza poderosa da autocompaixão. Elas presumem que é fraca ou passiva porque está associada a cuidado e ternura. Mas a compaixão também pode ser forte e dinâmica. Por exemplo, socorristas podem colocar suas vidas em perigo ao resgatar pessoas do caminho de um furacão, os pais podem fazer malabarismos para colocar comida na mesa de seus filhos ou professores mal pagos continuam a trabalhar longe de casa para ajudar os alunos a fugirem do ciclo da pobreza. Isso é compaixão pura.

Nos ensinamentos budistas, esse poderoso aspecto orientado para a ação da compaixão é chamado de "compaixão feroz". É a força que resiste ao dano ou à injustiça. Sharon Salzberg compara com um tipo difícil de amor, que reúne bondade, clareza, força, equilíbrio e ação. O estudioso budista Bob Thurman o descreve como "uma energia de força térmica forte e poderosa [que] pode ser usada para... desenvolver força interior e determinação". A fim de aliviar nosso próprio sofrimento, a fim de dar a nós mesmas o que realmente precisamos no momento, queremos recorrer a toda a gama de respostas disponíveis — ferozes ou ternas. Uma metáfora útil que podemos utilizar para entender esses dois lados da autocompaixão é o yin e o yang.

O YIN E O YANG DA AUTOCOMPAIXÃO

O conceito de yin e yang vem da antiga filosofia chinesa e postula que há dois aspectos de um princípio energético universal que estão em constante dialética. O yin representa quietude e o yang, movimento. Yin é uma energia suave, dócil, receptiva e nutridora, enquanto yang é uma energia firme, vigorosa, dominadora e orientada para um determinado objetivo. O yin tem sido historicamente associado ao feminino e o yang ao masculino, mas ambos são considerados aspectos essenciais do ser humano, independentemente do gênero. Porque o yin e o yang são expressões complementares do qi[2], ou seja, a energia da força vital, cada um desempenha um papel crucial na saúde e no bem-estar. Na verdade, nessa perspectiva, a doença decorre do desequilíbrio das duas energias. Como pode ser visto no símbolo familiar do yin e do yang, o escuro representa o yin e a luz o yang, a polaridade do negativo e do positivo, embora cada um deles tenha um elemento do outro que representa um não dualismo fundamental. Essa metáfora de yin e yang reflete de perto a distinção fundamental entre autocompaixão feroz e terna. Embora a autocompaixão não seja em geral discutida a partir dessa perspectiva — e eu, certamente, não seja uma especialista em filosofia chinesa — trata-se de uma estrutura muito útil sobre a qual me debrucei com respeito e humildade.

A qualidade yin da autocompaixão terna envolve o "estar com" si própria de uma forma acolhedora. Implica confortar e, ao mesmo tempo, assegurar a si mesma de que não está sozinha, mas sim presente com a dor. Esse é o poder da cura da autocompaixão. Um bom exemplo de autocompaixão terna é uma mãe embalando e acalmando seu filho que chora. Quando nos sentimos magoadas ou inadequadas, estamos lá para nos acalmar, validando nossa dor e nos aceitando como somos. Aproveitamos a energia do cuidado que flui facilmente para aqueles que amamos e a direcionamos para dentro de nós mesmas. Uma maneira de descrever a sensação de como incorporamos a autocompaixão terna é a presença amorosa e conectada, correspondendo à bondade, à humanidade comum e a mindfulness. Quando abraçamos nossa dor com

---

2 N. do T.: Na filosofia chinesa, qi é o elemento que se manifesta como uma força cósmica e vital que criou e permeia todo o universo.

bondade, sentimos o amor extravasar. Quando nos lembramos de nossa humanidade comum, nos sentimos conectadas. Quando estamos atentas à nossa dor, nos tornamos presentes. Essa presença amorosa e conectada torna nossa dor suportável e só a partir daí ela começa a se transformar.

A qualidade yang da autocompaixão feroz está associada ao "agir no mundo" para aliviar o sofrimento. Parece diferente dependendo do tipo de ação, mas tende a envolver a proteção, o sustento ou a motivação para nós mesmas. A energia dinâmica da compaixão é metaforicamente como uma mãe ursa que ferozmente protege seus filhotes quando ameaçados, quando pega peixes para alimentá-los ou sai de um território onde não há mais recursos de sobrevivência para encontrar um novo lar que tenha mais a oferecer. Assim como a ternura pode voltar-se para dentro, a energia forte da mãe ursa também pode interiorizar-se. Podemos defender e proteger a nós mesmas, nutrir e prover a nós mesmas e motivar as mudanças necessárias para prosperarmos.

A questão fundamental da autocompaixão é "O que eu preciso agora?" e mais especificamente "O que é preciso para me ajudar a superar o sofrimento?" Dependendo das circunstâncias, a resposta a essas perguntas muda. Às vezes, o que precisamos é nos aceitarmos com todas as nossas imperfeições humanas, nesse caso, o que é necessária é a autocompaixão terna.

No entanto, quando precisamos nos proteger de possíveis danos, os elementos da compaixão têm uma expressão diferente. A autobondade, neste caso, é *corajosa*. Encontramos a coragem necessária para traçar limites e dizer não, para sermos tão fortes quanto o aço. A humanidade comum nos ajuda a reconhecer que não estamos sozinhas em nossa luta, que todas as pessoas merecem um tratamento justo. Temos o *poder* de nos unir a outras pessoas e defender o que é certo. Mindfulness nos permite agir com *clareza* e decisão — vendo e falando a verdade. Quando o objetivo da autocompaixão é nos salvaguardar do perigo, incorporamos uma *clareza corajosa* e *poderosa*.

Quando nosso objetivo é prover a nós mesmas, dar a nós mesmas o que precisamos para sermos felizes, a forma muda mais uma vez. Nesse caso, a autobondade significa que nos *satisfazemos* emocional, física e espiritualmente. Agimos para atender às nossas próprias necessidades, sabendo que são importantes. A humanidade comum nos permite satisfazer a nós mesmas e aos outros de maneira *equilibrada* e equitativa. Não somos egoístas, mas também não desprezamos nossas necessidades. Respeitamos os desejos de todos — incluindo os nossos. A plenitude da mente facilita nossa capacidade de sermos *autênticas*, de realmente sabermos, lá no fundo, do que precisamos para que possamos dar a nós mesmas, permanecendo fiéis aos nossos valores. Quando a autocompaixão visa a prover a nós mesmas, incorporamos *uma autenticidade satisfatória e equilibrada*.

Finalmente, quando nosso objetivo é nos motivar para alcançar um objetivo ou fazer uma mudança, há necessidade de outra forma de autocompaixão. A autobondade exige *encorajamento* e apoio para fazermos algo diferente — da mesma maneira que bons treinadores motivam seus atletas ou pais motivam seus filhos. Críticas e comentários construtivos nos ajudam a dar o nosso melhor. Reconhecimento da humanidade comum nos permite aprender com nossos fracassos. Empregamos a *sabedoria* para determinar como tomar medidas corretivas, entendendo que, naturalmente, vamos cometer erros, na esperança de crescer aprendendo com eles. E mindfulness fornece a *visão* para perceber o que precisa ser feito, para reconhecer o que não está nos servindo e para buscar ações que nos serviriam melhor.

Vemos nossos próximos passos com clareza e nos mantemos focados em nossos objetivos. Quando a autocompaixão mira a motivação, incorporamos uma *visão encorajadora e sábia*.

EXPRESSÕES DA AUTOCOMPAIXÃO			
Objetivo	Autobondade	Humanidade comum	Mindfulness
Terna (estar com)	Amor	Conexão	Presença
Feroz (proteger)	Coragem	Empoderamento	Clareza
Feroz (prover)	Satisfação	Equilíbrio	Autenticidade
Feroz (motivar)	Encorajamento	Sabedoria	Visão

A deusa budista da compaixão, Avalokiteshvara (que significa "Aquela que ouve os clamores do mundo"), tem muitos braços, cada um segurando um instrumento diferente para aliviar o sofrimento. A tabela acima mostra algumas das diferentes formas de autocompaixão às quais podemos recorrer. Cada uma dessas maneiras de cuidar de nós mesmas será explorada em detalhes nos capítulos seguintes, portanto não se preocupe se for demais para absorver agora.

Algumas pessoas se perguntam por que existem três formas de autocompaixão feroz e apenas uma forma de autocompaixão terna. Isso porque o "estar com" a nossa dor implica quietude. Requer aceitar as coisas como são, com o coração aberto e, portanto, tem uma forma principal. Embora possamos expressar esse coração aberto de maneiras ligeiramente diferentes (tendo atitudes que nos acalmam, dizendo palavras amáveis etc.), tudo cai sob o guarda-chuva da presença compassiva. Agir para aliviar nosso sofrimento tem formas mais variadas. Na verdade, é provável que haja muito mais do que três, e a manifestação da autocompaixão em ação é tão variada quanto nossas necessidades humanas. No entanto, estas três formas principais — proteger, prover e motivar — capturam as maneiras mais essenciais de usar a ação com autocompaixão para aliviar nosso sofrimento.

GESTOS DA AUTOCOMPAIXÃO

Os três elementos da autocompaixão são diferentes quando usados para atender a diferentes necessidades. Podemos realmente sentir sua energia em nosso corpo. Ensinamos essa prática no programa MSC para ajudar os participantes a sentirem a sensação tanto da autocompaixão feroz quanto da terna. Este exercício produz mais efeito se executado em pé, mas também pode ser feito sentado.

INSTRUÇÕES

Você fará uma série de gestos que o ajudarão a sentir as várias expressões da autocompaixão em seu corpo. Para começar, é importante explorar como sentir a falta de autocompaixão:

- Cerre os punhos e aperte-os junto ao corpo. Perceba que emoções surgem quando seus punhos estão fechados. Você pode notar que se sente tensa, apertada, estressada ou contraída. Isso é uma metáfora para o autojulgamento e a resistência — exatamente como quando lutamos contra nós mesmas, resistimos à dor ou ignoramos nossas necessidades. Fazemos isso inconscientemente, na maior parte do tempo.

Agora você pode explorar como é a sensação de autocompaixão terna:

- Abra as palmas das mãos, viradas para cima. Como isso faz você se sentir, especialmente em contraste com os punhos cerrados? Muitas afirmam que se sentem mais relaxadas, em paz, calmas e receptivas. Essa é uma metáfora para mindfulness na autocompaixão terna — o que sentimos quando aceitamos abertamente o que está acontecendo, o espaço do conhecimento. Permite estar conosco mesmas e validar a nossa dor.

- Agora estenda os braços para fora, simbolicamente alcançando os outros. Você pode se imaginar dando um abraço em um amigo ou ente querido. Como se sente com isso? Você pode ter a sensação de conexão, união ou expansão. Essa é uma metáfora para a *humanidade comum* na autocompaixão terna — quando vamos além do nosso eu individual e incluímos outros. É o que sentimos quando nos asseguramos de que não estamos sozinhas.

- Agora coloque uma mão sobre a outra e, lentamente, traga as duas para o centro do seu peito. Sinta o calor e a pressão suave de suas mãos em seu coração. Respire suavemente. Como isso faz você se sentir? Muitas vezes as pessoas dizem que, quando fazem esse gesto, sentem que estão seguras, calmas, aquecidas, relaxadas. Essa é uma metáfora para a autobondade na autocompaixão terna — como nos sentimos quando nos doamos a pessoas que amamos. Pode ser muito bom (a menos que você esteja experimentando o *backdraft*, mas tudo bem também).

- Em seguida, como se fosse um único movimento, leve as palmas das mãos para cima, alcance lá o mais alto que puder e, em seguida, leve as mãos ao coração. Isso é o que a autocompaixão como um todo faz você sentir — *uma presença amorosa e conectada*.

A autocompaixão feroz se manifesta de maneira diferente e, o modo como ela se manifesta, depende do propósito.

- Levante-se, se puder, e se posicione para executar a "postura do cavalo", como é chamada nas artes marciais. Afaste os pés na largura do quadril, dobre ligeiramente os joelhos e incline a pélvis para a frente.³ (Você também pode simplesmente sentar-se normalmente, se esta posição for muito difícil de ser executada.) A postura do cavalo é equilibrada e estável com o centro de gravidade baixo. A partir dessa posição, podemos realizar qualquer ação necessária no momento.

Às vezes, precisamos nos proteger:

- Estique um braço firmemente à sua frente com a palma da mão levantada e diga claramente em voz alta: "Não!" Faça isso três vezes.

- Veja se você pode sentir a energia desse movimento subindo e descendo pela sua espinha dorsal. Como é? As pessoas costumam dizer que se sentem fortes, poderosas e corajosas. Com essa forma de autocompaixão feroz, nós incorpamos *a clareza corajosa e empoderada*

Às vezes, também precisamos nos prover, dar a nós mesmas o que nos faz felizes:

- Estique os braços e finja recolher tudo o que você metaforicamente precisa, colocando as mãos para descansar em seu plexo solar. Ao trazer suas mãos para centro energético, diga: "Sim!" Faça isso três vezes.

- Veja se você consegue sentir como essa afirmação energiza seu corpo. Como se sente ao reivindicar seu pedido dessa forma? Pode se sentir uma tola, mas até isso pode ser satisfatório. Com esta forma de autocompaixão feroz, manifestamos a *autenticidade satisfatória e equilibrada*.

Às vezes, precisamos de motivação para fazer coisas difíceis, como nos apoiarmos e nos elevarmos para que uma mudança aconteça:

---

3 N. do T.: A postura do cavalo é usada para meditação nas artes marciais. Flexione os joelhos e abaixe seu corpo como se estivesse montando um cavalo. O peso do corpo é dividido igualmente entre o pé direito e o esquerdo.

- Faça um movimento com o punho para a frente e para trás, ao mesmo tempo que diz com entusiasmo, "Você consegue!" três vezes.
- Veja se você sente o movimento avançar nessa energia de apoio. Como isso faz você se sentir? Positiva, esperançosa ou inspirada? Com essa forma de autocompaixão feroz, expressamos uma *visão sábia de encorajamento*.

Esses gestos não são projetados para serem feitos repetidamente na vida cotidiana; são mais uma demonstração para ajudá-la a compreender e experimentar as várias formas de autocompaixão. Mas, se você achou algum deles particularmente úteis, pode sempre usá-los como uma forma de evocar o tipo de autocompaixão de que precisa no momento.

EQUILÍBRIO ENTRE YIN E YANG

A fim de aproveitar todo o poder da autocompaixão, o yin precisa acompanhar o yang (e vice-versa) para que estejam sempre em equilíbrio. Do contrário, a autocompaixão corre o risco de resvalar para um modo doentio. "Inimigo próximo" é um conceito budista muito útil para se referir a um estado de espírito que parece semelhante ao desejado — por isso é "próximo" —, mas na verdade a enfraquece. Daí, "inimigo". Cada uma das formas de autocompaixão pode se transformar em um inimigo próximo quando o yin e o yang não estão em equilíbrio. Por exemplo, quando a aceitação do yin ocorre sem a disposição do yang para agir, tudo pode se transformar em passividade e complacência. O professor tibetano Chögyam Trungpa chamou isso de "compaixão idiota". Embora seja importante nos amar e aceitar como somos no momento, isso não significa que queremos *ficar* como estamos. Se um rebanho de gado está correndo em sua direção, não é hora de apenas aceitar a situação. Quando nos envolvemos num comportamento prejudicial, como fumar, ou estamos em uma situação ruim, como um relacionamento abusivo, não queremos simplesmente aceitar nossa dor, mas também queremos fazer algo a respeito.

Ao mesmo tempo, quando a força de proteção surge sem acesso a sentimentos de amor e presença conectada, pode se transformar em hostilidade e agressão para com os outros. Há o risco de começar a ver a situação como nós contra eles, estou certa e você está errada(o). A compaixão deve ser sempre cuidadosa. A compaixão pode ser feroz e corajosa, mas não agressiva. Fortalecer, mas não oprimir. É clara quando se trata de falar a verdade, mas não pode ser cegamente hipócrita. Da mesma forma, tentar atender às nossas necessidades sem energia yin suficiente pode se transformar em egoísmo, ou a motivação para melhorar pode escorregar para o perfeccionismo.

Exploraremos esses problemas com mais detalhes posteriormente, mas basta dizer que, quando o yin e o yang estão equilibrados e integrados, é mais construtivo. Abandonamos os padrões de comportamento que não estão nos servindo e agimos para tornar as coisas melhores — não porque não somos aceitáveis como somos, mas porque nos importamos conosco mesmas e não queremos sofrer. Quanto mais seguras nos sentirmos na autoaceitação incondicional, maior energia teremos para nos proteger, satisfazer nossas necessidades e alcançar nossos objetivos.

Uma boa amiga, que praticou a autocompaixão feroz e a terna comigo por cerca de um ano, diz que é uma pessoa diferente em função da experiência. Conheci a Jess logo depois que me mudei para o Texas. Ela tem mais ou menos a minha idade, pratica meditação e tem um filho chamado Billy com TDAH (Transtorno de Déficit de Atenção e Hiperatividade) grave. Portanto, temos muito em comum. A autocompaixão terna a ajudou a lidar com a condição neurológica do filho, dando a si mesma a gentileza e o apoio de que precisava quando Billy não se comportava bem. Ela também conseguiu aceitar mais facilmente os erros cometidos como mãe, assegurando-se de que era apenas humana e estava fazendo o melhor. Porém, isso não foi suficiente para ajudá-la a lidar com alguém cujo comportamento era ainda mais desafiador: sua mãe, Samantha.

Não me entenda mal, Jess ama profundamente a mãe, mas ela deixa minha amiga absolutamente maluca. Samantha acha que é seu direito, como a pessoa mais velha da família, dizer à filha (de meia-idade) quando está fazendo algo errado e como deve consertar. Ela não apenas ultrapassa os limites; ela nem reconhece que limites existem. Embora Jess saiba que sua mãe realmente se preocupa, se sente constantemente violada por seus conselhos e intervenções indesejados. "Por que ela não pode simplesmente me deixar cometer meus próprios erros em vez de ficar se intrometendo?", irrita-se.

O padrão típico do relacionamento da Jess com sua mãe era manter a paz por longos períodos, explicando que a ouviu e agradecia seu carinho, mas que ela tomaria suas próprias decisões, muito obrigada. Seus anos de treinamento em meditação, geralmente, faziam valer a pena. Geralmente. O problema era que seu ressentimento ainda fervia e, em algum momento, acabaria explodindo e até por algo menor. Por exemplo, uma vez no jantar de Ação de Graças, quando Samantha sutilmente sugeriu que ela não comesse uma segunda porção. Jess deixou escapar "Vá à mer*a...!" e saiu furiosa da mesa. Ela se sentiu horrível depois e envergonhada por ter ficado com tanta raiva — num dia que deveria ser sobre gratidão pela família! Ela começou a se sentir sem esperança, mesmo depois de todos os anos de meditação, ainda se perdia por causa de um comentário sobre comida.

Quando começamos a falar sobre autocompaixão feroz, perguntei a ela como seria se sua raiva não fosse algo para controlar, mas para comemorar? E se ela realmente apreciasse sua mãe ursa interior levantando-se para protegê-la sempre que seus limites estivessem sendo violados? "Parece meio assustador", ela disse. "Eu posso *realmente* perder o controle e dizer coisas que não podem ser retiradas depois. Amo minha mãe e sei que ela está apenas tentando ajudar."

"Estou me perguntando se o motivo de você ficar reativa é que está julgando e desvalorizando essa parte realmente importante de você", eu observei. "O que aconteceria se você desse as boas-vindas a sua guerreira interior quando ela surgisse, enquanto também permanecesse em contato com a parte de você que é gentil e amorosa?" Jess decidiu tentar. No início, as coisas estavam muito turbulentas. Quando Samantha tentava dizer para ela o que fazer para o almoço no encontro da semana, Jess tentava usar a força do cuidado para traçar uma linha na areia, mas ela ainda se sentia provocada e, algumas vezes, explodia. Depois de um tempo, começou a ficar mais fácil manter essas duas energias juntas. A certa altura, me ligou para dizer como estava orgulhosa de si mesma por ter lidado com outra das violações de limite de Samantha. "Eu estava contando a ela como lidei com um incidente com Billy na escola, e ela disse que eu deveria ter lidado de outra forma. De um lugar profundo, veio um forte 'NÃO! Não está certo você me dizer como educar meu filho!'. Nós duas ficamos surpresas com o poder daquele não, mas foi feito de forma limpa e não havia mais nada sobre o que conversar." Cerca de uma hora depois que o almoço terminou, Samantha ligou para Jess para se desculpar. "Você está certa", admitiu ela. "Não é meu lugar. Você fez um ótimo trabalho com Billy. Eu sinto muito." Jess estava radiante por ter sido capaz de enfrentar sua mãe com tanta força, sem usar de grosseria no processo.

Eu acredito que exercitar a autocompaixão feroz e a terna é uma maneira transformadora de abordar os desequilíbrios que estão por trás de grande parte do nosso sofrimento. Felizmente, a autocompaixão não é apenas uma ideia, é uma prática. À medida que reivindicamos nosso poder como mulheres, aprendemos a desenvolver e integrar esses dois lados da autocompaixão para enfrentar os desafios apresentados no mundo hoje. As mulheres são socializadas para evitar decepcionar as pessoas, e não para ficarem zangadas ou furiosas. Mas não podemos mais ser passivas tentando evitar balançar o barco. O barco precisa ser balançado! A autocompaixão é um superpoder que acessamos a qualquer momento — escondido no bolso de trás. Precisamos simplesmente lembrar que temos esse superpoder e nos permitir usá-lo.

CAPÍTULO 2: O QUE O GÊNERO TEM A VER COM ISSO?

> *Por que as pessoas perguntam "você não tem culhões"? Os culhões são fracos e sensíveis. Se quer ser durão, desenvolva uma vagina. Essa, sim, aguenta pancada.*
>
> —Betty White, atriz e comediante

O ato de expressar o poder de forma significativa está limitado pelos estereótipos de gênero, e essa é uma das razões essenciais para que as mulheres desenvolvam a autocompaixão feroz. Esses estereótipos representam a visão convencional da sociedade de como devem ser os homens e as mulheres. Na maioria das culturas, as mulheres são consideradas "comunitárias" e os homens "agentes". Esses estereótipos estão intimamente relacionados às qualidades da suavidade do yin e da ferocidade do yang. As mulheres são vistas como sensíveis, calorosas, cooperativas e preocupadas com o bem-estar dos outros, enquanto os homens têm imagem de fortes, agressivos, voltados a objetivos e independentes. Em outras palavras, a ternura é vista como uma coisa de menina e a ferocidade, como atributo de menino (em outras palavras, com ou sem P...).

Os estereótipos de gênero, muitas vezes, se chocam com a realidade, de como os indivíduos se sentem e se comportam. Algumas pessoas são mais comunitárias do que agentes (femininas), outras são mais agentes do que comunitárias (masculinos), algumas não são nem agentes, nem comunitárias (indiferenciadas). Outras ainda são ambos (andróginos). Todos esses traços são distintos na identidade de gênero, a saber, se o indivíduo sente que seu gênero corresponde à sua anatomia sexual (cisgênero), se corresponde ao gênero oposto (transgênero), a ambos (gênero fluido) ou a nenhum (não binário). Indivíduos com uma identidade de gênero específica também diferem no quanto são agentes ou comunitários. Portanto, os seres humanos são incrivelmente complexos e variados. Os problemas surgem quando a sociedade tenta colocá-los numa caixa pequena.

A cultura incentiva as mulheres a desenvolverem suas qualidades ternas, deixando de lado as ferozes. Os homens são ensinados a suprimir seu lado terno, devendo apresentar dominantemente a ferocidade. O yin e o yang devem ser equilibrados e integrados para que sejamos inteiros, mas a socialização do papel de gênero significa que homens e mulheres só podem ser meio humanos. O fato de os papéis do gênero restringirem o desenvolvimento do yin e do yang significa que sua expressão se torna extrema. O yin se torna açúcar, especiarias e tudo o que há de bom, enquanto o yang se torna o *Rambo* e o *G.I. Joe*. Precisamos ir além desses limites para que o yin e o yang possam fluir e se integrar de maneira saudável e harmoniosa — independentemente do gênero.

As altas expectativas comportamentais baseadas em gênero são problemáticas em ambas as direções. Os homens são prejudicados por uma cultura de masculinidade tóxica que os envergonha por serem moles, sensíveis ou vulneráveis. Os psicólogos argumentam que essas normas atrapalham a inteligência emocional masculina ao enfatizar a agressividade em detrimento da conexão interpessoal. Em outras palavras, os homens se sairiam bem se desenvolvessem suas qualidades ternas do yin. Mas a necessidade correspondente de as mulheres desenvolverem os traços fortes do yang é ainda mais crítica. Os papéis de gênero circunscritos podem prejudicar psicologicamente ambos os sexos, mas beneficiam os homens de forma desproporcional, uma vez que são recompensados com papéis de liderança e acesso a recursos. As normas do gênero feminino, que priorizam a ternura em detrimento de ações ferozes, limitam o poder e a capacidade das mulheres no combate ao tratamento injusto.

Qualidades do yin de cooperação e cuidado com as necessidades dos outros, embora bonitos e essenciais, servem para manter a desigualdade social se não forem equilibrados com qualidades do yang da autoafirmação e da ação.

Quando se espera que as mulheres "sejam legais" e se condoam pelos outros, mas sem falar ou pedir muito, isso mantém o padrão de negar às mulheres o que precisam, dando aos homens o que desejam. O ideal do autossacrifício feminino perpetua a expectativa de que as mulheres heterossexuais devem atender às necessidades dos homens — para sexo, procriação, cuidar da casa e dos filhos — com pouca consideração do que nos é devido, por parte de nossos parceiros, da sociedade ou de nós mesmas.

Se, algum dia, nós mulheres quisermos ter paridade com os homens, é essencial que usemos da nossa capacidade de nos levantarmos e exigirmos o que queremos e precisamos. As mulheres não podem mudar a sociedade unilateralmente: os homens também precisam fazer a sua parte. Mas se libertar de estereótipos restritivos é uma forma importante de promover mudanças sociais. Não queremos ganhar igualdade para sermos agressivas e egoístas ou para adotar uma ferocidade que carece de ternura. Em vez disso, queremos que nossa força seja bem mais cuidadosa. Cuidadosa a ponto de tirarmos nosso mundo desse inferno da supremacia branca, da extrema desigualdade de riqueza e do aquecimento global. Nossa capacidade de equilibrar e integrar a autocompaixão feroz e a terna é fundamental para essa tarefa.

OS TRÊS PORQUINHOS (SEXISTAS)

Embora possamos supor que a desigualdade de gênero decorre das visões preconceituosas dos homens em relação às mulheres, a realidade é mais complexa. Pesquisas indicam que existem, pelo menos, três formas de sexismo, que funcionam, geralmente, de forma correlata. O sexismo hostil promove a crença de que os homens são superiores às mulheres; está intimamente associado a vieses e discriminação. Homens com essa visão de mundo realmente não gostam de mulheres que exercem papéis de gênero não tradicionais, como feministas e CEOs do sexo feminino. Considere as palavras do televangelista Pat Robertson: "A agenda feminista não é sobre direitos iguais para as mulheres. É sobre um movimento político socialista e antifamília que incentiva mulheres a deixarem seus maridos, matarem seus filhos, praticarem feitiçaria, destruírem o capitalismo e se tornarem lésbicas". Essas visões fizeram parte da história americana desde 1600, quando as mulheres que não se conformaram com as normas sociais eram enforcadas como bruxas. E ainda hoje são crenças exaltadas em certos segmentos da sociedade.

Um excelente exemplo é a conferência *Make Women Great Again (Faça as Mulheres Grandes de Novo),* agendada, antes da pandemia, para outubro de 2020. A conferência nunca aconteceu, na verdade, e pode ter sido apenas um golpe publicitário, mas é um exemplo de sexismo hostil. Essa conferência de três dias de *mansplaining*[4], que foi liderada por apresentadores do sexo masculino para um público feminino, foi descrita pelo *New York Post* como uma cópia do Maga (slogan de uma campanha política americana — *Make American Great Again* — *Faça a América Grande de Novo*) para quem tem útero. Esses alto-falantes da extrema direita pretendiam ensinar as mulheres como ser mais femininas (ou seja, submissas), para agradar a seus maridos e ter "bebês ilimitadamente". Prometeram às participantes: "Você não terá mais que ceder ao

---

[4] N. do T.: Mansplaining é a expressão em inglês para designar a forma com que homens explicam coisas óbvias às mulheres, de forma simplista, como se elas não fossem capazes de entender.

dogma feminista do *bullying* tóxico e ir contra sua natureza biológica ancestral como mulher, os homens chegaram para ajudar". Os organizadores do evento eram líderes da *manosphere* (homemsfera) — uma coleção de blogs, sites e fóruns online antifeministas que promovem a misoginia e a violência sexual contra as mulheres. Embora nem sempre radicais, os sexistas hostis são mais propensos a endossar os mitos sobre o estupro, ajudando a justificar a agressão sexual (ou seja, ela poderia ter impedido se quisesse).

Em contraste, o sexismo benevolente é uma forma "positiva" de preconceito que visa proteger as mulheres. Essa ideologia mantém visões altamente favoráveis em relação a parte das mulheres (pelo menos aquelas que se enquadram nos estereótipos de gênero), vendo-as como naturalmente mais gentis, afetuosas e atenciosas do que os homens. Também considera que os homens têm a obrigação de proteger, cuidar e prover. O sexismo benevolente cimenta firmemente uma ideologia de esferas separadas, na qual as mulheres são vistas como as mais adequadas para papéis domésticos privados e os homens para a liderança pública. A ideia é que homens e mulheres sejam separados, mas iguais (um status legal que foi rejeitado pela Suprema Corte em 1954 — pelo menos no que se refere à raça). Dessa perspectiva, o homem deveria liderar e a mulher acatar suas decisões. Ele deve alcançar os objetivos e ela o ajuda. Ele deve proteger e ela cuidar. O homem que descreve sua esposa como sua "melhor metade" pode realmente admirar seus traços comuns, mas ele os vê como algo fora de si mesmo. Uma mulher pode se orgulhar de sua disposição gentil e terna, mas sente que deve confiar nas qualidades de agente de seu marido para protegê-la, provê-la e alcançar o sucesso em seu nome. Essa cosmovisão reconhece a importância e a complementaridade do yin e do yang, mas em vez de colocar essa dualidade dentro de cada indivíduo, ela é colocada no nível dos casais heterossexuais. A separação de gênero do yin e do yang é o suporte que mantém o patriarcado (e o heterossexismo) no lugar.

Embora visões sexistas hostis sejam mais fortemente endossadas pelos homens do que por mulheres, muitas apoiam o sexismo benevolente. A mais famosa delas foi Phyllis Schlafly, que lutou com sucesso contra a Emenda da Igualdade de Direitos nos anos 1970. Ela sentia que o feminismo não apenas ameaçava a estrutura familiar, mas também os benefícios de proteção e apoio financeiro dados às mulheres em um sistema tradicional de valores. É claro que a dependência assimétrica e a igualdade total são incompatíveis, porque o preço de ser cuidado é a falta de poder, autenticidade ou escolha. Para ter a proteção de um homem, uma mulher não pode desafiá-lo. Ela deve sustentar constantemente sua identidade como responsável, a fim de manter seu lugar na ordem social. Neste caso, igual não é, na verdade, igual a igual.

O terceiro tipo, o sexismo moderno, simplesmente nega a existência do sexismo. Essa é a forma mais insidiosa porque não argumenta que homens e mulheres devem ser tratados de maneira diferente, mas afirma que homens e mulheres já são tratados da mesma forma. O sexismo moderno reconhece que existe desigualdade (é difícil negar os fatos), mas argumenta que isso não se deve a qualquer forma de desvantagem sistemática para as mulheres. O sucesso é visto como dependente de nossas próprias habilidades e motivação. A característica de agente do masculino leva os homens a trabalharem duro e alcançarem seu sucesso, enquanto a característica comunitária do feminino leva as mulheres a se concentrarem na maternidade e nos relacionamentos, interrompendo suas carreiras.

O sexismo moderno vê as feministas que lutam pela igualdade de tratamento como reclamantes, tentando manipular o sistema, buscando vantagens especiais em vez de seguir as regras. Isso justifica as alegações emitidas pelos homens que dizem que *eles* são vítimas de discriminação reversa, por meio de políticas destinadas a ajudar as mulheres a obter a paridade de gênero. Nessa perspectiva, uma mulher com fortes qualidades de agente poderia, teoricamente, alcançar tanto sucesso quanto um homem, desde que o campo esteja nivelado para o jogo.

A desigualdade de gênero não é vista como resultado de discriminação, mas o resultado de diferenças essenciais entre o agente masculino e o comunitário feminino. Um bom exemplo dessa visão vem do professor da Universidade de Toronto, um herói da direita, Jordan Peterson, que acredita que as diferenças de gênero nas realizações derivam do fato de que "as mulheres tendem a priorizar seus filhos em vez do trabalho" e que "as pessoas que afirmam que nossa cultura é um patriarcado opressor... não querem admitir que a hierarquia atual pode ser baseada na competência".

O que essas três formas de sexismo têm em comum é a rígida crença de que os homens são agentes e as mulheres são comunitárias, justificando o *status quo* da desigualdade.

SEXISMO E BIOLOGIA

Indivíduos com visões de mundo sexistas, geralmente, argumentam que as distinções de gênero no agente e no comunitário são naturais. Algumas pesquisas sugerem que pode haver pequenas diferenças sexuais biológicas na tendência para cada um deles. A variabilidade nos hormônios relacionados ao sexo, como oxitocina e testosterona, por exemplo, pode desempenhar um papel no comportamento comunitário feminino e agente masculino, respectivamente. A oxitocina é um hormônio que aprimora o cuidado, a afiliação e os laços sociais, enquanto a testosterona está envolvida nas qualidades agentes de competitividade, motivação e agressão. Também há evidências neurológicas que sugerem que os cérebros femininos são melhores em empatia e cooperação, o que faz sentido evolucionário, visto que a capacidade de uma mãe entender as necessidades de um bebê é crucial para a sobrevivência da espécie.

No entanto, a biologia e as forças sociais sempre interagem. Por exemplo, a experiência do poder aumenta a testosterona tanto em mulheres quanto em homens. Em um estudo, pesquisadores colocaram os participantes numa simulação de ambiente de trabalho, e foram orientados a demitirem um subordinado. Os testes subsequentes mostraram que a testosterona aumentou significativamente nas mulheres. Da mesma forma, a quantidade de tempo gasto cuidando de bebês prediz os níveis de oxitocina, tanto em homens quanto em mulheres.

A forma como as predisposições genéticas da base biológica se manifestam no comportamento depende do contexto ambiental em que ocorre. Por exemplo, há uma ligeira tendência biológica para os meninos serem mais ativos fisicamente do que as meninas, e para as meninas, por sua vez, serem mais concentradas. Mas isso pode ser muito amplificado de acordo com o comportamento dos pais, que tendem a se envolver em brincadeiras violentas com os meninos, o que exige movimento, e brincam com as meninas em atividades que exigem concentração.

Em geral, as pesquisas encontram maiores diferenças individuais dentro dos grupos do sexo, e não entre eles, e as diferenças do sexo tendem a ser bem pequenas. Isso argumenta contra a biologia como o principal impulsionador das diferenças de gênero. Se há um núcleo da verdade subjacente aos estereótipos de gênero, é pequeno e é exagerado pelos fatores sociais. Portanto, qualquer argumento sobre as diferenças de gênero nos agentes e comunitários precisa levar em consideração a socialização.

MAPAS DOS GÊNEROS

Desde pequenas, as meninas se vestem de rosa e ganham bonecas para brincar, recebendo a mensagem de que uma boa mulher é doce, caridosa e carinhosa. Os meninos se vestem de azul e recebem caminhões e armas para brincar, com a mensagem de que um homem bom é forte e ativo. Nossa identidade adulta está centrada nesses ideais de gênero, que afetam quase todas as áreas importantes da vida, moldando a forma como interpretamos nosso próprio comportamento, e o dos outros. Compreender como ocorre a socialização de gênero ajuda a fornecer uma visão sobre como podemos ser libertados de suas restrições.

Quando crianças, internalizamos os detalhes — na sua maioria, não falados — dos manuais de instruções para os nossos papéis, características e atividades prescritas por gênero, conhecidos como esquemas de gênero. Os esquemas são estruturas de conhecimento organizadas que agem como mapas internos. Elas operam inconscientemente e filtram nossas percepções psicológicas para nos ajudar a interpretar o mundo.

Por exemplo, na América do Norte, quando alguém nos convida para uma festa de aniversário, já sabemos o que esperar porque temos um modelo a seguir. Sabemos que temos que levar um presente, que vai haver bolo e velas e, se for uma festa surpresa, ficamos calados até gritar "surpresa!", quando o aniversariante chega. Em suma, os esquemas nos ajudam a dar sentido às coisas. Usamos esquemas de gênero para categorizar as pessoas, podendo prever o comportamento, ajudando-nos a formar expectativas sobre o que vestir na festa, como os outros vão agir, que tipo de presente comprar, e assim por diante.

Sentimo-nos desconfortáveis quando as coisas não se encaixam em nossos esquemas — um fenômeno conhecido como dissonância cognitiva. Tive uma colega que certa vez usou a dissonância cognitiva com bons resultados. Ela queria fazer uma surpresa para o aniversário do namorado, então providenciou para que, quando ele passasse pela porta, todos os seus amigos estivessem nus. Quando eles gritaram "surpresa!", ele ficou realmente surpreso! (Eu gostaria de ter estado lá para ver seu rosto.) Pelo fato de que não gostamos de experimentar dissonância, nossa mente faz o que pode para nos ajudar a sentir a calma da congruência do esquema. Se possível, distorcemos as informações para adequá-las aos nossos esquemas — podemos lembrar a imagem de um menino cozinhando como tendo sido de uma menina cozinhando, por exemplo.

Ignorar informações que não se enquadram em noções preconcebidas fortalece nossos esquemas. Pesquisas indicam que as alunas têm menos autoconfiança sobre sua habilidade matemática e são consideradas pelos alunos como menos talentosas em ciências, mesmo quando têm notas mais altas do que os homens. Essa informação da nota é ignorada porque não se encaixa no esquema de que os homens são melhores em matemática e ciências do que as mulheres. Isso não é resultado de um senso comum de que as mulheres são menos inteligentes do que os homens. As meninas são tão confiantes quanto os meninos sobre sua capacidade de leitura e escrita, e os meninos concordam, uma vez que não existe um esquema de que os homens sejam melhores na leitura e na escrita.

Nossos esquemas são, muitas vezes, inconscientes, por isso não percebemos sua influência pervasiva. Mesmo as pessoas que consideram os sexos iguais são influenciadas por esse filtro invisível da percepção. Podemos conscientemente julgar homens e mulheres igualmente competentes, mas ainda tendemos a confiar em estereótipos de homens como agentes e mulheres como comunitárias para fazer esse julgamento, especialmente quando não há muita formação clara para basear nossas avaliações. Não escolhemos ter esses estereótipos inconscientes, e eles não se originam de nossa mente racional. Em vez disso, nós os absorvemos de uma vida inteira de livros, filmes, programas de TV e música que retratam os homens como poderosos e agentes, e as mulheres como carinhosas e protetoras. Esses vieses são tão difusos que é difícil vê-los — eles são a água em que nadamos.

A técnica mais comum usada por pesquisadores para estudarem o viés inconsciente de gênero é a seguinte: diferentes participantes fazem uma leitura da descrição de pessoas idênticas, exceto pelo nome, masculino ou feminino, e, a partir da leitura, determinam se há diferença nas reações de cada um. Os pesquisadores da Escola de Negócios da Universidade de Duke descobriram que projetos de casas eram considerados mais inovadores quando o nome do suposto arquiteto era John em vez de Katherine. Pesquisadores da Universidade de Nova York descobriram que as estratégias de negócios foram classificadas como mais originais quando o gerente responsável tinha um nome masculino; esses gerentes também foram considerados mais dignos de receber um bônus, aumento ou promoção. Da mesma forma, ao avaliar projetos colaborativos envolvendo membros da equipe, o crédito pelo sucesso da equipe foi mais frequentemente atribuído aos membros do sexo masculino, a menos que as informações sobre a contribuição de uma mulher fossem claras e inequívocas (as consequências do viés inconsciente serão exploradas mais completamente no Capítulo 9, no qual analisaremos como a autocompaixão feroz pode ajudar as mulheres no local de trabalho).

Infelizmente, os estereótipos de gênero estão profundamente enraizados em nossa psique e são resistentes à mudança. Embora tenha havido muitos ganhos para as mulheres na sociedade nas últimas três décadas e as pessoas geralmente tenham atitudes mais igualitárias do que costumavam, um estudo constatou quase nenhuma mudança no estereótipo de que os homens são agentes e as mulheres são comunitárias, desde 1983 a 2014. Esses estereótipos são notavelmente estáveis ao longo do tempo e também parecem se tornar mais enraizados com a idade.

Pouco depois de chegar à UT (Universidade do Texas) em Austin, meu laboratório de pesquisa conduziu um estudo que analisa o desenvolvimento de estereótipos de gênero desde o início da adolescência até o início da idade adulta, focando particularmente nas percepções de traços associados à dominação ("tem capacidade de liderança", "independente") ou submissão ("complacente", "sensível às necessidades dos outros"). Descobrimos que a percepção quanto às diferenças de gênero se tornou mais extrema com a idade: os jovens adultos viam os homens como dominantes e as mulheres como submissas em maior extensão do que os primeiros adolescentes, talvez como resultado de maiores exposição à mídia e conhecimento da cultura americana. Também examinamos as crenças subjacentes a por que essas distinções existiam. Descobrimos que as mulheres jovens eram mais propensas a afirmar que a distinção era devido à forma como as meninas e os meninos eram criados; enquanto os homens jovens tinham propensão a atribuir as crenças a diferenças biológicas, como genes ou hormônios. As mulheres jovens também revelavam atitudes mais igualitárias — acreditando que deveriam encontrar mais oportunidades nos negócios e no governo —, em parte, porque viam as diferenças de gênero oriundas da forma como ocorrera sua socialização. Em outras palavras, embora as mulheres estivessem cientes do estereótipo da submissão feminina, consideravam a desigualdade de poder fundamentalmente injusta. Isso reforça a esperança na nossa capacidade de mudar os papéis opressivos de gênero.

QUEM SOU EU?

Um dos motivos pelos quais é tão desafiador superar os estereótipos internalizados se deve ao fato de estarem enraizados desde o nosso nascimento, e o senso de identidade, na verdade, se forma em torno de uma das identidades de gênero, comunitária ou agente. O gênero é uma das primeiras categorias que os bebês aprendem — começam a distinguir perceptivelmente homens e mulheres entre as idades de 3 e 8 meses. Quando eles completam 4 ou 5 anos, os estereótipos dos homens com traços de personalidade de agentes, como durão ou corajoso, e das mulheres com traços comunitários, como gentil ou delicada, já estão profundamente enraizados.

Esses estereótipos são fortalecidos quando observamos as reações sociais daqueles que não se conformam com o papel de gênero que lhes foi atribuído. Os meninos que mostram traços comunitários ternos são chamados de maricas. Eles são ridicularizados, não apenas por sua inconformidade, mas também porque agir como uma garota é interpretado como fraqueza. Na primeira infância, as meninas que mostram traços de agente não são ridicularizadas e normalmente são aceitas como molecas, em parte, porque esse comportamento equivale a subir um degrau, em vez de um rebaixamento de status. Ainda assim, o próprio fato de garotas agentes serem rotuladas de molecas chama a atenção, e destoa do que é considerado normal. Na adolescência, há mais pressão sobre as meninas — especialmente as heterossexuais — para se conformarem aos papéis de gênero estereotipados, a fim de serem populares e alcançarem sucesso no jogo do namoro. Para serem amadas e aceitas, começam a usar uma linguagem mais superficial, para focar na atratividade sexual e minimizar sua competência.

Na idade adulta, independentemente da orientação sexual, as mulheres fortes ou dominantes tendem a despertar uma reação social. O comportamento assertivo, o qual seria perfeitamente aceitável para um homem, muitas vezes resulta em antipatia, insulto e descrédito. Se um homem discordar e rejeitar a ideia de outra pessoa de forma clara e firme, ele é visto como decidido e confiante. Se uma mulher se comporta da mesma maneira, é vista como uma vadia dominadora. O medo de reações leva muitas mulheres a suprimirem seu lado feroz para obter aprovação social (mais uma vez, abordaremos isso com detalhes posteriormente).

No entanto, são, de fato, as características de agentes, não de comunitárias, que predizem a saúde mental das mulheres. Mulheres que conseguem ser firmes e se expressar com autenticidade mostram-se mais felizes e satisfeitas com suas vidas. Aquelas que não conseguem ficam ansiosas e deprimidas diante de desafios. Sem a capacidade de estabelecer limites, dizer não ou pedir o que desejam, as mulheres tendem a se estressar e se sentirem sobrecarregadas. Além disso, as altamente comunitárias, e não agentes, tendem a ficar angustiadas em dobro: não apenas são oprimidas por suas próprias dificuldades, mas podem se identificar tão fortemente com o papel de cuidadora, que se angustiam em excesso com os problemas de seus entes queridos.

Mulheres que são andróginas e apresentam fortes características tanto como agentes quanto comunitárias tendem a ter melhor saúde mental do que aquelas que não apresentam um dos aspectos. Pesquisas mostram que as andróginas são mais capazes de lidar com o estresse e se recuperar do fracasso. Isso ocorre porque elas têm duas maneiras de lidar: tomando atitudes proativas para melhorar sua situação quando possível e aceitando as coisas com serenidade quando a mudança não é uma opção. Elas também tendem a ser autênticas ao expressar seu verdadeiro eu.

Aquelas que são "indiferenciadas" — têm pontuação baixa em ambos, como agente e como comunitária — tendem a lutar mais, pois apresentam problemas tanto com o estímulo quanto com a autoafirmação, o que resulta em dificuldades pessoais e interpessoais. Mais uma vez está claro que o desenvolvimento e a integração equilibrados da ferocidade e da ternura é o que permite às mulheres serem inteiras e saudáveis.

TESTE SEU NÍVEL DE AGENTE E COMUNITÁRIO

A escala abaixo é uma versão adaptada do Questionário de Atributos Pessoais (PAQ), que foi criado por Janet Spence e Robert Helmreich na Universidade do Texas, em Austin. É uma das formas mais comuns de medir a masculinidade e a feminilidade numa pesquisa.

INSTRUÇÕES

Para cada par de características, escolha um número que descreva onde *você* se enquadra na escala. Escolha 1, se a opção à esquerda descreve você, e 5, se a opção à direita descreve você, ou escolha alguma opção entre os dois. Por exemplo, ao decidir onde você se enquadra em um *continuum* entre "nada artístico" e "muito artístico", se você acha que não tem qualquer habilidade artística, deve escolher 1. Se você acha que é muito bom, pode escolher 4. Se julgar-se apenas médio, poderá escolher 3, e assim por diante.

1	Nada independente	1 2 3 4 5	Muito independente
2	Nada emocional	1 2 3 4 5	Muito emocional
3	Muito passiva	1 2 3 4 5	Muito ativa

4	Incapaz de me dedicar completamente aos outros	1 2 3 4 5	Capaz de me dedicar completamente aos outros
5	Nada competitiva	1 2 3 4 5	Muito competitiva
6	Muito rude	1 2 3 4 5	Muito amável
7	Dificuldades em tomar decisões	1 2 3 4 5	Capaz de tomar decisões facilmente
8	Nada prestativa com os outros	1 2 3 4 5	Muito prestativa com os outros
9	Desiste muito facilmente	1 2 3 4 5	Nunca desiste
10	Nada gentil	1 2 3 4 5	Muito gentil
11	Nada autoconfiante	1 2 3 4 5	Muito autoconfiante
12	Nada ciente dos sentimentos dos outros	1 2 3 4 5	Muito ciente dos sentimentos dos outros
13	Sinto-me muito inferior	1 2 3 4 5	Sinto-me muito superior
14	Nada compreensiva com os outros	1 2 3 4 5	Muito compreensiva com os outros
15	Fico aos pedaços sob pressão	1 2 3 4 5	Fico gigante sob pressão
16	Muito fria no relacionamento com os outros	1 2 3 4 5	Muito entusiasmada no relacionamento com os outros

INSTRUÇÕES DE PONTUAÇÃO:

Pontuação total do agente (soma dos itens ímpares) = _____

Pontuação média do agente (total / 8) = _____

Pontuação total de comunitário (soma dos itens pares) _____

Pontuação média de comunitário (total / 8) = _____

Para ter uma referência aproximada, a pontuação média do agente ou do comunitário abaixo de 3,0 indica que você está baixo no referido traço e acima de 3,0 indica que você está alto nesse traço. Aqueles que têm pontuação baixa no agente e alta no comunitário são classificados como femininos, já, ao contrário, pontuação alta no agente e baixa no comunitário, são classificados como masculinos, baixa em ambos como indiferenciados e alta em ambos como andróginos.

O GÊNERO E AUTOCOMPAIXÃO

Bem, qual é a ligação entre gênero e autocompaixão? Essa questão tem sido de grande interesse para mim, um tema que continuo a explorar em minha pesquisa. Pode-se supor que, porque as mulheres são socializadas para desenvolver qualidades de cordialidade e cuidado, são mais autocompassivas do que os homens. Mas a pesquisa mostra o oposto: as mulheres têm menos autocompaixão do que os homens. Em uma meta-análise de 71 estudos, descobrimos que as mulheres somavam pontuações mais baixas de autocompaixão, embora a diferença fosse pequena. A razão pela qual somos menos autocompassivas é, parcialmente, devido ao fato de termos a tendência de sermos mais autocríticas. Conforme mencionado anteriormente, quando a resposta de defesa contra ameaças é acionada, muitas vezes se manifesta como autojulgamento, sensação de isolamento e superidentificação. Indivíduos em posições subordinadas precisam estar mais vigilantes contra o perigo, levando as mulheres a confiar na autocrítica como forma de se sentirem seguras.

Embora as mulheres tenham menos autocompaixão do que os homens, são mais compassivas com os outros. Foi dada a quase 1.400 adultos a SCS, além de uma escala de compaixão análoga que avaliava a gentileza, o sentido de humanidade comum e a atenção ao sofrimento dos outros. As mulheres pontuaram ligeiramente mais baixo na SCS do que os homens, mas muito mais alto na escala de compaixão. Embora tanto as mulheres quanto os homens tendessem, de forma geral, a ser mais compassivos com os outros do que consigo mesmos, essa discrepância era mais extrema nas mulheres. Descobrimos que 67% dos homens eram significativamente mais compassivos com os outros do que com eles próprios, 12% eram mais compassivos consigo mesmos do que com os outros e 21% eram igualmente compassivos consigo mesmos e com os outros. Entre as mulheres, 86% eram significativamente mais compassivas com os outros, 5% eram mais compassivas consigo mesmas e apenas 9% eram igualmente compassivas consigo mesmas e com os outros.

Essas descobertas refletem a maneira como as mulheres são ensinadas a priorizar as necessidades alheias às suas. O poder determina quem tem suas necessidades atendidas e, historicamente, as mulheres têm sido obrigadas a subordinar suas necessidades às vontades dos homens para manter a paz nos relacionamentos. Os homens, que se sentem mais no direito de ter suas necessidades satisfeitas, parecem ter menos problemas para ter autocompaixão.

Contudo, não é o sexo biológico que leva a diferenças. A socialização do papel de gênero é a verdadeira culpada. Em outro estudo com aproximadamente mil adultos, descobrimos que as mulheres andróginas, tanto agentes quanto comunitárias, são tão compassivas quanto os homens. Elas se sentem confiantes e dignas, o que permite direcionar para dentro de si próprias a habilidade bem desenvolvida da nutrição, em tempos de luta. Mulheres com nível reduzido de ambos os traços apresentaram níveis mais baixos de autocompaixão, porque não conseguem recorrer ao calor nem à força interna para cuidar de si mesmas. Essas descobertas significam que, como mulheres, não precisamos renunciar às nossas qualidades comunitárias para abraçar totalmente a autocompaixão. Para liberar todo o potencial, simplesmente precisamos fortalecer nosso sentido de agente para equilibrar nosso yang com nosso yin.

Felizmente, o fato de as mulheres serem socializadas para valorizar a compaixão significa que têm menos medo da autocompaixão do que os homens e estão mais abertas para aprender essa habilidade. Embora não mantenhamos dados sobre isso, posso estimar que cerca de 85% a 90% dos participantes das oficinas do MSC são mulheres. A ideia de usar a compaixão como fonte de enfrentamento e resiliência parece fazer mais sentido para as mulheres do que para os homens. Elas também já chegam como especialistas em compaixão, tendo sido treinadas desde cedo para cuidar dos outros. Isso significa que elas estão em uma posição melhor para ter compaixão, porque já sabem como ser afetuosas, sensíveis e solidárias.

Embora o papel comunitário do gênero feminino tenda a ser gentil, há um contexto em que podemos ser ferozes. Somos encorajadas a agir como uma mãe ursa poderosa, desde que seja para proteger nossos filhos. O arbítrio a serviço da comunhão — ou seja, tomar medidas vigorosas para ajudar nossos filhos — não só é aceitável, mas se torna algo lendário. Quer tenham ou não filhos, a maioria das mulheres pode sentir o poder interior da mãe ursa. O truque é fazer uma meia-volta consciente e direcionar essa força de cuidado para dentro de si.

ALÉM DO GÊNERO

Todas nós fomos prejudicadas pela dicotomia dos gêneros agente e comunitário, do yin e do yang. Quando limitamos nossa capacidade de expressar essas duas formas essenciais de ser, nosso desenvolvimento fica atrofiado e cada energia sujeita à distorção. As qualidades do yin, a sensibilidade, aceitação e compreensão, podem se transformar em impotência e dependência quando separadas da energia feroz do yang. As qualidades do yang, a bravura e a ação, podem se transformar em agressão, domínio e falta de inteligência emocional se desassociadas da energia terna do yin.

O que aconteceria se o yin e o yang não estivessem ligados ao sexo masculino ou feminino? Se cada indivíduo pudesse expressar sua voz única? Em vez de priorizar uma qualidade sobre a outra, poderíamos aproveitar e integrar ambas. Quando o yin e o yang são libertados da dinâmica da dominação e submissão, podemos usar a força do cuidado para nos transformar e, também, aproveitar esse poder para transformar um sistema social falido.

Nos últimos anos, explorei profundamente meu próprio equilíbrio do yin e do yang. Embora a cultura geralmente suprima o lado feroz das mulheres, a jornada de cada uma é única. Para mim, a jornada foi para recuperar e integrar meu lado terno. Durante a maior parte da minha vida, fui mais yang do que yin. Esta foi uma escolha intencional. Tenho uma memória muito clara de andar pelos corredores da minha escola quando tinha cerca de 16 anos. Os meninos estavam começando a me notar e eu sentia toda a tensão de ter que ser atraente e popular para ganhar autoestima. Eu disse a mim mesma: "Dane-se! Eu não vou abrir meu caminho no mundo sendo bonita. Vou fazer o meu caminho sendo inteligente!" Eu já tinha a compreensão da falta de poder que vinha de depender de um homem para obter apoio porque meu próprio pai havia abandonado nossa família quando eu tinha dois anos. O sonho da minha mãe era ser uma dona de casa, ser sustentada pelo marido benevolente. Mas não deu muito certo e ela conseguiu um emprego de secretária (do qual não gostava) para pagar as contas. Eu não queria nada disso.

Então, concentrei-me nos estudos, conseguindo uma bolsa integral para UCLA, e depois um Ph.D. em Berkeley, uma posição de pós-doutorado na Universidade de Denver, seguida por uma posição de professora na UT Austin. Basicamente nunca parei de estudar. A inteligência se tornou minha fonte de segurança. Eu poderia discutir com os melhores deles e a ferocidade veio naturalmente para mim. Embora meu lado terno estivesse bem desenvolvido em relação ao ensino da autocompaixão ou à educação de meu filho, essas duas partes de mim pareciam muito desconectadas. Passei tanto tempo conduzindo pesquisas, escrevendo artigos, desenvolvendo protocolos de treinamento, dando palestras que o yin e yang em mim ficaram fora de equilíbrio.

Desde que cheguei a essa conclusão, concentrei-me intencionalmente em trabalhar o meu lado yin, mais suave e intuitivo, que, por vezes, parece dominado pelo meu intelecto. Faço coisas bem pouco científicas, como orar pedindo orientação às minhas ancestrais mulheres. Eu pratico o abandono da necessidade de saber de tudo, confiando na vida, aprendendo a me abrir para a incerteza. Eu honro os dois lados do meu ser e os convido a se fundirem e se integrarem dentro de mim.

Eu, intencionalmente, descobri que invocar a compaixão feroz e terna ao mesmo tempo permite que eu me sinta mais completa e preenchida. Posso operar no mundo com equilíbrio. Às vezes, esqueço e sou desviada do centro. Daí, me lembro e tento invocar os dois lados novamente.

Não é uma progressão linear em que, uma vez que integramos o yin e o yang, o desafio está encerrado. É um processo iterativo que precisa ser suscitado continuamente. Às vezes, precisamos de mais ferocidade, às vezes de mais ternura, mas sempre de ambos.

RESPIRANDO O YIN E O YANG

Esta prática se baseia na meditação clássica da respiração para trabalhar com as energias yin e yang, para que possamos equilibrá-las. Eu a desenvolvi como uma forma de integrar os dois lados dentro de mim e, agora, a ensino em oficinas. Muitas pessoas relatam que podem sentir os efeitos da prática imediatamente em seu corpo, o que as ajuda a se sentirem inteiras e centradas. (Uma versão em áudio guiada desta prática pode ser encontrada em www.lucidaletra.com.br/pages/autocompaixaoferoz)

INSTRUÇÕES

- Sente-se confortavelmente, mas certifique-se de que suas costas estejam retas. Coloque ambas as mãos no seu plexo solar ou algum outro lugar que a ajude a se sentir forte e apoiada.
- Comece a notar sua respiração. Não mude ou controle, apenas respire naturalmente.
- Sua mente vai vagar. Quando isso acontecer, traga de volta sua atenção, sem julgamento.
- Concentre-se especificamente na sua inspiração, sentindo cada irradiação da energia.
- Ao inspirar, imagine que está inspirando a energia forte do yang. Sinta o poder subindo da base da sua espinha.

- Se quiser, você pode imaginar a energia feroz como uma luz branca brilhante fluindo por todo o seu corpo.
- Faça isso por cerca de dois minutos ou mais, se desejar.
- Inspire fundo e segure a respiração por cerca de cinco segundos, depois expire.
- Agora coloque as mãos no coração ou em algum outro lugar relaxante.
- Comece a se concentrar em sua expiração, sentindo-se relaxar a cada exalação.
- Ao expirar, relaxe e deixe sair.
- A cada expiração, imagine que a compaixão terna do yin está sendo liberada — a presença amorosa e conectada. Deixe isso nutri-la e curá-la.
- Se quiser, você pode imaginar essa energia terna como uma luz dourada suave fluindo através de você.
- Faça isso por dois minutos ou mais.
- Mais uma vez, respire fundo, segure por cerca de cinco segundos e, em seguida, solte.
- Agora, reúna o yin e o yang, colocando uma das mãos em seu coração e a outra em seu plexo solar, ou em algum outro lugar que seja confortável para você.
- Ao inspirar, imagine que está respirando ferocidade e, enquanto você expira, imagine que está expirando ternura.
- Permita que essas duas energias fluam livremente em seu corpo, fundindo e se integrando.
- Permita que o fluxo interno e externo seja tão natural quanto o movimento do oceano, ondas entrando, ondas saindo.

- Se parecer certo, você pode se concentrar mais na inspiração ou na expiração, dependendo do que mais precisa no momento.
- Faça isso por cerca de cinco minutos ou mais, se quiser.
- Quando estiver pronta, abra suavemente os olhos.

Deve-se notar que não há maneira certa de fazer essa prática. Algumas pessoas gostam de invocar ternura na inspiração e enviar energia feroz para o mundo na expiração. Você também pode mudar a ordem da inspiração e da expiração. Experimente a prática e veja o que funciona melhor.

CAPÍTULO 3:
MULHERES ZANGADAS

A verdade a libertará, mas, primeiro, a irritará.
—Gloria Steinem, autora e ativista

Depois de uma votação estreita do partido que confirmou Brett Kavanaugh para a Suprema Corte dos Estados Unidos, muitos comentaristas sociais refletiram sobre o papel que a raiva desempenhou na audiência no Comitê Judiciário do Senado. A Dra. Christine Blasey Ford, que se apresentou voluntariamente para testemunhar nas audiências, exibiu uma bravura incrível na frente do comitê do Senado, enquanto detalhava suas memórias pessoais da agressão sexual de Kavanaugh, quando ela era adolescente. Igualmente notável foi seu comportamento durante a audiência. Mostrava extrema confiança quando testemunhava na sua área de especialização — a psicologia do trauma; e, em outras ocasiões, falava como uma jovem que precisava aplacar os homens poderosos ao seu redor. Isso não diminui a coragem que demonstrou estando lá. Foi impressionante. Mas ela, claramente, sentiu que tinha que ser suave e doce para ter alguma esperança de ser ouvida.

Ford provavelmente estava certa. Se ela tivesse mostrado a raiva que tinha de Kavanaugh, provavelmente teria experimentado a repercussão de ter violado o estereótipo de uma "boa" mulher. Aos olhos de muitos, qualquer explosão de sua parte teria desacreditado seu testemunho. Ela teve permissão para demonstrar sua dor, de se sentir vitimizada, mas não mais do que isso.

Kavanaugh, por outro lado, foi ovacionado por grande parte do público e por muitos senadores por ter se comportado de modo enfurecido. Sua demonstração de raiva ajudou a garantir sua confirmação para a Suprema Corte.

GAROTAS BONITAS NÃO FICAM ZANGADAS

A raiva é uma expressão poderosa da energia yang. Soa um alarme e sinaliza a presença de perigo. O alarme nos motiva a agir com urgência para minimizar as ameaças. Embora no início do desenvolvimento meninos e meninas sintam raiva no mesmo nível, o sentimento das meninas é tratado de maneira diferente na comparação com o dos meninos. Assim que aprendem a andar e falar, as meninas são incentivadas pelos pais e professores a exibir qualidades ternas — a serem agradáveis, prestativas e cooperativas. Em contrapartida, são ativamente desencorajadas a demonstrar a feroz qualidade da raiva. Os adultos reagem à raiva como algo natural e aceitável nos meninos, mas não nas meninas. As meninas são instruídas três vezes mais do que os meninos a usar uma voz "mais boazinha", transmitindo a mensagem de que é nosso papel manter a paz, em vez de perturbar o sistema.

A ideia de que a raiva é apropriada somente aos meninos está tão entranhada que afeta até mesmo o discernimento das mães. Muitas tendem a classificar a raiva das filhas como tristeza. No caso dos filhos, eles passam a ser identificado como bravos. Não surpreende que crianças pequenas acreditem que é normal que os meninos fiquem com raiva, mas anormal no caso das meninas. Para as meninas, claro, isso se torna muito confuso. Ter nossas emoções invalidadas e mal interpretadas é o primeiro passo para suprimir nossa capacidade de falar e desenvolver autoafirmação.

Sandra Thomas e seus colegas da Universidade do Tennessee conduziram um exame pioneiro sobre a raiva das mulheres na década de 1990. O estudo incluiu 535 mulheres e fez perguntas abertas sobre sua experiência com a raiva. Descobriram que muitos participantes não tinham contato com a raiva ou, então, se sentiam profundamente desconfortáveis com ela. Como disse uma mulher: "Acredito que fui socializada para não reconhecer a raiva como uma emoção humana válida. O resultado dessa socialização é que nem sempre sei quando estou com raiva, nem tenho muitas maneiras eficazes de expressá-la. Muitas vezes me sinto impotente. Eu me sinto desesperada. Eu me sinto uma tola. Fico com medo. Sentir raiva me assusta". Os pesquisadores descobriram que as causas mais frequentes da raiva nas mulheres eram a sensação de impotência, o fato de não serem ouvidas, a injustiça, a irresponsabilidade por parte dos outros e a incapacidade de fazer as mudanças que desejavam.

Eles também descobriram que as mulheres suprimiam sua raiva na forma de tensão física, muitas vezes se sentindo impotentes, pequenas e diminuídas. Além disso, reprimir a raiva acabava levando a uma explosão que também as fazia sentirem-se fora de controle — e, portanto, ainda mais impotentes. Como escreveu uma mulher: "Meu marido me disse que sou como Jekyll e Hyde (do romance *O Médico e o Monstro*, de Robert Louis Stevenson). Posso estar falando num tom de voz muito doce e normal e, de repente, estourar... Viro outra pessoa, o olhar estampando puro ódio no meu rosto... Não tenho noção do que acontece. É como se tivesse me tornado outra pessoa. Fiquei tão brava com ele que peguei a xícara de chá que ele estava tomando e joguei em seu rosto. Meu marido não conseguia acreditar. Chorei porque eu também não conseguia acreditar". É irônica essa raiva, uma emoção inerentemente poderosa, que faz com que as mulheres se sintam impotentes. Não reconhecem a raiva como parte de sua verdadeira natureza, já que, socialmente, nunca tiveram permissão para senti-la. Em vez disso, sentimos que uma força alienígena toma conta de nós e é comum repetirmos coisas como "estava perdida" ou "não era eu mesma". Isso ocorre porque as mulheres foram ensinadas a rejeitar sua raiva e a vê-la como algo estranho.

E a crença de que a raiva não é natural para as mulheres é corroborada pela reação dos outros. Mulheres furiosas são vistas como loucas, irracionais e desequilibradas. As pessoas acham que uma mulher deve ser mentalmente perturbada se estiver com raiva ou "fora de si". Ela é emocionalmente desequilibrada, talvez um desequilíbrio hormonal por conta de seu ciclo menstrual. (Como disse Donald Trump sobre a comentarista de notícias Megyn Kelly, depois que ela o questionou agressivamente num debate: "Dava para ver que havia sangue saindo dos olhos dela, sangue saindo de qualquer lugar dela".) O estereótipo de que as mulheres são nutridoras comunitárias é tão arraigado que qualquer outro comportamento é encarado como desviante. Entretanto, é normal que as mulheres fiquem tristes, já que a tristeza é uma emoção terna, uma emoção dócil que aceita o que se apresenta. Nós simplesmente não podemos ficar com raiva. Os homens, por outro lado, são vistos como apaixonados, justos e comprometidos quando enfurecidos. Sua raiva está de acordo com sua identidade estereotipada como agentes de ação e de mudança. Os homens são ovacionados quando estão com raiva porque mostram que têm coragem. As mulheres, por outro lado, são julgadas e insultadas: isso mostra que elas são uma ameaça.

MULHERES NEGRAS E A RAIVA

Embora a maioria das participantes do estudo de Thomas sobre a raiva das mulheres fosse branca, ela conduziu entrevistas em profundidade com algumas das participantes negras para ver se a experiência era diferente. Ela descobriu que, embora também temessem ser dominadas pela força da raiva, elas estavam mais cientes dos resultados positivos dessa emoção do que os outros grupos. Por causa da dupla ameaça de sexismo e racismo, suas mães e avós lhes ensinaram que a raiva, às vezes, é necessária para proteção e sobrevivência em um mundo injusto. Ainda assim, pesquisadores da Universidade Estadual de Clayton descobriram que as mulheres negras não são realmente mais zangadas do que as brancas, falando em termos de sentimentos de raiva, ter um temperamento raivoso, usar expressões verbais ou físicas de raiva ou o controle da raiva. Na verdade, descobriu-se que as mulheres negras relataram níveis mais baixos de raiva reativa em situações nas quais são criticadas, desrespeitadas ou avaliadas negativamente em comparação com outras pessoas. Esses achados foram interpretados para demonstrar a maturidade que desenvolvem continuamente por terem que lidar com o racismo e o sexismo no dia a dia. São capazes de reconhecer a função protetora da raiva, mas, também, de regulá-la.

Infelizmente, isso não impediu a sociedade de estereotipar as mulheres negras como zangadas e antagônicas. O grupo da Mulher Negra Furiosa é, às vezes, estereotipado como Sapphire, baseado na personagem do programa "Amos 'n' Andy" (comédia de rádio norte-americana), dos anos 1950. Sapphire era descrita como hostil por importunar o seu marido. Estudiosos argumentam que esse estereótipo negativo foi desenvolvido para justificar os maus-tratos, o que continua a ter consequências destrutivas. Por exemplo, um estudo com quase 300 universitárias brancas quis conhecer a percepção em relação à culpa das mulheres por provocarem a violência doméstica entre cônjuges da mesma raça. Os pesquisadores descobriram que, depois de lerem relatos idênticos de violência doméstica envolvendo um casal negro e um branco, as mulheres do primeiro grupo foram descritas como sendo mais responsáveis pela violência do que as do segundo, presumivelmente devido ao estereótipo de que são mais raivosas e agressivas. Essa descoberta ficou ainda mais evidente entre aqueles com visões tradicionais sobre gênero. Essas descobertas perturbadoras estão de acordo com as estatísticas que mostram que a polícia tende a levar os relatos das vítimas negras de violência doméstica menos a sério do que os das vítimas brancas. Qualquer mulher que quebra o molde da feminilidade ideal, ficando zangada, é rejeitada pela sociedade, mas esse julgamento prejudicial atinge mais fortemente as mulheres negras.

RAIVA, GÊNERO E PODER

A supressão da raiva das mulheres ajuda a manter relações de poder desiguais. A mesma raiva que tende a aumentar o poder de um homem aos olhos da sociedade, apoiando o arquétipo de força e confiança masculinas, diminui o poder de uma mulher. Um estudo da Universidade do Estado do Arizona examinou esse viés perceptivo, dizendo aos participantes que estavam numa simulação de deliberação do júri sobre um caso de assassinato. O experimento foi realizado na internet e projetado para que quatro jurados, por meio de comentários por escrito, concordassem com o veredicto do participante sobre o caso, mas um jurado seria dissidente e discordaria. Os outros jurados não existiam realmente; a configuração foi projetada para examinar as reações dos participantes ao *feedback online*. Quando o dissidente tinha um nome masculino e expressava raiva, os participantes se sentiam menos confiantes nas suas próprias opiniões e mais influenciados pela opinião do jurado. Quando a discordante tinha nome feminino e expressava raiva, os participantes se sentiam mais confiantes neles mesmos e menos influenciados por sua opinião — embora os argumentos fossem os mesmos e a raiva expressa num grau semelhante ao masculino.

Expressões de raiva inspiram respeito e aumentam a competência percebida para os homens, mas é um convite ao desprezo e implica capacidade reduzida para as mulheres. A deslegitimação dessa emoção básica priva as mulheres da sua capacidade de impactar os outros de maneira eficaz. Também prejudica nossa saúde mental.

MULHERES, RAIVA E BEM-ESTAR

Como as mulheres não têm permissão para expressar externamente a raiva da mesma forma que os homens, tendemos a dirigi-la para dentro na forma de autocrítica. Quando nos sentimos ameaçadas e não conseguimos reagir ao perigo, a resposta a essa luta passa a ser interna. Tentamos reafirmar o controle por meio da autocrítica, esperando que isso nos force a mudar e, assim, restaurar a segurança. Também temos mais probabilidade do que os homens de nos julgarmos negativamente por ficarmos com raiva, levando a uma autocrítica ainda mais severa. A raiva internalizada na forma de autocrítica é a principal razão pela qual as mulheres, especialmente aquelas com uma identificação feminina de gênero, relatam níveis mais baixos de autocompaixão do que os homens.

Também ajuda a explicar por que as mulheres têm duas vezes mais chances de sofrer de depressão. Nós nos dobramos mediante a pressão da autoaversão e ficamos em choque com nossos próprios ataques constantes. O aumento do cortisol e a inflamação causados pela ativação constante do sistema nervoso simpático resultam no fechamento do nosso corpo e mente. A autocrítica também pode nos levar a desenvolver transtornos de ansiedade, como ataques de pânico, ou transtornos alimentares, como a anorexia.

A incapacidade de expressar a raiva pode levar à ruminação emocional, que também contribui para a depressão. Lembre-se de que a ruminação representa o congelamento de uma reação ao perigo e, como a autocrítica, é um comportamento básico de segurança. É uma forma de resistência ao que está acontecendo, enraizada no desejo de fazer nossa dor ir embora. Em vez de surgir e desaparecer naturalmente, nossa raiva fica alojada em algum lugar, por nossa própria resistência (as mulheres não deveriam estar com raiva, afinal). Isso significa que nossa mente fica presa a isso, como velcro, com pensamentos raivosos se repetindo incessantemente.

Robin Simon, da Universidade Wake Forest, e Kathryn Lively, da Universidade Dartmouth, conduziram uma pesquisa com uma amostra nacional bastante representativa, de 1.125 americanos, e descobriram que a raiva das mulheres é mais forte e persistente que a dos homens, mesmo depois de analisarem fatores sociodemográficos como educação, renda e raça. Os pesquisadores descobriram que a maior incidência de depressão entre as mulheres poderia ser parcialmente explicada pelo aumento da intensidade e duração da raiva nas mulheres. Ao negar a nós mulheres a livre expressão da raiva justificada, a sociedade está nos forçando a engoli-la, o que nos faz adoecer.

O PRESENTE QUE A RAIVA DÁ

As normas contra a raiva feminina não apenas prejudicam nossa saúde mental, mas também nos negam o acesso a um recurso importante e poderoso. O professor Raymond Novaco, especialista no estudo sobre a raiva na Universidade da Califórnia, em Irvine, descreveu, pelo menos, cinco formas pelas quais a raiva pode se tornar uma emoção útil. Primeiro, a raiva nos energiza. Quando estamos com raiva, nossas costas ficam altas e podemos sentir a energia pulsando em nossas veias. Essa energia nos mobiliza a agir e vencer a inércia ou complacência. Causa uma explosão de motivação necessária para impedir danos ou injustiças. Tanto faz se for para falar com as autoridades, para ir às urnas ou às ruas, como tantos de nós fizemos após a eleição de Donald Trump ou a morte de George Floyd. Precisamos ficar com raiva para gerar mudanças.

Em segundo lugar, a raiva fornece um foco incrível sobre o que ameaça nos prejudicar. Ela atua como um feixe de laser que aponta para o perigo presente. Embora possa ser debilitante, se for transformada em ruminação emocional, a capacidade da raiva de iluminar um problema que exige nossa atenção é um presente que não deve ser menosprezado. Fornece uma clareza incrível no momento exato em que é necessária.

Em terceiro, a raiva nos ajuda a nos defender e proteger. Ela substitui a resposta do medo e nos leva a lutar contra alguém que está nos machucando ou tratando injustamente. Às vezes, precisamos ficar com raiva para ter coragem de enfrentar aqueles que nos ameaçam ou desrespeitam. Se não ficarmos com raiva, seremos menos propensas a nos defender. Como a raiva nos dá energia e nos concentra na ameaça em questão, também nos equipa para uma ação de autoproteção.

Um quarto aspecto útil da raiva é que ela tem clara função comunicacional. Ela nos alerta para o fato de que algo está errado, ao mesmo tempo que permite que os outros saibam que estamos descontentes com isso. Se não ficarmos zangadas com o comentário sutil, mas sarcástico, que um colega de trabalho acabou de fazer sobre nosso desempenho no trabalho, podemos nem sequer perceber que esse comentário foi impróprio ou prejudicial. Embora gritar ou berrar não sirva a um propósito útil de comunicação se o ouvinte estiver desatento, a raiva expressa com firme convicção (exemplo: "Não achei o último comentário útil"), muitas vezes, o obriga a prestar atenção, tanto no presente momento quanto no futuro.

Mesmo quando a raiva é simplesmente uma expressão da dor, como um palavrão depois de bater um dedo do pé, ela desempenha uma importante função catártica. Na verdade, um estudo descobriu que, quando os participantes mergulhavam as mãos em água gelada, aqueles que foram instruídos a xingar, tinham maior tolerância à dor e as mantinham por mais tempo imersas do que aqueles que foram instruídos a não reagir. Esse efeito foi especialmente acentuado entre as mulheres, que geralmente praguejam pouco e comparação com os homens. Como as mulheres estavam menos familiarizadas com o poder catártico da raiva, elas acharam isso especialmente eficaz como analgésico.

Por fim, a raiva proporciona uma sensação de controle pessoal e de empoderamento. Quando estamos com raiva e empenhadas em mudar as coisas para melhor, não somos mais uma vítima indefesa. Mesmo que não possamos mudar nossa situação, a raiva nos impede de cair em uma montanha de medo e vergonha. Assumimos o espírito de uma sobrevivente. A raiva nos lembra de que temos uma voz poderosa na maneira como escolhemos viver nossas vidas.

RAIVA CONSTRUTIVA E DESTRUTIVA

Nem toda raiva é benéfica, é claro. Na verdade, existem dois tipos de raiva identificados pelos pesquisadores: construtiva e destrutiva. A raiva destrutiva rejeita e culpa as pessoas de uma forma pessoal: são vilões perversos! É uma energia hostil e agressiva, muitas vezes buscando retaliar e destruir. A raiva destrutiva é hipócrita e não se importa com potenciais consequências para seus destinatários, que merecem o que quer que aconteça com eles. Também atua de maneira defensiva no ego, protegendo nossa autoimagem como se fosse uma questão de vida ou morte. É reativa e irracional e leva a uma tomada de decisão ruim. É o calor da raiva que nos impede de ver as coisas com clareza, fazendo-nos focar apenas na punição da pessoa que nos ameaça. Isso é verdade mesmo quando essa pessoa somos nós mesmas, ao nos agredirmos com duras críticas a cada erro. Pode destruir relacionamentos e levar à violência, incluindo ataques verbais e físicos. Porque ela ativa o sistema nervoso simpático, pode também levar à hipertensão, à disfunção do sistema imunológico e a problemas de saúde, como aumento da pressão arterial e doenças cardiovasculares.

A raiva destrutiva apoia a verdade do ditado, "A raiva corrói o recipiente que a contém" ou "a raiva é como pegar uma brasa com a mão; você é aquela que se queima". Quando sentimos raiva de nós mesmas ou de outra pessoa, estamos nos desligando da interconexão. Transformamos a pessoa, objeto da raiva, num inimigo. Em suma, minamos a compaixão. Isso nos prejudica (assim como aos outros), aumentando os sentimentos de isolamento e ódio.

A raiva construtiva, por outro lado, é o processo pelo qual uma pessoa se defende e a seus direitos, sem hostilidade ou agressão. Ela se concentra na proteção contra danos e injustiças. Direciona a raiva ao mal cometido, buscando compreender as condições que levam ao mal, em vez de atacar a pessoa, ou pessoas, que estão agindo prejudicialmente. Ela considera o impacto de sua expressão nos outros. A raiva que visa reduzir o sofrimento não exacerba os problemas, mas procura desvendá-los. A raiva construtiva é um manancial para uma ação focalizada que visa prevenir a injustiça e dizer não.

A raiva construtiva tem um efeito positivo em nosso estado de saúde mental e físico. Num grande estudo com quase dois mil homens e mulheres adultos, pesquisadores da Universidade do Alabama utilizaram entrevistas gravadas para observar como os participantes expressavam a raiva. Foi codificado que os participantes exibiam a raiva construtiva quando preenchiam um dos quatro critérios a seguir: eram assertivos e lidavam diretamente com a pessoa de quem estavam com raiva; discutiam por que eles se sentiam chateados; tentavam entender o ponto de vista da outra pessoa; ou discutiam sua raiva com outras pessoas, como uma forma de obter *insights* sobre possíveis formas alternativas de ver a situação.

Os resultados do estudo indicaram que os participantes que demonstraram raiva construtiva eram menos cínicos, agressivos e hostis com os outros, e estavam menos ansiosos e deprimidos do que aqueles cuja raiva não era construtiva. Eles também tiveram melhor saúde física, apresentando pressão arterial mais baixa.

A raiva que busca compreender, em vez de destruir, também pode ser aproveitada para a resolução eficaz de conflitos. Um objetivo importante da raiva é corrigir violações de direitos ou justiça. Quando essa emoção se apresenta construtiva, motiva os indivíduos a resolverem os conflitos de maneira equilibrada. Por exemplo, um grupo de pesquisadores examinou o apoio israelense ao acordo sobre o status de Jerusalém e dos refugiados palestinos. Descobriu que, quando a raiva era acompanhada de ódio, diminuía o apoio ao acordo. No entanto, quando a raiva ocorria sem ódio — quando os palestinos eram vistos como seres humanos, e não como inimigos —, resultava em maior aprovação. A raiva construtiva pode ser uma força para o bem, desde que tenha o objetivo de prevenir danos e não seja pessoal.

RAIVA E JUSTIÇA SOCIAL

A raiva revela as coisas como elas são de verdade. Isso nos permite ver quando estamos sendo discriminadas ou tratadas injustamente — e lutar contra isso. Se mulheres não ficam com raiva, significa que nossas vontades, necessidades e desejos não contam. Significa que não podemos efetivamente mudar nossa situação. A censura à raiva das mulheres, classificando-a como "imprópria para uma dama", é uma forma de controle social, de nos manter em nosso lugar. A vontade de ficar com raiva por si só já é, portanto, um ato político, bem como a afirmação pessoal de nossos direitos. Como Soraya Chemaly, autora de *Rage Becomes Her* (*Ela se Torna a Raiva*), escreve: "A verdade é que a raiva não é o que atrapalha — ela é o nosso caminho. Tudo o que temos que fazer é possuí-la". A raiva surge quando queremos dizer algo sobre a circunstância em que nos encontramos. A energia feroz da raiva motiva a ação e estimula a autoafirmação e um sentido de agente. Permite-nos expressar autenticamente sobre sermos tratadas de forma justa e nos ajuda a satisfazer nossas necessidades. Embora a raiva desenfreada não seja útil, a sua energia pode se tornar incrivelmente proveitosa quando devidamente direcionada e focada em sistemas injustos que causam sofrimento.

Uma mulher que evita ficar com raiva pode ter menos probabilidade de falar e se opor diante de uma injustiça. Em um estudo realizado por Diana Leonard e colegas da Universidade da Califórnia, em Santa Bárbara, os pesquisadores examinaram como o estereótipo sobre a raiva das mulheres afeta o desejo de agir contra a injustiça. Mulheres universitárias foram informadas sobre uma situação hipotética: "Numa aula de kickboxing, com a maioria dos alunos do sexo masculino, o instrutor comenta que decidiu direcionar as sessões para treinamento de força. Depois, ele sugere para Jéssica que considere a transferência para uma aula de aeróbica". As participantes que endossaram o estereótipo negativo sobre a raiva nas mulheres, em geral, eram menos propensas a ficar zangadas nessa situação em particular. Elas também eram menos propensas a ver essa situação como um ato de discriminação ou de querer formar um grupo com outras mulheres para confrontar o instrutor de kickboxing. Ignorar situações sexistas como essa significa que a injustiça não será sequer contestada. A raiva das mulheres é a chave para o protesto contra a desigualdade de gênero, motivando as mulheres a se unirem para agir. A ação coletiva, portanto, é definida como as medidas tomadas por um grupo para lutar contra a injustiça e a discriminação.

Pode envolver protestos, marchas, boicotes, assinaturas de petições, votos ou denúncia de maus-tratos. Historicamente, a ação coletiva tem sido uma das formas mais eficazes para as mulheres decretarem mudanças sociais. Pense nos protestos das sufragistas que garantiram o voto em 1920, ou Mothers Against Drunk Driving (MADD — Mães Contra a Direção Alcoolizada, organização sem fins lucrativos), que solicitou, com sucesso, ao Congresso que a idade mínima para o consumo de bebidas alcóolicas fosse fixada em 21 anos, além de endurecer as penas para DUIs (Driving Under Influence — Dirigir sob Influência), diminuindo as fatalidades pela metade. O atual cenário político americano é moldado pela raiva de "Rage Moms"(Mães Furiosas), um termo cunhado pelas jornalistas Lisa Lerer e Jennifer Medina, do *New York Times*, para descrever grupos de ação social movidos pela raiva, como MomsRising (Mães com Poder), um grupo de ação política com mais de um milhão de membros, ou Moms Demand Action (Mães Exigem Ação), uma organização que advoga pelo controle de armas. O movimento Black Lives Matter (Vidas Negras Importam) foi fundado por três mulheres — Alicia Garza, Patrisse Cullors e Opal Tometi — que ficaram furiosas com a violência infligida a seus filhos, famílias e comunidade. A raiva é a bateria recarregável que alimenta o movimento pela justiça social.

AUTOCOMPAIXÃO E RAIVA

Não há muitas pesquisas sobre autocompaixão e raiva, mas o pouco que há sugere que é possível ajudar a diminuir os efeitos negativos da raiva. Para isso, um estudo da Ashley Borders e Amanda Fresnics, no The College de New Jersey, examinou a ligação entre autocompaixão e raiva em mais de 200 alunos de graduação. Primeiro, eles descobriram que os indivíduos com níveis mais elevados de autocompaixão eram um pouco menos propensos a relatar que estão com raiva, ou que ficam muito irritados ou com vontade de gritar com alguém — mas a diferença era pequena. A autocompaixão não é incompatível com a raiva. Permite, no entanto, manejá-la de forma mais eficaz; como evidenciado, indivíduos autocompassivos eram muito menos propensos a ruminar emoções ou se sentir assediados pelo pensamento de raiva, pela memória ou fantasia de vingança. A autocompaixão nos permite sentir raiva sem autojulgamento ou supressão, não permanecemos fixadas em nossa raiva de uma maneira prejudicial. Os participantes com maior autocompaixão também estavam menos propensos a serem agressivos física ou verbalmente nos últimos seis meses, e essa falta de agressão foi explicada pela ruminação emocional reduzida. É, principalmente, quando somos arrastadas por nossa raiva que temos maior risco de atacar outras pessoas. Por outro lado, quando estamos atentas aos nossos sentimentos de raiva, e lembramos que eles são uma parte central do viver uma vida humana, podemos nos afirmar sem causar danos.

Eu vi o impacto transformador da autocompaixão feroz na vida de uma vizinha chamada Celeste. Uma bibliotecária aposentada, branca, no fim dos seus 60, com dois filhos adultos, três netos e um poodle neurótico, chamado Tutu. Celeste cresceu em Grand Rapids, Michigan, e foi criada com a ideia de que as mulheres devem ser agradáveis, dóceis e complacentes, sorrindo o tempo todo. Ela e o marido, Frank, estavam passando mais tempo juntos, porque ele se aposentara do cargo de gerente numa concessionária de automóveis. Frank era prolixo e cansativo. Interrompia constantemente Celeste e explicava uma situação política no noticiário como se falasse com uma criança. Mas ela nunca disse nada; ela não queria ser a megera reclamante. Com o passar do tempo, tornou-se cada vez mais infeliz. Criticava-se por não ser grata o suficiente e seu autojulgamento só piorou as coisas. Sua agitação acabou se transformando em ansiedade e ela começou a se sentir desconfortável em sua própria pele.

Celeste conhecia meu trabalho sobre autocompaixão, pois costumávamos falar sobre isso. Ela leu um dos meus livros e estava interessada em aprender a ser mais gentil consigo mesma. Suspeitei que ela se beneficiaria com a terapia, então, gentilmente, sugeri a ela uma terapeuta chamada Laura, que tinha sido muito útil para mim. Laura usou uma abordagem chamada terapia dos sistemas familiares internos (IFS, sigla em inglês), desenvolvida por Richard Schwartz. IFS ajuda as pessoas a entrarem em contato com diferentes partes delas mesmas e a terem compaixão por todas. Será que ela queria o número da Laura? Felizmente, Celeste foi receptiva.

Celeste disse a Laura que estava procurando terapia porque precisava de ajuda com sua permanente agitação e ansiedade. Não era apenas desconfortável, mas estava começando a impactar negativamente em seu casamento. Quando Laura perguntou por que ela estava tão perturbada, Celeste respondeu que deveriam ser alterações hormonais, coisa da idade. Laura perguntou onde ela sentia a angústia. Celeste explicou que estava em seu estômago. Laura, então, provocou: "Se seu estômago pudesse falar, o que diria?"

No início, Celeste achou que Laura era louca. "Eu estou com fome?", ela arriscou, tentando não revirar os olhos. Mas ela continuou o raciocínio e, finalmente, disse: "Estou irritada".

"Você pode me dizer mais sobre a irritação?", Laura lhe perguntou. Era possível que ela estivesse com raiva do marido?

"Não, claro que não", respondeu Celeste. Mas ela sentiu suas bochechas corarem, o que não passou despercebido a Laura. Celeste percebeu que havia uma parte dela que estava com raiva, mas se sentiu envergonhada por isso. Quando era jovem, tinha aprendido que a raiva era ruim e tinha uma memória clara de uma de suas tias dizendo que ela ficava feia quando estava com raiva.

"Quantos anos você tinha quando ouviu isso?", Laura perguntou. Celeste calculou que tinha cerca de 7 anos.

Sob a orientação de Laura, Celeste falou com aquela garotinha, a parte dela que ficou envergonhada por estar com raiva: "Está tudo bem. Eu sou uma adulta agora e posso lidar com minha raiva. Mas obrigada por seus esforços tentando me manter segura". Depois, a parte jovem de Celeste relaxou. Isso permitiu que finalmente entrasse em contato mais próximo com sua parte zangada, que causava nó e ardência em seu estômago. Ao dar voz a essa parte dela mesma, Celeste ficou surpresa com a quantidade de raiva que acumulou ao longo dos anos. Sentia-se humilhada, desvalorizada e sufocada pelo marido. Ela percebeu que sua raiva, que julgava negativa, estava tentando protegê-la de ser tratada de forma condescendente, mas foi repetidamente escondida pela pequena Celeste que estava com medo de ficar com raiva. Por meio das instruções de Laura, Celeste se familiarizou mais com sua raiva, encontrando assim um pedaço de si perdido há muitos anos.

No início, a raiva de Celeste era destrutiva. Como um gênio libertado de uma garrafa, ela ficava furiosa com o marido sempre que ele a interrompia ou a desdenhava. Ela gritava e repetia todos os palavrões que ouvira nos filmes, mas nunca ousara falar. A resposta do marido foi ficar em silêncio e se retrair, o que tornou o relacionamento altamente tenso. Embora Celeste estivesse grata por estar mais em contato com suas emoções, ainda amava Frank e o estresse estava quebrando o casamento em pedaços. Ela sabia que precisavam resolver as coisas, mas também não desejava desligar suas emoções, como fez durante a maior parte de sua vida.

Ao longo de meses de terapia, Laura ensinou Celeste a abraçar sua raiva e vê-la como uma amiga, em vez de inimiga. Celeste aprendeu a ter conversas com sua parte zangada, ouvindo o que tinha a dizer e apreciando a energia que lhe dava. Ela deixava a raiva fluir livremente em seu corpo e, conscientemente, tentava relaxar quando sentia que estava numa luta, reprimindo a raiva. Depois de um tempo, sempre que Frank acionava a raiva, no lugar de gritar imediatamente com ele, aprendeu a agradecer internamente à sua raiva e, em seguida, direcionava-a para o comportamento de seu marido, e não para o próprio Frank. Ela pedia com calma, mas firmemente, a seu marido que não a interrompesse e parasse de explicar coisas, a menos que ela tivesse pedido sua opinião.

Eu estaria mentindo se dissesse que o casamento deles melhorou radicalmente, ou que Frank aceitou a nova forma de ser de Celeste. Ele não fez isso. Mas ele também não se desligou completamente. Frank lidou com a raiva de sua esposa mais facilmente do que quando ela o xingava e parou de interrompê-la com tanta frequência. Com o tempo, chegaram a uma trégua. Celeste se sentiu muito mais autêntica e autoconfiante e, como ela começou a se concentrar menos em seu casamento como sua principal fonte de felicidade, sua agitação e ansiedade, finalmente, sumiram completamente.

ENTENDENDO SUA RAIVA

Esta prática segue os princípios básicos ensinados na Terapia de Sistemas Familiares Internos, que é a necessidade de honrar, validar e compreender emoções como a raiva. Trata-se de reconhecer que as emoções nos ajudam a ficar seguras ou atingir um objetivo. A pesquisa mostra que essa abordagem terapêutica pode diminuir a depressão e a autocrítica. Sei por experiência pessoal que o IFS funciona e é um dos melhores sistemas que descobri para integrar as partes rejeitadas de nós mesmas. Faremos agora um exercício escrito. Então, pegue uma caneta ou lápis.

INSTRUÇÕES

Pense num evento recente que ocorreu na sua vida pessoal e que fez você ficar com raiva de outra pessoa. (Tente não se concentrar em eventos políticos ou no cenário mundial maior, por enquanto, ou em eventos em que você sentiu raiva de si mesma.)

Se você escolher algo que a deixa com tanta raiva a ponto de se tornar opressora, poderá ser difícil aprender a prática, mas, se for algo muito trivial, não haverá o desafio. Por favor, concentre-se em algo que está entre esses extremos. Qual foi a situação? (Por exemplo, seu parceiro escondeu algo de você, sua filha usou um tom de voz desrespeitoso, um funcionário perdeu uma importante tarefa de trabalho etc.)

- Como sua raiva se expressou? (Por exemplo, você gritou, usou um tom frio ou palavras ásperas, não disse nada, mas ficou furiosa por dentro?)
- Qual foi o resultado de sua raiva? Ocorreu algo destrutivo?

- Algo construtivo saiu disso?
- Como você se sentiu depois de ficar com raiva? Quais foram os impactos pessoais em você? (Por exemplo, você se sentiu fortalecida, envergonhada ou confusa?)
- Você pode estar curiosa querendo saber o que a raiva tenta fazer por você. Apontar um perigo ou protegê-la de alguma forma, mesmo que o resultado final não tenha sido benéfico? (Por exemplo, estava tentando evitar que você se sentisse magoada ou ajudar você a defender a verdade ou traçar limites claros?)
- Tente escrever algumas palavras de agradecimento à sua raiva pelo esforço em ajudar você. Mesmo que os métodos usados para se expressar não tenham sido ideais, ou a consequência de sua raiva não tenha sido realmente útil, você pode honrar essa energia que estava dentro de você tentando protegê-la? (Por exemplo, você consegue escrever algo como "Obrigada, raiva, por me defender e tentar ter certeza de que a verdade foi revelada. Eu reconheço o quanto você quer me manter segura..."?)
- Agora que já demonstrou gratidão à sua raiva, existe alguma palavra (ou palavras) de sabedoria que sua raiva ainda tem a dizer para você? Qual ou quais?
- No fim deste exercício, faça uma autoverificação, veja se você se sente totalmente sobrecarregada. Você pode utilizar a prática da Sola dos Pés na página 43 para se conectar com a terra. Se algum sentimento de julgamento ou vergonha surgir por ter sentido raiva (ou talvez você tenha até achado difícil contatar sua raiva), tente usar a autocompaixão terna, seja gentil e receptiva consigo mesma.
- Você pode se permitir ser exatamente como você é neste momento?

A FORÇA DO CUIDADO QUE A RAIVA PROPORCIONA

A autocompaixão feroz, às vezes, se expressa como raiva. A deusa hindu Kali é um símbolo maravilhoso da ferocidade das mulheres e podemos recorrer a ela em busca de inspiração. Ela é frequentemente retratada nas cores azul ou preta, com a língua de fora, usando um colar de caveiras, com o pé no peito de um homem indefeso e inquieto deitado no chão (seu marido, Shiva). Ela está nua, seus seios são fartos e orgulhosamente expostos. Seus braços múltiplos, quase sempre, seguram uma espada e uma cabeça decepada. Kali representa destruição, mas também é considerada a mãe do universo, a criadora final. O que Kali destrói é a ilusão, especialmente a ilusão da separação. Sua ferocidade é um instrumento de amor e justiça. Ela remove estruturas que separam e oprimem, abrindo espaço para a igualdade e a liberdade.

Como mulheres, temos acesso ao poder de Kali. Isso não é científico, na verdade, apenas algo que a maioria das mulheres sabe intuitivamente. Nós precisamos parar de ter tanto medo dela ou das reações de outras pessoas a ela. Em vez disso, precisamos honrar nossa Kali interior, e não julgá-la ou rejeitá-la. Quanto mais reprimimos essa energia, mais ela eclodirá na forma de doenças, prejudicando a nós mesmas e aos outros. Mas, quando encorajada a tomar a forma da raiva construtiva em vez de destrutiva, o poder de Kali pode ser utilizado para o bem.

Kali também é sábia (afinal, ela é uma deusa) e sua capacidade de destruir a ilusão de separação significa que ela é profundamente compassiva. A compaixão reconhece a interdependência das pessoas, causas e condições. Ela entende que as razões pelas quais nos envolvemos em comportamentos prejudiciais, muitas vezes, decorrem de condições fora do nosso controle: genes, família, influências históricas, sociais e culturais. Isso significa que podemos ter compaixão pelas pessoas que erram, entendendo que fazem parte do todo coletivo, embora ainda estejamos com raiva de suas falhas. Quando reconhecemos a interconexão, vemos ainda mais claramente que prejudicar uma pessoa, prejudica a todos, é por isso que precisamos enfrentar o mal sem aumentar seus efeitos, odiando aqueles que os perpetram. A autocompaixão feroz se concentra na proteção, sem se tornar hostil para com aqueles que representam uma ameaça.

A chave para usar a raiva com compaixão é equilibrar o yin e o yang. Quando a força do yang não é temperada pela suavidade do yin, torna-se áspera e reativa. Nossa raiva nos impele à ação sem se preocupar com a pessoa de quem estamos com raiva, levando a um comportamento destrutivo. Quando podemos estar conosco e aceitar os outros, mantendo nosso coração aberto, então a raiva pode permanecer focada no alívio do sofrimento. O poeta David Whyte escreve em seu livro *Consolations* (*Consolação*): "A raiva é a forma mais profunda de compaixão, pelo outro, pelo mundo, por si mesmo, por uma vida, pelo corpo, por uma família e por todos os nossos ideais, todos vulneráveis e todos, possivelmente, prestes a se machucar. Despojado de prisão física e da reação violenta, a raiva é a forma mais pura de cuidado, a chama interna e viva da raiva sempre ilumina aquilo a que pertencemos, o que desejamos proteger, e pelo que estamos dispostos a nos arriscar".

A palavra chinesa para raiva é shēngqi 生气. A tradução direta e literal é "gerar qi". Qi é a palavra chinesa para "energia" e a raiva é a forma yang de qi. Como mencionado, a medicina chinesa postula que, quando os aspectos yin e yang do qi estão em harmonia, há saúde, bem-estar e contentamento. Quando o yin e o yang estão em desarmonia, há doença, dor e sofrimento. Contanto que a expressão yang da raiva seja equilibrada com a preocupação do yin, pode ser uma força saudável e construtiva. É apenas quando a forte energia da raiva não está integrada com a energia terna do cuidado que nossa raiva se torna prejudicial e destrutiva. Nossa força precisa de cuidado para ser sustentável e eficaz.

A raiva sem amor vira ódio, mas amor sem raiva equivale a um vazio revestido de açúcar. Quando o amor encontra a injustiça, ele fica com raiva. Como o mestre Zen Roshi Bernie Glassman escreve: "A raiva é considerada um veneno quando é automotivada e egocêntrica. Mas remova a autofixação da raiva e a mesma emoção se torna a energia feroz de determinação, a qual é uma força muito positiva". Somos deusas ternas e guerreiras ferozes. Uma é incompleta sem a outra.

MINHA HISTÓRIA COM A RAIVA

Antes de começar a prática regular de autocompaixão feroz, me equilibrava entre ser gentil ou zangada com os outros. Era difícil encontrar a integração. E ainda acho que é um desafio, para ser totalmente honesta. Especialmente na minha vida profissional — onde corre muita energia yang — estou mais para buldogue do que mãe ursa. Isso significa que minha força nem sempre é atenciosa. Não insulto ou sou agressiva com os outros, mas digo a verdade como a vejo, e nem sempre considero as consequências de minhas palavras. Tenho a tendência de ser contundente e de não me importar se as pessoas gostam ou não de mim, o que é uma combinação perigosa. Quando alguém traz um argumento que não faz sentido, ignorando algum fato óbvio, ou conduzindo um estudo com grandes falhas, fico irritada. Na verdade, passei a me referir a essa parte de mim como meu "Irritômetro". Quando estou incomodada, significa que algo não está funcionando corretamente e meu irritômetro fornece informações úteis. Quando o buldogue está comandando o show, no entanto, e me esqueço de mindfulness e me esqueço de ser compassiva naquele momento, os resultados não são tão bons. Em tais momentos, parece que não tenho tempo para ser legal; existem livros para escrever, estudos para executar e oficinas para conduzir. O problema, claro, é que não presto suficiente atenção ao impacto de minhas reações sobre outras pessoas.

Por exemplo, um colega recentemente me enviou um estudo sobre autocompaixão no qual vem trabalhando há anos. Ele tinha acabado de escrever e queria minha opinião antes de enviá-lo para revisão por pares. Respondi a ele em um e-mail com palavras afiadas: "Sua metodologia é irremediavelmente confusa". Apontei todos os problemas em sua pesquisa com nenhuma menção aos aspectos positivos de seu artigo. Eu sei dar feedback construtivo, mas quando meu irritômetro está na zona vermelha e o buldogue aparece, todo aquele conhecimento tende a sair pela janela. Minha franqueza pode ser cruel. Pouco depois, percebi o que tinha feito e enviei um segundo e-mail sugerindo maneiras de tentar melhorar sua análise e comentei sobre os aspectos positivos do estudo. Ele me escreveu de volta, "Ah, entendo, você está tentando me ajudar. Fiquei chocado com o seu primeiro e-mail, devo admitir". Eu pedi perdão.

As pessoas que recebem toda a minha ferocidade e não me conhecem bem, muitas vezes, ficam surpresas e sem saber como reagir, em parte porque a maior parte do tempo sou calorosa e gentil. Além disso, porque as pessoas esperam que a ferocidade leve à violência física ou emocional, tendem a se encolher de medo, mesmo quando não estou sendo ameaçadora. Apenas estar na presença dessa intensa energia, assusta as pessoas. No passado, quando isso acontecia, eu percebia que estava errada e pedia desculpas, mas também me sentia envergonhada. Lutei com esse problema por muito tempo; era frustrante que, depois de todos aqueles anos de prática da autocompaixão, eu ainda fosse tão reativa. Embora tenha tentado aceitar a porção buldogue e me perdoar por minhas imperfeições, acabava vendo essa parte de mim como uma fraqueza, e não uma força.

Felizmente, as coisas começaram a mudar depois de tornar a autocompaixão feroz uma prática explícita. Eu percebi que o buldogue era, na verdade, a Kali maldirecionada. Ela estava tentando cortar a ilusão e proteger a verdade. A energia feroz que, às vezes, me impulsionava a explodir com os outros era, na verdade, a mesma energia que me permitiu ser uma boa cientista e ter sucesso no reino combativo da academia. Por exemplo, tem havido debates acalorados sobre a adequação da SCS como medida de autocompaixão (eu me refiro a isso como a "guerra da escala"). A vontade de me envolver me estimulou a coletar uma tonelada de dados empíricos sólidos para validar a escala. Depois que um estudioso descartou os dados dizendo que era uma "cortina de fumaça científica" e usou ataques *ad hominem* para formar seus argumentos, fiquei tão indignada que escrevi uma resposta abrangente em apenas três dias, expus como as evidências empíricas confirmaram minha posição e refutaram a dele, de uma maneira nova e (na minha opinião) altamente convincente. Eu estava motivada! Minha raiva serviu de forma construtiva para o propósito, ajudando-me a aprimorar meu pensamento e elevar a qualidade das minhas contribuições para o campo.

Percebo que minha guerreira interior é uma parte de mim que preciso celebrar, em vez de julgar ou controlar. É um motor poderoso que fornece concentração de forma altamente produtiva. Mas a ferocidade não é útil a menos que esteja equilibrada com a ternura. Para simbolizar minha busca por integração, comprei um pergaminho japonês com a imagem de uma divindade feminina, uma mulher grávida, com a Terra como barriga, e a pendurei na parede do meu quarto. Na parede oposta, logo acima da minha almofada de meditação, pendurei uma imagem de Kali, em todo seu esplendor destrutivo. Agora, quando estou com raiva, sento-me debaixo de Kali e permito que a energia de sua raiva flua livremente dentro do meu corpo. Agradeço a ela por me dar força e coragem e peço para receber seu poder para fazer o trabalho necessário no mundo. Agradeço também à imagem maternal por me dar um coração terno. Peço a ela que me encha de paz e amor para que minhas ações não causem danos. Por último, imagino essas duas energias se fundindo e integrando dentro do meu corpo, mente e espírito, para que eu esteja equilibrada e completa.

TRABALHANDO COM A RAIVA

Para trabalhar a raiva com habilidade, precisamos antes reconhecê-la em sua totalidade. Devemos permitir que nossa energia feroz flua, sabendo que está lá para nos proteger. Nós também precisamos estar em contato com sentimentos de preocupação terna voltados tanto para dentro quanto para fora, evitando assim que nossa raiva se torne destrutiva. Finalmente, nós precisamos ser capazes de estender o perdão àqueles que estão nos fazendo sofrer — mesmo que sejamos essa pessoa. Mas o perdão é ainda uma etapa posterior e leva algum tempo. (Práticas destinadas a desenvolver o perdão para si mesmo e outros podem ser encontradas no *Manual de Mindfulness e Autocompaixão*). O objetivo deste exercício é praticar o trabalho com a energia feroz da própria raiva e integrá-la à ternura.

Ao fazer esta prática, por favor, não escolha uma situação provocadora de raiva que tenha sido muito traumatizante ou que pode sobrecarregar você, a menos que você esteja com a orientação de um terapeuta ou profissional de saúde mental. Comece com algo menor, como o episódio em que um conhecido foi rude com você, um amigo que agiu de forma irresponsável ou mesmo um vendedor que a enganou. Se você se sentir insegura, interrompa o exercício. Você pode voltar a ele mais tarde, se desejar.

INSTRUÇÕES

- Pense em uma situação que está deixando você com raiva — isso pode ser passado ou presente. Por favor, escolha com sabedoria algo que pareça seguro para trabalhar agora.

- Reveja os detalhes o mais vividamente possível, chamando a situação para a mente. O que aconteceu? Seus limites foram violados? Você não recebeu o respeito ou a devida consideração? Ocorreu uma injustiça?
- Deixe que surjam os sentimentos de raiva.
- Coloque as duas mãos em seu plexo solar ou algum outro lugar de suporte para ajudar a manter-se firme enquanto sente sua raiva.
- Sinta também seus pés tocando o chão. Sinta toda a sola dos pés no chão.
- Agora veja se você consegue deixar de lado a linha da história de quem ou o que está causando a raiva e sinta essa raiva como uma sensação física no seu corpo. Onde está localizada? Quais são as sensações? Quente, fria, pulsante, latejante, entorpecida?

APROPRIANDO-SE DA SUA FEROCIDADE

- Saiba que é completamente natural você se sentir assim. Essa é a sua mãe ursa feroz protegendo você. É uma forma de autocompaixão. Você pode dizer a si mesma: "Não há problema em ficar com raiva! É o desejo natural de me proteger".
- Valide totalmente a experiência de estar com raiva, enquanto tenta não ficar muito presa ao que aconteceu: fique apenas com a própria raiva.
- Se, em algum momento, você for levada pela raiva, concentre-se na sola dos pés até que recupere o foco e volte a senti-la como uma sensação física.
- Veja se você consegue permitir que a energia feroz flua livremente em seu corpo. Não há necessidade de sufocá-la, contê-la, julgá-la. Isso também é um aspecto importante do coração compassivo.

- Enquanto permanece aterrado na sola dos pés e sentindo o apoio de suas mãos, tente se abrir para sua raiva (o quanto se sentir segura). Talvez você possa até sentir que está fluindo e descendo pela sua espinha, dando-lhe força e determinação. Talvez sua raiva queira dizer algo, tem uma mensagem que deseja expressar. De um lugar de estabilidade e centralização, o que sua raiva tem a dizer?

- Você pode ouvir essa parte de si e agradecer-lhe por seus esforços para proteger você?

TRAZENDO ALGUMA TERNURA

- Continue a deixar a energia feroz de proteção fluir, enquanto está aterrada pela sola dos pés.

- Se você acha que é mais útil simplesmente ficar com raiva, dê-se permissão para fazê-lo.

- Mas, se você também gostaria de trazer um pouco de ternura, coloque uma das mãos em seu plexo solar e a outra em seu coração ou algum outro lugar relaxante. Sinta o espaço entre as duas mãos.

- Fique em contato com a força e a determinação da ferocidade que estão surgindo para protegê-la. Desse lugar de força, volte-se para o seu coração.

- Reconheça que sua raiva é uma expressão de amor: um desejo de manter-se segura.

- Veja se você também pode entrar em contato com alguns dos sentimentos mais ternos de cuidado e preocupação consigo mesma, que estão presentes e conduzindo seu desejo de se proteger.

- Se qualquer vergonha ou julgamento surgir sobre sua raiva, você consegue segurar com ternura também?

- Convide a presença amorosa e conectada para se fundir e se integrar com a raiva.
- Permita-se ser feroz e terna ao mesmo tempo. Deixe que as energias façam qualquer movimento que desejarem neste momento.
- Tente saborear e abraçar essa sensação de integridade.
- Sinta o seu desejo de aliviar o sofrimento. Desse lugar de compaixão, existe alguma ação que você gostaria de realizar a fim de resolver o que ocorreu, mesmo que seja apenas para se proteger no futuro?
- Quando estiver pronta, deixe de lado o exercício e, simplesmente, descanse na sua experiência, deixando o momento ser exatamente como é, e você exatamente como você é também.

Essa prática pode ser bastante intensa, então certifique-se de completá-la com uma caminhada, uma xícara de chá ou qualquer outra atividade calmante.

Depois de trabalhar intencionalmente com minha própria raiva por algum tempo, as coisas começaram a ficar mais fáceis. Eu ainda fico irritada e, às vezes, reativa, mas a intensidade e a frequência diminuíram (pelo menos um pouco). Eu me comprometi a tentar considerar as consequências da minha raiva nos outros e tentar causar o menor dano possível. Eu me lembro desse compromisso ao longo do dia, para que possa me apoiar naqueles momentos em que sou acionada e tenho menos probabilidade de ver claramente. Apesar de o caminho para a integração ser longo e ainda estar evoluindo a pequenos passos, estou convencida de que é o único caminho a seguir — não só para mim, mas também para as demais mulheres. Estamos em uma importante encruzilhada da história. Depois de reconhecer e apontar claramente as várias maneiras que mulheres, minorias raciais e tantas outras pessoas são oprimidas, exploradas e abusadas, temos que ficar com raiva. Se não ficamos com raiva, é porque estamos anestesiadas. Mas o que vamos fazer com essa raiva? Odiar homens brancos com poder, gritar com eles ou nos transformarmos em pessoas amargas, expulsando aqueles que podem ser aliados em potencial? Vamos nos afastar dos nossos recursos de bondade bem trabalhados como a nutrição e amor, só porque nosso papel comunitário foi usado para nos suprimir?

Como mulheres, podemos fazer as coisas de maneira diferente. Podemos ser gratas por nossa raiva, pelo ímpeto e determinação que ela nos dá, aprendendo a reconhecê-la totalmente como parte da nossa verdadeira natureza. Podemos nos tornar mais confortáveis com sua presença, para que tenhamos menos medo dela. Acima de tudo, podemos combinar nossa raiva com amor para que essa força carinhosa seja usada de forma eficaz no combate à injustiça. Em nossa busca pelo alívio do sofrimento, a autocompaixão feroz é um recurso poderoso com o qual podemos contar para ajudar a nós mesmas e a todos os seres.

CAPÍTULO 4:
#METOO

> *Existe uma força inerente ao arbítrio.*
> *#MeToo tem a ver com ser agente em vários aspectos.*
>
> —Tarana Burke, fundadora do movimento Me Too

Em outubro de 2017, veio ao conhecimento público que o renomado Harvey Weinstein havia assediado e abusado sexualmente de dezenas de mulheres. Em resposta a essa revelação, a atriz Alyssa Milano tuitou um chamado para qualquer mulher que já tivesse sido sexualmente assediada ou agredida respondesse com a *hashtag* #MeToo. Em poucos dias, quase metade de todos os usuários do Facebook tinha uma amiga que havia respondido. Como consequência, num curto espaço de tempo, centenas de homens em posições de poder foram expostos por assédio sexual ou abuso de mulheres. Políticos como Roy Moore, atores como Louis C.K., músicos como Ryan Adams, âncoras de noticiário como Charlie Rose, CEOs como Les Moonves, bilionários como Jeffrey Epstein e até gurus de autoajuda como Tony Robbins. A lista continua crescendo a cada dia. Muitos desses homens famosos têm sofrido as consequências de suas ações, embora muitos — o mais notável, Donald Trump — continuem impunes. Claro, maus-tratos sexuais a mulheres sempre estiveram presentes na sociedade. O movimento pré-Twitter MeToo foi iniciado por Tarana Burke em 2006, para chamar a atenção para o abuso sexual de mulheres negras. A principal diferença agora é que estamos falando sobre isso mais publicamente. De muitas maneiras, o movimento representa a revolta coletiva da autocompaixão feroz das mulheres, quando dizemos: "Chega!"

Um estudo de grande escala em 2018, chamado "Os fatos por trás do Movimento #MeToo", tentou quantificar o alcance do assédio e abuso sexual que ocorria nos Estados Unidos. Os resultados são preocupantes. A vasta maioria das mulheres (81%) relatou terem sofrido com experiências de comportamento inadequado em público ou no local de trabalho. A forma mais comum de maus-tratos que as mulheres sofrem são comentários verbais degradantes (77%), mas muitas contam que foram vítimas de toque indesejado (51%), outras denunciam o assédio cibernético, como receber fotos impróprias (41%), outras, ainda, foram perseguidas até mesmo de forma agressiva (34%) ou também relatos de exposição de órgãos genitais (30%).

Além disso, uma em cada três mulheres foi submetida a assédio no trabalho, causando estresse e criando um ambiente hostil que mina a capacidade da mulher de fazer seu trabalho. E, embora alguém possa achar que o comportamento indesejado é normalmente direcionado a mulheres que trabalham em posições de nível subalterno, a pesquisa mostra que aquelas em posições de liderança correm um risco ainda maior. De acordo com um estudo, 58% das mulheres supervisoras em ambientes de trabalho, dominados por homens, narram ter sido assediadas. Ironicamente, o poder dessas mulheres ameaça a identidade dos homens, assim, os homens que são inseguros agem para humilhá-las e degradá-las. Afinal, assédio sexual não tem a ver com sexo, mas com poder.

Em resposta, organizações como a Time's Up[5] surgiram para ajudar

---

[5] N. do T.: Instituição filantrópica que arrecada dinheiro para apoiar vítimas de assédio sexual.

mulheres a enfrentarem maus-tratos sexuais no trabalho. Iniciado por artistas, produtoras e executivas da indústria do entretenimento, o movimento se alastrou como fogo e logo se expandiu para outras áreas, desde trabalhadoras agrícolas até acadêmicas. Além disso, o Fundo de Defesa Legal da Time's Up fornece assistência jurídica a qualquer mulher vítima de conduta sexual imprópria no trabalho, incluindo agressão, assédio, abuso e retaliação.

Mas esse flagelo se estende muito além do local de trabalho. Mais de um quarto das mulheres relata ter experimentado contato sexual forçado em algum momento da vida. No caso daquelas em comunidades marginalizadas, tais como lésbicas/bissexuais, mulheres pobres e pessoas com deficiência intelectual, o número de denúncias de agressão é ainda maior. Aproximadamente uma em cada cinco mulheres foi estuprada (relação sexual não consensual) ou sofreu tentativa de estupro. Quase metade desses casos é formada por crianças e adolescentes com menos de 17 anos. Em quatro de cinco casos, a vítima afirma que conhecia o autor do crime, que pode ser um amigo, familiar ou parceiro romântico. E a maioria dos estupros não chega a ser denunciada à polícia, especialmente aqueles perpetrados por um conhecido, devido à vergonha ou ao medo de ser considerada parcialmente culpada. Além de tudo isso, desses estupros relatados apenas uma pequena fração resulta em condenação. Essa é a realidade com a qual as mulheres vivem.

KRISTIN NEFF

SUA EXPERIÊNCIA PESSOAL DE ASSÉDIO SEXUAL

Este exercício foi elaborado para ajudá-la a identificar incidências de assédio sexual. Às vezes, os eventos são flagrantemente óbvios e, outras vezes, mais sutis. Quando chamamos a atenção para as formas específicas de como fomos maltratadas, podemos nos tornar mais conscientes do que está acontecendo e, portanto, mais capazes de nos proteger.

Se você já passou por trauma sexual no passado, pule este exercício ou faça-o com a orientação de um terapeuta ou conselheiro. Além disso, se você está experimentando atualmente, ou experimentou recentemente algum incidente de assédio sexual no local de trabalho, documente e relate o incidente a um superior o mais rapidamente possível, certificando-se de escolher um superior que provavelmente ouvirá você sem retaliação. Se nenhuma ação for tomada, você pode obter ajuda do US Equal Employment Opportunity Comissão: https://www.eeoc.gov/harassment[6].

Aqui estão alguns tipos comuns de assédio sexual (retirados de RAINN.org — Rede Nacional de Assistência a Vítimas de Estupro, Abuso e Incesto):

- Assédio verbal de natureza sexual, incluindo piadas referentes a atos sexuais ou orientação sexual
- Toque ou contato físico indesejado
- Investida sexual indesejável

---

[6] N. do T.: No Brasil, ligue 180 (Central de Atendimento à Mulher) — https://www.gov.br/mdh/pt-br

- Discussão de relações/histórias/fantasias sexuais no trabalho, na escola ou em outros lugares inadequados
- Fotos, e-mails ou mensagens de texto sexualmente explícitas indesejados

INSTRUÇÕES

- Pense em sua história na escola, em casa ou no trabalho. Escreva quaisquer incidentes de assédio sexual de que se lembre.
- Agora escreva como você se sentiu depois que o incidente ocorreu. Nervosa? Confusa? Ofendida? Assustada? Incomodada?
- O que você fez — se fez alguma coisa — depois que o comportamento ocorreu?
- Muitas vezes, quando situações como essa ocorrem, somos surpreendidas e não sabemos como reagir. Ou, às vezes, não conseguimos reagir como gostaríamos, entre outros motivos, por medo de retaliação.
- Agora que você não está em perigo, escreva como gostaria de ter reagido ao incidente.

Às vezes, as mulheres simplesmente descartam essas situações, pensando que não são importantes ou que são apenas piadas de mau gosto, especialmente se o assédio não foi explícito. É importante que chamemos a atenção para todos os comportamentos que nos incomodaram, para que possamos começar a falar e deixar os outros saberem que esses atos não são aceitáveis. Se algum incidente se destaca na sua mente como particularmente preocupante, você pode escrever uma carta compassiva para si mesma sobre o que aconteceu (veja o exercício na página 132).

CICATRIZES DEIXADAS PARA TRÁS

Quais são as consequências dos maus-tratos sexuais para as mulheres? Pesquisas mostram que resultam em estresse crônico, ansiedade, depressão e dificuldades com a questão da confiança. No local de trabalho, pode levar à diminuição da satisfação com o próprio trabalho, menos comprometimento com a organização, níveis mais baixos de engajamento e piora na saúde física e mental. As consequências da agressão sexual são ainda piores: TEPT (Transtorno de Estresse Pós-Traumático), insônia, transtornos alimentares, uso ou abuso de substâncias químicas — até mesmo suicídio. O movimento #MeToo oferece uma chance às mulheres de mudar a situação, para que possamos, finalmente, começar a contar a verdade e curar a nós mesmas.

Embora os homens também possam ser vítimas de assédio sexual e agressão, especialmente gays, bissexuais ou transexuais, a grande maioria das vítimas é mulher. E a esmagadora maioria dos perpetradores é homem. Alguns se sentem no direito de usar mulheres para sua gratificação sexual, porque a sociedade e a mídia passaram a mensagem de que é normal fazer isso. A mulher é, frequentemente, vista como objeto sexual — acompanhante de festa, o interesse sedutor em um filme de ação, o ornamento de uma publicidade que torna o produto mais atraente. Nosso valor é relativizado com nossa capacidade de satisfazer o desejo sexual de um homem. A socialização do gênero faz com que certos homens tenham a energia yin do cuidado e da compaixão tão profundamente baixa, que começam a desumanizar as mulheres e vê-las como objetos a serem usados. Hipermasculinidade — definida como uma atitude machista que glamouriza a agressão e menospreza emoções ternas por acharem que são fracas e femininas — alimenta diretamente o assédio e abuso sexual. Uma meta-análise de 39 estudos descobriu que a hipermasculinidade é um dos indicadores mais poderosos da probabilidade de homens cometerem agressão sexual.

Embora isso aponte para a necessidade urgente de maior integração do yin e do yang nos homens, estou interessada, principalmente, em falar sobre as implicações da integração para as mulheres. Um dos motivos pelos quais sou tão apaixonada pela autocompaixão feroz para mulheres é porque eu acredito que sua força solidária pode nos ajudar a lutar contra esse legado vil do patriarcado. À medida que as mulheres reconhecerem, fortalecerem e integrarem ferozmente a autocompaixão mais profundamente na sua maneira de ser, mais capazes serão de se levantar contra os maus-tratos sexuais e dizer: Chega!

UM VIGARISTA DO TEXAS

A experiência de descobrir que alguém querido para mim tinha sido vítima de abuso sexual foi a principal inspiração para este livro. A revelação me atingiu particularmente porque o perpetrador era alguém em quem eu confiei e que apoiei por anos. Não poderia dizer que era um amigo próximo naquela época. E, apesar de todos os meus anos de prática de mindfulness, o desejo de ver apenas o melhor nele me cegou para a horrível verdade: ele era um predador. Tentar lidar com a situação deixou clara a necessidade desesperada da autocompaixão feroz e da terna, para podermos lidar com o horror do abuso sexual. Precisamos de ternura para abraçar a dor e a vergonha que inevitavelmente surgem e da ferocidade para impedir que o mal continue. Para proteger os inocentes, mudei os nomes e detalhes das várias pessoas envolvidas no meu relato.

George era um cavalheiro sulista charmoso e bonito, estava no fim dos 40 e tinha um sotaque musical. Ele dirigia uma organização sem fins lucrativos nos arredores de Austin, que prestava serviços para crianças autistas e suas famílias. O centro ficava a apenas 30 minutos de carro de Elgin, onde eu morava, então levava Rowan lá com frequência quando ele era jovem. Rowan respondia bem à arte, à música e aos jogos, os quais faziam parte do estilo da abordagem não tradicional que George usava para trabalhar com crianças no espectro autista. Naquela época, achava George brilhante e inspirador e desenvolvemos uma estreita conexão. Tive o prazer de promover a organização: eventos sobre autocompaixão com arrecadação de fundos para o centro. Eu mesma era uma doadora anual.

George trabalhava no centro com uma combinação de voluntários e funcionários pagos — um grupo altruísta de olhos brilhantes, aventureiros (e principalmente mulheres) adolescentes e jovens adultas dos Estados Unidos e do exterior. Elas estavam ansiosas e comprometidas em ajudar as crianças autistas e suas famílias, querendo fazer a diferença no mundo. Muitas das funcionárias viviam no centro, que era um pequeno complexo com vários edifícios. Todas adoravam o George. Ele era a figura carismática que comandava o show: um dissidente engraçado, inteligente e intenso que desafiou a sabedoria convencional com sua abordagem do autismo.

É certo que George também era um pouco idiota. Às vezes, ele fazia comentários inadequados sobre a aparência de uma mulher. Ele sempre reclamava que estava com os ombros doloridos e pedia massagem nas costas. "Esse é o George", dizíamos. "Ele gosta de flertar, mas é um cara ótimo que faz tanto pelas crianças." George era casado com uma linda mulher da Irlanda, quase 20 anos mais jovem do que ele, chamada Eileen, que ajudava a administrar o centro. Eles tinham duas filhas pequenas. Eu não era particularmente amiga de Eileen, que parecia focada, principalmente, em administrar a organização sem fins lucrativos e mantê-la viva. Eu suspeitava que George estava tendo casos, mas, eu disse a mim mesma, sua fidelidade não era da minha conta. Presumia que tudo ocorria fora do local de trabalho e com o consentimento de adultos.

Cassie, uma daquelas adolescentes de olhos brilhantes da organização, era a filha de uma amiga da família, que era mãe solteira e trabalhava em dois empregos. Cassie tinha me ajudado com Rowan por vários anos e eu realmente gostava dela — era vibrante, brincalhona e inteligente. Era um prazer tê-la por perto. Ela foi ótima com o Rowan e, como eu não tinha uma filha minha de fato, fiquei particularmente apegada a ela.

Cassie descobriu que gostava de trabalhar com crianças autistas e, aos 14 anos, começou a atuar como voluntária no centro com George. Às vezes, eu lhe dava uma carona e encorajava-a em seu novo interesse. Eu me preocupava um pouco com o flerte de George, mas era uma atmosfera tão emocionante, Cassie estava tão feliz lá. Presumi que George traçava limites e nunca chegaria nas mulheres que trabalharam para ele, especialmente as mais jovens. Ele tinha suas próprias filhas, pelo amor de Deus!

Rapidamente, Cassie começou a passar todos os fins de semana no centro, ficando mais próxima de George e de sua equipe, às vezes, cuidando de suas filhas. Isso continuou por anos. George disse que achava que Cassie tinha um talento natural e prestava muita atenção nela. Ela foi, finalmente, oficializada como funcionária do centro e tornou-se uma de suas protegidas, aprendendo seu método terapêutico na esperança de uma carreira trabalhando com autismo. Certas ocasiões, George e Cassie saíam sozinhos por horas a fio para executar pequenas tarefas. Uma pequena voz na minha cabeça dizia: "Humm, isso é um pouco estranho", mas, depois, outra voz entrava em cena para dizer: "Tenho certeza de que está tudo bem. Ele está apenas dando a ela atenção extra porque ele é um cara muito bom. É bom para ela ter uma presença masculina mais velha em sua vida, já que seu pai não está no cenário".

No entanto, justamente porque éramos próximas, verificava com Cassie de vez em quando, apenas para ter certeza. "George alguma vez fez algo impróprio com você?", perguntava. E ela dizia: "Não, claro que não! Ele é como um pai para mim e tem três vezes a minha idade". Ela respondia tão rapidamente e com desdém, que me sentia culpada por suspeitar. Depois de um tempo, percebi que Cassie parecia ter mudado; ela se tornara um pouco retraída, mas presumi que era apenas mau humor de adolescente.

Em uma festa de aniversário do George, ele ficou bêbado e começou a dançar com uma jovem de uma forma abertamente sexual. Era totalmente inapropriado por vários motivos, principalmente porque sua esposa e suas duas filhas pequenas estavam sentadas a poucos metros de distância. Eileen estava de costas para a pista de dança, posicionada de forma a proteger as duas pequenas da cena. Eu não tinha certeza se ela tinha visto ou não, estava apenas olhando para baixo concentrada nas crianças. Eu estava muito desconfortável e saí da festa mais cedo.

Cassie também foi à festa e, no dia seguinte, conversamos sobre o comportamento de George. Ela concordou que ele parecia fora de controle. Eu perguntei a ela de novo, desta vez fui mais enfática, se George alguma vez tinha se comportado de forma inadequada com ela. "Bem, nós ...", ela vacilou. E então tudo saiu. Ela contou que ele começou a se insinuar para ela cerca de dois anos depois que ela começou a trabalhar como voluntária para o centro.

No início, ele começou a conversar com ela sobre sexo. Ela se sentiu desconfortável, mas também lisonjeada por discutir tópicos tão adultos. Depois, começou a se mostrar e se masturbar na frente dela. Depois, eles começaram a ter contato físico, primeiro apenas se tocando, mas, finalmente, mais. Ela se sentia extremamente confusa e em conflito com o relacionamento, mas ele era a única fonte paternal de amor em sua vida e ela não queria perdê-lo. Ele tirou sua virgindade em seu aniversário de 18 anos. "Ele parou de me dar tanta atenção depois disso. Acho que era tudo o que ele queria. Achei que se importasse comigo, mas não parece, agora. Eu me sinto tão idiota."

Enquanto ela me contava sua história, a fúria de Kali tomou conta de mim. Seu comportamento predatório me abalou profundamente. Eu estava furiosa. Exatamente porque me importava tanto com Cassie que essa fúria foi temperada por um intenso sentimento de preocupação terna. Senti o desejo de protegê-la, uma força clara e intencional, empenhada em prevenir qualquer dano futuro.

"Você não tem nada do que se envergonhar", assegurei-lhe. "Ele manipulou você e se aproveitou de você".

"Eu acho que sim", ela disse, incerta. "Faça o que fizer, por favor, mas não diga para a mamãe, ela ficará arrasada."

Eu prometi a ela que a deixaria fazer essa escolha por si mesma e tentei gentilmente sugerir que ela contasse a algumas pessoas do centro o que tinha acontecido, para impedi-lo de prejudicar outras pessoas. Ela estava paralisada pelo desejo de não causar problemas. Também não queria prejudicar a família do George ou prejudicar a reputação do centro. Isso é tão típico das mulheres — até mesmo para alguém tão jovem quanto a Cassie —, ficar condicionada a pensar primeiro em não prejudicar os outros, até o ponto de permitir que elas próprias sejam prejudicadas. O que mais me impressionou, no entanto, era que ela não parecia zangada, apenas estranhamente passiva. Era difícil ver a jovem brilhante que conheci anos atrás. A luz que havia em seus olhos se foi, como se não houvesse ninguém em casa.

Continuamos a conversar e, enquanto ouvia sem falar muito, mas basicamente dando apoio e aceitação incondicional, a profunda repulsa por ter se envolvido com George começou a surgir. Ela me disse que se sentia suja, usada e culpada por deixar isso se arrastar por tanto tempo. Foi horrível ver sua autorrecriminação. Eu tentei ajudá-la, abraçar seu sentimento de dor com compaixão, da mesma maneira como ela abraçava as crianças autistas. George foi uma figura paterna para ela — é claro que ela queria o amor dele, sentimento simplesmente humano. O fato de ela ser sua protegida e de não querer arriscar seu trabalho ou perspectivas de carreira também desempenharam um grande papel. A situação não era culpa dela. Assim que conseguiu abraçar a si mesma com amor, com a presença conectada, começou a amolecer.

Eu sabia que para a Cassie (como para muitas pessoas) a autocompaixão terna era uma pré-condição necessária para que seu amor-próprio assumisse a forma de raiva. Com o tempo, ela começou a perceber que, embora seu comportamento fosse compreensível, o dele estava errado. Ele sabia que ela era emocionalmente vulnerável e se aproveitou disso — para não mencionar o fato de que ele era o chefe dela. O desequilíbrio de poder era tão grande que ela não conseguia recusar. Finalmente, sua própria ferocidade começou a emergir. Ela começou a reconhecer que havia sido abusada. Não deveria ter sido explorada dessa forma.

Isto não estava certo! Suas costas ficavam mais altas quando ela sentia a raiva. Eu pude ver que a faísca voltara a seus olhos quando a energia do yang começou a fluir nas suas veias. Estava viva novamente e extremamente chateada. Então, surgiu uma expressão de dor, mas também de determinação em seu rosto. "Você está certa", disse ela. "Eu não sou, provavelmente, a única. Aposto que ele está caçando outras garotas no centro! Temos que impedi-lo!"

Traçamos um plano improvisado. Eu primeiro reuniria informações para ver se nossas suspeitas eram verdadeiras e, então, descobriríamos o que fazer. Depois de alguns telefonemas para ex-voluntárias e ex-funcionárias, a verdade acabou sendo ainda pior do que eu temia. Várias mulheres que trabalharam muito perto de George foram assediadas sexualmente, exploradas, degradadas ou pior. E não eram apenas as mais jovens. Havia uma babá peruana de 60 anos que foi embora de repente e alguém me disse por que: ele a tinha apalpado à força. Ainda bem que ela estava cadastrada em uma agência que encontrou outro emprego para ela — e colocou George na lista negra.

Sempre que alguém saía abruptamente do centro, George geralmente criava alguma história de fachada, se retratando como vítima. Que a pessoa roubava dinheiro, mentia, era incompetente. Mas minhas investigações revelaram que muitas saíram porque foram maltratadas sexualmente. Uma ex-voluntária, por exemplo, admitiu que George a assediou. Ela disse não a ele três vezes, mas nem assim ele parou. A força que ele usava para coagi-la era psicológica, e não física, por isso, ela se sentiu envergonhada, confusa e duvidava de si mesma. Ela acabou tendo um relacionamento consensual com George, para depois tentar fazer com que as coisas parecessem bem em sua mente perturbada. Esse padrão é comum: a realidade de ser violada é tão terrível, que construímos cambalhotas psicológicas para fazer com que pareça aceitável.

George soube que eu estava fazendo perguntas e começou a dizer a todos os envolvidos com o centro que eu havia enlouquecido e estava tendo algum tipo de colapso mental. Ele alertava as pessoas para ficarem longe de mim. A maioria dos voluntários e funcionários que, na época, trabalhavam para o George acreditava nele. Ele era incrivelmente persuasivo e, como se costuma dizer no Texas, mais escorregadio do que "cebola cozida".

George era brilhante em fazer fumaça para encobrir seus rastros. A forma como ele conseguiu evitar que sua conduta sexual fosse exposta durante todos aqueles anos confundiu e desorientou suas vítimas. Ele manipulava as pessoas para se sentirem inseguras ("Todo mundo está reclamando de você", disse ele a uma delas) ou intimidá-las ("Você nunca mais vai trabalhar no mundo do autismo", falou a outra); ele as fazia sentirem-se necessárias ("O centro desmoronaria sem você") e especiais ("Você é a única que me entende"). Ele usou esses jogos mentais para assegurar o silêncio das vítimas.

Foi então que percebi que o George era, provavelmente, um narcisista maligno. Diferentemente dos narcisistas grandiosos, que se gabam e se sentem superiores aos outros, os narcisistas malignos são pessoas que usam os outros da sua maneira egocêntrica, sem remorso, mentindo e manipulando para conseguir o que querem. Eles usam o sexo como fonte de poder, aproveitando-se de sentimentos arraigados e inconscientes de indignidade e insuficiência daquelas pessoas que são seu alvo. Eles se alimentam de outros como um vampiro, usando-as para preencher um vazio interior, muitas vezes desprezando-as ou manipulando-as para reforçar um senso de importância e reafirmar o controle. Eles também tendem a escolher vítimas que são gentis, atenciosas e confiantes, explorando essas nobres qualidades a seu favor. Percebi que esse meu amigo próximo, um homem que eu apoiei por anos, era um Harvey Weinstein mais bonito. O rebelde que pensei ser o Mágico de Oz era apenas um vigarista do Texas.

Fiquei surpresa por não ter visto antes o que estava acontecendo. Como me permiti ser enganada? Como pude colocar a Cassie em uma situação tão perigosa? Não só isso, eu ajudei a financiar o centro e dei-lhe credibilidade com minha afiliação universitária e reputação como cientista. Sem saber, ajudei a perpetuar todo o desastre! Agora, eu tinha que fazer por mim mesma o que fiz pela Cassie. Primeiro, eu me dei amor e apoio incondicional. Eu tentei abraçar minha própria dor e vergonha com carinho e aceitar que tinha entendido errado. Eu me afastara de uma verdade monstruosa porque alguma parte de mim não conseguia reconhecê-la e fiz a escolha mais fácil. E isso foi muito humano.

Então, abracei minha raiva, era como a erupção de um vulcão. Eu tinha fantasias de estar repreendendo o George, mas decidi não confrontá-lo diretamente. Percebi que ele estava doente e seria contraproducente. Eu também queria me proteger do que certamente seria um encontro traumático. Em vez disso, tomei uma atitude.

Minha casa tem um incrível carvalho antigo gigantesco que ostenta o espírito de uma sábia vovó. Eu costumava me sentar sob seus galhos para pedir cura, amor e perdão a mim mesma. Desta vez, quando me sentei com minha raiva, pedi acesso a toda a sua força. Eu permiti que a energia forte da raiva fluísse livremente dentro do meu corpo. Eu me comprometi que não me desvirtuaria mais para o caminho fácil, apenas seguiria em frente. Faria o que fosse preciso para impedir o dano.

Cassie queria contar à esposa de George, Eileen, o que havia acontecido. Ela sentiu que Eileen merecia saber toda a extensão de seu comportamento predatório para que pudesse proteger a si mesma e suas filhas. Cassie escreveu a Eileen uma carta comovente, desculpando-se por magoá-la e contando tudo. Ela pediu que eu entregasse a carta, ideia que me fez sentir extremamente desconfortável, especialmente porque Eileen e eu não éramos próximas. Mas já que Eileen era codiretora do centro, eu me preocupava que ela fosse legalmente responsável se alguém movesse uma ação judicial contra George. Eu também senti que era meu dever informá-la, de mulher para mulher, para que ela pudesse ter escolhas bem informadas. Achei melhor esperar até que o George estivesse fora da cidade para que ela pudesse saber da verdade livre de sua influência imediata.

Junto com a carta de Cassie, imprimi várias declarações escritas por outras mulheres que me deram permissão para compartilhá-las. Como eu sabia que George, provavelmente, a tinha convencido de que eu era louca, queria dar a ela evidências tangíveis de seu comportamento. A reação de Eileen não foi nada do que eu esperava. Ela estava na defensiva. Ela não abriu as cartas e, em vez disso, ficou com raiva de mim. Ela até me acusou de tentar chantageá-los. Acho que foi essa a sua maneira de lidar com a situação. Era mais fácil me ver como a vilã do que ao homem que ela amava.

Cassie finalmente encontrou coragem para contar a sua mãe o que tinha acontecido. Recebi um e-mail da mãe dela pedindo para me encontrar para um chá e discutir a situação. A reação dela também não foi o que eu esperava. Achei que ela ficaria furiosa, mas não ficou. Em vez disso, ela estava muito preocupada. Eu disse que, em função do comportamento sexual ter começado antes de Cassie completar 17 anos (a idade de consentimento no Texas), o caso poderia ser aberto. Mas a mãe de Cassie não queria prestar queixa; ela estava com medo de arrastar a filha para uma batalha judicial. Ela também temia possíveis reações de George, agora que sabia do que ele era capaz. Esse é um motivo comum para as pessoas não denunciarem abuso sexual — o medo de piorar as coisas. E, devido ao fato de que a grande maioria dos perpetradores não é condenada, esse medo tem fundamento.

Uma pessoa da equipe, informada de que eu havia enlouquecido, enviou-me uma mensagem de texto. "Ouvi dizer que você escreveu declarações", disse ela. "Você poderia mostrá-las para mim?" Eu concordei em conhecê-la e ela mesma leu as declarações. Ficou horrorizada e disse às outras funcionárias que viviam no centro. Todas elas decidiram parar no mesmo dia. Juntaram suas coisas e saíram silenciosamente antes do amanhecer para que não tivessem que enfrentar o George, de quem elas estavam com medo agora.

Algumas das garotas pediram para ficar comigo por alguns dias até decidirem o que fazer depois. Tivemos conversas longas e indignadas sobre o que aconteceu. Cada uma delas também admitiu que estava tendo relação sexual com George. Todas ficaram consternadas ao saber que o que pensavam ser um relacionamento especial e único (embora oculto) não era único de forma alguma. Elas perceberam que o George dormia com quase qualquer garota ou mulher que aceitasse e que elas faziam parte do que pode ser equivalente a um harém. Ou, talvez mais precisamente, um culto completo com um líder carismático e inexplicável. Mais uma vez, precisavam da autocompaixão terna para segurar o choque e a tristeza da verdade, e da autocompaixão feroz para agir. Elas alertaram aquelas que precisavam saber sobre o que estava acontecendo e a notícia começou a se espalhar pelo mundo do autismo. O carisma de George não conseguiu mais mantê-lo no topo. Ele fechou o centro e mudou-se com sua família para fora do estado.

Eileen não deixou George, provavelmente por causa de suas filhas pequenas ou talvez porque o abuso emocional tenha abalado seu espírito. Não a conheço bem o suficiente para ter certeza, mas é muito comum as mulheres ficarem com parceiros que as maltratam. Até hoje, George não se desculpou com aquelas que prejudicou e, ainda, culpa a Cassie e a mim por termos arruinado sua vida.

Enquanto conversava com várias mulheres que se sentiam vítimas de George, tentei descobrir como as coisas conseguiram seguir por tanto tempo. Sim, foi difícil ver o que estava acontecendo, por causa de sua habilidosa manipulação — as mentiras e manipulações que os narcisistas usam para desequilibrar as pessoas. Mas havia sinais claros de que deveríamos ter prestado atenção, e não o fizemos. Lembrei-me de quando o George levou a Cassie para jantar no seu aniversário. Isso me deixou desconfortável, mas eu ignorei minha intuição e presumi o melhor. Eu pensei que ele não ousaria se exceder com uma garota adolescente, que era como uma filha para ele. Para ser completamente honesta, eu nem pensava muito nisso porque era mais fácil não pensar. Levar minhas suspeitas a sério significaria ter que enfrentar algo que eu não queria ver. E acabou que essa foi a noite em que ele tirou a sua virgindade.

Depois que o centro foi fechado, as pessoas com quem conversei ficaram chocadas e, ainda assim, poucas ficaram surpresas. A notícia deu sentido a comportamentos reveladores que muitas notaram por anos, embora algum bloqueio mental tivesse impedido todas nós de somarmos dois mais dois. Esse bloqueio parece ser o desejo de ver o melhor nos outros. Claro, todo mundo achava que o comportamento de flerte do George era inapropriado e um pouco nojento, mas ele fazia tão bem às crianças! Sempre que obtemos informações que não se enquadram em esquemas de como as coisas são no mundo — quando experimentamos a dissonância cognitiva — sobrescrevemos a realidade para que as coisas façam mais sentido e se encaixem no mundo que queremos ver. Há uma incapacidade de acreditar que alguém que consideramos bom possa estar agindo de forma ruim — então, eliminamos nossas dúvidas e confusões para continuarmos imperturbáveis. Mas, como mulheres, não podemos mais nos afastar. Nós precisamos abrir os olhos para comportamentos prejudiciais para que possamos proteger uma à outra.

Um número surpreendente de mulheres com quem conversei relata experiências semelhantes com ex-namorados, ex-maridos, ex-colegas ou ex-chefes. O mais louco disso tudo é o pouco que falamos sobre isso. Como eu disse, o comportamento que estimula o movimento #MeToo não é novo. A única coisa nova é o fato de que finalmente estamos começando a discutir isso abertamente. Nós precisamos ver claramente que, inadvertidamente, ativamos o comportamento predatório com o nosso silêncio. Precisamos reconhecer tanto o comportamento em si quanto qualquer coisa que nos impeça de compartilhar as informações necessárias. Embora a responsabilidade por esse tipo de abuso sexual recaia inteiramente sobre os perpetradores, não podemos esperar que os homens acordem e parem esse mau comportamento por conta própria. Como mulheres, devemos agir agora para nos protegermos.

COMO PARAR O COMPORTAMENTO PREDATÓRIO

Como podemos usar a autocompaixão feroz para prevenir que maus-tratos sexuais aconteçam? É difícil falar se seu agressor for seu chefe e se você tiver medo de ser despedida. É por isso que precisamos aprovar leis que criminalizam o assédio sexual e o abuso em todos os lugares. Acredite ou não, em muitos estados, como o Texas, não existem leis contra o assédio sexual nas empresas com menos de 15 funcionários, razão pela qual o pessoal que era remunerado no centro de autismo do George não tomou qualquer medida legal, mesmo que estivessem dispostas a isso. Essa falta de proteção legal às mulheres precisa ser corrigida.

Também, no momento que iniciarem os maus-tratos podemos invocar nossa energia Kali interior e começar a dizer inequivocamente e com firmeza: "Não! Isso não está certo!" Esse tipo de ferocidade tem o potencial de parar o predador em suas tentativas, pois preferem alvos mais fáceis. Descobri que algumas das garotas que trabalhavam no centro rejeitaram as investidas do George e ele acabou deixando-as em paz. Eu não posso dizer com certeza por que ele continuou a perseguir umas e não outras, mas notei que as garotas das quais ele desistiu tinham a energia yang muito forte. Eu suspeito que George achou que era muito trabalhoso ficar atrás delas e direcionava sua atenção para outro lugar. Claro, dizer *não* nem sempre é possível, depende de muitos fatores que se cruzam: poder, privilégio, circunstâncias financeiras, intoxicantes etc. Além disso, não é responsabilidade da mulher parar predadores, essa responsabilidade recai integralmente sobre os próprios perpetradores. Ainda assim, nossa ferocidade interior pode nos ajudar a proteger a nós mesmas, e não devemos ter medo de recorrer a ela quando necessário.

Quando conversei com as mulheres que conseguiram rejeitar as investidas de George, todas lamentaram ter ficado em silêncio sobre o acontecido. Apesar de darem avisos sutis para outras que trabalhavam no centro (por exemplo, se ele pedir uma massagem nos ombros quando outras pessoas não estiverem por perto, tome cuidado), ninguém denunciou George publicamente. Em parte, porque não perceberam a extensão da sua depravação, mas também porque simplesmente acreditavam que George era um mulherengo e não levaram seu comportamento a sério o suficiente. Infelizmente, nossa longa história de patriarcado, muitas vezes, leva as mulheres a aceitarem o comportamento abusivo. "É assim que George, Harvey, Charlie, Jeffrey, Donald, ___ (preencha o espaço em branco) são", dizemos, como se fosse um dado adquirido que os homens são predatórios e não temos escolha, a não ser tolerá-los.

As mulheres lutaram muito, e por muito tempo, pela liberdade de terem elas mesmas a autenticidade sexual. Mas, às vezes, não pensamos o suficiente sobre como o desequilíbrio molda nossa capacidade de consentir ou o quanto é realmente prejudicial a ação dos homens que não respeitam os limites sexuais. Espero que, com o movimento #MeToo, as coisas estejam, finalmente, começando a mudar. Eu acredito que as mulheres chegaram a um ponto de avaliação na nossa história. Nosso silêncio permite o comportamento predatório. A única maneira de as coisas melhorarem é reconhecermos o que está acontecendo, não importa o quanto nos faz sentir desconfortáveis. Escolher contar tudo publicamente, ou não, é uma decisão pessoal de cada mulher e depende de muitas circunstâncias — se é seguro falar, se isso causa mais mal do que bem. Depende também das várias pessoas envolvidas. Mas precisamos admitir, no mínimo, a verdade para nós mesmas, para que possamos dar o nosso melhor e nos protegermos, para sobrevivermos e nos curarmos.

O PAPEL DA AUTOCOMPAIXÃO

Felizmente, estudos mostram que a autocompaixão pode facilitar a recuperação de quem sofre abuso sexual. Muitas das pesquisas sobre autocompaixão para as sobreviventes foram conduzidas em profundidade, com entrevistas para descobrir como a autocompaixão ajudou mulheres a lidarem com isso. Um tema comum no testemunho das sobreviventes é que a experiência de ser abusada as encheu de vergonha e, na verdade, prejudicou sua capacidade de autocompaixão. Como disse uma das participantes de um estudo: "Você realmente não pode dar a si mesma amor e carinho, se você não tem noção de si mesma. Para mim, o abuso sexual é difícil sim, mas isso é, na verdade, a crença da vergonha embutida de não ser merecedora. Você pensa: 'Eu sou, obviamente, uma pessoa má, ou eles não teriam feito isso'". É por isso que as mulheres que foram abusadas se beneficiam tanto com a autocompaixão, porque ela ajuda a desfazer o dano causado ao seu senso de identidade.

Com tempo e ajuda profissional, as mulheres percebem que o abuso não é culpa delas. Aprendem a desenvolver a compaixão por suas experiências traumáticas. A pesquisa indica que essa autocompaixão ajuda sobreviventes a trabalharem com as emoções difíceis, como a vergonha, de uma maneira mais produtiva, assim, elas ficam menos oprimidas pelas emoções. Um estudo descobriu os seguintes temas, enquanto as mulheres discutiam o papel da autocompaixão na recuperação do abuso: ajuda-as a afirmar sua autoestima; aceitam-se como são; absolvem-se da culpa; honram suas emoções dolorosas; reservam tempo para o autocuidado; conectam-se com outras pessoas que tiveram experiências semelhantes; apreciam o progresso que fizeram; e, mais importante, reivindicam seu poder. Como disse uma mulher chamada Dominique: "Eu percebi que a agressão sexual aconteceu, mas que não define quem sou. É um empoderamento de 'estou lutando contra'. Isso não vai me controlar. Isso não vai controlar minha vida. Eu posso ter o poder que me foi tirado. Eu posso tê-lo de volta". Essas mulheres também compartilhavam o compromisso de enfrentar a desigualdade de gênero e defender os direitos das outras.

Antes de chegar ao ponto em que nos sentimos fortalecidas após o abuso, no entanto, precisamos nos dar a autocompaixão terna. O primeiro passo é manter a dor do nosso trauma em plena consciência. Podemos reconhecê-la e validá-la, e não simplesmente nos recusar a vê-la. Nós precisamos estar presentes com nosso sofrimento, por mais incômodo que seja, do mesmo modo como ficaríamos com uma criança chorando, sem abandoná-la. Eu ouvi de muitas mulheres que só queriam esquecer e seguir em frente depois da sua experiência de abuso, mas, quando nossa dor é esquecida e não reconhecida, inevitavelmente prolonga o processo de recuperação. É importante ver claramente e falar a verdade sobre o que aconteceu, mesmo que seja apenas para nós mesmas ou para uma terapeuta ou amiga. Dito isso, é igualmente importante que não nos deixemos ser retraumatizadas, à medida que avançamos no trabalho de cura. Se o abuso veio de um membro da família ou um parceiro romântico, quase certamente haverá um *backdraft* quando aceitarmos a dor do que aconteceu. Precisamos ir no ritmo em que nos sentimos seguras e, se possível, obter ajuda profissional. Há um ditado que usamos em MSC — vá lentamente, caminhe mais longe. Paciência com a velocidade de cura depois do abuso é um dos presentes que a autocompaixão pode oferecer. Também nos ajuda a ser tão calorosas, compreensivas e aceitarmos incondicionalmente a nós mesmas quanto possível. Se nos sentirmos em pedaços, podemos abraçar essa quebra? Podemos nos sentir maculadas quando sofremos abusos (no passado, seríamos chamadas de mulher "arruinada"), mas nossa alma ainda está pura e bela, independentemente do que tenha acontecido conosco. Quando preenchemos nossa consciência com presença amorosa e conectada, nosso verdadeiro valor próprio é revelado.

Finalmente, precisamos nos lembrar da nossa humanidade comum. Pelo menos um quarto da população feminina já foi agredida e uma grande maioria assediada. As razões não são pessoais. Não precisamos nos sentir isoladas ou envergonhadas pelo que aconteceu. Nós não estamos sozinhas. Podemos nos sentir conectadas a milhões de mulheres em todo o mundo e ao longo da história. Mesmo que nossa confiança tenha sido destruída, somos capazes de formar uma nova rede de segurança, entrando em contato com outras mulheres que tiveram experiências semelhantes. Podemos encontrar força nesses laços, juntando-se ao compromisso compartilhado para acabar com o abuso sexual de uma vez por todas.

ESCREVENDO UMA CARTA COMPASSIVA

Escrever cartas compassivas é uma prática ensinada no programa de Mindfulness e Autocompaixão (Mindful Self-Compassion). A pesquisa mostra que, se praticada regularmente, é altamente eficaz. Se você foi vítima de maus-tratos sexuais, pode tentar escrever uma carta compassiva para si mesma a respeito da experiência. Tal prática é mais segura para um evento que foi perturbador (por exemplo, um homem dizer algo obsceno a você) do que para algum evento traumatizante (como estupro). Se você sofreu abuso ou agressão sexual, pode ser intenso demais fazer essa prática por conta própria, o melhor a fazer é ter a ajuda de um terapeuta ou algum psicólogo. Além disso, todo mundo é diferente e, às vezes, as pessoas ficam surpresas com suas próprias reações em relação a um exercício, então, se você começar a se sentir sobrecarregada, por favor, permita-se parar. Isso também é autocompaixão. Se, recentemente, você sofreu violência sexual (contato sexual forçado), procure ajuda imediatamente. Você pode ligar para o 911, (ou obter ajuda da RAINN (Rede Nacional de Estupro, Abuso e Incesto), que é a maior organização contra violência sexual da nação: www.rainn.org. Há, também, uma linha direta para comunicar agressão sexual em 800-656-HOPE (4673), que pode colocar você em contato com um membro treinado da equipe para ajudar nesses casos.[7]

INSTRUÇÕES

Pense numa situação passada de assédio sexual ou maus-tratos, que pareça a você apropriada de trabalhar agora. Algo leve e/ou moderado. Certifique-se de que é um incidente passado, aquele em que o evento

---

7 N. do T.: Essas informações se referem a ajuda nos Estados Unidos. No Brasil, ligue 180 (Central de Atendimento à Mulher) ou Disque 100 (Direitos Humanos) — Ministério da Mulher, da Família e dos Direitos Humanos (MMFDH).

acabou. Você está segura agora e gostaria de trazer um pouco de cura para si mesma. Se pensar nesta situação é doloroso, por favor, escolha uma situação menos traumática. Decida o que parece certo para você.

- Para a primeira etapa, basta escrever sobre o que aconteceu. Incluir qualquer detalhe que pareça relevante. Se você começar a se sentir muito angustiada, faça uma pausa para tomar uma xícara de chá ou coloque a sola dos pés tocando o chão. Isso também significa autocompaixão.

- Depois de descrever o que aconteceu, escreva um parágrafo que traga consciência plena da dor causada por essa experiência. Que emoções você teve na época? Que sentimentos tem agora? Você pode descrever como esses sentimentos se manifestam nas sensações físicas (aperto na garganta, pontadas no estômago, vazio no peito e assim por diante)? Deixe que qualquer emoção que surja venha exatamente como é, sem julgamento, não importa o que aconteça. Vergonha, nojo, medo, raiva, irritação, tristeza, confusão, culpa etc. — deixe que todas elas venham à tona na sua consciência. Observe como é difícil experimentar esses sentimentos. Tente validar sua dor — é muito natural se sentir assim.

- Em seguida, escreva um parágrafo que lembre a experiência da humanidade comum. Infelizmente, situações como essa ocorrem todos os dias. Não apenas com você. Você não está sozinha. E o mais importante, não é sua culpa. Os maus-tratos às mulheres vêm de milhares de anos de patriarcado e poder desigual. Mas você pode se manter forte com suas irmãs sabendo que não estamos mais aceitando este tratamento. Sinta o poder de fazer parte de algo maior do que você mesma.

- Agora tente escrever um parágrafo que expresse profunda bondade para com você mesma. Escreva algumas palavras que confortem, acalmando a dor e o dano que você vivenciou. Certifique-se de que suas palavras sejam ternas e solidárias, algo que você diria a uma amiga próxima que tenha experimentado algo semelhante. Se algum sentimento de vergonha ou dúvida surgir, veja se também consegue dar amor a esses sentimentos, a presença conectada. Você consegue ser carinhosa consigo mesma no meio de sua dor?

- Em seguida, escreva um parágrafo de como sua Kali interna ou a mãe ursa falaria com você. Deixe que suas palavras sejam fortes, ousadas e corajosas ao se comprometer a proteger você mesma e suas irmãs. Reconheça claramente a injustiça do que foi feito com você. Permita que a raiva cresça sem resistir a isso. Deixe fluir através de você e aterre-se no chão pela sola dos pés, se começar a se sentir oprimida. Tente não ficar perdida pensando muito no perpetrador. As células do seu cérebro já usaram glicose o suficiente pensando nele, e ele não precisa de mais atenção. Em vez disso, mire, com a força total da sua raiva, o dano em si. Isso não deveria ter acontecido!

- Finalmente, veja se você pode usar a raiva e energizá-la para a ação. Existe alguma coisa que você pode fazer para evitar que isso aconteça de novo, tanto para você quanto para outra mulher? Se sim, você pode se comprometer a dar um pequeno passo nessa direção?

- Quando terminar de ler a carta, respire fundo algumas vezes e guarde-a em lugar seguro. Quando aparecer o momento, pegue a carta e leia, permitindo que as palavras sejam totalmente absorvidas. Algumas pessoas gostam realmente de enviar a carta para si próprias pelos Correios, para ler quando a recebem alguns dias depois.

Se sentimentos difíceis surgirem durante este exercício, certifique-se de se cuidar. Pergunte a si mesma o que você precisa. Um abraço, uma caminhada, uma conversa com alguém em quem você confia, algum tempo quieta, sozinha? Tente se dar o que for de mais útil no momento.

COMEÇANDO A AGIR

Embora seja importante usar a autocompaixão para ajudar a curar o abuso sexual, a cura não é suficiente. Também é fundamental que tentemos prevenir danos às mulheres no futuro. Uma das principais causas de maus-tratos sexuais é social: a desigualdade estrutural que dá poder aos homens sobre as mulheres. Unir-se a outras mulheres ajuda a fornecer a coragem necessária para interpelar agressores. O movimento #MeToo tem mostrado que homens poderosos podem ser considerados culpados e levados à Justiça. Se ficarmos juntas, podemos começar a desmontar o sistema que permite que esse comportamento ultrajante ocorra.

Mas qual é a melhor maneira de falar sobre o abuso, especialmente se houver risco de sofrermos alguma consequência? Algumas empresas têm maneiras de, anonimamente, acolher relatos de comportamento predatório, mas não a maioria. Além disso, esse comportamento geralmente ocorre fora do contexto de trabalho. Na verdade, o abuso sexual ocorre boa parte das vezes dentro da família. O que fazer, então? Infelizmente, eu não tenho a resposta a essas perguntas e, sem dúvida, há especialistas que sabem muito mais do que eu sobre o assunto (organizações como a RAINN têm linhas diretas e podem oferecer aconselhamento imediato). Mas eu sei que a resposta precisa ser guiada pelos princípios da autocompaixão e, aqui sim, precisamos agir com clareza corajosa e poderosa para nos proteger. Se nós trabalharmos juntas, com os corações abertos que são ferozes e ternos, nós vamos descobrir o melhor caminho a seguir.

Esperamos que cada vez mais homens se juntem a nós e também comecem a usar a compaixão feroz para chamar outros homens para se envolverem em atos contra o comportamento predatório. Mas não podemos esperar pela adesão deles. Como mulheres, nós precisamos nos proteger, agora. Algo está acontecendo, uma mudança na consciência feminina. Nossa raiva está queimando, um levante do yang para equilibrar com o yin. As mulheres estão finalmente acordando para sua verdadeira natureza, a qual é potencialmente feroz e delicadamente terna. Kali está vindo à tona.

PARTE 2

INSTRUMENTOS DA AUTOCOMPAIXÃO

CAPÍTULO 5: ABRAÇANDO A SI MESMA COM TERNURA

A saída da prisão começa com a aceitação absoluta de tudo sobre nós e nossa vida, abraçando com cuidado a nossa experiência, momento a momento.
—Tara Brach, autora e professora de meditação

A autocompaixão oferece muitas maneiras de aliviar o sofrimento, dependendo do que é necessário naquele momento. Antes de explorarmos totalmente as ferramentas da autocompaixão feroz, precisamos entender melhor a autocompaixão terna, porque, para manter nossa integridade e bem-estar, o yin deve estar equilibrado e interligado ao yang. Farei um breve apanhado dos conceitos, mas, para um mergulho mais profundo, faça uma consulta ao meu livro anterior, *Autocompaixão*, que foca a fundo o desenvolvimento de autoaceitação yin.

Autocompaixão terna é a capacidade de *estar* conosco mesmas, da forma como somos — dando-nos conforto e garantindo que não estamos sozinhas, além de validar nossa dor. Equivale ao carinho e à qualidade do cuidado de uma mãe em relação a um filho recém-nascido. Não importa se o bebê está chorando incontrolavelmente ou acabou de vomitar na sua blusa nova. Você ama essa criança incondicionalmente. A autocompaixão terna nos permite ter essa mesma atitude em relação a nós mesmas. Assim como é possível abraçar um bebê que está chorando, podemos abraçar com amor a emoção intensa e perturbadora que sentimos, para que não sejamos oprimidas por ela. Essa qualidade nutridora permite menos preocupação com *o que* experimentamos — se é doloroso, difícil, desafiador ou decepcionante — e permite nos mantermos mais focadas em *como* nos relacionamos com tudo isso. Vamos aprender a estar conosco mesmas de uma nova maneira. Em vez de perdidas e inundadas na nossa dor, vamos ter compaixão por nós mesmas, *porque* somos nós que estamos com a dor. Esse cuidado e preocupação que estendemos a nós mesmas permitem que nos sintamos seguras e aceitas. Quando abrimos nossos corações para o que está lá, geramos um nível de calor que ajuda a curar nossas feridas.

Enquanto escrevia este livro, a Covid-19 bateu à nossa porta. Todas as minhas oficinas ao vivo foram canceladas e Rowan passou a frequentar a escola pelo Zoom. Foi difícil escrever enquanto dava aulas online, além de entreter meu filho, me certificar de que havia comida suficiente (na verdade, comprei 20 quilos de arroz e feijão em caso de dúvida) e papel higiênico (o suficiente para lidar com as potenciais consequências desses 20 quilos de arroz e feijão) e ter que operar com todas as outras incríveis mudanças na vida provocadas por essa pandemia. Eu estava sozinha e preocupada com o futuro. Tive muita sorte, em comparação com muitos outros que perderam o emprego, um parente querido ou sua própria saúde, mas não significa que o período foi livre de estresse. Quando surgem sentimentos de medo, tristeza ou incerteza, sei o que fazer: eu me dou compaixão terna. Eu digo coisas para mim mesma, "Está muito difícil. O que você precisa neste momento?". Às vezes, eu preciso me acalmar, então vou caminhar ou tomar um banho quente. Mais frequentemente, preciso de apoio emocional. Assim, coloco uma das mãos no coração e a outra no plexo solar e sinto minha própria presença. Eu, conscientemente, trago para dentro de mim calor e amor, e lembro-me da natureza compartilhada dessa experiência (neste caso um compartilhamento com, literalmente, bilhões de outros). Embora as dificuldades não desapareçam, o fato de avaliar meus sentimentos e dar a mim mesma alguma gentileza faz uma grande diferença.

Quando somos compassivas conosco, num momento de luta, nossa consciência não fica mais totalmente consumida pelo sofrimento; passa também a se preocupar com esse sofrimento. Somos maiores do que nossa dor; também somos o amor que abraça a dor. Essa corda salva-vidas pode ser uma fonte de grande significado e realização, independentemente das dificuldades que as coisas apresentem no momento.

Cada um dos três componentes da autocompaixão — bondade, humanidade comum e mindfulness — desempenha papel crucial na autocompaixão terna. A bondade é a atitude emocional que nos permite confortar e acalmar. A humanidade comum fornece a sabedoria para entendermos que não estamos sozinhas e aceitar que a imperfeição faz parte da experiência humana compartilhada. E mindfulness nos permite estar presente com nossos sofrimentos, para que possamos validá-los, por mais difíceis que sejam, sem tentar consertá-los ou alterá-los imediatamente. Esses três elementos assumem uma forma particular ao usarmos a autocompaixão e encontrar nossas necessidades: presença amorosa e conectada.

AMOR

O elemento da bondade no centro da autocompaixão assume uma qualidade amorosa, quando nossa necessidade é sermos como somos. É suave, caloroso e nutritivo. As mulheres normalmente se sentem muito confortáveis com o lado terno da compaixão, porque se revela arraigado no papel do gênero feminino. Somos especialistas em compaixão, criadas desde o nascimento para cuidar dos outros. Mas pode parecer menos familiar, até mesmo desconfortável, quando essa preocupação é voltada para dentro.

A maioria de nós é muito mais severa consigo mesma do que com os outros. Nós, frequentemente, dizemos coisas cruéis e indelicadas que nunca diríamos a ninguém. Vamos supor que você esteja muito ocupada e tenha se esquecido de ligar para sua mãe no aniversário dela. Se uma amiga próxima lhe relatar a mesma situação, você provavelmente dirá "Eu sei que você está chateada porque se esqueceu de ligar para sua mãe, mas essas coisas acontecem. Não é o fim do mundo. Você estava muito estressada e ocupada e, simplesmente, escapou da sua mente. Você pode ligar para ela agora e dizer o quanto ela significa para você". Mas, quando nós mesmas protagonizamos a situação, é mais provável que digamos: "Você é uma filha horrível. Não posso acreditar que seja tão egocêntrica. Tenho certeza de que mamãe está arrasada e ela, provavelmente, nunca vai te perdoar".

Com nossos amigos, normalmente nos concentramos no comportamento (você se esqueceu de ligar para sua mãe), e não na pessoa (você é uma filha horrível). Atribuímos o comportamento à situação (você estava ocupada), e não à personalidade central (você é tão egocêntrica). Nós vemos a gravidade do que aconteceu objetivamente (não é o fim do mundo), em vez de criar uma catástrofe (tenho certeza de que mamãe está arrasada). E nos lembramos de que é uma situação temporária (você pode ligar para sua mãe agora), em vez de presumir que as coisas são permanentes (ela nunca vai te perdoar).

Então, por que tratar a si própria de maneira tão diferente da que trata os amigos? Um dos motivos tem a ver com a forma como lidamos com ameaças. Quando notamos algo sobre nós de que não gostamos, ou quando enfrentamos um desafio na vida, sentimos que estamos pessoalmente sendo ameaçadas. Como abordado anteriormente, nossa reação instintiva à ameaça é lutar, fugir ou paralisar, e quando direcionamos essa reação a nós mesmas, o instinto se manifesta como autocrítica, isolamento e superidentificação. Sentimos que, ao reagir dessa forma, seremos capazes de assumir o controle e evitar erros, mantendo-nos, assim, seguras. Por outro lado, não nos sentimos tão diretamente ameaçadas pelas lutas dos outros (embora eu possa me sentir mal por minha amiga que foi demitida do emprego, esse fato não me coloca em perigo imediato) e, portanto, temos mais acesso a uma resposta amigável. Quando exercitamos a autocompaixão, mudamos nossa fonte instintiva de segurança do sistema de ameaça e defesa ao sistema de cuidado, para que possamos ser mais solidárias conosco e lidar de forma mais eficaz com situações difíceis.

Um elemento-chave na criação dessa atmosfera de apoio é o tom de voz que usamos quando falamos conosco, seja em voz alta ou num diálogo interno. Somos todas incrivelmente sensíveis ao tom de voz; nos primeiros dois anos de vida, antes de entendermos a linguagem, o tom é o meio principal de comunicação entre pais e bebês. Podemos sentir a intenção emocional das palavras, independentemente de seu significado. Por exemplo, podemos usar palavras gentis, mas dizê-las de maneira direta ou fria, e a mensagem geral será tão eficaz quanto a chamada de um robô pedindo para que estenda a garantia do seu carro. Mas, quando nosso tom de voz está impregnado de benevolência e boa vontade, sentimos nos nossos ossos. Respondemos instintivamente ao nosso próprio calor.

O mais incrível na mudança da crítica severa para a gentileza é que os momentos de dificuldade — incluindo situações que despertam sentimentos de vergonha e inadequação — tornam-se uma oportunidade para dar e receber amor. Podemos ser ternas conosco mediante qualquer experiência que surja em nosso caminho, não importa o quanto ela se apresente desafiadora. À medida que aprendemos a ficar mais confortáveis com a voz da autobondade, nossa habilidade de amar fica mais forte. Não há pré-condições nem exigência de mudança, porque o amor pode conter tudo.

CONEXÃO

O senso de humanidade comum inerente à autocompaixão terna gera sentimentos de conexão quando nos voltamos para a nossa dor. Ao lembrarmos que dificuldades e sentimentos de inadequação são compartilhados por todas nós, não nos sentimos tão isoladas. Mas, na verdade, é mais comum que nos sintamos separadas dos outros enquanto lutamos. Pense nisso. Quando você deixa escapar aquela observação completamente inadequada em uma reunião, não consegue pagar a fatura do cartão de crédito ou recebe más notícias do médico, parece que algo deu errado. É como se não *devesse estar* acontecendo. Como se só a perfeição fosse o correto. Quando as coisas não estão indo como gostaríamos, pensamos que algo anormal ocorreu. O sentimento de anormalidade não é uma reação lógica, é emocional. Sim, logicamente sabemos que ninguém é perfeito, que não se vive uma vida perfeita (como diz a música), 'você nem sempre consegue o que quer'[8]. E, ainda, quando algo desafiador acontece, nossa reação emocional é sentir que todas as outras pessoas no mundo vivem uma vida "normal", sem problemas, e apenas "eu" enfrento dificuldades.

Essa visão autocentrada é exacerbada pela cultura ocidental, que nos leva a acreditar que somos agentes independentes, que temos o controle de nós mesmas e, também, do nosso destino. Quando compramos a narrativa de que estamos no comando do show, esquecemos nossa interdependência essencial — a verdade é que todas as nossas ações são realizadas em uma teia maior de causas e condições.

Digamos que eu me sinta inadequada porque, às vezes, fico irritada e impaciente com os outros, e isso prejudica minhas relações de trabalho (completamente hipotético, é claro). Posso me identificar com essa "personagem falha", me julgando e me culpando por isso. Mas, com a sabedoria da humanidade comum, posso ver que esse comportamento não está totalmente sob meu controle. Se estivesse, eu certamente já teria parado. Meu comportamento é causado, em parte, por minha composição genética, hormônios, história familiar prévia, experiências de vida, circunstâncias atuais — financeiras, romântica, trabalho, saúde e assim

---

8 N. de E.: Referência à música *"You can't always get what you want"*, dos Rolling Stones

por diante. E todos esses fatores interagem com ainda outros fatores, como as convenções sociais e a economia global, a maioria dos quais está completamente fora do meu controle. Portanto, não há razão para tomar nada disso como pessoal. Minha experiência está intimamente conectada ao que acontece em um todo maior. Isso não significa que eu não deva assumir as responsabilidades por minhas ações e fazer o meu melhor. Significa tentar me controlar antes de agir e, se for o caso, depois me desculpar e encontrar uma forma de fazer as pazes. Mas eu não tenho que me culpar impiedosamente.

Quando lembramos que os erros são uma parte integrante da experiência do ser humano, levamos nossas falhas menos para o lado pessoal. Quando reconhecemos que somos simplesmente um ponto em uma tapeçaria maior, nossos sentimentos de separação e isolamento começam a arrefecer. Não nos sentimos mais anormais; perceba que todas as pessoas têm pontos fortes e fracos ligados a fatores complexos, muito maiores do que qualquer indivíduo. Quando não nos sentimos tão sozinhas, nossa dor se torna suportável. Esse sentimento de conexão fortalece a sensação de segurança necessária para enfrentar os desafios da vida.

PRESENÇA

Mindfulness é fundamental para a autocompaixão e fornece a consciência necessária para estarmos conosco exatamente como somos, para validar nossa dor. É um estado de equilíbrio que previne duas reações comuns ao sofrimento: evitação e superidentificação. Às vezes, nos afastamos das nossas dificuldades fechando os olhos e olhando para o outro lado. Nós ignoramos os problemas no nosso casamento, no trabalho ou no meio ambiente, escolhendo o esquecimento da negação do desconforto de se abrir para o que é de fato. Mas, para cuidarmos de nós mesmas, temos que estar presentes em nossa dor. Precisamos nos voltar para dentro e dar espaço a sentimentos difíceis, como tristeza, medo, raiva, solidão, decepção, aflição e frustração. Só então podemos responder à nossa dor com amor, sabendo que esses sentimentos fazem parte da experiência humana compartilhada.

Outras vezes nos fundimos com nossos sentimentos negativos. Ficamos tão presas em nosso sofrimento que perdemos toda a perspectiva. Fixamo-nos em nossos problemas, distorcendo-os e exagerando-os no processo. Pense na empolgação quando assiste a um filme de ação. Você fica tensa como se fosse a única pessoa a ser atropelada pelo carro derrapando. De repente, a pessoa ao seu lado espirra e você percebe: "Ah, ok, estou vendo um filme!" Mindfulness nos dá o ponto de vista e a vantagem necessários para vermos claramente o que está acontecendo, assim, podemos dar a nós mesmas compaixão pelo momento tão difícil.

Quando nos abrimos para a realidade do que é, mesmo que não gostemos do que seja, isso nos ajuda quase que imediatamente. Quando algo de que não gostamos acontece, normalmente, tentamos consertar ou fazer com que desapareça. Nós lutamos com o que é, tornando as coisas ainda mais difíceis do que precisam ser. Nós sabemos por pesquisas na psicologia que, quanto mais resistimos à dor, mais a agravamos. Pense no que acontece quando você aperta um balão: ele estoura. A resistência pode ser definida como o desejo de manipular nossa experiência no presente momento. Quando resistimos ao desconforto, não só estamos com dor, como também nos sentimos chateados e frustrados porque as coisas não estão como queremos que sejam.

O professor de meditação Shinzen Young compara a uma fórmula matemática: "Sofrimento = Dor × Resistência". Certa vez, estávamos juntos num retiro de meditação e ele brincou: "Na verdade, é uma relação exponencial, não multiplicativa". Digamos que seu avião foi cancelado e você teme perder o casamento de um amigo. Não parece nada bom. É decepcionante. Mas, se você se põe a discursar e delirar sobre como é horrível, se descabelar, gritar, bater a cabeça na parede metaforicamente, isso apenas amplifica o estresse do cancelamento do voo. E você vai sendo consumida pelo pensamento "Isso não poderia estar acontecendo!"

— em outras palavras, resistir à realidade do que *está* acontecendo apenas despeja mais combustível no fogo. Mindfulness nos permite aceitar a realidade. Dizemos a nós mesmas: "Estou arrasada porque o voo foi cancelado. Eu realmente não quero perder o casamento do meu amigo. Estou tão chateada e triste com isso". O reconhecimento claro da dor nos permite validar nossos sentimentos e tomar medidas sábias para tentar mudar a situação (talvez você possa alugar um carro, por exemplo).

Outro benefício de estar consciente em vez de resistir à nossa dor é que isso permite que as dificuldades sejam resolvidas mais rapidamente. Sabemos que a resistência não apenas amplifica nosso sofrimento, mas também ajuda a prendê-lo em algum lugar. Aquilo ao qual resistimos persiste. Se você sentir ansiedade e lutar contra ela, poderá desenvolver transtorno do pânico. Se você se sentir triste e lutar contra isso (especialmente se você julgar a si mesma por se sentir triste), pode ficar deprimida. Tipicamente, as emoções têm uma vida útil limitada. Elas surgem de uma situação difícil, depois desaparecem com o tempo. Quando lutamos contra nossos sentimentos negativos, o que realmente acontece é que os alimentamos e os mantemos na energia da nossa resistência. Eles são como gatos de rua que ficam vagando por aí à noite porque deixamos restos para que eles peguem. No entanto, quando conseguimos simplesmente estar presentes, sentindo nossas dificuldades, permitindo num ato consciente que nossa experiência seja exatamente como é no momento, os sentimentos ruins finalmente se movem, vão embora.

Dito isso, é natural querer resistir à dor, e é por isso que é tão difícil deixá-la ir. Até mesmo uma ameba se afastará de uma toxina numa placa de Petri. É o desejo inato de ficar bem que impulsiona nossa resistência. Eu tentei ensinar Rowan sobre mindfulness e autocompaixão já numa idade precoce, sabendo o quanto isso seria bom para a vida dele. Por anos, ele rejeitou completamente a ideia. Se estava chateado com alguma coisa e eu tentava ajudá-lo a aceitar a situação com carinho e gentileza, ele, às vezes, gritava: "Não me vem com essas coisas de autocompaixão, mamãe. Eu não quero aceitar a dor." A honestidade da sua reação era tão dolorosa. Como mãe, queria que sua resistência funcionasse e que sua dor se dissolvesse magicamente. Mas resistir é inútil (como até invasores alienígenas sabem). Apenas quando nos voltamos para a nossa dor com a mente e com o coração abertos é que ela começará a diminuir, em seu próprio tempo e em seu próprio ritmo.

A prática de mindfulness nos permite abandonar a resistência, podendo estar conosco de uma forma mais compassiva. Simplesmente reconhecendo que estamos lutando e permitindo que seja assim, damos o primeiro passo na direção da cura. Quando estamos presentes conosco mesmas e com nossa dor, simultaneamente lembrando que não estamos sozinhas em nossa luta e sendo gentis conosco mesmas, porque essa luta dói, incorporamos um estado de autocompaixão terna. Essa presença amorosa e conectada pode ser aplicada a qualquer experiência, e isso faz uma diferença drástica na nossa capacidade de enfrentamento.

PAUSA PARA A AUTOCOMPAIXÃO TERNA

A Pausa para Autocompaixão é uma das práticas mais populares do programa MSC. É projetada para ajudá-la a trazer os três componentes da autocompaixão sempre que precisar de aceitação ou suporte na vida cotidiana. É como apertar o botão de reiniciar o computador para fazer uma pausa necessária no meio de uma luta, para que possamos nos reorientar e nos centrar novamente.

O formato básico da Pausa para Autocompaixão envolve chamar intencionalmente os três componentes da autocompaixão — mindfulness, humanidade comum e bondade — para nos ajudar no relacionamento com essa experiência de uma maneira mais compassiva. Vamos primeiro aprender a prática para situações nas quais é necessário trazer a autocompaixão terna. Nos capítulos posteriores, vamos adaptar a prática para as três formas de autocompaixão feroz: proteger, prover e motivar. (Uma versão de áudio guiada dessa prática pode ser encontrada em www.lucidaletra.com.br/pages/autocompaixaoferoz)

INSTRUÇÕES

Pense numa situação difícil na sua vida, algo que traz sofrimento, que você deseja abordar de uma forma mais carinhosa e receptiva. Talvez esteja se sentindo inadequada ou muito triste com alguma coisa e gostaria de ter uma presença amorosa e conectada para ajudá-la. Por favor, escolha um problema que seja de preocupação entre leve a moderada nesta primeira prática, não algo muito pesado. Permita sentir-se dentro do problema, observando qualquer desconforto em seu corpo. Em que parte do corpo você o sente? Faça contato com esse desconforto.

Certifique-se de que sua postura esteja o mais relaxada possível. Você vai dizer uma série de frases (em voz alta ou silenciosa) projetadas para trazer os três componentes da autocompaixão em sua forma yin. Apesar das palavras sugeridas, o objetivo é encontrar uma linguagem que funcione para você pessoalmente.

- A primeira frase se destina a ajudá-la a estar presente com a dor que sente. Tente dizer para si mesma, devagar e com calma, "Este é um momento de sofrimento". Se essa expressão não parecer boa para você, veja se consegue encontrar alguma outra forma de expressar essa mensagem, como "Isso é difícil", "Sinto-me tão estressada" ou "Estou realmente machucada".

- A segunda frase é projetada para lembrá-la de como você é conectada com a humanidade. Tente dizer a si mesma: "O sofrimento faz parte da vida". Outras opções são "Eu não estou sozinha", "Todas nós enfrentamos desafios na vida" ou "É assim que uma pessoa se sente quando luta".

- A terceira frase invoca o poder do amor e da bondade. Primeiro, coloque suas mãos sobre seu coração, ou qualquer lugar do corpo que a leve a se acalmar, sentindo o calor e o toque suave de suas mãos. Tente dizer com ternura: "Posso ser boa comigo mesma". Outras opções podem ser "Que eu possa me aceitar como sou", "Que eu seja compreensiva e paciente comigo mesma" ou "Estou aqui para ajudá-la". Se trouxer conforto, pode até dizer: "Eu te amo".

- Se você está tendo dificuldade para encontrar as palavras certas, imagine que uma amiga querida enfrenta o mesmo problema. O que você diria a essa pessoa, de coração para coração, para acalmá-la e confortá-la? Agora, você consegue oferecer a mesma mensagem para si mesma?

Após essa prática, você pode se sentir de três maneiras: positiva, negativa ou neutra. Nesse momento, veja se você pode se permitir ser exatamente como você é, não há necessidade de consertar nada. Se você está passando por muito *backdraft*, também pode fazer a prática da sola dos pés na página 43.

AUTOCOMPAIXÃO *VERSUS* AUTOESTIMA

Uma das funções mais importantes da autocompaixão terna é a autoaceitação radical. Quando aprendemos a estar com nosso eu imperfeito de uma forma compassiva, paramos de nos julgar e nos criticar por não sermos boas o suficiente. Desistimos do esforço contínuo de tentarmos ser uma pessoa que não somos, tentando ser perfeitas, e, em vez disso, nos abraçamos com todas as nossas falhas e pontos fracos. Essa é uma abordagem radicalmente diferente daquela que impulsiona nossa autoestima.

A autoestima é a avaliação do próprio valor. É o julgamento de que somos bons, e não ruins. A maioria de nós aprendeu que, para se sentir bem consigo mesma, temos que ser especiais ou estarmos acima da média. Que não é bom ser mediano, o que obviamente é um problema porque, logicamente, é impossível que todos sejamos especiais e acima da média ao mesmo tempo. Isso também significa que estamos continuamente nos comparando aos outros. Ela tem mais amigos no Facebook do que eu? Ela é mais bonita do que eu? É verdade que Brené Brown está estrelando seu próprio especial da Netflix? Essa constante comparação nos faz sentir competitivos com os outros — e, portanto, nos isolamos. Isso não apenas reduz a sensação de conexão, mas, também, pode levar a um comportamento absolutamente desagradável, de assédio físico (se eu escolher uma garota estranha para andar junto, eu vou parecer bacana se comparada com ela) à agressão relacional (se eu espalhar boatos sobre aquela nova mulher no trabalho, talvez as outras pessoas não gostem dela tanto quanto gostam de mim). A comparação social também pode levar ao preconceito. As raízes do preconceito são complexas e têm muito a ver com manter o poder e os recursos. Mas um fator-chave que impulsiona o preconceito é dizer a mim mesma que minha etnia, religião, nacionalidade, raça etc. é superior à dos demais, impulsionando assim meu status relativo.

Outro problema da autoestima é que ela requer o julgamento do nosso valor com base no fato de cumprirmos, ou não, os padrões que estabelecemos para nós mesmas. Perdi o peso que queria, alcancei minha meta de vendas, usei meu tempo livre de forma produtiva? Nosso senso de valor é baseado em alcançar nossos objetivos. Os três domínios mais comuns nos quais as mulheres investem sua autoestima são a aprovação social, atratividade percebida e sucesso no desempenho das áreas da vida que importam para nós (escola, trabalho, maternidade etc.). É por isso que perguntamos constantemente a nós mesmas: "Fiz um bom trabalho, as pessoas gostam de mim, estou bonita?". Quando a resposta é positiva, sentimo-nos positivas em relação a nós mesmas, mas, naqueles dias que o cabelo não ajuda, nos sentimos menos valiosas.

Pelo fato de nossa autoestima mudar conforme atingimos as expectativas (nossas ou dos outros), ela pode vacilar descontroladamente. A autoestima é instável, porque está lá apenas para os bons momentos. O que acontece quando somos rejeitadas numa solicitação de emprego ou abandonadas por nosso parceiro, ou ainda quando olhamos no espelho e não gostamos do que vemos? Nossa fonte de autoestima é retirada de nós para, geralmente, dar lugar à depressão e à ansiedade. A busca por uma alta autoestima é sem fim — uma esteira da qual não conseguimos sair. Sempre há alguém fazendo algo melhor do que nós — se não agora, em breve. E o fato de que somos criaturas imperfeitas significa que falharemos repetidamente tentando atender a nossos padrões. Nós *nunca* seremos boas ou bem-sucedidas o suficiente.

Ao nos aceitarmos incondicionalmente, a autocompaixão terna evita que a autoestima plante armadilhas. Não temos que ganhar o direito à autocompaixão. Somos simplesmente compassivas conosco porque somos seres humanos imperfeitos intrinsecamente dignos de cuidado. Não precisamos ter sucesso ou ser especiais e acima da média. Só precisamos abraçar calorosamente o confuso e combativo trabalho em andamento que somos.

Recentemente, sei que a autocompaixão interveio quando minha autoestima ameaçou me abandonar. No verão passado, eu estava programada para dar uma palestra importante sobre autocompaixão a um grande público. Cerca de um mês antes, ganhei o que parecia ser uma espinha na ponta do nariz. "Isso é estranho", pensei comigo mesma. "Eu não tenho espinha há anos. Devem ser as mudanças hormonais da menopausa." Mas a espinha não foi embora. Ficou maior e mais brilhante — não exatamente como a rena de nariz vermelho do Papai Noel, o Rudolph, mas perto disso. Eu finalmente fui ao dermatologista e era um melanoma. Nada sério, ainda bem, mas exigiu a remoção imediata — um dia antes de entrar no avião para minha grande apresentação. Então, eu tive que dar a palestra com uma grande bandagem branca bem no meio do meu rosto — não era exatamente meu melhor visual. No entanto, em vez de me preocupar com minha aparência ou julgamento da plateia, me dei compaixão pelo constrangimento. Isso me permitiu ter uma abordagem mais alegre para a situação e até mesmo fazer uma piada: "Vocês provavelmente notaram a bandagem no meu nariz. Uma vez que você passa dos 50, coisas estranhas começam a crescer no seu corpo e têm que ser cortadas — o que se pode fazer?"

Fiz um estudo com Roos Vonk na Universidade de Nijmegen, na Holanda, que comparou diretamente o impacto da autoestima e autocompaixão em sentimentos de autovalorização. Nós examinamos dados de 2.187 participantes (74% mulheres, com idades de 18 a 83), que foram recrutados por meio de anúncios em jornais e revistas. Por um período de mais de oito meses, os participantes preencheram uma série de questionários. Descobrimos que, em comparação com a autoestima, a autocompaixão estava menos associada à comparação social e à aprovação social, à percepção sobre a atração física e ao desempenho bem-sucedido. O senso de autovalorização que as pessoas obtinham da autocompaixão era mais regular com o tempo. Fizemos 12 medições diferentes com o sentimento da autoestima nos indivíduos ao longo de oito meses e descobrimos que foi a autocompaixão, não a autoestima, que previu a estabilidade da autovalorização dos participantes.

Os objetivos da autoestima e da autocompaixão estão em polos opostos. Uma é sobre acertar, a outra, sobre abrir nossos corações. A segunda opção nos permite sermos totalmente humanas. Desistimos de tentar ser perfeitas ou levar uma vida ideal e, em vez disso, focamos em cuidar de nós mesmas, em todas as situações. Quando perco um prazo, digo algo tolo ou tomo uma decisão errada, minha autoestima pode levar um grande golpe, mas, se eu for gentil e compreensiva comigo mesma nesse momento, eu já obtive meu sucesso. Quando conseguimos nos aceitar como somos, dando a nós mesmas apoio e amor, então alcançamos nosso objetivo. Essa é uma opção que sempre pode ser marcada, não importa o que aconteça.

O BÁLSAMO CURATIVO DA AUTOCOMPAIXÃO

Como mencionado anteriormente, há um grande e crescente corpo de pesquisas, mostrando que a autocompaixão aumenta o bem-estar e reduz a depressão, a ansiedade e o estresse. Além disso, aumenta a felicidade e a satisfação com a vida e melhora a saúde física. Uma maneira de alcançar esse ponto é mudando nossa fisiologia. Quando praticamos a autocompaixão, estamos desativando o sistema de ameaça e defesa e ativando o sistema de cuidado, ajudando-nos a sentir seguras. Para ilustrar, um estudo pediu a participantes que imaginassem que estavam recebendo compaixão e percebessem como o corpo reagia. A cada minuto eles ouviam coisas como: "Permita-se sentir que é o destinatário de uma grande compaixão; permita-se sentir a bondade amorosa que está lá para você". Os pesquisadores descobriram que os participantes que se deram compaixão tinham níveis mais baixos de cortisol (um marcador de atividade do sistema nervoso simpático) em comparação ao grupo de controle, indicando que se sentiam mais seguros. Eles, também, apresentaram um aumento da variabilidade da frequência cardíaca (um marcador de ativação do sistema parassimpático), sugerindo que se sentiram mais relaxados e menos na defensiva.

A autocompaixão também melhora o bem-estar, transformando estados negativos em positivos. Quando mantemos nossa dor no amor e na presença conectada, a dor começa a diminuir, além de ser muito bom abrir nossos corações; é uma experiência significativa e gratificante. Por exemplo, pesquisadores recrutaram participantes no Facebook e pediram que escrevessem uma carta compassiva para si mesmos uma vez por dia durante sete dias. Cada dia, os participantes deveriam considerar algo angustiante que os havia deixado chateados e teriam que escrever uma carta usando as seguintes instruções: "Pense no que você diria a um amigo em sua posição ou o que um amigo diria a você na mesma situação. Tente ter compreensão por sua angústia (por exemplo, estou triste por você se sentir angustiado) e perceba que sua angústia faz sentido. Tente ser bom consigo mesmo. Nós gostaríamos que você escrevesse o que vier para você, mas certifique-se de que esta carta diga o que você acha que precisa ouvir para se sentir nutrido e acalmado sobre a referida situação ou evento estressante". Os pesquisadores incluíram um grupo de controle, no qual os participantes foram instruídos a escrever, apenas, sobre as primeiras memórias de cada dia, por uma semana. Eles, então, rastrearam o bem-estar dos participantes ao longo do tempo e descobriram que, comparado ao grupo de controle, aqueles que escreveram com autocompaixão estavam menos deprimidos pelos três meses seguintes. Ainda mais notável, eles relataram que se sentiram mais felizes por seis meses, demonstrando o lado positivo e duradouro dos sentimentos que se originam na presença amorosa e conectada.

Outro aspecto importante é que a autocompaixão ajuda a combater a vergonha. A vergonha ocorre quando confundimos nosso mau comportamento com quem somos. Em vez de, simplesmente, reconhecer que cometemos um erro, nós acreditamos "Eu sou um erro". Em vez de reconhecermos que falhamos, nós pensamos "Eu sou um fracasso". É um estado egocêntrico em que nos sentimos vazios, inúteis e desconectados uns dos outros. Os três componentes da autocompaixão agem como um antídoto direto para a vergonha: mindfulness impede que nos identifiquemos demais com nossos erros, a humanidade comum neutraliza os sentimentos de isolamento dos outros e a bondade permite nos sentirmos dignos, apesar de nossas imperfeições. Isso nos permite ver e reconhecer claramente nossas áreas de fraqueza, sem sermos definidos por elas.

Outro dia, Rowan me lembrou espontaneamente da necessidade de fazer isso. Estávamos no carro e eu cantava acompanhando o rádio. Digamos apenas que cantar não é minha melhor qualidade. Na verdade, minha voz, às vezes, me envergonha. Eu disse bem alto, "Sou uma cantora terrível". Sem perder o ritmo, ele respondeu, "Você não é uma cantora terrível, mãe, apenas canta terrivelmente".

A vergonha é uma emoção única e problemática porque tende a nos fechar e pode realmente nos impedir de tentar reparar qualquer dano que causamos. O intenso sentimento de repulsa e isolamento evocado pela vergonha, combinado com o desejo de esconder o que fizemos, torna muito mais difícil lidar com nossas ações de cabeça erguida. A vergonha é distinta da culpa, a qual não é tão debilitante. Quando nos sentimos mal em relação a algum comportamento próprio, mas sem nos identificarmos como maus, fica mais fácil tomarmos a responsabilidade por nossas ações.

Edward Johnson e Karen O'Brien, da Universidade de Manitoba, examinaram a associação entre autocompaixão, vergonha, culpa e depressão. Eles pediram aos participantes que pensassem numa situação do passado em que se arrependeram do seu comportamento. Pediram a um grupo para escrever sobre o incidente usando os três componentes da autocompaixão — mindfulness, humanidade comum e bondade. Comparado ao grupo de controle, aqueles do grupo da autocompaixão relataram reduções significativas na vergonha e nas emoções negativas. O mais interessante foi que o nível da culpa permaneceu inalterado (a autocompaixão não fez com que as pessoas se sentissem mais ou menos culpadas). A culpa pode ser útil como reconhecimento genuíno de falhas, em contraste com a vergonha, que não colabora em nada. Eles também descobriram que, duas semanas depois, aquelas pessoas no grupo da autocompaixão estavam menos deprimidas e isso foi, parcialmente, explicado pela diminuição no grau de vergonha. A capacidade de não sentir vergonha ao nos vermos com clareza é um dos presentes mais poderosos da autocompaixão.

LIDANDO COM A DOR

A autocompaixão fornece resiliência emocional, o que nos ajuda a passarmos por momentos dolorosos sem sermos derrubadas. Por exemplo, a autocompaixão nos ajuda a enfrentar situações difíceis, como o divórcio. Alguns pesquisadores pediram a adultos que haviam se divorciado para realizarem um registro do fluxo de consciência de quatro minutos, a respeito de sua experiência na separação. Em seguida, julgadores independentes avaliaram o quanto esses monólogos eram autocompassivos. Ficou evidenciado que aqueles que mostraram maior autocompaixão ao falar sobre sua separação também apresentaram melhor ajuste psicológico, não apenas na crise imediata, mas ainda nove meses depois.

A autocompaixão também ajuda as pessoas a lidar com problemas de saúde, como diabetes, espinha bífida ou esclerose múltipla, permitindo que fiquem equilibradas emocionalmente e passem seus dias com maior facilidade. Num estudo qualitativo de como a autocompaixão ajuda mulheres a lidar com a dor física crônica, uma participante escreveu: "Quando tomo meu café da manhã, me pego pensando que talvez minha dor não seja algo que eu deva tentar separar de mim. Talvez minha dor seja parte do meu normal, seja o certo. Se eu sou gentil [comigo mesma] e sigo em frente, tudo fica mais fácil". Da mesma forma, os indivíduos que sentem sua vida ameaçada pelo câncer ou o HIV tendem a sentir menos estresse, depressão, ansiedade e vergonha em relação à doença, quando abordada com compaixão.

Conduzi um estudo com um estudante de pós-graduação sobre o alicerce que a autocompaixão cria para os pais de crianças autistas. Aprendi, por experiência própria, como é importante ter compaixão por você mesma ao cuidar de uma criança com necessidades especiais, mas queria explorar a experiência de outros pais em situação similar. Recrutamos voluntários por meio da nossa sociedade local de autismo e pedimos aos pais que preenchessem a Escala de Autocompaixão. Também pedimos que respondessem a itens da pesquisa que avaliavam o grau de autismo de seu filho e o quanto se sentiam estressados, oprimidos ou deprimidos por causa disso. Finalmente, perguntamos o quanto estavam felizes com suas vidas e o quanto se sentiam esperançosos em relação ao futuro. Os resultados indicaram que pais com mais autocompaixão demonstravam menos estresse ao lidarem com seus filhos. Mostravam-se menos propensos à depressão e mais esperançosos e satisfeitos com suas vidas. Na verdade, a autocompaixão era um prenúncio maior de como eles estavam se saindo na tarefa em si do que da gravidade de autismo de seus filhos. Isso sugere que, mais importante do que a intensidade do desafio que enfrenta na vida, é como você se relaciona consigo mesma no meio disso tudo.

Quando não temos os recursos emocionais necessários para lidar com aspectos problemáticos de nós mesmas ou de nossa vida, às vezes, usamos estratégias de enfrentamento para evitar a dor. De forma compulsiva, podemos afogar nossa angústia em álcool, drogas ou sexo, tentando desesperadamente nos sentir bem, mesmo que por um curto período. Mas, quando o efeito passa ou a emoção da experiência se esvai, voltamos à mesma realidade e tentamos, de novo, escapar de tudo. É assim que o ciclo vicioso se desenvolve. Pesquisas mostram que as pessoas que têm autocompaixão, que conseguem abraçar sua dor com amor, sem precisar esmagá-la com malabarismos mentais, são menos propensas a se tornar dependentes de álcool, drogas, alimentos ou sexo. Um estudo descobriu que pessoas autocompassivas apresentavam menos predisposição a se viciar em chocolate, um dos meus remédios favoritos. A autocompaixão ajuda também pessoas a se recuperarem de vícios, sendo, na verdade, um dos benefícios de programas de recuperação, como nos Alcoólicos Anônimos.

A autocompaixão pode reduzir outras maneiras problemáticas de lidar com o sofrimento. Por exemplo, um estudo acompanhou, ao longo de um ano, adolescentes chineses que sofreram *bullying* e descobriu que os que mostravam maior autocompaixão eram menos propensos à automutilação. As pessoas que machucam a si próprias costumam usar a dor física para se distrair da dor emocional ou ainda como forma de sentir *alguma coisa,* uma vez que se tornam emocionalmente entorpecidas. A autocompaixão fornece uma maneira mais saudável de sentir e processar a dor. Quando as coisas estão realmente ruins, as pessoas podem até tentar acabar com a própria vida, como uma forma de fugir. Um estudo ensinou a autocompaixão para afro-americanos de baixa renda que tentaram suicídio neste último ano. Mesmo lidando com grandes desafios, como pobreza e racismo sistêmico, foram capazes de aprender a serem mais gentis com eles próprios, relatando uma diminuição significativa na depressão e nos pensamentos suicidas. Nesse caso, a autocompaixão é literalmente um salva-vidas.

O PARADOXO DA AUTOCOMPAIXÃO

Apesar de a autocompaixão terna nos ajudar a diminuir nosso sofrimento e nos curar, é essencial não manipulá-la para mudar a experiência do momento presente. Um paradoxo central da autocompaixão é: "Damos compaixão a nós mesmas, não para nos sentirmos melhor, mas *porque* nos sentimos mal". Isso faz você coçar a cabeça, pensativa (é isso que os paradoxos fazem), mas é um ponto-chave. A autocompaixão ajuda a nos sentirmos melhor, mas se num momento de sofrimento colocamos a mão no coração ou dizemos coisas boas para nós mesmas, com a intenção de nos livrarmos de nossa dor, torna-se uma forma oculta de resistência que só vai piorar as coisas. Aquilo a que resistimos persiste e fica mais forte. Em vez disso, devemos aceitar totalmente que as coisas *são* dolorosas e, simplesmente, sermos gentis conosco *porque* elas são dolorosas. Isso tem o efeito de reduzir nosso sofrimento, suavizando nossa resistência à dor. O benefício da autocompaixão não vem por meio de controle ou força, mas como um bem-vindo efeito colateral.

Aqui está um exemplo de como isso pode funcionar. Digamos que eu tive problemas para dormir e descobri que ter compaixão por causa da insônia crônica me ajudou a pegar no sono. No entanto, eu não consigo enganar o sistema. Se eu começar a usar a autocompaixão para tentar acabar com minha insônia, vou ficar agitada quando não adormecer imediatamente, e isso fará com que eu tenha menos probabilidade de dormir. A autocompaixão usada a serviço da resistência falhará, porque tentar controlar as coisas, inevitavelmente, amplia nosso sofrimento. Apenas quando aceito que estou sem sono e sou gentil comigo mesma porque a insônia é terrível, vou me sentir cuidada e me acalmar o suficiente para adormecer. A autocompaixão usada a serviço da aceitação permite que a cura ocorra naturalmente, por conta própria.

UMA LIÇÃO APRENDIDA

Dei-me conta do paradoxo da autocompaixão de um jeito difícil. Quando eu tinha vinte e poucos anos, meu irmão Parker desenvolveu cirrose. Os médicos presumiram que ele devia ser alcoólatra. Parker admitiu que gostava de beber cerveja de vez em quando, mas jurou que não tinha qualquer problema. Um médico mais experiente se lembrou de uma doença genética extremamente rara sobre a qual havia lido na faculdade de medicina, chamada Doença de Wilson. As pessoas com essa doença não conseguem eliminar o cobre do organismo, que tende a se acumular e se alojar em lugares como o fígado. Um sinal-chave da doença são anéis cor de cobre ao redor da íris chamados de anéis Kayser-Fleischer, em homenagem aos oftalmologistas alemães que fizeram a descoberta. O médico do meu irmão os reconheceu e, com suficiente certeza, afirmou que Parker tinha a Doença de Wilson. É um distúrbio genético recessivo duplo, então requer o gene de ambos os pais. Isso significava que eu tinha 25% de chance de também desenvolver a doença, os dados não rolavam a meu favor.

Eu testei positivo, mas meu fígado estava bem. Comecei a tomar um quelante leve, que me ajudou a eliminar cobre e, obedientemente, testava meu fígado regularmente. Sempre que eu tinha uma consulta médica e preenchia "Doença de Wilson" no formulário de entrada, os médicos perguntavam animadamente se podiam chamar seus colegas para observar meus anéis Kayser-Fleischer ("Você nunca mais verá isso em sua vida!"). Mas, além desses poucos momentos de pequena celebridade, eu não tinha sintomas observáveis. Isso se prolongou por alguns anos.

Então, na casa dos 30, comecei a ter episódios estranhos aos quais passei a me referir como "*déjà vu* dos sonhos". Por exemplo, passava o meu dia normalmente, comprava um edredom novo, dava um passeio, acariciava meu gato, quando, do nada, sem qualquer gatilho aparente, tinha a sensação intensa de que tudo o que eu estava fazendo naquele momento já tinha sonhado antes. A impressão era extremamente sedutora, como se eu estivesse sendo puxada para algum submundo, mas a experiência acabou me deixando com uma sensação nauseante de pavor. Por causa da minha prática da autocompaixão, eu tentava, simplesmente, encontrar o sentimento do *déjà vu* com carinho e aceitação, colocando minha mão no meu coração, dizendo palavras de apoio para mim mesma. Normalmente, esses episódios passavam em poucos minutos. Eles eram estranhos e um pouco desconcertantes, mas ter *déjà vu* é comum, e eu não pensei muito sobre isso.

Em 2009, estava no cinema quando outro *déjà vu* de sonho me atingiu. Coloquei minha mão no coração e tentei ser autocompassiva, mas, dessa vez, eu estava fazendo isso inconscientemente, porque queria que o episódio acabasse. Eu estava tentando assistir a um filme "pelo amor de Deus" — eu não tinha tempo para isso! Em vez de me dar compaixão porque me senti mal, fiz isso para me sentir melhor. O episódio de *déjà vu* durou cerca de 45 minutos. Quando saí do cinema, tive uma grande perda de memória. Eu nem conseguia me lembrar dos países que visitei em minha viagem à Europa no verão anterior. Minha resistência ao episódio — mascarada como autocompaixão — fez com que durasse muito mais tempo do que provavelmente duraria de outra forma.

Fui a um neurologista o mais rápido possível. Acontece que,

diferentemente do meu irmão, o cobre não estava se acumulando no meu fígado (o que era bom), mas se alojando no meu cérebro. Esse acúmulo me fez desenvolver epilepsia no lobo temporal: pequenas crises epilépticas localizadas perto do lobo temporal, que muitas vezes se manifesta como uma forte sensação de *déjà vu*. Comecei a tomar medicamentos, o que ajudou tremendamente, embora eu ainda tenha episódios ocasionais. Agora, quando eu tenho o sentimento de "eu não sonhei com isso antes?", coloco toda a minha consciência no dedão do pé direito (não me pergunte por que, mas parece que está o mais longe possível do meu cérebro) e tento me distrair. Eu não luto contra os episódios do *déjà vu*, mas também não sou complacente; em vez disso, faço o que posso para reduzir o impacto.

Ter esta condição certamente aumentou minha apreciação pela autocompaixão terna, que tem sido essencial para lidar com os sintomas mais problemáticos — minha memória de queijo suíço. Para dar uma ideia de como pode ser ruim, uma vez, quando eu estava jantando numa reunião de amigos da faculdade, surgiu o nome de um colega de um antigo grupo mais fechado. Perguntei, "Como ele está? Eu não ouço nada dele faz anos".

"Kristin, você não se lembra?" um amigo perguntou. "Ele cometeu suicídio 20 anos atrás."

Meu rosto ficou vermelho, senti muita vergonha. Meu primeiro pensamento foi como eu devia estar parecendo fria e indiferente por não me lembrar de algo tão importante e trágico. Felizmente, tive minha prática da autocompaixão para me recompor. Fechei meus olhos por um momento e me permiti sentir a vergonha, por mais incômodo que fosse. Então, falei calorosamente comigo mesma: "Não é que você não se importe. É só que essa memória em particular foi apagada. Essas coisas acontecem. Tudo bem". A autocompaixão vai comigo a todos os lugares, um apoio constante. Apesar de as coisas não ficarem mais fáceis ou menos complicadas, minha capacidade de lidar com tudo com uma presença amorosa e conectada, definitivamente, aumentou — o que é uma boa notícia, uma vez que a vida me dá tantas oportunidades de praticar!

ESTAR COM EMOÇÕES DIFÍCEIS

Existem várias técnicas para nos ajudar a "estar com" as emoções difíceis de uma maneira terna, sem resistir ou nos deixar esmagar. Essas práticas não são estratégias para nos livrarmos das emoções difíceis; apenas nos permitem estabelecer um novo relacionamento com elas. No MSC, combinamos as várias técnicas em uma única prática que é projetada especificamente para trabalhar com emoções dolorosas. As técnicas são:

Rotular emoções. Nomear ou rotular emoções difíceis nos ajuda a "desenganchar", ou nos "descolar". Se pudermos dizer: "Isso é tristeza" ou "O medo está surgindo", teremos a perspectiva da emoção, em vez de sermos engolfadas por ela. Isso nos dá alguma liberdade emocional. Ao nomeá-la, você conseguirá domá-la.

Mindfulness da emoção no corpo. Pensamentos surgem e tomam conta de nós tão rapidamente que é difícil trabalhá-los. O corpo, por sua vez, é relativamente lento. Quando identificamos a expressão física de uma emoção e conseguimos mantê-la em plena consciência, nos posicionamos melhor para mudar nossa relação com a emoção. Sinta-a e você poderá curá-la.

Suavizar-acalmar-permitir. Há três maneiras de trazer a autocompaixão terna às emoções difíceis. Suavizar o ponto de tensão que sentimos em nosso corpo é uma forma de autocompaixão física; acalmar a si própria pelo tanto que dói é uma forma de autocompaixão emocional; e permitir é um tipo de autocompaixão mental que reduz o sofrimento diminuindo a resistência.

Essa prática é melhor usada para emoções mais brandas, como tristeza, solidão ou pesar, que precisam ser mantidas com ternura, em oposição a emoções intensas, como a raiva. Como sempre, se você começar a se sentir oprimida ao lançar mão da prática, dê a si mesma compaixão, desligando-se e encontrando outra maneira de cuidar de si mesma, como conectar as solas dos pés à terra ou praticar alguma outra forma de autocuidado. (Uma versão em áudio guiado da prática pode ser encontrada em www.lucidaletra.com.br/pages/autocompaixaoferoz)

INSTRUÇÕES

- Encontre uma posição confortável, sentada ou deitada, e faça três respirações relaxantes.

- Coloque a mão sobre o coração, ou outro lugar reconfortante, para lembrar a si mesma que está presente, que você também é digna de bondade.

- Lembre-se de uma situação *leve ou moderadamente difícil* em que você está neste momento, talvez um problema de saúde, estresse num relacionamento ou uma questão no trabalho. Não escolha um problema muito difícil enquanto estiver começando a aprender a prática, mas não escolha também algo trivial demais. Opte por uma situação que gere, pelo menos, um pouco de estresse em seu corpo ao pensar nela.

- Visualize claramente o problema. Quem estava lá? O que foi dito? O que aconteceu? Ou o que pode acontecer?

Rotulando emoções

- Ao revisar tal situação, observe se alguma emoção surge dentro de você. E, em caso afirmativo, veja se surge um rótulo para a emoção — um nome. Por exemplo:
    - Tristeza?

- Pesar?
- Confusão?
- Medo?

- Se você está tendo muitas emoções simultaneamente, procure nomear a emoção mais forte associada à situação.

- Agora, repita o nome da emoção para si com uma voz terna e compreensiva, como se você estivesse validando para um amigo o que ele está sentindo: "Isso é saudade". "Isso é luto".

Mindfulness da emoção no corpo

- Agora expanda sua consciência para o seu corpo como um todo.

- Lembre-se da situação difícil novamente, se ela começou a escapar da sua mente, chame a emoção mais forte que você sente novamente, examine seu corpo e verifique onde ela se manifesta mais facilmente. Mentalmente, faça uma varredura no corpo, da cabeça aos pés, parando onde sentir mais tensão ou desconforto.

- Se puder, escolha um único local em seu corpo onde a sensação se expressa mais fortemente, talvez como um ponto de tensão muscular no pescoço, uma sensação de dor no estômago ou uma dor no coração.

- Mentalmente, incline-se suavemente em direção a esse ponto.

- Veja se pode experimentar a sensação diretamente, como se estivesse do lado de dentro. Se isso for muito específico, veja se consegue apenas sentir a sensação de desconforto.

Suavizar-acalmar-permitir

- Agora, comece a suavizar o ponto identificado no corpo, permitindo que os músculos relaxem, como se estivessem em água morna. Suavizando... suavizando... suavizando... Lembre-se de que você não está tentando mudar o sentimento, mas apenas *acolhendo-o* delicadamente. Como opção, você pode suavizar um pouco, massageando o entorno.

- Agora, acalme-se por conta dessa experiência difícil. Tente colocar uma das mãos sobre a parte do corpo que está desconfortável e sinta o calor e o toque suave de sua mão. Você pode imaginar o amor e a bondade fluindo de sua mão para o seu corpo. Talvez até mesmo pensar em seu corpo como se fosse o corpo de um filho amado. Acalmando... acalmando... acalmando.

- Existem palavras reconfortantes que você precisa ouvir? Por exemplo, você pode imaginar que tem uma amiga que está na mesma situação. O que você diria a ela? ("Lamento muito que você se sinta assim". "Preocupo-me profundamente com você".)

- Você pode dar a si mesma uma mensagem semelhante? ("Ah, é tão difícil sentir isso". "Posso ser gentil e solidária comigo mesma".)

- Finalmente, *permita* que o desconforto esteja presente. Abra espaço para isso, liberando qualquer necessidade de fazê-lo desaparecer.

- Permita-se ser exatamente como você é, nem que seja apenas para este momento.

- Suavizar... acalmar... permitir. Suavizar... acalmar... permitir. Use um pouco do seu tempo para seguir essas três etapas sozinha.

- Você vai notar que as emoções começam a mudar, até mesmo mudam de lugar — é normal. Apenas fique com isso. Suavizar... acalmar... permitir.

- Quando estiver pronta, pare com a prática e concentre-se em seu corpo como um todo, permitindo-se sentir seja o que for. Seja exatamente o que você é neste momento.

ACEITAÇÃO OU COMPLACÊNCIA?

Quando o yin e o yang estão desequilibrados, a autocompaixão terna pode se transformar em complacência doentia. Não é uma boa ideia "Estar com você mesma" se você não tomou banho ou trocou de roupa por cinco dias. Para sermos verdadeiramente autocompassivas, também devemos agir para nos proteger e atender às nossas necessidades, fazendo quaisquer alterações necessárias. Fazemos um acréscimo — não uma substituição — para nos aceitarmos como somos.

A dança entre aceitação e ação pode ser complicada, especialmente à luz do conceito já desafiador de que nos damos compaixão não para nos sentirmos melhor, mas porque nos sentimos mal. Entretanto, quando o yin e o yang estão integrados, nossas ações não visam resistir à nossa dor ou manipular nossa experiência do momento presente. Em vez disso, elas são o derramamento espontâneo de um coração aberto, que faz o que pode para ajudar sem cair na ilusão de que, ao fazer isso, podemos controlar o resultado. Paradoxalmente (mais uma vez), é aceitando radicalmente a nós mesmas que temos a sensação de segurança e estabilidade necessárias para iniciarmos as mudanças em nossa vida.

A diferença está no motivo subjacente às nossas ações. Em vez de agirmos porque nos julgamos inaceitáveis como somos, ou porque não podemos aceitar nossa experiência, agimos por gentileza e boa vontade. Se meu trabalho é altamente estressante, posso manter esse estresse na presença conectada e amorosa. Eu posso reconhecer a dificuldade, lembrar-me de que há muitas outras pessoas em situações semelhantes e apoiar-me com ternura. A autocompaixão terna vai me impedir de ficar agitada e reativa a ponto de a vida se tornar ainda mais difícil. Mas a aceitação não se mostra suficiente. A verdade também é que esse trabalho estressante não é bom para mim, a mudança é necessária. A autocompaixão feroz é o que vai me dar a coragem e a motivação para fazer algo diferente — falar com o chefe, negociar menos horas ou, então, tentar encontrar um novo emprego com melhores condições de trabalho.

Uma preocupação comum sobre a autocompaixão é que aceitar a nós mesmas fará com que evitemos assumir a responsabilidade por nossos erros: "Oh, Deus, eu roubei um banco. Talvez eu não devesse. Bem, ninguém é perfeito". Enquanto o yin e o yang estiverem em equilíbrio, isso não acontecerá. Pesquisas apontam que a autocompaixão aumenta a motivação para assumir a responsabilidade pessoal por nosso comportamento, em vez de miná-la. Na verdade, um estudo de Juliana Breines e Serena Chen, na Universidade da Califórnia, Berkeley, pediu aos alunos de graduação que se lembrassem de algo que fizeram recentemente e que tenha lhes provocado culpa — como colar na prova, mentir para o parceiro romântico ou dizer algo maldoso. Foi atribuída, aleatoriamente, uma das três condições aos alunos: a autocompaixão, condição em que escreveram um parágrafo expressando gentileza e compreensão sobre seu comportamento; a autoestima, condição em que escreveram sobre suas qualidades positivas; e um grupo de controle, condição em que escreveram sobre um hobby de que gostavam. Eles descobriram que os participantes que deram a si próprios autocompaixão acerca de seu erro se sentiram mais motivados a se desculpar pelo mal que haviam feito e estavam mais empenhados em não repetir o comportamento. O aumento da autoestima não ajudou, pois isso, muitas vezes, alimenta uma negação da responsabilidade autodefensiva. Na verdade, um estudo de pesquisadores da Universidade de Pittsburgh descobriu que uma das razões para indivíduos autocompassivos serem mais propensos a admitir quando estão errados e pedir desculpas por seu comportamento é porque são menos debilitados pela vergonha: eles se sentem seguros o suficiente para confessar o que fizeram. A autocompaixão está longe de ser uma forma de fugir da responsabilidade pessoal, na verdade *a fortalece*.

Alguns criticam o movimento mindfulness por causa de sua ênfase sobre a aceitação e o encontro da paz dentro de si mesma como uma resposta à dificuldade. Ronald Purser, em seu livro provocativo *McMindfulness: How Mindfulness Became the New Capitalist Spirituality* (*Tradução livre — McMindfulness: Como mindfulness se tornou a nova espiritualidade capitalista*), traz o argumento de que mindfulness coloca a culpa nos indivíduos por serem tão estressados. Ele afirma que o movimento mindfulness está vendendo a ideia de que o estresse é uma patologia individual — como se aprender a respirar profundamente, por vezes, resolvesse todos os problemas. Ele também argumenta que a mensagem enfraquece o difícil trabalho de mudar os sistemas capitalistas para que sejam menos exploradores e mais justos.

O mesmo provavelmente poderia ser dito do movimento da autocompaixão, mas apenas se você ignorar a autocompaixão feroz. Por exemplo, as instituições de cuidado com a saúde e as escolas estão cada vez mais interessadas na autocompaixão como forma de prevenir o esgotamento. Quando enfermeiras ou professores entregam a si próprios compaixão pela dificuldade de seu trabalho, isso os ajuda a se sentirem menos sobrecarregados, o que lhes permite lidar com isso de forma mais eficaz (veremos mais sobre isso). Mas isso significa que as instituições podem continuar dando trabalho demais e pagando professores e enfermeiras de menos, apenas por jogar um pouco de autocompaixão para que continuem trabalhando de forma eficiente? Se esse for o objetivo oculto, então hospitais e escolas não estariam promovendo a verdadeira autocompaixão, mas a complacência, sua gêmea do mal, numa tentativa de distração das más condições de trabalho. A aceitação terna não a impede de tentar fazer o melhor na vida; na verdade, é o primeiro passo necessário para agir. Quando combinada com o desejo feroz de nos proteger, nutrir nossas necessidades e motivar mudanças, estabelecemos uma plataforma emocional estável necessária para enfrentar sistemas sociais quebrados. Aceitação significa que desistimos da ilusão de que podemos controlar as coisas, ou que a vida deveria ser perfeita, mas ainda fazemos tudo ao nosso alcance para melhorar as coisas. E assim o fazemos, não para resistirmos à verdade da dor, mas porque nos importamos. A dança da aceitação e da mudança está no cerne da autocompaixão.

CAPÍTULO 6: PERMANECENDO FIRME E FORTE

*Uma mulher é como um saquinho de chá —
nunca se sabe o quanto é forte até entrar na água quente.*
— Provérbio irlandês

Como mulheres, internalizamos inconscientemente a mensagem da nossa cultura de que somos o sexo mais fraco, donzelas indefesas que precisam de um homem grande e forte para nos salvar. Por muito tempo, fomos ensinadas a valorizar a dependência mais do que a independência, a ser atraente e sexy — não na forma de nos expressar, mas como um meio de atrair um homem que pudesse nos proteger. Não precisamos de homens para nos proteger, precisamos nos proteger. As mulheres são fortes. Lidamos com a dor de ter filhos. Mantemos famílias unidas e navegamos habilmente por conflitos e adversidades interpessoais. Mas, até aprendermos a nos defender com a mesma energia feroz que usamos para cuidar dos outros, nossa capacidade de enfrentar os grandes desafios do mundo permanece limitada.

Algumas pessoas pensam que a autocompaixão vai torná-las fracas, mas, na verdade, ela é fonte de um poder incrível. Associar autocompaixão à fraqueza é uma visão unidimensional. Pensar apenas no lado terno e nutridor das coisas pode sugerir uma postura gentil e submissa em relação à vida. E uma vez que nutrir faz parte dos papéis comuns do gênero feminino, e as mulheres recebem menos poder do que os homens, a autocompaixão é, às vezes, associada à *falta* de energia. Por isso, é tão importante para a mulher defender e construir uma autocompaixão feroz, para que possa se libertar desse equívoco e incorporar a forte guerreira interior.

Pode ser necessária uma coragem incrível para aliviar o sofrimento; pense nos socorristas correndo para ajudar as pessoas em desastres, incêndios ou inundações. Eles não ficam apenas sentados "com" o sofrimento das vítimas. Eles tomam medidas rápidas e eficazes para resgatar pessoas presas nos telhados. E vamos reconhecer que muitos aspectos da nossa vida são um desastre mesmo, talvez não na mesma escala do furacão Katrina ou do 11 de setembro, embora alguns dias tendamos a nos sentir assim. Nosso sofrimento pode ser criado pela natureza, por outras pessoas ou por nós mesmas — e, às vezes, por todas as três! Precisamos fazer tudo o que é necessário para permanecer fortes nessas crises, a fim de sermos totalmente autocompassivas. Esse poder já está dentro de nós como mulheres, mas é encoberto por estereótipos que dizem que não fazem parte da nossa verdadeira natureza.

Olivia Stevenson, da Universidade de Northern Colorado, e Ashley Batts Allen, da Universidade da Carolina do Norte, examinaram o elo entre a autocompaixão e a força interior em mais de 200 mulheres. Elas descobriram que as participantes com pontuações mais altas no SCS se sentiam fortalecidas: se sentiam mais fortes e competentes, afirmavam mais suas atitudes, sentiam-se mais confortáveis para expressar a raiva e estavam mais conscientes da discriminação cultural e comprometidas com o ativismo social. Essas descobertas ecoam em outras pesquisas que mostram que as mulheres autocompassivas são mais propensas, quando necessário, a confrontar os outros e, portanto, temem menos o conflito.

Cada um dos três elementos da autocompaixão — autobondade,

humanidade comum e mindfulness — tem um papel importante a desempenhar quando a compaixão visa proteger a nós mesmas. Quando estamos lutando para nos mantermos seguras, os três elementos que se manifestam são bravura, empoderamento e clareza.

BRAVURA

A bondade, quando é projetada para nos proteger do mal, é forte e corajosa. Enfrentar o perigo requer audácia e determinação — como quando pulamos de uma janela para escapar de um prédio em chamas ou nos submetemos à quimioterapia para combater o câncer. A bravura é igualmente necessária quando estamos em perigo psicológico: quando alguém nos desrespeita ou invade nossa privacidade e nos obriga a traçar limites. A bondade nos faz exigir tratamento justo quando estamos sendo tratadas injustamente. Pode ser de várias formas, como conduzir uma votação, redigir artigos de opinião, demonstrar e protestar em um comício, entrar em greve ou fazer protestos. A bondade ativa e engajada é o polo oposto de suave e fofo.

Uma porta de entrada para esse tipo de força familiar às mulheres é o instinto protetor materno. Se um agressor xinga nossos filhos ou um estranho ameaça sua segurança, sabemos o quanto a mãe ursa pode ser forte. A força do amor voltada à proteção pode ser explosiva. Na verdade, a oxitocina, o hormônio normalmente associado ao vínculo maternal terno, também promove agressão defensiva quando a mãe está protegendo seu filho. Os psicólogos chamam de a resposta do "cuidar e *defender*".

Nunca vou esquecer quando agi com esse instinto. Estava visitando a Romênia com Rowan e seu pai, Rupert, em uma expedição pela vida selvagem. Em uma ironia que logo ficaria clara, estávamos procurando por ursos marrons. Rowan tinha cerca de 9 anos. Paramos em uma pousada no interior para passar a noite e fomos para um dos pequenos quartos. Nosso guia local estava conversando com a dona da pousada, uma romena, e então pediu para falar com Rupert em particular. Na volta ao quarto, Rupert estava chateado.

"O guia disse que não podemos ficar aqui. A dona da pousada está preocupada com Rowan porque ele é autista", ele me disse. "Ela tem medo que ele escreva nas paredes, pule da varanda ou incomode os outros hóspedes."

Eu fiquei pasma. Embora Rowan fosse claramente autista, ele não estava perturbando de forma alguma. "Vou tentar acalmá-la", disse Rupert. Quando ele saiu do quarto, algo começou a ressoar dentro de mim. Tudo começou lá no âmago, começou a crescer e tomou conta de todo o meu corpo, uma energia primitiva que era muito maior do que eu, uma força vulcânica. Lembrei-me de que estava na Romênia, o país que colocou "deficientes mentais" em orfanatos, onde foram abandonados e deixados para apodrecer. As crianças passavam anos em um berço sem nunca serem levadas para andar ou brincar, eram tão negligenciadas que, pelo simples fato de se moverem, poderiam quebrar um osso.

Eu me certifiquei de que Rowan estava seguro e, então, desci para enfrentar a romena. Eu não sabia o que fazer, mas a força era avassaladora. Ela se assustou quando entrei na cozinha, onde ela estava parada com Rupert e o guia. Levantei meu braço e apontei meu dedo direto para ela. "Seu monstro fanático! Não ficaríamos aqui nem se você nos pagasse!!!" Ela não falava inglês, mas entendeu. Ela se encolheu no canto, apavorada com minha fúria. "Estamos saindo", disse eu, saí e bati com força a porta da cozinha.

Essa é uma das minhas lembranças mais vívidas de ter assumido completamente a mãe ursa, e o poder era inspirador. Gostaria de ter podido integrar a ferocidade e a ternura com mais habilidade, para focar na injustiça de sua reação em relação a Rowan, em vez de transformar aquilo em uma coisa pessoal. Mas eu ainda não havia chegado a essa fase. Ainda não tinha aprendido a dominar meu poder para que, quando eu expressasse minha ferocidade, também conseguisse ser carinhosa. Ao contrário, tive uma implosão de força atômica de uma mãe protegendo seu filho. Isso me ajudou a ver como essa ferocidade poderia ser usada para fazer as difíceis mudanças que são necessárias no mundo. É importante lembrar que esta força não é gerada por nossos pequenos egos. Quando é direcionada para o alívio do sofrimento, por compaixão por si mesma e pelos outros, esta é uma força que vem do próprio amor.

EMPODERAMENTO

Colocar nosso senso de humanidade comum a serviço da proteção é uma fonte crucial para o empoderamento. Malala Yousafzai, a paquistanesa ativista pela educação feminina e a mais jovem laureada com o Prêmio Nobel, disse: "Eu levanto minha voz — não para que eu possa gritar, mas para que aquelas sem voz possam ser ouvidas... não há como nós todas termos sucesso, enquanto metade de nós está presa". A verdade é que, sempre que nos protegemos, estamos protegendo todo mundo. Estamos juntas com nossas irmãs e irmãos, sabendo que não estamos sozinhas. Há força nos números.

Quando nos esquecemos e nos sentimos isoladas pelo medo ou vergonha, nos percebemos desamparadas. Podemos acreditar que não conseguimos mudar nada porque o problema é muito maior do que nós como indivíduos. É difícil nos proteger quando nos sentimos sozinhas. Do ponto de vista evolutivo, nunca poderíamos sobreviver como indivíduos. Os seres humanos evoluíram para viver em grupos sociais cooperativos, e uma característica central da humanidade é que nós devemos essa proliferação à nossa capacidade de trabalharmos juntos. Lembrar deste fato — e agir em relação a ele — nos dá poder.

Quando nos identificamos com outras pessoas que sofrem como nós — mulheres, pessoas não brancas, a comunidade LGBTQIA+, os portadores de deficiência, trabalhadores, imigrantes, a lista cresce rapidamente —, sentimos nossa humanidade compartilhada. E, quando tomamos medidas para proteger o grupo com o qual nos identificamos, isso é autocompaixão feroz em ação. Apesar de a noção tradicional de poder estar ligada a controle de recursos — dinheiro, terra e comida — ou com dominar, distorcer informações e coagir o comportamento por meio da força militar, alguns psicólogos sociais modernos argumentam que é, na verdade, a identidade de grupo que está por trás do poder. Como John Turner, da Universidade da Austrália, escreveu: "A identidade e a influência de grupo dão às pessoas o poder de ação coletiva e esforço cooperativo, o poder de afetar o mundo e buscar objetivos comuns muito maiores do que qualquer membro isoladamente consegue exercer". Quando eu me identifico com um todo maior para que "nós" possamos proteger "a nós mesmas", eu — como membro do grupo — me torno mais forte.

A sabedoria da humanidade comum não apenas nos ajuda a nos sentir fortalecidas, mas também a compreender a complexidade da interseccionalidade — o fato de podermos nos identificar com muitos grupos nos baseando em gênero, raça, etnia, classe, religião, orientação sexual, status de deficiência, tipo de corpo e assim por diante — e de que todas essas identidades coexistem. Honrar nossa conexão com outras pessoas por meio de nossas identidades compartilhadas — ao mesmo tempo que honramos nossa singularidade, expressando uma interseção única de identidades — permite nos posicionar de forma autêntica dentro da teia maior. Uma mulher latina, transgênero, ateia, não portadora de deficiência terá uma experiência de vida diferente de uma mulher latina, cisgênero, católica e portadora de deficiência. Possuir uma singularidade e, ao mesmo tempo, estar conectada a algo maior do que nós é como, realmente, chegamos ao nosso poder.

A compreensão da humanidade comum nos estimula a enfrentar a injustiça. Pesquisadores na Itália descobriram que esse aspecto da autocompaixão aumenta a capacidade de ver pela perspectiva dos outros e promove atitudes positivas no grupo externo (medidas para respostas a tais afirmações como "Nossa sociedade deve fazer mais para proteger o bem-estar das pessoas desabrigadas"). Compreender a interdependência torna mais fácil ver a incômoda realidade da discriminação e o injusto privilégio. Isso também nos ajuda a permanecer fortes quando estamos sujeitas à discriminação. Se alguém me insultar e eu levar para o lado pessoal, posso me sentir fraca ou com medo. Quando esqueço que minha identidade é parte de um todo maior e me sinto excluída quando ameaçada, o perigo parecerá muito mais avassalador. Mas, se eu consigo lembrar que tenho o mesmo direito ao respeito que todos os outros seres humanos, serei mais capaz de defender os direitos comuns por uma questão de princípio.

Quando Rosa Parks se recusou a ceder seu lugar no ônibus para um passageiro branco, disse: "Senti que tinha o direito de ficar onde estava. Foi por isso que eu disse ao motorista que não ficaria de pé. Eu achei que ele me prenderia. Eu fiz isso porque queria que esse motorista, em particular, soubesse que estávamos sendo tratados injustamente, como indivíduos e como povo". Sua capacidade de se conectar com a comunidade naquele momento, em vez de sentir-se isolada, foi fundamental para a habilidade de assumir aquela postura. É desnecessário dizer que esse ato incrivelmente corajoso de autocompaixão feroz ajudou a inflamar o movimento pelos direitos civis nos Estados Unidos.

CLAREZA

Mindfulness a serviço da proteção nos permite ver claramente sem nos afastar da verdade. Às vezes, não queremos reconhecer quando algum mal está sendo feito a nós. Quando nosso chefe pergunta: "Você pode pegar um café para a gente, querida?" em uma reunião composta principalmente por homens, pode ser mais fácil rir do que gritar. Parte de nós sabe que não está certo, mas podemos nos enganar pensando que não é tão grave assim, não precisamos enfrentar o fato de que fomos sutilmente humilhadas numa sala cheia de colegas. Também significa que nós não teremos que lidar com possíveis repercussões.

Essa tendência de evitar enfrentar problemas porque é mais fácil é pervasiva. Evidência A: graças ao aquecimento global, o mundo está acelerando na direção de uma crise que ameaça não apenas a nossa sobrevivência como espécie, mas também o equilíbrio de todo o planeta. No entanto, muitas pessoas simplesmente ignoram a ameaça ou não prestam atenção porque, como disse Al Gore, é uma verdade inconveniente. Da mesma forma, uma das razões pelas quais muitos brancos não reconhecem a dura realidade da desigualdade racial é porque ela é muito perturbadora. Reconhecer o sofrimento das pessoas não brancas e a nossa cumplicidade no sistema que sustenta essa situação seria doloroso demais. Nós brancos nos afastamos para manter paz de espírito, que, convenientemente, também significa que não temos que questionar o privilégio que ganhamos no racismo sistêmico. Continuamos como se não houvesse custo ou consequência.

Mindfulness voltado para a proteção não proporciona paz de espírito, mas exatamente o oposto. Mindfulness ilumina o mal que está sendo feito e expõe o que precisa ser mudado. Ele nos obriga a ver e falar a verdade para proteger a nós mesmas e aos outros. E faz isso com equilíbrio e perspectiva, sem minimizar o problema ou deixá-lo fora de proporção. Quando está voltado para o sofrimento, mindfulness é claro e vasto o suficiente para conter toda a verdade, não importa o quanto é dolorosa ou desagradável. Ele não resiste a fatos desagradáveis por ignorá-los, nem cria exagero dramático. Ele vê as coisas como elas são.

Digamos que a pessoa do seu encontro às cegas apareça 45 minutos atrasada e sem uma boa desculpa. Existem três maneiras de reagir. A primeira é ignorar e deixar pra lá porque você realmente quer que o encontro corra bem. Mas, se você fizer isso, você perde um sinal de alerta por causa do atraso, potencialmente importante. Talvez seja um aviso para que você preste atenção nessa pessoa, ela pode não ser confiável. Outra possível reação seria ficar altamente frustrada, criando uma história sobre essa pessoa narcisista, fria e indiferente. Essa reação também não significa ver claramente, pois talvez haja razões válidas para o atraso, que não tenham nada a ver com egocentrismo. Uma abordagem cuidadosa para o comportamento envolve reconhecer o que aconteceu, perguntar sobre o atraso com calma e diretamente e manter a mente aberta para as implicações da explicação. Essa clareza fornece a equanimidade e estabilidade necessárias para fazer escolhas sábias em relação aos próximos passos.

Seja falando abertamente ou simplesmente mantendo um silêncio digno, podemos usar a autocompaixão feroz para nos protegermos do perigo mesmo se estiver vindo de um lugar de abertura. A professora de meditação Zen Joan Halifax se refere a essa postura feroz como "ter as costas fortes e a frente suave". Quando mantemos nossas costas eretas sem estarmos desconectadas, na defensiva ou rígidas, podemos agir da maneira mais eficaz.

PAUSA PARA A AUTOCOMPAIXÃO PROTETORA

Esta é uma versão da Pausa para a Autocompaixão que visa gerar a autocompaixão feroz a serviço da autoproteção: bravura, empoderamento e clareza. (Uma versão em áudio guiado desta prática pode ser encontrada em www.lucidaletra.com.br/pages/autocompaixaoferoz)

INSTRUÇÕES

Pense em uma situação em sua vida em que você sente necessidade de se proteger, estabelecer limites ou enfrentar alguém. Talvez esteja sendo usada por um colega de trabalho, um vizinho que toca música alta tarde da noite ou por um parente que tenta constantemente empurrar seu ponto de vista político. Mais uma vez, escolha uma situação cujo nível de ameaça seja entre leve ou moderado, mas não um perigo real, para que possa aprender a habilidade sem se sobrecarregar. Recorde a situação em sua mente. Tente não focar muito na pessoa ou grupo de pessoas que está causando a situação. Concentre-se no dano em si. O que está acontecendo? Qual é a situação? Qual é a violação de limite, ameaça ou injustiça? Permita-se sentir todas as emoções que surgirem. Medo, raiva, frustração? Veja se você consegue deixar de lado a história em si e faça contato com o desconforto como uma sensação física. Basta permitir que essas sensações corporais apareçam.

Agora, sentada ou de pé, gire os ombros para trás, de modo que sua postura incorpore força e determinação. Você vai dizer uma série de frases (em voz alta ou mentalmente) destinadas a trazer os três componentes da autocompaixão na forma protetora ativa. Essas palavras são uma sugestão e o objetivo é encontrar uma linguagem que funcione para você pessoalmente.

- A primeira frase se destina a ajudá-la a estar ciente do que está acontecendo. Enquanto se concentra no dano, e não na pessoa ou pessoas que causam o dano, diga a si mesma lentamente e com convicção: "Eu vejo claramente a verdade do que está acontecendo". Isso é mindfulness: vemos as coisas como elas são. Outras opções são "Isso não está certo", "Eu não deveria ser tratada dessa maneira" ou "É injusto". Ache as palavras que pareçam certas para você.

- O objetivo da segunda frase é ajudá-la a se lembrar da humanidade comum, especialmente do poder de conexão, para que você possa extrair força de outras pessoas enquanto se protege. Tente dizer: "Eu não estou sozinha, outras pessoas também passam por isso". Outras opções são "Quando me defendo, defendo a todos" ou "Todos os seres humanos merecem um tratamento justo" ou, simplesmente, "Eu também".

- Agora coloque o punho sobre o coração, como um gesto de força e bravura. Comprometa-se a ser gentil consigo mesma, mantendo-se segura. Para a terceira frase, tente afirmar com confiança: "Vou me proteger". Outras opções podem ser "Não vou ceder" ou "Sou forte o suficiente para enfrentar essa situação".

- Se você tiver dificuldade para encontrar as palavras certas, imagine que alguém com quem você realmente se importa esteja sendo maltratado ou ameaçado da mesma maneira que você. O que diria a essa pessoa para ajudá-la a ser forte, a se erguer, a ter coragem? Agora, pode oferecer a mesma mensagem para si mesma?

- Finalmente, coloque a outra mão sobre o punho e segure-o com ternura. O convite, aqui, é para combinar a energia feroz e clara da bravura com a energia terna da presença amorosa e conectada. Dê a si mesma permissão total para sentir a força de sua raiva, sua determinação, sua verdade, mas também deixe essa força ser carinhosa. Lembre-se de que estamos focando a compaixão feroz para o mal ou a própria injustiça, não para a pessoa que causa o dano. Essa pessoa é humana e você é humana também — você consegue chamar sua ferocidade para se comprometer a tomar uma atitude, enquanto ainda mantém vivo o amor?

Após esta prática, você pode estar se sentindo muito ativada. Faça o que você precisa para cuidar de si mesma. Você pode respirar profundamente, alongar-se ou pode sempre voltar a fazer a prática da sola dos pés na página 43.

DESENHANDO LIMITES

A energia protetora feroz nos capacita a traçar limites claros e a dizer não. As mulheres são socializadas para serem generosas e acolhedoras. Muitas de nós acreditam que isso nos dá valor, que as pessoas não gostam quando dizemos não. Devemos sorrir, ser legais e dizer sim. Esse treinamento começou cedo. Nossos pais nos deram amor e carinho quando preenchemos seus desejos. Assim como nossos professores, chefes e parceiros. Quando somos adultas, pode ser difícil separar nosso senso de valor como mulheres, a partir dessa percepção de sermos agradáveis. Nosso autoconceito se forma em torno dessas qualidades nutritivas e produtivas. Mas esse treinamento pode nos impedir de fazer um levante em benefício próprio. É verdade que certos indivíduos podem gostar menos de nós por não darmos o que eles querem, mas, quando temos autocompaixão, não somos totalmente dependentes da aprovação dos outros. Isso nos permite escolher a integridade, em vez de agradar aos outros, apoiando e cuidando de nós mesmas, até quando há consequências negativas em razão dessa escolha.

Às vezes, temos dificuldade em traçar limites porque não queremos ser rudes ou indelicadas. Embora a civilidade e o respeito mútuo sejam necessários para manter relacionamentos, não queremos ser capachos. Queremos ser portas que podemos abrir ou fechar, dependendo do que queremos e precisamos no momento. Em seu livro *The Assertiveness Guide for Women* (Tradução livre: *Guia de Assertividade para Mulheres*), Julie de Azevedo Hanks fornece sugestões úteis que podem ser usadas para dizer não aos outros, sem ser desrespeitosa. Algumas das respostas que ela sugere são: "Isso simplesmente não vai funcionar para mim", "Fico feliz que tenha perguntado, mas eu não posso fazer isso", "Eu não sou capaz de me comprometer com isso agora" ou "Vou dizer não por enquanto. Aviso se alguma coisa mudar". Quando dizemos não de forma clara e inequívoca (sem ser vagas com respostas como "Umm uhh, deixe-me ver..."), podemos nos posicionar de maneira a permitir que nossa voz seja ouvida. Outra opção é dizer: "Eu realmente gostaria de ajudar, mas preciso cuidar de mim mesma, por isso digo não". Quando enquadrada num ato de autocuidado, a mensagem de que somos todas responsáveis por nosso próprio bem-estar é modelada e reforçada, e aquela autobondade significa, às vezes, dizer não. Estamos, assim, dando permissão a outras pessoas para fazerem o mesmo.

A autocompaixão nos ajuda a traçar linhas claras entre o comportamento com o qual concordamos e o comportamento indesejado. Se um colega fizer uma piada ofensiva, um amigo não for totalmente verdadeiro conosco ou a sogra colocar o nariz onde não foi chamada, precisamos ser capazes de informar essas pessoas que seu comportamento não é aceitável para nós. Se estivermos muito focadas em agradar essas pessoas para não incomodá-las, vamos acabar caindo na armadilha de concordar ou, simplesmente, dar de ombros. Temos que estar vigilantes para que nosso silêncio não seja interpretado como validação; caso contrário, um futuro mau comportamento será tacitamente encorajado. A autocompaixão feroz, a serviço da proteção, nos dá a força e a determinação para dizer não para o que não gostamos ou sabemos que está errado. É a força que nos impulsiona para permanecermos fiéis a nós mesmas.

PROTEGENDO-SE DE DANOS

Às vezes, precisamos fazer mais do que estabelecer limites; precisamos nos proteger ativamente de alguém que está abusando de nós emocional ou fisicamente. Embora esteja além do escopo deste livro discutir como enfrentar tais situações em detalhes (aquelas em perigo imediato de violência devem ligar para o 911 ou a linha direta nacional de violência doméstica em 800-799-SAFE [7233])[9], vou descrever brevemente os princípios básicos de como a clareza corajosa e poderosa pode nos manter

---

9 N. do T.: Essas informações se referem à ajuda nos Estados Unidos. No Brasil, ligue 180 (Central de Atendimento à Mulher) ou disque 100 (Direitos Humanos) — Ministério da Mulher, da Família e dos Direitos Humanos (MMFDH).

seguras. Primeiro, podemos reconhecer a verdade do que está acontecendo. Quando a pessoa que está nos prejudicando é alguém que amamos, isso pode ser incrivelmente difícil, mas minimizar a situação só vai piorar as coisas. Se vamos nos proteger, precisamos ter clareza absoluta a respeito do que está acontecendo. Não está certo. Está errado. Precisa parar agora.

Também podemos nos conectar com outras pessoas que compartilham a mesma experiência. Pode ser pela internet ou em um grupo de apoio. Também acontece na nossa própria mente, quando reconhecemos a humanidade comum. Não estamos sozinhas: infelizmente, muitas outras sofrem como nós. Não precisamos culpar a nós mesmas ou levar as coisas para o lado pessoal. Nossa situação decorre de fatores complexos, muitos dos quais estão além do nosso controle. Podemos atrair a força de nossas irmãs que estão sofrendo como nós, sabendo que, ao nos protegermos, defendemos todas as mulheres.

A fim de encontrar a coragem para tentar impedir o dano, podemos buscar nossa mãe ursa interior, canalizando nossa ferocidade para tomar uma ação protetiva (consulte a prática Trabalhando com a Raiva, na página 106, o exercício Pausa para a Autocompaixão Protetora oferecido na página 179, ou a Meditação da Amiga Feroz, na página 190). Isso pode até envolver um confronto com a pessoa que nos feriu, terminando o relacionamento ou indo para as autoridades, se essa pessoa apresenta comportamento criminoso. A etapa crucial é assumir o compromisso de nos proteger. O momento em que deixamos um relacionamento abusivo é, muitas vezes, o mais perigoso. No entanto, também precisamos ser inteligentes e planejar tudo com cuidado. Uma vez que nossa sabedoria interior não é mais bloqueada pelo medo ou pela incerteza, seremos capazes de decidir o melhor curso de ação.

Finalmente, quando estivermos seguras, podemos trazer a autocompaixão terna para fazer o trabalho de cura, preferivelmente com a ajuda de um profissional especialista em saúde mental. (O exercício de escrever uma carta compassiva, oferecido na página 132, também pode ser benéfico.) Quando o yin e o yang estão integrados, não baixamos a guarda com outras pessoas que representam perigo, mesmo quando abrimos a porta do nosso coração para nós mesmas.

SOBREVIVENDO AO TRAUMA

Felizmente, a autocompaixão fornece a resiliência necessária para sobreviver aos danos físicos ou emocionais. No caso de maus-tratos sexuais, a pesquisa indica que o treinamento em autocompaixão ajuda as mulheres a se recuperar da violência interpessoal. Um estudo de Ashley Batts Allen e colegas acompanhou, por seis semanas, a evolução das mulheres que faziam parte de um grupo de apoio de autocompaixão num abrigo de violência doméstica. Os facilitadores do grupo ensinaram às participantes como implementar a autocompaixão na vida diária, por meio de discussões, compartilhamento interpessoal e explorando como a autocompaixão pode se apresentar em situações emocionalmente difíceis, utilizando um diário ou outros exercícios. Após o treinamento, as mulheres se sentiram mais fortalecidas (em particular, mais confortáveis para enfrentar os outros), sentiam-se mais positivas e confiantes, e mais seguras emocional e fisicamente.

A autocompaixão fornece uma força tremenda para quem experimentou algum trauma — seja decorrente de violência interpessoal, agressão sexual, discriminação, desastres naturais, acidente grave ou guerra. As consequências podem continuar por muito tempo após o evento traumático em si ter passado. Um resultado comum é o transtorno de estresse pós-traumático ou TEPT. Este é um tipo de choque psicológico severo, que envolve a perturbação do sono e a lembrança vívida constante da experiência traumática, com respostas embotadas a outras pessoas e ao mundo exterior. Quando as pessoas são compassivas consigo mesmas depois de experimentar um trauma, elas são menos propensas a desenvolver TEPT, o que permite que se mantenham numa condição estável.

Estudos focados em veteranos de combate ilustram bem esse ponto.

Participo de pesquisas que mostram que veteranos americanos que voltaram do Iraque ou do Afeganistão com níveis mais elevados de autocompaixão têm menos sintomas de TEPT, conseguem se sair melhor na vida diária, são menos propensos a abusar do álcool e a pensar em suicídio. Em parte porque a autocompaixão reduz seus sentimentos de vergonha e desconexão com os outros. Um estudo do Departamento de Assuntos de Veteranos descobriu que a quantidade de compaixão que os soldados exibiam para eles mesmos depois de voltarem de sua missão — um tratamento caloroso e solidário, em vez de se criticarem duramente — foi, na verdade, um preditor mais forte da possibilidade de desenvolver (ou não) o TEPT do que sua própria exposição ao combate em si. Em outras palavras, mais importante do que a quantidade de ação que esses soldados viram ou participaram foi o quanto eles conseguiram, após o combate, se relacionar consigo mesmos compassivamente. Eles eram um aliado interno, apoiando-se e encorajando-se? Ou eram um inimigo interno, massacrando-se sem piedade? Fica claro, quando você vai para a batalha — e quando chega em casa —, ser seu próprio aliado o torna mais forte.

A autocompaixão também ajuda as pessoas a lidar com o trauma do preconceito e da discriminação. Um estudo recente com 370 mulheres cisgênero examinou o impacto traumático de microagressões sexistas, tais como ouvir os homens se referirem às mulheres pelas partes do corpo (bela bunda etc.), brincar sobre estupro ou fazer comentários insensíveis. Descobriu-se que as mulheres autocompassivas eram mais resilientes quando se depararam com comportamentos sexistas e, como resultado, experimentaram menos emoções negativas.

A autocompaixão também é um recurso poderoso para jovens LGBTQIA+, que, muitas vezes, são estigmatizados por serem diferentes. Eles são explicitamente identificados como pecadores e errados por certos grupos religiosos e, quando a mídia retrata a vida de adolescentes sem incluí-los, entendem a mensagem implícita de que eles são, de alguma forma, anormais. A taxa de abuso físico e verbal que é direcionada a eles é muito maior do que a de seus pares heterossexuais ou cisgêneros. Esse assédio constante leva a uma alta taxa de ansiedade, depressão e ideias de suicídio entre os jovens LGBTQIA+.

Abra Vigna e seus colegas da Universidade de Wisconsin examinaram, numa escola de ensino médio no Meio-Oeste, se a autocompaixão ajudava adolescentes LGBTQIA+ em caso de *bullying*. Eles descobriram que aqueles adolescentes que eram mais compassivos foram mais capazes de lidar com intimidação, ameaças e assédio. Eram também menos propensos a se tornarem ansiosos ou deprimidos, como resultado de terem sido atormentados. Em um segundo estudo, esses pesquisadores descobriram que a autocompaixão reduzia a ansiedade, depressão e ideias suicidas entre jovens negros LGBTQIA+, que tinham sido vítimas de *bullying* devido à sua raça, bem como à orientação sexual, apontando a força da autocompaixão como fonte de autoproteção.

Na verdade, descobriu-se que a autocompaixão leva ao "crescimento pós-traumático", que envolve aprender e crescer com experiências traumáticas. As pessoas que são mais compassivas são também mais capazes de ver os aspectos positivos extraídos de crises anteriores, incluindo uma sensação de proximidade com os outros, maior apreço pelo valor de sua própria vida e confiança em suas habilidades pessoais. Em vez de nos dizimar, a autocompaixão transforma contratempos em oportunidades de aprendizagem. Ao aproveitarmos o poder da clareza corajosa e fortalecida, somos capazes de assumir o controle de nossas vidas e enfrentar os desafios com mais coragem e determinação. Quando passamos por situações que parecem ser impossíveis de suportar — e o fazemos não com uma resignação fria, mas com calor e compaixão — descobrimos forças que nem sabíamos possuir.

SOBREVIVENDO À NOSSA INFÂNCIA

A autocompaixão feroz também nos dá a força para sobreviver ao trauma da primeira infância e funcionar como adultos saudáveis. Quando fomos abusados por pais ou cuidadores, as feridas se tornam particularmente mais profundas. Essa situação pode fazer com que seja mais difícil ter autocompaixão quando adultos, porque os sentimentos de amor e cuidado se fundem com os sentimentos de medo e dor desde o princípio. Com a ajuda de profissionais de saúde mental, podemos aprender a ser compassivos em relação ao nosso trauma inicial, dando-nos mais habilidade de lidar com a enormidade da nossa dor. De muitas maneiras, o que ocorre é que adotamos a nós mesmos, dando-nos o amor incondicional, o cuidado e a segurança que não recebemos quando crianças. Embora leve tempo, a prática consistente da autocompaixão pode, finalmente, desenvolver um apego seguro como adultos. Podemos aprender a confiar em nosso próprio calor e apoio, como uma fonte de segurança, criando a plataforma estável necessária para enfrentar os desafios da vida. Um estudo examinou mulheres que haviam sido abusadas sexual ou fisicamente na infância. Aquelas que aprenderam a ser autocompassivas em relação a sua experiência, quando adultas, foram mais resilientes e focadas, recuperando-se mais facilmente de contratempos.

A Terapia Focada na Compaixão (TFC) visa, especificamente, a ajudar as pessoas com história de trauma na infância, a usar a autocompaixão para lidar com a angústia e a vergonha intensas que, muitas vezes, sentem. Paul Gilbert, criador da TFC, há muito reconheceu a importância da autocompaixão, tanto feroz quanto terna, para a recuperação. Ele escreve: "A compaixão envolve desenvolver a coragem de estar aberto à nossa raiva e fúria, não algo para 'acalmá-lo'. Na verdade... acalmar é útil [como] um porto seguro, mas também como uma preparação para se envolver com coragem naquilo que precisamos". A TFC ensina os clientes a encontrar segurança na própria capacidade de se confortar quando vivenciam emoções dolorosas ou memórias traumáticas, além disso, ensina a descobrir o suporte principal para se defenderem. Pesquisas mostram que essa abordagem ajuda as pessoas a serem mais assertivas e menos submissas com qualquer um que tente prejudicá-las. Como uma mulher britânica disse depois de participar de um grupo de

TFC: "Essa experiência me fez sentir como se estivesse vestindo uma armadura de compaixão, na qual eu sei que sou capaz de lidar melhor com cada dia, e sentir que tenho essa armadura de segurança e ser capaz de ser compassiva com todos os aspectos da minha vida... faz com que me sinta mais forte e mais poderosa". Vários estudos mostram que essa abordagem é altamente eficaz em oferecer às pessoas os recursos de que precisam para se curar do passado e dar um passo corajoso para o futuro.

MEDITAÇÃO DA AMIGA FEROZ

Esta prática é adaptada de uma meditação chamada Amigo Compassivo, uma visualização guiada, que foi originalmente desenvolvida na TFC e é também usada no MSC. Alterei para ajudá-la a criar uma imagem de uma amiga feroz que incorpora uma força carinhosa, a quem você pode recorrer sempre que precisar se proteger. (Uma versão de áudio guiada da prática pode ser encontrada em www.lucidaletra.com.br/pages/autocompaixaoferoz)

INSTRUÇÕES

- Por favor, procure uma posição confortável, sentada ou deitada. Feche os olhos suavemente. Respire fundo algumas vezes para se estabelecer dentro do seu corpo.

Lugar seguro

- Imagine-se em um lugar seguro e confortável — pode ser uma sala aconchegante com a lareira acesa ou uma praia tranquila com sol quente e brisa fresca ou uma clareira na floresta. Também poderia ser um lugar imaginário, do tipo flutuando nas nuvens... qualquer lugar que pareça tranquilo e seguro. Sinta esse lugar e aproveite a sensação de conforto.

Visitante

- Em breve, você receberá uma visita; forte e poderosa, mas também de presença terna e amorosa — uma amiga feroz —, que incorpora a qualidade da força carinhosa.

- Que imagem surge? Essa amiga pode ser alguém que você conheceu no passado, como uma professora corajosa e protetora ou uma avó. Pode ser uma figura inteiramente imaginária, como uma deusa guerreira ou um animal (um jaguar, por exemplo). Ou pode, também, não ter uma forma particular específica, talvez apenas uma presença ou uma luz brilhante.
- Permita que a imagem venha à mente.

Chegada

- Você tem a opção de sair de seu lugar seguro e encontrar sua amiga feroz para convidá-la a entrar. Por favor, aproveite essa oportunidade agora, se você preferir assim.
- Imagine-se com sua visitante, na posição certa — o que quer que pareça certo. Em seguida, permita-se experimentar como é estar na companhia desse ser: sua bravura e determinação, como você se sente amada e protegida. Não há nada que você precise fazer, exceto experimentar o momento.
- Essa amiga é sábia e vê claramente, entende exatamente o que está acontecendo na sua vida agora. Ela percebe onde você precisa ser firme, defender-se ou estabelecer limites. Sua amiga pode querer lhe dizer algo, algo que é exatamente o que você precisa ouvir para se proteger. Por favor, pare um momento e ouça atentamente o que esse ser sábio pode falar.
- Sua amiga também pode querer dar a você um presente, algum objeto que simbolize a força do cuidado. Talvez se materialize em sua mão.
- Se nenhuma palavra ou presente vier, tudo bem também — apenas

continue experimentando a força, o amor e a proteção. Isso é por si só uma bênção.

- Reserve mais alguns momentos para mergulhar na presença desse ser.
- Permita-se perceber que essa amiga feroz é, na verdade, parte de você mesma. Todos esses sentimentos, imagens e palavras que está experimentando fluem de seu próprio coração feroz e terno.

Retorno

- Finalmente, quando estiver pronta, permita que a imagem se dissolva gradualmente em sua mente, lembrando-se de que essa força do cuidado está sempre dentro de você, especialmente quando mais precisa. Você pode chamar sua amiga feroz sempre que desejar.

ENFRENTANDO OS AGRESSORES INTERNOS

A autoproteção compassiva não é apenas essencial para prevenir o dano externo, mas também o interno. Muitas pessoas que foram traumatizadas quando crianças internalizaram as mensagens críticas ríspidas de seus cuidadores abusivos, como uma forma de se sentirem seguras. As crianças precisam confiar no que dizem os adultos que participam de suas vidas. Uma criança não consegue dizer ao pai "Me desculpe, pai, mas você está errado!", no momento em que ele a está quebrando por dentro com uma atitude claramente errada. Isso o deixaria mais irritado, e é ainda muito mais assustador pensar que ele não sabe que é errado, justamente porque a criança precisa ter confiança no pai que lhe dá abrigo, orientação e proteção. No entanto, depois de adultos, podemos enfrentar esse agressor interno. A autocrítica não está mais nos mantendo seguras, está nos prejudicando, quando mina nossa capacidade de dar a nós mesmas o apoio do qual precisamos. A autocompaixão oferece a clareza corajosa e poderosa necessária para confrontar nosso crítico interno e pedir que recue.

É importante perceber que não são apenas as pessoas com trauma na primeira infância que têm um crítico interno severo, e que nem sempre é uma voz do passado. Conforme abordado anteriormente, atacar a nós mesmas parece ser uma reação natural à ameaça. Você pode pensar que meu filho, Rowan, nunca fez uma autocrítica severa. Eu gostaria que isso fosse verdade. Embora eu tenha falado com ele sobre autocompaixão durante toda a sua vida, ele ainda pode ser extremamente duro consigo mesmo. Pessoas autistas, como todas nós, ficam assustadas ao reconhecer suas próprias imperfeições, porque as lembra de que não estão no controle total. Rowan fica extremamente chateado sempre que comete um erro (como perder o carregador do telefone ou não realizar uma tarefa escolar). Eu o ouço se insultar em voz alta: "Seu idiota estúpido". Difícil dizer o quanto dói ouvi-lo pronunciar essas palavras cruéis e ele, com certeza, nunca ouviu essas coisas de outra pessoa na vida real. Mas ele gosta de assistir aos desenhos animados e os agressores nesses desenhos costumam usar esse tipo de linguagem. O assédio moral é uma forma de tentar controlar as coisas, e uma parte do Rowan sente que, se for severo o suficiente, será capaz de se controlar e evitar erros no futuro.

Ele também tem medo de que os outros fiquem com raiva e gritem com ele por estragar tudo. Então, ele faz isso primeiro. Mesmo que nunca alguém tenha realmente gritado com ele por cometer um erro, ele projeta essa possibilidade e isso o assusta. A autocrítica não é apenas um comportamento aprendido, é inato ao ser humano, que surge do medo e do desejo de ficar seguro. Mas não temos que ser vítimas de nossa primeira infância ou da programação cultural ou biológica. Existe outra escolha.

Podemos enfrentar bravamente nosso agressor interior. Podemos extrair a força do conhecimento de quantos de nós sofrem com vozes dentro da cabeça, vozes que dizem que somos maus ou nojentos. Não estamos sozinhos. Quando nos levantamos contra a voz abusiva desse crítico interno, também estamos defendendo milhões de pessoas em todo o mundo, envergonhadas todos os dias por seu tirano interior. Podemos dizer com clareza e firmeza a essa parte de nós: "Não está certo você falar comigo desse jeito". Assim como eu digo a Rowan, "Não está certo você falar com meu amado filho dessa maneira". Sem culpar ou envergonhar nosso crítico interior, podemos rejeitar suas táticas de intimidação e desenhar um limite. (O exercício Motivando a Mudança com Compaixão, na página 251, mostra como se relacionar com seu crítico interno de uma maneira que é altamente eficaz em subjugar sua voz.)

A CURA DE MAUS-TRATOS

Como dá para perceber, a autocompaixão terna tem um papel importante na autoproteção. Depois de fazer o máximo que pudermos para nos defender, precisamos nos voltar para dentro e abraçar nossas feridas com compaixão, equilibrando o yin e o yang. Quando as pessoas nos maltratam — seja uma filha adolescente que nos diz palavrões, um chefe que nos paga um salário injusto, um sócio que nos trai, ou um pai que abusou de nós — isso machuca. Profundamente. A autocompaixão terna nos fornece o respeito, a consideração e a segurança que não recebemos de outras pessoas. É importante não pularmos a etapa de nos acalmar e nos confortar quando somos maltratadas. Às vezes, quando ficamos com raiva de outras pessoas ou reagimos de alguma forma firme (deixamos uma criança de castigo, entramos com uma ação judicial, terminamos um relacionamento), nós não enfrentamos nossos sentimentos latentes de mágoa ou tristeza. Mesmo que a ação feroz seja extremamente necessária, não queremos usá-la como uma forma de nos proteger de nossa dor. Pode ser mais fácil concentrar nossa raiva na pessoa que causou o mal do que lidar com os sentimentos mais vulneráveis, como a tristeza ou rejeição, que estão abaixo dessa raiva.

E, indo ainda mais fundo, geralmente encontramos as necessidades que não estão sendo atendidas: justiça, amor, conexão, respeito ou segurança. Não podemos confiar naqueles que nos prejudicaram para satisfazê-las; o desejo de que eles mudem é muito irreal. No entanto, com a autocompaixão terna, podemos nos curar diretamente e atender a muitas das necessidades que foram desconsideradas pelos outros. Quando estamos sendo prejudicadas, precisamos de proteção e cura. Uma não é completa sem a outra.

RESPONDENDO AO DANO

Esta prática é adaptada de um exercício no MSC chamado — Atendendo às Necessidades Não Satisfeitas e pode ajudá-la a integrar a autocompaixão feroz e a terna quando você for maltratada de alguma forma. As emoções protetoras como a raiva ou a indignação são "difíceis", porque agem como um escudo e servem para nos proteger quando experimentamos emoções mais brandas e vulneráveis, como a mágoa ou a tristeza. Precisamos honrar e atender tanto aos nossos sentimentos duros quanto aos brandos depois de sermos feridas, mas eles requerem energias diferentes para mantê-los. Idealmente, essa prática deve ser feita depois que o perigo ou dano passou e que você esteja pronta para a cura. Se os maus-tratos ainda estiverem em andamento, você pode querer concentrar toda a sua energia para interromper o comportamento antes de trazer o poder da cura da autocompaixão terna. O exercício da Pausa para a Autocompaixão Protetora, oferecido na página 179, ou a prática Trabalhando com a Raiva, na página 106, podem ser mais adequados neste caso. Se você começar a se sentir oprimida em qualquer ponto do exercício, lembre-se de que você pode sempre se desligar e praticar a autocompaixão de outra forma.

INSTRUÇÕES

Pense em uma situação *passada* em que você foi maltratada de alguma forma.

Escolha uma situação que seja moderadamente perturbadora, mas não traumatizante. Será difícil aprender a prática se você estiver sobrecarregada. Tente se lembrar dos detalhes da situação tão vividamente quanto possível.

Sentir sua ferocidade

- Veja se você consegue identificar quaisquer emoções duras geradas pela situação e que lhe pareceram protetivas, como raiva ou amargura.
- Agora, concentre-se em seu corpo. Como esses sentimentos se manifestam? Estão queimando no estômago, sua cabeça está com dores? Veja se consegue fazer contato com a sensação física das emoções.
- Reconheça que essas emoções derivam da autocompaixão, e que elas estão tentando mantê-la segura.
- Reconheça claramente que não está certo ser tratada desta maneira. Tente dizer a si mesma algumas palavras simples, reconhecendo aquele dano que foi feito, como "Foi errado" ou "Não fui tratada com justiça".
- Agora invoque a humanidade comum, lembrando que muitas pessoas passaram por situações semelhantes. Diga palavras que identifiquem sua conexão com outras pessoas, como "Eu não estou sozinha" ou "Muitas pessoas se sentem assim".
- Em seguida, permita que suas emoções fluam livremente, como uma energia em seu corpo, sem tentar controlá-las ou suprimi-las. Ao fazer isso, também sinta as solas dos pés firmemente plantadas no chão, ajudando no aterramento e estabilização.
- *Valide totalmente* a experiência dessas emoções protetoras. Não tente ficar muito presa a quem disse ou fez o que a quem e, em vez disso, concentre-se nos próprios sentimentos difíceis. Você também pode dizer algumas palavras, como "Preciso da minha raiva para proteção" ou "Eu me importo comigo mesma e é por isso que estou tão frustrada".
- Não é necessário fazer mais nada se validar suas emoções é o que você mais precisa neste momento. Por exemplo, talvez você tenha

suprimido sua raiva no passado e precise senti-la totalmente agora. Se for esse o caso, apenas deixe as emoções fluírem através de seu corpo, enquanto se ancora nas solas de seus pés, sem julgamento.
- Tente oferecer a si mesma um gesto de apoio, como colocar um dos punhos sobre o coração (como sinal de força), cobrindo-o com a outra mão (sinal de calor).

Encontrar sentimentos brandos
- Se você está pronta para trazer alguma cura, é preciso ver o que está por baixo dos sentimentos de proteção. Existem emoções brandas ou vulneráveis, como mágoa, medo, rejeição, tristeza, vergonha?
- Se você consegue identificar algum sentimento brando, tente dizer a si própria com uma voz compreensiva e gentil, como se estivesse apoiando uma amiga querida: "Ah, isso dói" ou "Isso é tristeza".
- Permita-se estar presente nesses sentimentos, com calor e aceitação.

Descobrir necessidades não atendidas
- Se sentir que está pronta para seguir em frente, veja se consegue liberar o enredo que causou essa dor, mesmo que apenas por um tempo. Tente deixar de lado os pensamentos da transgressão por um momento e pergunte a si mesma: "Quais as *necessidades emocionais básicas* que eu tenho, ou tinha na época, que não foram atendidas?" Talvez a necessidade de ser vista, ouvida, de estar segura, conectada, de ser valorizada, especial, respeitada ou amada?
- Mais uma vez, se você puder identificar uma necessidade não atendida, diga a si mesma, com uma voz compreensiva e gentil.

Responder com a autocompaixão terna

- Sinta o calor e o apoio das mãos no corpo.

- Mesmo que você deseje receber gentileza ou tratamento justo de outra pessoa, ela foi incapaz de fazê-lo por vários motivos. Mas você tem outro recurso — sua própria compaixão — e você pode começar a atender às suas necessidades mais diretamente.

- Por exemplo, se você precisava ser vista, a parte compassiva de você pode dizer para a parte machucada: "Estou vendo você!" Se você precisava se sentir apoiada ou conectada, sua parte compassiva pode dizer: "Estou aqui para você" ou "Você está no lugar certo". Se você precisava ser respeitada, você pode dizer: "Eu sei meu próprio valor". Se você precisava se sentir amada, talvez você diga: "Eu te amo" ou "Você é importante para mim".

- Em outras palavras, tente dizer a si mesma, neste momento, o que você gostaria de ouvir da pessoa que a maltratou.

- Se você estiver tendo problemas para atender diretamente às suas necessidades não atendidas, ou se você se sentir confusa, você pode ter compaixão por *essa* dificuldade.

- Finalmente, veja se você pode se comprometer a se tratar como você merece ser tratada, e se comprometer a tentar se proteger do mal tanto quanto possível no futuro.

- Agora, deixe de lado o exercício e, simplesmente, aproveite essa experiência, deixando este momento ser exatamente como é, e você exatamente como é.

PROTEÇÃO OU HOSTILIDADE?

Quando estamos nos protegendo, e o yin e yang estão fora de equilíbrio, a autocompaixão pode assumir uma forma prejudicial à saúde. Em vez de nos concentrarmos na prevenção de danos, acabamos nos concentrando em atacar a pessoa ou grupo que está causando o dano. Como resultado, nossa ferocidade tende a se tornar agressiva, o que causa sofrimento e, portanto, mina a compaixão.

O que determina se a clareza corajosa e poderosa é uma expressão de amor ou de agressão? A diferença está na intenção subjacente de nossas ações. Elas existem a serviço de aliviar o sofrimento ou a serviço da retaliação? Elas vêm do seu coração ou do seu ego? Se a ferocidade vem de um lugar que protege o senso de autovalorização, pode se tornar emocionalmente violenta.

Podemos pensar que estamos nos defendendo quando respondemos com um comentário cortante à pessoa que simplesmente nos surpreendeu ("Continue revirando os olhos, você pode eventualmente encontrar um cérebro") ou quando chamamos um político na TV de babaca, mas, na verdade, estamos apenas dando espaço para a má vontade. Entretanto, quando o amor está presente em nossa resposta e nossa intenção está enraizada no desejo de ajudar, torna-se uma força potente direcionada a um bem maior. Podemos denunciar um comportamento prejudicial e tomar medidas para evitá-lo, sem tornar isso pessoal.

A compaixão está enraizada na conexão, mas quando nos esquecemos disso e reformulamos aquilo que representa uma ameaça como o "outro", isso cria uma mentalidade destrutiva — nós-contra-eles. Infelizmente, é isso que está acontecendo com a incrível polarização política nos Estados Unidos, tornando quase impossível o nosso governo funcionar. Para que nossa ferocidade possa ser compassiva, precisamos reconhecer que, embora a violência física, social e emocional tenha que ser interrompida, aqueles que causam danos ainda são humanos.

Claro, o reconhecimento da humanidade comum também não deve

ser usado como uma forma de negar diferenças. Algumas pessoas usam o slogan "Todas as Vidas Importam" como uma refutação de "Vidas Negras Importam". Mas isso realmente não honra a humanidade comum, apenas ignora a história da opressão racial, a brutalidade policial e a desumanização dos negros em particular. A autocompaixão feroz reconhece distinções, incluindo as diferenças cruciais na origem e quantidade de experiências sofridas por indivíduos ou por grupos, ao mesmo tempo em que reconhece a teia poderosa da humanidade que nos conecta a todos.

Às vezes, a clareza valente e poderosa pode se transformar em justiça própria. Se perdermos a aceitação da mente aberta que a autocompaixão terna nos proporciona, podemos ficar muito seguras de nós mesmas e da nossa capacidade de sabermos a verdade. Quando nos fixamos em determinar o certo ou o errado, isso pode, de fato, trabalhar contra nossa habilidade de ver claramente. No entanto, se mantivermos a mente aberta, podemos identificar mais facilmente o comportamento prejudicial e falar a verdade, mesmo quando reconhecemos a possibilidade de estarmos enganadas na nossa opinião ou de que alguém possa ter uma perspectiva diferente.

Quando a compaixão feroz e a terna estão integradas nos protegendo contra o mal, a força protetora que surge é poderosa, além do que podemos medir. Como Martin Luther King Jr. escreveu: "O poder sem amor é imprudente, é abusivo; e o amor sem poder é sentimental e anêmico. O poder, no seu melhor, é o amor implementando as demandas de justiça; e a justiça, em seu melhor, é o poder corrigindo tudo o que se opõe ao amor".

AUTOCOMPAIXÃO E JUSTIÇA SOCIAL

Martin Luther King Jr. se inspirou em Mahatma Gandhi, um dos agentes mais eficazes para a mudança social no século XX. Tanto a compaixão feroz quanto a terna infundiram-se na abordagem de Gandhi para lutar por justiça: ele defendeu uma forma de resistência não violenta chamada *satyagraha* (literalmente, "força da verdade" ou "força do amor" em hindu) para libertar a Índia do domínio britânico. Gandhi fez a distinção entre *satyagraha* e a resistência passiva, argumentando que esta última pode vir do medo. *Satyagraha* era uma arma dos fortes, que exigia bravura e coragem incríveis.

Embora possa ser mais fácil odiar e atacar opressores, é autodestrutivo prejudicar os outros como meio de acabar com o sofrimento pessoal. Também é contraditório usar métodos injustos para obter justiça ou a violência para obter a paz. É por isso que a força do cuidado deve ser focada diretamente na prevenção do dano, no lugar de atacar a pessoa ou pessoas que o causam. Como disse Gandhi, "'Odeie o pecado, e não o pecador' é um preceito que, embora fácil de entender, raramente é praticado, e é por isso que o veneno do ódio se espalha no mundo... É muito apropriado resistir e atacar um sistema, mas resistir e atacar seu autor é o mesmo que resistir e atacar a si mesmo, porque somos todos... filhos de um mesmo Criador".

Ultimamente, a frase "Odeie o pecado, e não o pecador" foi cooptada por certos fundamentalistas que acreditam que a citação vem da Bíblia (mas não vem), e a usam para justificar sua discriminação contra a comunidade LBGTQIA+. Os fundamentalistas argumentam que podem odiar a homossexualidade, sem odiar os homossexuais. Mas sua ideia de pecado, neste caso, é um comportamento que não está em conformidade com as estreitas normas definidas de gênero e sexualidade, e não um comportamento que não prejudica ninguém. A compaixão rejeita o dano, não a inconformidade. A não conformidade aos padrões dominantes de comportamento heterossexual de gênero não causa o dano — mas o oposto. É uma expressão corajosa de amor e autenticidade. Distorcer as ideias de Gandhi para justificar a discriminação desta forma apenas desonra sua intenção. É por isso que a clareza é tão essencial para a autocompaixão feroz. Precisamos ser capazes de distinguir o dano real das normas sociais desenhadas para manter a opressão em seu lugar.

Quando nos protegemos num lugar de compaixão, podemos ser

firmes e inflexíveis, mas há amor em vez de ódio em nossos corações. Esse sentido da autocompaixão feroz formou a base da Marcha das Mulheres, em Washington, em 21 de janeiro de 2017, um dia depois que Donald Trump foi empossado presidente. Pessoas ao redor do mundo estavam furiosas com Trump, depois que áudios infames foram vazados no *Access Hollywood* (programa de TV), nos quais ele se gabava de assédio sexual. ("Você sabe que me sinto automaticamente atraído pela beleza — eu apenas começo a beijá-las. É como um ímã. Apenas beijo. Nem mesmo espero. E, quando você é uma estrela, elas permitem que você faça isso. Você pode fazer qualquer coisa. Agarrar pela xereca. Você pode fazer qualquer coisa.") No entanto, o objetivo das organizadoras não era bater em Trump, era demonstrar apoio ao tratamento justo e aos direitos das mulheres, realizando um protesto não violento na tradição dos movimentos do passado. Também pretendia mostrar apoio a outros grupos que estavam sendo discriminados em razão de raça, etnia, orientação sexual, identidade de gênero, status de imigração ou religião. A Marcha das Mulheres bateu recordes, o maior protesto de um único dia na história dos EUA, com aproximadamente cinco milhões de pessoas participando em cidades de todo o país. Combinando cuidado com a determinação feroz ao se levantar contra a injustiça, o movimento foi incrivelmente pacífico, sem prisões relatadas.

AUTOCOMPAIXÃO FEROZ E ANTIRRACISMO

Sexismo e racismo estão interligados porque ambos são resultado da opressão. Eles não são a mesma coisa — mulheres podem ser racistas e pessoas não brancas podem ser sexistas —, mas eles estão interligados. Desenvolver a autocompaixão não vai desmantelar estruturas arraigadas de desigualdade racial por conta própria, mas acredito que tem um papel a cumprir. Assim como o inconsciente preconceito de gênero nos leva à conivência com a opressão de gênero, o preconceito racial inconsciente nos leva a ser coniventes com o racismo. Se as mulheres brancas pretendem se levantar para lutar contra o racismo, precisamos da autocompaixão terna para abraçar a dor desse conluio e vê-la como ela é exatamente, bem como da autocompaixão feroz, para tomarmos as medidas necessárias e acabar com o problema.

O movimento feminista foi corretamente criticado, por, na melhor das hipóteses, não se posicionar fortemente contra o racismo e, na pior das hipóteses, por deixá-lo se perpetuar. As primeiras sufragistas, como Elizabeth Cady Stanton, apoiavam totalmente a supremacia branca. As feministas do sul, muitas vezes, apoiaram Jim Crow — afinal de contas, o linchamento tinha a intenção de proteger as mulheres brancas. O atual clichê "Karen"[10] — a mulher branca que extrapola seu privilégio — é ainda muito real, como podemos ver no caso de Amy Cooper, a qual ligou para o 911 e chamou a polícia dizendo que "um homem afro-americano está me ameaçando" no Central Park de Nova York, só porque um homem negro, observador de pássaros, se atreveu a pedir-lhe para seguir as regras do parque e colocar seu cachorro na coleira.

Muitas vezes, o racismo é exibido de maneiras mais sutis, como presumir que sua experiência como uma mulher branca é universal e ignorar as experiências distintamente diferentes das mulheres negras. Muitos trabalhos feministas focam exclusivamente em mulheres brancas, sem nem mesmo mencionar a raça. O racismo explica como isso passou despercebido e não mencionado por décadas. Pelo fato de mulheres brancas terem mais poder do que as não brancas, suas narrativas são consideradas padrão. O protótipo de pessoa é homem, e o protótipo da mulher é mulher branca. Como propõe a teoria da invisibilidade interseccional, isso significa que as mulheres não brancas, muitas vezes, nem mesmo entram em cena nas pesquisas sobre a experiência humana.

Precisamos chamar a atenção para a desigualdade de poder e opressão, onde quer que esteja escondida, para criar uma mudança sustentável na

---

10 N. do T.: Karen é uma referência pejorativa a mulheres brancas que, por sua condição privilegiada na sociedade, se sentem com mais direitos que os de outros grupos.

sociedade, porque a nossa luta contra o patriarcado não terá sentido, a menos que leve em consideração a raça. Opressão é opressão, e a compaixão está enraizada na motivação de aliviar o sofrimento causado por *todas* as injustiças. A autocompaixão é crucial quando as mulheres brancas fazem o trabalho árduo de reconhecer nosso privilégio e nosso próprio papel na perpetuação de um sistema racista. A autocompaixão terna nos ajudará a reconhecer como nos beneficiamos por sermos brancas, sem desviar o olhar da vergonha. A autocompaixão feroz nos permite assumir a responsabilidade e nos comprometer a fazermos as coisas de maneira diferente.

Como mulher branca, cisgênero e heterossexual, a autocompaixão tem me ajudado a começar a ver meu próprio papel num sistema racista. Como muitos, eu me considero uma pessoa moral e sinto minha resistência quando me pedem para que examine meu próprio privilégio. "Mas eu não sou racista!", meu ego reage. A vergonha que surge com a insinuação de que somos racistas interfere na nossa capacidade de reconhecer que realmente somos parte do problema. Pode acontecer quando cometemos microagressões, como quando eu não estava satisfeita com o quarto em um hotel e perguntei à mulher hispânica que me ajudava se eu poderia falar com seu gerente (ela era a gerente). Se estivermos com todo o ego na defensiva em situações como essa, acabamos invalidando a experiência da pessoa que ofendemos, silenciando sua voz. O ato de ser gentil e compreensiva comigo mesma facilitou minha capacidade de ver que, como a maioria de nós, eu não oprimo conscientemente, mas o racismo influencia inconscientemente minhas interações com os outros, simplesmente por eu ter crescido em uma sociedade racista. Eu não criei o sistema injusto da supremacia branca em que vivo. O legado da escravidão e da segregação já existia muito antes de eu nascer. A autocompaixão neutraliza a vergonha que surge quando reconheço minha participação passiva nesse sistema, permitindo-me reconhecer como me beneficio com isso (presumo que serei protegida pela polícia; nunca recebo olhares suspeitos quando fico horas em uma cafeteria etc.).

Quando eu era criança, não tínhamos muito dinheiro — minha mãe era uma secretária que criou dois filhos sozinha, sem qualquer ajuda do meu pai ausente. Mas, quando eu tinha 11 anos, mudamos para um apartamento barato na periferia de um bairro rico, com um distrito escolar incrível para que meu irmão e eu pudéssemos ter uma boa educação. Eu só tirava 100, o que me permitiu ir para a UCLA com bolsa de estudo e, finalmente, concluir meu doutorado na UC Berkeley. Eu fui totalmente aceita, tanto no ensino fundamental, quanto no ensino médio; encaixava-me perfeitamente. Se eu fosse negra, um dos rostos negros solitários em um mar de brancos, minha mãe teria se sentido confortável me colocando nessa situação? Eu teria o mesmo grupo de amigos? Os professores teriam me apoiado da mesma forma? É difícil saber, mas certamente nunca tive que perder um momento pensando na cor da minha pele, um luxo que veio por ser branca.

Precisamos ter a autocompaixão terna, para vermos claramente o papel que desempenhamos no racismo, segurando essa verdade incômoda com amor e aceitação, para que possamos dar os passos corajosos e difíceis, mas necessários, para fazer as coisas de forma diferente. Muitas das mudanças devem ocorrer no âmbito da sociedade, e a complexidade da reestruturação necessária é assustadora. Mas cada uma de nós tem um papel a desempenhar, seja votar, protestar ou falar, sempre que ouvimos comentários racistas, verificando se nossas interações estão sendo distorcidas por estereótipos raciais, ou se desculpando sinceramente se ofendermos alguém sem querer. Para ser honesta, é difícil saber exatamente o que fazer para que a mudança aconteça, então também precisamos ser humildes, e ouvir e aprender com os outros.

O resultado final é que o sexismo prejudica todos nós. O racismo prejudica todos nós. A discriminação contra qualquer grupo — aqueles com uma identidade de gênero diferente, orientação sexual, religião, nível de habilidade, tipo corporal — prejudica todos nós. Não somos indivíduos separados. Nossa capacidade de aliviar nosso próprio sofrimento está intrinsecamente entrelaçada com o compromisso de acabar com o sofrimento de todos, porque a paz de nossos bairros, nossas sociedades e, em última análise, do planeta depende disso. Nosso poder de mudar o mundo é mais forte do que pensamos, contanto que sempre nos lembremos de desenvolver e integrar a autocompaixão feroz e a terna — as duas faces do amor.

CAPÍTULO 7: ATENDENDO ÀS NOSSAS NECESSIDADES

Eu sou minha própria musa, sou o assunto que melhor conheço. O assunto que mais quero saber.

—Frida Kahlo, artista e ativista

A questão essencial da autocompaixão é: do que eu preciso? Para cuidar de nós mesmas, devemos assumir o controle do nosso bem-estar. A fim de aliviar nosso próprio sofrimento, temos que levar a sério nossas necessidades e nos valorizar o suficiente para atendê-las. Uma vez que reconhecemos que nossas necessidades são importantes — um dos primeiros princípios da autocompaixão — podemos defender nossa posição quando somos solicitadas a sacrificar o que é importante para nós. Não temos que nivelar nossas necessidades abaixo das necessidades dos outros, da maneira que as mulheres sempre foram socializadas a fazer. Se as mulheres só se sentem valorizadas e dignas quando ajudam crianças, parceiros, amigos, família, colegas de trabalho — basicamente, qualquer outro além de nós mesmas —, estamos apoiando um sistema manipulado contra nós. Claro, é bom ser gentil e generosa com os outros, mas a gentileza também deve ser equilibrada para que inclua a nós mesmas. Do contrário, essa generosidade serve apenas a um sistema patriarcal, no qual as mulheres não são consideradas valiosas por direito próprio, como participantes plenas e iguais. Uma situação que reduz as mulheres ao papel de ajudante e nos impede de sermos autenticamente realizadas.

A regra de que as mulheres devem dar em vez de receber é uma fonte de dificuldades significativas. As mulheres fazem a maior parte do trabalho doméstico, no cuidado com as crianças e idosos, mesmo nos casamentos em que ambos os parceiros trabalham em tempo integral. Essa carga extra leva ao estresse e à tensão. Uma pesquisa mostra que as mulheres são mais propensas do que os homens a se sentirem pressionadas a fazerem sacrifício contínuo de suas próprias necessidades em prol das demandas da família, amigos e parceiros. Uma consequência desse padrão é que as mulheres acabam com menos tempo livre. Um estudo da Universidade de Maryland registrou cuidadosamente o tempo que homens e mulheres gastam em várias atividades ao longo de um dia típico. As mulheres não só têm menos tempo para si mesmas, mas também se beneficiam menos do pouco que possuem. Os pesquisadores atribuíram isso ao fato de que durante seu tempo livre as mulheres ainda se preocupam com questões familiares, de modo que o tempo de lazer disponível não é tão refrescante ou gratificante. Idealmente, o tempo livre fornece uma fuga dos aspectos tediosos da vida e oferece oportunidades de crescimento pessoal e de reflexão. Ajuda a aumentar o pensamento criativo e o prazer de viver. Sem ele, a vida pode perder muito de seu significado e valor.

Quando nos incluímos no círculo da compaixão, nossas prioridades começam a mudar. Não colocamos nossas próprias necessidades em primeiro ou último lugar, mas, em vez disso, adotamos uma abordagem equilibrada. Dizemos sim aos outros, quando temos energia, mas não temos medo de dizer não. Julgamos nossas próprias necessidades para ter igualdade no peso das decisões sobre como gastar nosso tempo, dinheiro e foco, dando a nós mesmas permissão total para nos cuidarmos.

Decidimos o nosso valor na vida quando alinhamos nossas atividades com essas prioridades.

Quando nosso objetivo é aliviar o sofrimento atendendo às nossas próprias necessidades, os três elementos da autocompaixão — autobondade, humanidade comum e mindfulness — se manifestam com autenticidade satisfatória e equilibrada.

SATISFAÇÃO

Se formos boas conosco mesmas, faremos o que for preciso para sermos felizes. Perguntamos o que contribui significativamente para o nosso bem-estar. Então, tomamos atitudes proativas para que isso aconteça. Se gostamos de estar na natureza, vamos criar oportunidades para estar na natureza. Se é a sensualidade que nos alimenta, desaceleramos para saborear a carícia feita pelo nosso parceiro, em vez de ir direto ao ponto. Se for a expressão artística que nos dá vida, alimentamos a chama da criatividade. Se a espiritualidade é o nosso chamado mais profundo, não deixamos que as ocupações da vida cotidiana impeçam de nos voltarmos para dentro. *Devemos* fazer o que é importante para nós, porque sofremos quando não estamos satisfeitas. Estar presa a uma vida insatisfatória enterra a nossa felicidade como um bloco de concreto.

A busca pela satisfação está intimamente relacionada a encontrar significado na vida — compreender a nós mesmas, fazer sentido no mundo e saber nosso lugar dentro dele. Estudos mostraram que as pessoas que são mais autocompassivas demonstram que sua existência tem um significado maior, e é mais provável que concordem com afirmações do tipo: "Minha vida tem um claro propósito". Também experimentam mais a "paixão harmoniosa"; elas se envolvem em atividades de que realmente gostam e consideram satisfatórias.

A maioria de nós não foi criada para pensar muito sobre aspectos emocionais ou psicológicos da realização ou sobre o tipo de vida que realmente queremos viver. Nós fomos direcionadas para ultrapassar marcos definidos — graduação no ensino médio, receber um diploma universitário (se essa fosse a expectativa), conseguir um emprego, encontrar um parceiro para a vida, ter filhos e criá-los, progredir na carreira. Muitas vezes, é apenas quando chega a aposentadoria que paramos para, seriamente, considerar o que nos torna realizadas ou satisfeitas.

Mas, quando realmente nos preocupamos conosco, é que a pergunta "do que eu preciso?" torna-se entrelaçada no tecido de nossa vida. Em vez de deixar aquela pergunta para depois — negligenciando algo que sabemos ser importante, mas que não temos tempo para responder — orientamos nossa vida para a satisfação ao vivê-la, agora mesmo, no momento presente. O tipo de trabalho que fazemos e como passamos nosso tempo livre está ligado com o que nos importamos: meio ambiente, música, aprendizado, diversidade, espiritualidade, saúde. Torna-se parte de nossa abordagem da vida diária, e não uma meta a ser alcançada em algum momento, num futuro distante.

Encontrar a realização envolve gastar tempo para se tornar competente nas atividades de que gostamos, para então termos a sensação de maestria. Isso nos permite participar e influenciar efetivamente o nosso mundo. Quer esteja aprendendo a meditar, correr uma maratona, organizar uma conferência nacional, ou esteja criando atividades interessantes para seus filhos para depois da escola, desenvolver nosso potencial dá sentido e propósito aos nossos dias. O crescimento pessoal requer energia, esforço e, às vezes, coragem. Pode ser assustador tentar algo novo, especialmente se nos sentimos confortáveis com a maneira como as coisas são. Também podemos ter medo de falhar. A beleza da autocompaixão é que a autoaceitação incondicional nos dá segurança para darmos esse grande salto para a frente. Quando sabemos que não há problema em falhar, podemos nos desafiar de novas maneiras, o que potencialmente nos torna mais felizes. A autobondade nos empurra para fora da complacência, para o terreno desconhecido do crescimento e da descoberta.

EQUILÍBRIO

Atender às nossas necessidades como um ato de autocompaixão não significa ser egoísta ou unilateral. O reconhecimento da humanidade comum no cerne da autocompaixão exige que não estejamos autofocadas, nem focadas no outro. Em vez disso, usamos sabedoria para ver o todo maior e descobrir o que é justo, equilibrado e sustentável. A conexão é uma necessidade humana fundamental, então, se tomarmos medidas que prejudicam nosso relacionamento com outras pessoas, estamos realmente prejudicando a nós mesmas. Um equilíbrio saudável entre fazer o que queremos e ajudar os outros é essencial para a autocompaixão.

Tenho me interessado em como as pessoas conseguem equilibrar as suas necessidades e as dos outros há um tempo. No início da minha carreira como pesquisadora, conduzi um estudo, com um de meus alunos de pós-graduação, sobre como os alunos da graduação resolviam conflitos quando as necessidades pessoais entravam em choque com as necessidades de alguém importante em suas vidas. Por exemplo, talvez uma estudante quisesse passar um ano estudando no exterior, mas isso significaria deixar o namorado para trás. Ou talvez ela queira ficar no campus durante o feriado de Ação de Graças e passar um tempo com os amigos, mas a mãe espera que ela vá para casa no feriado. Nosso objetivo era determinar o impacto da autocompaixão na capacidade de os jovens colocarem em pé de igualdade sua própria necessidade e a de amigos ou pessoas íntimas, quando havia alguma discordância, e como essa atitude afetava o bem-estar emocional. Primeiro, identificamos como eles resolveram o conflito. Cederam e subordinaram suas necessidades às da outra pessoa? Eles priorizaram suas próprias necessidades às custas do outro? Ou eles foram capazes de se comprometer e chegar a uma solução criativa que atendeu às necessidades de todos? Em seguida, pedimos aos participantes para nos dizer o quanto eles ficaram angustiados quando descobriram o que fazer a respeito do conflito e o quanto eles achavam que tinha sido legítima a solução. Finalmente, avaliamos o bem-estar psicológico no relacionamento específico com a mãe, o pai, o melhor amigo ou o parceiro romântico. Eles se sentiam bem consigo mesmos nesses relacionamentos ou se sentiam deprimidos e infelizes?

Descobrimos que os jovens que tinham mais autocompaixão eram significativamente mais propensos a relatar um comprometimento de forma a levar em conta as necessidades de cada parte. Eles não desistiram do que era pessoalmente importante, mas eles também não colocavam suas próprias necessidades em primeiro lugar. Nós também descobrimos que os participantes com mais autocompaixão relataram menor turbulência emocional ao resolverem conflitos de relacionamento, sentiam-se mais valorizados e menos deprimidos nos relacionamentos. Na verdade, as descobertas indicaram que a tendência das pessoas autocompassivas de se ajustarem em situações de conflito ajuda a explicar *por que* elas são mais felizes, e sugere que ter o equilíbrio é a chave para o bem-estar. E uma descoberta importante foi que indivíduos autocompassivos são mais propensos a relatar que se sentem autênticos quando resolvem conflitos no relacionamento, o que sugere que um benefício central da autocompaixão é a permissão que ela nos dá para sermos nós mesmas.

AUTENTICIDADE

Mindfulness nos ajuda a ser autênticas, esclarecendo nossas crenças internas, valores e emoções. Permite que nos voltemos para dentro, facilitando a introspecção necessária à autenticidade. Quando não avaliamos nossa vida, podemos nos perder na busca sem fim por mais dinheiro, mais coisas, mais elogios, porém nada disso traz a real felicidade. Muitas crises da meia-idade são alimentadas pela percepção de que estávamos no lugar errado, fazendo as coisas erradas, com as pessoas erradas ou, como dizem os músicos do Talking Heads: "E você pode dizer a si mesmo, esta não é minha linda casa! Ela não é minha linda esposa!" Se apenas seguirmos com o show, podemos acordar um dia para descobrir que estamos frustradas e entediadas. Nós podemos acabar com nosso relacionamento, comprar um carro novo ou fazer uma cirurgia plástica em busca da felicidade. Mas nada disso vai ajudar até que olhemos dentro de nós mesmas e perguntemos: "O que realmente é o certo para mim?"

Mindfulness nos dá a perspectiva necessária para refletir sobre nossas ações, para que não caiamos descuidadamente em uma vida superficial. Permite prestar atenção, não apenas ao que estamos fazendo, mas *por que* estamos fazendo, para que possamos agir com integridade. Jia Wei Zhang, da Universidade da Califórnia, em Berkeley, liderou uma série de estudos examinando a experiência de autenticidade cultivada pela autocompaixão. Em um dos estudos, os participantes responderam a uma breve pesquisa. Todos os dias, durante uma semana, foi pedido que avaliassem o nível de autocompaixão que eles sentiam naquele dia e, também, o quanto eram autênticos em relação a sua interação com os outros. Pesquisadores descobriram que a variação diária no nível da autocompaixão estava diretamente relacionada com a variação do sentimento de autenticidade.

Um segundo estudo descobriu que a autenticidade da autocompaixão permite reconhecer nossas fraquezas. A autenticidade não é um processo de escolha seletiva que vê nossos pontos fortes como verdadeiros e as deficiências como falsas; trata-se de abraçar todo o nosso ser — o bom, o mau e o feio. Os pesquisadores pediram aos participantes que considerassem uma fraqueza pessoal que os faz se sentirem mal consigo mesmos. Randomicamente, foram separados em três condições: uma de autocompaixão — "Imagine que você está falando consigo mesmo sobre esta fraqueza de uma perspectiva compassiva e compreensiva"; uma de autoestima: "Imagine que você está falando para si mesmo sobre essa fraqueza, a partir de uma perspectiva de validação de suas qualidades positivas (ao invés de negativas)"; e uma na condição neutra, na qual não receberam nenhuma instrução (o que significa que eles, provavelmente, se criticaram por suas fraquezas). Imediatamente depois, foi solicitado que indicassem o quanto se sentiam autênticos ao reconhecerem essa deficiência. Os participantes que foram instruídos a ter autocompaixão relataram sentimentos significativamente mais fortes de autenticidade em comparação com os participantes das outras duas condições. A autocompaixão nos dá a liberdade de ser verdadeiras conosco, sem termos que nos encaixar em padrões irrealistas de perfeição, algo que a autoestima não oferece.

Quando agimos para nos satisfazer, encontramos um tipo de contentamento que escapa a muitas mulheres, que são ensinadas desde o nascimento que a felicidade reside, principalmente, em cuidar dos outros. É por isso que é tão importante refletir intencionalmente sobre o que realmente precisamos e valorizamos na vida, para, só então, nos comprometermos a atender às nossas necessidades.

KRISTIN NEFF

PAUSA PARA A AUTOCOMPAIXÃO PROVEDORA

Esta versão da Pausa para a Autocompaixão cultiva a autocompaixão feroz para que possamos atender às nossas necessidades com autenticidade satisfatória e equilibrada. (Uma versão em áudio guiada desta prática pode ser encontrada em www.lucidaletra.com.br/pages/autocompaixaoferoz)

INSTRUÇÕES

Pense numa situação da sua vida em que você sente que suas necessidades não estão sendo atendidas. Talvez você não esteja reservando tempo suficiente para si mesma, ou talvez esteja num trabalho do qual você realmente não gosta, ou talvez você esteja passando o tempo livre fazendo coisas que não a deixam feliz. Recorde a situação na sua mente. O que está acontecendo? Permita-se sentir quaisquer emoções que estejam chegando. Por exemplo, existem sentimentos de exaustão, tédio, ressentimento, desesperança? Faça contato com o desconforto como uma sensação física. Agora, concentre-se na necessidade que não está sendo atendida. Por exemplo, a necessidade de descanso, de paz, de aprendizado, de diversão, de emoção, seja o que for que você tenha identificado. Deixe de lado as particularidades de sua situação e concentre-se na necessidade não atendida.

Agora, sente-se para que seu corpo fique alerta. Você vai dizer uma série de frases (em voz alta ou silenciosamente) projetadas para trazer os três componentes da autocompaixão que vão ajudá-la a agir para atender às suas necessidades e prover a si própria. Embora algumas palavras sejam sugeridas, o objetivo é encontrar a linguagem que faça sentido para você e que pareça natural.

- A primeira frase evoca mindfulness para que você possa se tornar consciente e validar suas necessidades mais profundas. Diga a si mesma: "É disso que eu preciso para ser autêntica e completa". Outras opções são "Isso é muito importante para mim", "Minhas necessidades são importantes" ou "Meu verdadeiro eu precisa disso para ser feliz".

- A segunda frase se destina a ajudá-la a se lembrar da humanidade comum, para que possa equilibrar suas necessidades com as dos outros. Reconhecer as necessidades de todas ajuda a manter o equilíbrio. Tente dizer a si mesma: "Vou honrar minhas necessidades, bem como as necessidades das outras". Outras opções são "Todos os humanos têm necessidades importantes", "Minhas necessidades contam, e também as dos outros", ou "Viver envolve dar e receber".

- Agora coloque as duas mãos sobre o plexo solar, sentindo seu centro. Como um ato de autobondade, podemos dar passos concretos para nos oferecer o que precisamos. Tente dizer a si mesma: "Comprometo-me a satisfazer as minhas necessidades da melhor forma possível." Outras opções podem ser: "Eu mereço ser feliz", "Eu vou me apoiar com alegria" ou "Farei o que for necessário para estar saudável e bem".

- Se você está tendo dificuldade para encontrar as palavras certas, imagine que alguém com quem você realmente se importa está se sentindo insatisfeito. O que você diria a essa pessoa para ajudá-la a respeitar suas próprias necessidades, para empenhar esforço e tempo necessários para ser feliz? Agora, você pode oferecer a mesma mensagem a si própria?

- Por fim, coloque uma das mãos sobre o coração e deixe a outra em seu plexo solar. O convite, aqui, é combinar a energia feroz de busca de suas necessidades com a energia terna do amor, na presença conectada. Você pode agir para se sentir mais realizada e, ao mesmo tempo, perceber que está inteira e completa, exatamente como você é? O desejo de atender às suas necessidades não se origina de um lugar de carência, mas vem de um coração abundante.

DESENVOLVENDO NOSSO POTENCIAL

A importância de atender às nossas necessidades foi enfatizada pelo Movimento do Potencial Humano, que evitou o foco tradicional da psicologia na patologia e propôs que as pessoas têm uma capacidade inexplorada de desenvolver vidas extraordinárias, cheias de criatividade, significado e alegria. Abraham Maslow, o fundador do movimento, descreveu isso como um processo de autoatualização. Quando fomentamos nossos talentos e inclinações naturais para que possam se desenvolver sem obstáculos, podemos cumprir nosso potencial. Também podemos aceitar a nós mesmas e nossas imperfeições humanas, tendo explorado ativamente nosso mundo interno e externo para que saibamos do que somos capazes. Maslow argumentou que, se não levarmos a sério a satisfação de nossa necessidade de crescimento, ficaremos estagnadas.

Os psicólogos Ed Deci e Rich Ryan, criadores da Teoria da Autodeterminação, propuseram que a competência, a conexão e a autonomia são necessidades humanas essenciais e que o desenvolvimento saudável pode ser definido em termos do quanto essas necessidades são atendidas. A competência é a função de atuar efetivamente de maneira satisfatória e recompensadora. A conexão significa que estamos em relacionamentos recíprocos e equilibrados uns com os outros. A autonomia envolve a ação harmônica com os nossos valores e desejos internos. Existem milhares de estudos apoiando a ideia de que o encontro dessas necessidades essenciais leva a um bem-estar ideal. Também há pesquisas mostrando que a autocompaixão nos ajuda a realizar essa tarefa. Por exemplo, um estudo examinou um grupo de alunos da graduação durante seu primeiro ano na faculdade e descobriu que os alunos que eram mais autocompassivos apresentavam maior autonomia, competência e conexão, e que esse aumento da satisfação das próprias necessidades levou a uma melhora na saúde mental, a uma sensação de vivacidade e maior vitalidade, ao longo daquele ano.

Eu vi isso acontecer com uma aluna que fez o curso de graduação sobre autocompaixão na UT Austin. Tania era uma mulher afro-americana, engraçada e sábia na casa dos 60. Ela, às vezes, parava para conversar comigo, no meu gabinete, e falávamos sobre o material que trabalhamos em aula, e ela me contou como se tornou uma velha e orgulhosa sessentona do primeiro ano de Longhorn. Tania cresceu em Houston e, quando saiu do ensino médio, arrumou um emprego para ajudar no sustento da família. Ela encontrou um trabalho estável em uma lavanderia a seco e trabalhou lá por anos. Acabou tornando-se gerente do negócio. Ela criou três meninas com pouca ajuda do marido, de quem se divorciou há muito tempo. As filhas da Tania se casaram e tiveram seus próprios bebês — seis no total. Todos eles moravam perto e contavam com ela para tomar conta dos pequenos nos fins de semana e depois da escola. Mas Tania tinha um segredo terrível. Ela não gostava de bebês ou crianças. Eles choram muito e têm pouco de interessante a dizer. E ela odiava, especialmente, trocar fraldas — a função dela com as fraldas já havia acabado há anos! Independentemente disso, suas filhas dependiam da ajuda dela. "Então, eu cumpri com meu dever", ela brincou. "Minha vida se tornou uma porcaria, literalmente." Apesar de seu bom humor, essa situação começou a afetá-la e ela ficou ligeiramente desanimada.

Aparentemente, um velho amigo, que notou a mudança, perguntou a Tania do que ela precisava para ser feliz. Ela me contou que a pergunta a fez parar no meio do caminho. Ela nunca havia realmente considerado isso antes, estava sempre ocupada trabalhando e cuidando de todos os outros. Depois de refletir sobre isso, Tania percebeu que queria ir para a faculdade estudar inglês. Ela sempre encontrava consolo e refúgio nos livros, quando era jovem, e sabia que as chamas de sua inteligência nunca tinham sido realmente ventiladas para evoluírem. Ela sonhou ir para a faculdade comunitária à noite e nos fins de semana, para obter uma posição de aluna associada, talvez até a transferência para uma universidade para fazer um bacharelado. Mas isso significaria que não teria tempo para cuidar dos netos. Seria egoísmo colocar suas próprias necessidades em primeiro lugar?

Ainda assim, essa seria uma oportunidade de aprender e crescer de uma maneira que nunca havia experimentado antes, e essa possibilidade a atormentava. Ela decidiu ir em frente. Quando disse às filhas que teriam que encontrar outra creche, a princípio elas ficaram chateadas, mas mudaram rapidamente de ideia e deram todo o seu apoio à mãe. Elas a amavam profundamente e eram gratas por tudo o que lhes tinha dado.

Tania foi para as aulas da faculdade comunitária como um pato indo para a água. Ela conseguiu tirar só notas altas, mesmo gerenciando a lavanderia e tentando uma vaga na Universidade do Texas. Ela conseguiu. Tania estava prestes a completar 65 anos, então decidiu se aposentar e usar seu seguro social para alugar um pequeno apartamento em Austin, tornando-se uma aluna em tempo integral. Embora Tania dissesse que gostava da minha aula, estava claro que ela já havia aprendido sobre a importância de atender às suas próprias necessidades. Ela foi capaz de mergulhar na experiência da autocompaixão com uma apreciação profunda, foi lindo de se ver. Eu perguntei a ela sobre seus planos após a formatura — o que ela queria fazer? Ela apenas me deu um grande sorriso e disse: "Não estou pensando no amanhã. Estou vivendo o hoje".

AS NECESSIDADES DAS MULHERES EM UM MUNDO PATRIARCAL

Uma razão bastante essencial para que as mulheres cultivem a autocompaixão é a maneira contundente com que as normas e expectativas do patriarcado funcionam contra nós, agindo para não atendermos às nossas próprias necessidades. Pessoas que aderem a uma ideologia do sexismo benevolente veem as mulheres como nutridoras natas, que são felizes em sacrificar seus próprios interesses em prol dos outros. Segundo esse ponto de vista, doar é a nossa vocação de vida. Claro, se isso fosse verdade, sempre encontraríamos a fonte da satisfação autêntica no autosacrifício. Mas esse não é o caso — especialmente quando o dar não é espontâneo, apenas o que é socialmente esperado.

A pesquisa para a minha dissertação foi conduzida em Mysore, na Índia, porque eu estava curiosa pela forma como a cultura molda a visão das pessoas em relação ao gênero, atendendo às necessidades pessoais. Às vezes, os estudiosos dizem que as sociedades não ocidentais, como é o caso da indiana, têm sua base de conduta moral com ênfase na satisfação das necessidades dos outros, em vez de priorizar o direito e a autonomia individuais, preocupações tipicamente ocidentais. Essa ampla distinção entre o Oriente e o Ocidente faz um paralelo com a ideia de que as mulheres têm a moralidade baseada no cuidado e de que os homens são mais ligados aos direitos e à justiça. Meu orientador da dissertação, Elliot Turiel, argumentou contra essas duas caracterizações simplistas, pois acredita que as preocupações com a autonomia, a justiça e o cuidado com os outros são universais. No entanto, sua expressão depende, em parte, das relações de poder.

As culturas que enfatizam os deveres costumam ser hierárquicas. Isso significa que, enquanto o ato de cuidar de outros é enfatizado para subordinados, os direitos e as prerrogativas pessoais são abundantes para aqueles que estão no poder. Na Índia, as mulheres hindus são treinadas desde cedo para o autossacrifício (denominado *sewa*) em benefício dos homens. Isso fica claro por meio de práticas como servir comida aos homens primeiro e comer os restos apenas depois que os homens terminarem. Tradicionalmente, um dote deve ser pago à família do futuro marido, reforçando a percepção de que as mulheres são um fardo, menos valiosas do que os homens. Depois de casadas, espera-se que as mulheres cuidem de seu marido e filhos, além disso, recebem muito menos comida, roupas, cuidados de saúde e educação em comparação com os homens. Minha hipótese era a de que, nos conflitos entre esposa e marido na Índia, os homens achavam que as esposas deveriam cumprir seu dever, ao passo que os maridos tinham o direito de fazer o que quisessem. Pensei que as mulheres poderiam ver as coisas de maneira um pouco diferente.

Contei com duas alunas incríveis da pós-graduação da universidade local para conduzir as entrevistas para minha pesquisa — Susmitha

Devaraj e Manimala Dwarkaprasad. Elas eram jovens fortes, que me ajudaram a entender a incrível complexidade dos papéis de gênero na Índia, mostrando, por meio do próprio exemplo, que as mulheres não se contentavam em ser reprimidas. Elas falaram sobre o peso da tradição na Índia, como era difícil nadar contra a maré, apontando quantas vezes as mulheres, simplesmente, aceitam seus papéis como parte da vida porque parece não haver outra opção. No entanto, isso não significava pensar que as coisas eram justas. Sem esquecer o fato de que a Índia produziu grandes líderes femininas, como Indira Gandhi, a primeira-ministra que mais tempo permaneceu no cargo e governou com punho de ferro de 1966 a 1984. Essas visões variadas do papel do gênero feminino, aparentemente contraditórias, fariam parte do raciocínio moral das pessoas?

Recrutei 72 jovens hindus para o meu estudo (crianças, adolescentes e jovens adultos), e incluí um número igual de homens e mulheres. Os participantes receberam uma série de vinhetas sobre casais que refletiam os conflitos nas necessidades e nos desejos dos cônjuges. A pesquisa foi projetada para que o ator em cada situação se colocasse no lugar de um marido ou de uma esposa. Por exemplo, uma pergunta focada num marido chamado Vijay, que quer ter aulas de música no veena (instrumento de cordas hindu), mas, em vez disso, sua esposa quer que ele faça biscates. Uma história paralela focada numa esposa chamada Suma, que quer ter aulas de dança clássica, mas o marido quer que ela fique em casa para fazer o trabalho doméstico. Foi solicitado aos participantes decidirem o que o ator deveria fazer e por quê.

Sem surpresa, descobri que as respostas tendiam a enfatizar mais o atendimento das necessidades pessoais dos maridos do que das esposas. No entanto, as mulheres hindus, muitas vezes, acreditam que a esposa deveria ser capaz de satisfazer suas próprias necessidades, mesmo contrariando a cultura. Em resposta à história da dança, por exemplo, elas normalmente diziam que Suma deveria fazer o que ela quisesse. Como disse uma adolescente: "Suma deveria ir para a aula de dança, pois essa é a única maneira pela qual ela pode satisfazer seus interesses. Ela também deve fazer o que ela está interessada ou então ela ficará muito infeliz e desinteressada na vida... Nem tudo o que a tradição exige está sempre certo. Muitas vezes, a tradição parece muito absurda. Eu não vou respeitar uma tradição que atrapalhe meu próprio interesse. Como um indivíduo vai crescer se a tradição se tornar uma barreira para o dinamismo? Eu certamente quero que Suma vá para a aula de dança". Minha experiência me ensinou que meninas e mulheres valorizam profundamente a autorrealização, mesmo em sociedades tradicionais e altamente patriarcais. Mesmo quando a estrutura social mais ampla impõe restrições à nossa capacidade de atender às nossas próprias necessidades, ainda assim, queremos uma chance igual de felicidade.

Embora as barreiras para a autorrealização se mostrem mais sutis para mulheres no Ocidente, elas ainda estão lá. Mesmo que priorizar outras pessoas não seja mais descrito como nosso *dever*, há uma expectativa tácita quanto a isso. Disseram-nos que, para sermos "boas", devemos concordar com as solicitações dos outros: "Você se importaria de cobrir meu turno?" ou "Você poderia passear com meus cachorros enquanto estou de férias?" ou "Você pode resolver tudo para a viagem?" Se não nos importamos de fazer essas coisas, pode ser bom dizer sim, mas, se nos importarmos, não parece tão legal. Toda vez que, sem pensar, dizemos sim ao nosso amigo ou parceiro ou filho ou colega porque pensamos que devemos — sem verificar se é isso o que realmente queremos — estamos reforçando a norma de gênero do autossacrifício. Isso não quer dizer que nunca devemos escolher atender às necessidades dos outros em vez das nossas, mas devemos fazê-lo por meio de escolha consciente, depois de considerar todas as nossas opções, não porque pensamos que devemos para poder ser uma boa pessoa. E quando reconhecemos que a escolha não é certa para nós, a autocompaixão exige que honremos nossas necessidades e tentemos fazer outra coisa, se possível.

DESCOBRINDO O QUE NOS FAZ FELIZ

Quando consegui o cargo de professora na UT Austin, Rupert, meu então marido, e eu compramos uma casa de campo com 28 mil m². A propriedade ficava na pequena cidade de Elgin, 45 minutos fora do centro de Austin e do campus da UT. Mudamos para lá porque Rupert, um entusiasta da equitação, queria ter cavalos. Mais tarde, Rowan começou com equoterapia no New Trails Learning Center (Centro de Aprendizagem de Novas Trilhas), que seu pai criou na nossa própria terra.

Continuei morando em Elgin por anos depois que Rupert e eu nos separamos (nós permanecemos amigos), porque Rowan parecia feliz lá. Mas, falando bem honestamente, a verdade é que eu não gosto de cavalos. Eu sou uma pessoa urbana, não uma garota do interior. Não há uma cafeteria para ir em Elgin e as opções gastronômicas são extremamente limitadas. A cidade é conhecida, principalmente, pela salsicha que produz. Ou seja, não é exatamente um refúgio de culinária para quem é intolerante a glúten e lactose e faz uma dieta pescetariana. Também é uma cidade extremamente conservadora do tipo Trump, o oposto cultural da liberal Austin. Para dar uma ideia, durante a pandemia, um bar em Elgin virou notícia nacional pois proibiu os clientes de usarem máscaras. Mas eu vivi nesse lugar estranho — bem fora da minha zona de conforto — por quase 20 anos, para atender às necessidades dos outros.

Finalmente, eu me mudei para o coração de Austin há alguns anos, em parte para que Rowan pudesse ter uma educação melhor, mas também porque eu estava muito cansada de Elgin. Percebo o quanto cedi por ter vivido num meio cultural que não era autêntico para mim. Eu amo estar perto das coisas agora, cinco minutos de carro de um matcha[11] de leite de coco, e a dez minutos do campus. Isto me faz feliz. Eu não lamento necessariamente a decisão de ficar em Elgin por mais tempo do que eu queria, mas tenho uma visão clara de como é importante levar uma

---

11 N. do T.: Matcha é um tipo de chá verde em pó.

vida que satisfaça autenticamente nossas necessidades. Eu não vou me comprometer e acabar morando em um lugar que não seja adequado para mim novamente.

Quando realmente nos importamos conosco mesmas, nossas necessidades são importantes. Elas *devem* importar. Nosso ideal de mulheres amorosas, atenciosas e generosas deve incluir a nós mesmas ou, então, não é realmente amoroso. Ao negar nossa própria autenticidade e realização, num nível espiritual e psicológico, estamos limitando a expressão natural de um indivíduo único e belo, cuja história não pode ser contada por nenhum outro. E, num nível político, estamos, involuntariamente, mantendo o patriarcado. Felizmente, temos a chance de alterar esse *status quo* se assumirmos um papel ativo no questionamento dessas normas e encontrarmos coragem para fazer as coisas de forma diferente. A autocompaixão fornece um caminho para as mulheres se valorizarem, que é o primeiro passo para mudar esse sistema tendencioso. Isso vai acontecer em comícios e nas cabines de votação nas eleições, mas também precisa acontecer no nosso próprio coração quando nos perguntamos: "O que eu preciso neste momento?"

É útil distinguir entre desejos e necessidades, bem como objetivos e valores. Os desejos são anseios por algo agradável ou desejável, como sucesso financeiro, uma boa casa ou carro, atratividade física ou uma refeição chique. Necessidade é o essencial para a sobrevivência do nosso estado emocional ou físico, como estar seguro, saudável e conectado a outras pessoas, ou ter algum significado em nossa vida. A necessidade também tende a ser geral, e não específica (exemplo, preciso de um lugar para viver em paz *versus* quero que meu colega de quarto tagarela se mude). Metas, por outro lado, são objetivos específicos que queremos alcançar, como obter um diploma de mestre, casar-se, perder 20 quilos ou viajar para a África. Valores são crenças sobre o que é importante para nos orientar na direção dos nossos objetivos e nos manter seguindo o caminho depois de alcançá-los. Os valores fornecem significado e propósito à nossa vida. Exemplos de valores são generosidade, honestidade, aprendizagem, amizade, lealdade, trabalho árduo, paz, curiosidade, aventura, saúde e harmonia com a natureza. Resumidamente, os objetivos são algo que fazemos, valores são aquilo que vivemos. Como Thomas Merton escreveu: "Se você quiser me identificar, não me pergunte onde eu moro, o que eu gosto de comer ou como eu penteio meu cabelo, mas me pergunte em detalhes para o que estou vivendo e o que eu acho que está me impedindo de viver plenamente as coisas pelas quais quero viver".

Então, como podemos saber se nossas ações são congruentes com nossas necessidades e valores autênticos e que não estamos apenas agindo para agradar aos outros ou para atender a algum ideal social? Uma maneira é tomar consciência das consequências emocionais de nossas ações. Por exemplo, digamos que você foi criada para valorizar o serviço aos outros, e todos os domingos, depois da igreja, você faz sanduíches para dar aos sem-teto em sua comunidade. Se essa é uma ação gratificante e autêntica, você se sentirá alegre e com energia, depois de um dia fazendo sanduíches de presunto e queijo, e entregando na rua. Se não for autêntico e você estiver fazendo isso porque você pensa: "Isso é o que uma boa pessoa deveria fazer", você se sentirá esgotada e irritada no fim do dia. O que importa realmente à nossa realização pessoal é descobrir o que realmente precisamos e valorizamos na vida e tomar as ações necessárias para viver em harmonia com o que nos é fundamental.

VIVENDO UMA VIDA PLENA

Este exercício é adaptado de uma prática que ensinamos no programa MSC chamado Descobrindo Nossos Valores Fundamentais. Baseia-se na terapia de aceitação e compromisso desenvolvida por Steven Hayes e colegas, que enfatiza a ação comprometida com nossos valores mais importantes como a pedra angular para viver uma vida plena e autêntica. É uma reflexão escrita, então pegue papel e caneta.

INSTRUÇÕES

Olhando para trás

- Imagine que você está a alguns anos no futuro. Você está sentada em um lindo jardim enquanto contempla sua vida. Pensando no tempo de outrora e no de agora, você sente uma profunda sensação de satisfação, realização e contentamento. Mesmo que a vida nem sempre tenha sido fácil, você conseguiu se manter fiel a si mesma e passou o máximo de tempo possível fazendo o que lhe dava alegria.

- Quais foram as necessidades profundas a que você atendeu ou valores que honrou que deixam você tão satisfeita? Por exemplo, aventura, criatividade, aprendizagem, espiritualidade, família, comunidade, passar um tempo na natureza? Por favor, escreva o que a satisfez.

Olhando para o presente

- Até que ponto você está atendendo, atualmente, às suas necessidades em relação à felicidade? Sua vida está desequilibrada de alguma forma? Você está passando muito tempo atendendo às necessidades dos outros ou se encontra muito ocupada para cuidar de si?

- Por favor, escreva sobre qualquer área que você não esteja se sentindo plena.

Obstáculos

- Todas nós temos obstáculos que nos impedem de atender às nossas necessidades. Alguns deles podem ser obstáculos *externos*, como não ter dinheiro ou tempo suficiente. Frequentemente, o obstáculo é que temos outras obrigações; por exemplo, podemos ter que sustentar uma família ou cuidar de alguém que está doente. Por favor, reflita sobre isso por um momento e anote quaisquer obstáculos externos.

- Também pode haver alguns obstáculos *internos* que estejam impedindo você de atender às suas necessidades. Por exemplo, você é muito cautelosa, você quer agradar aos outros, você tem medo de ser egoísta, ou talvez sinta que não merece ser feliz? Por favor, mergulhe dentro de si mesma e reflita. Então, anote quaisquer obstáculos internos.

- Observe os profundos anseio e desejo dentro de você de ser feliz, e se há algum sentimento de tristeza ou frustração por suas necessidades não estarem sendo atendidas.

Evocando a autocompaixão feroz

- Agora, escreva todas as maneiras pelas quais você pensa que a autocompaixão feroz poderia ajudá-la a superar obstáculos que estão surgindo no caminho a fim de atender às suas necessidades. Ela consegue dar coragem para dizer não? Ajudá-la a se sentir segura e confiante o suficiente para tomar novas atitudes, correr o risco de desaprovação ou desistir de coisas que não estão servindo para você? O que você pode fazer para se ajudar a ser mais feliz e mais realizada?

- Se você sentir certa hesitação, lembre-se de que, quanto mais você atende às suas próprias necessidades, mais energia terá para dar aos outros. Você pode se comprometer a agir para cuidar de si mesma?

Evocando a autocompaixão terna

- Claro, às vezes, há obstáculos intransponíveis que são verdadeiramente difíceis de superar. E faz parte de ser humano não ter tudo exatamente do jeito que se quer.
- Então, feche seus olhos por um momento e coloque suas mãos no coração ou algum outro lugar que a deixe calma. Você consegue abrir espaço para a realidade de que nem sempre podemos estar satisfeitas, que nem sempre podemos satisfazer nossas necessidades da maneira que queremos?
- Escreva algumas palavras de gentileza e aceitação sobre essas limitações humanas.

Equilibrando o yin e o yang

- Finalmente, tente integrar a energia da autocompaixão feroz e terna.
- Ao mesmo tempo que aceitamos a experiência do nosso momento presente como ela é, também podemos fazer um esforço para mudar nossas circunstâncias. Existe alguma maneira criativa que você possa usar para atender às suas necessidades que não havia considerado antes, mesmo se essa expressão for incompleta? Por exemplo, se você ama a natureza e você trabalha num escritório o dia todo, pode caminhar em vez de dirigir para o escritório ou trazer plantas para tornar seu ambiente de trabalho mais natural? Existem pequenas coisas que você pode fazer para se satisfazer? Se sim, por favor, escreva isso também.

AUTOCOMPAIXÃO OU AUTOINDULGÊNCIA?

Algumas pessoas têm medo de usar a autocompaixão para atender a necessidades por receio de que atue como um disfarce para a autoindulgência.

Se eu chegar tarde para trabalhar de manhã porque preciso recuperar o sono, talvez seja autocompaixão. Mas se eu fizer isso várias vezes por semana? Alguém pode ser autocompassivo *demais*? Se realmente nos preocupamos conosco, não nos deixaremos envolver em um comportamento com sensação de bem-estar que seja ruim para nós. A autoindulgência envolve a escolha de um prazer de curto prazo às custas de um dano a longo prazo, e a autocompaixão está sempre de olho no prêmio: aliviar o sofrimento.

Em primeiro lugar, mindfulness nos permite ver claramente do que precisamos autenticamente, não apenas o que queremos. Eu realmente preciso desligar o alarme ou estou apenas querendo um prazer temporário de deslizar e cochilar mais um pouquinho? Em segundo lugar, podemos recorrer à bondade para garantir que nosso comportamento seja realmente de nosso interesse. Chegar tarde ao trabalho está ajudando de verdade, principalmente porque, com certeza, terá repercussões negativas? Ou seria melhor ir para a cama mais cedo para garantir que eu descanse o suficiente? Finalmente, a sabedoria da humanidade comum — a capacidade de ver o quadro geral e como tudo está interconectado — garante que nosso comportamento seja equilibrado e sustentável. Como meu comportamento afetará meu trabalho ou a capacidade dos colegas de fazerem um trabalho eficaz? A autocompaixão nos ajuda a responder a essas perguntas, reduzindo o comportamento autoindulgente.

Estudos mostram que pessoas autocompassivas se envolvem num comportamento de autocuidado saudável, em vez de indulgente. Por exemplo, elas são mais propensas a ler os rótulos nutricionais dos alimentos para fazerem escolhas mais saudáveis, praticam exercícios físicos regulares e dormem o suficiente. Entre aqueles que lutam contra doenças como a fibromialgia, síndrome da fadiga crônica ou câncer, a autocompaixão leva a uma adesão maior aos conselhos dos médicos e planos de tratamento, o que significa: tomar a medicação prescrita, mudar a dieta ou praticar exercícios mais frequentemente. Idosos que têm mais autocompaixão vão ao médico mais regularmente e estão mais dispostos a usar dispositivos de assistência, como andadores. Um grande estudo multinacional de indivíduos portadores de HIV/AIDS descobriu que aqueles com maior autocompaixão também eram os mais propensos a usar preservativos durante as relações sexuais, protegendo a si e aos parceiros.

Quando os pesquisadores exploraram por que pessoas mais autocompassivas estavam mais dispostas a se envolver no comportamento de autocuidado, eles descobriram uma ligação proporcional ao que chamaram de "conversa interna benevolente". Elas falam encorajando e apoiando a si próprias de maneira que enfatizam a importância de serem boas consigo mesmas.

PROVER A SI PRÓPRIA OU EGOÍSMO?

Outro equívoco comum é a ideia de que ter autocompaixão é egoísmo. Essa ideia cria uma barreira forte, especialmente para as mulheres, que foram criadas, praticamente desde o nascimento, para cuidar e atender às necessidades dos outros. Claro, se não nos certificarmos de que todos os elementos da autocompaixão feroz e terna estão no devido lugar, atender às nossas próprias necessidades pode incorrer no risco de disfarçar o egocentrismo. Sem um entendimento claro de conexão e interdependência, podemos transformar as coisas num jogo de soma zero: eu atendo às minhas necessidades às custas das suas. Quando fazemos isso, a felicidade escapa. Se eu tenho uma amiga que precisa de tempo e atenção porque enfrenta uma separação dolorosa e eu a ignoro porque estou ocupada com minhas próprias atividades, também causo sofrimento a mim mesma. Vou me sentir mal quando ela ficar chateada comigo, a qualidade da nossa amizade vai piorar e não poderei contar com seu apoio se algum dia me encontrar numa posição difícil. Mas, quando o yin e o yang estão equilibrados, não é assim que funciona. Quando lembramos que o amor é a nossa necessidade mais profunda, dar a nós mesmas, automaticamente, inclui dar aos outros. Na verdade, a autenticidade satisfatória e equilibrada é o que nos permite sustentar nossa generosidade de coração. Não há esgotamento, não acabamos sem ter mais nada para dar. Em vez disso, nós nos alimentamos, alimentando nossas conexões.

Há ampla pesquisa que apoia a ideia de que a autocompaixão não é egoísta. Por exemplo, as pessoas autocompassivas tendem a ter mais metas compassivas em seus relacionamentos íntimos, o que significa que tendem a fornecer muito apoio emocional para as pessoas próximas. Elas também são descritas por seus parceiros românticos como sendo mais atenciosas e prestativas em seus relacionamentos. Elas aceitam mais as falhas e deficiências dos outros, e são melhores na hora de mudar de perspectiva ou considerar pontos de vista externos.

Pode surpreendê-la saber que a ligação entre autocompaixão e a compaixão pelos outros é geralmente pequena. Em outras palavras, pessoas com muita autocompaixão tendem a ter um pouco mais de compaixão por outros do que aquelas com baixa autocompaixão, mas não muito mais. Isso porque a grande maioria das pessoas é significativamente mais compassiva com os outros do que consigo. Tem muita gente, especialmente mulheres, que são almas compassivas, generosas e amáveis para com os outros, mas tratam-se mal. Se houvesse uma forte associação entre a autocompaixão e a compaixão pelos outros, isso significaria que às pessoas que falta a autocompaixão também haveria carência da compaixão pelos outros. Mas isso simplesmente não é verdade.

No entanto, aprender a ter autocompaixão aumenta nossa capacidade de sermos compassivas com os outros. Em um estudo, descobrimos que a participação no MSC aumentou em 10% a compaixão dos participantes pelos outros. A maioria das pessoas sentia muita compaixão pelos outros (começavam com uma média de 4,17 na escala e terminavam com 4,46), então não havia muito espaço para melhoria. Já a autocompaixão aumentou em 43% — parcialmente porque os participantes começavam com uma média de 2,65 e terminavam com 3,78, numa escala semelhante de cinco pontos. Isso demonstra que crescer na autocompaixão não significa que você se torne *menos* atenciosa com os outros — bem o oposto. Mas o mais importante é que a autocompaixão nos permite *manter* o cuidado pelos outros ao longo do tempo, sem ficarmos esgotadas ou exauridas (vamos discutir mais sobre isso no Capítulo 10).

Há outra razão pela qual a autocompaixão não é egoísta: porque estimula outras pessoas a se tratar com compaixão também. Em um artigo intitulado "Is Self-Compassion Contagious?" (A Autocompaixão é Contagiosa?), pesquisadores da Universidade de Waterloo examinaram como a demonstração de autocompaixão influencia os outros. Os alunos foram convidados a relembrar um fracasso acadêmico pessoal e designados, aleatoriamente, a ouvir um áudio de outro estudante falando consigo mesmo sobre um fracasso. Um grupo ouviu um depoimento expressado de forma autocompassiva ("Sei que você está desapontado — é bem natural, depois uma experiência como esta..."), o outro, de forma neutra ("Acabei passando raspando; passei, mas não muito bem..."). Os participantes que ouviram o áudio de alguém com autocompaixão acabaram escrevendo sobre seu próprio fracasso acadêmico com maior compaixão. Os pesquisadores atribuíram sua descoberta a um processo de modelagem social, em que aprendemos o comportamento observando os outros. Então, sendo compassiva com si própria — especialmente quando o fazemos tão abertamente — estamos ajudando outros a fazerem o mesmo.

Por estarmos tão interconectados, não faz sentido traçar uma linha divisória entre nós e os outros, ao lidar com a dor da vida. Albert Einstein disse a famosa frase: "Nossa tarefa deve ser libertar a nós mesmos, ampliando nosso círculo de compaixão para abraçar todas as criaturas vivas, toda a natureza e sua beleza". Somos o centro desse círculo. Não queremos limitar o escopo de preocupação a nós mesmas,

mas não queremos nos excluir desse círculo também. Fazer isso seria trair nossa própria humanidade.

Quando Maslow descreveu a autorrealização, enfatizou que se livrar das preocupações egóicas era o cerne do processo. Ele argumentou que, para perceber nossa verdadeira natureza, temos que descobrir um chamado ou propósito que seja maior do que nossos pequenos "eus". Na verdade, o "auto" em termos como autocompaixão e autorrealização é enganoso, porque esses dois estados, na verdade, diminuem o foco em um eu separado.

A bela verdade é que desenvolver todo o nosso potencial nos permite ajudar melhor os outros. Quando eu desenvolvo minhas habilidades como educadora, eu amplio as possibilidades para meus alunos. Quando eu cultivo um talento, seja me tornar uma master chef, uma cantora clássica, uma piloto de helicóptero ou socorrista, ajudo a contribuir para a qualidade da experiência de vida dos outros. Quando desenvolvo meu mundo interior para ficar mais engajada e viva, trago essa vibração para todos com quem entro em contato. Satisfazer nossas necessidades é um presente para o mundo.

CAPÍTULO 8: TORNANDO-SE O SEU MELHOR EU

Quando realmente escolhemos nos preocupar com algo, a mudança sempre acontece.

— Megan Rapinoe, capitã da Seleção Americana de Futebol Feminino

Se nos preocupamos conosco e não queremos sofrer, seremos, naturalmente, motivadas a alcançar nossos sonhos e a abandonar comportamentos que não nos servem mais. Um grande impedimento para praticar a autocompaixão é o medo de nos tornarmos preguiçosas e desmotivadas se não formos incrivelmente duras conosco mesmas. Esse medo decorre da má compreensão do yin e yang na autocompaixão. É verdade que o lado terno da autocompaixão nos ajuda a nos aceitar com todas as gloriosas imperfeições. Nos lembra que não precisamos ser perfeitas para sermos amadas. Não precisamos consertar a nós mesmas. Somos boas o suficiente, assim como somos agora, para sermos dignas de cuidado e gentileza.

Mas isso significa que não tentamos mudar hábitos pouco saudáveis para alcançar nossos objetivos ou cumprir nosso destino? Absolutamente não. O desejo de aliviar nosso sofrimento nos leva adiante para alcançar o que queremos na vida, não por um sentimento de insuficiência ou inadequação, mas por amor. Em vez de nos criticarmos severamente sempre que cometemos um erro ou falhamos em algo que é importante para nós, nos concentramos no que podemos aprender com a situação. Quando usamos a autocompaixão feroz para nos motivar, experimentamos uma visão encorajadora e sábia.

ENCORAJAMENTO

A palavra *encorajar* vem do francês antigo "ter coração". Com a autocompaixão, usamos o coração para nos guiar no caminho do crescimento e da mudança. Em vez de ameaçar nos punir se não alcançamos nossos objetivos, somos gentis e solidárias, afirmando nosso potencial inerente. O incentivo não significa mentir para nós mesmas ou usar afirmações positivas como "Todos os dias, de todas as maneiras, estou conseguindo ser cada vez mais forte", porque pode não ser o caso. Quando passamos de uma certa idade, *não* ficamos cada vez mais fortes (pelo menos fisicamente). Além disso, pesquisas mostram que, se você duvidar de si, as afirmações positivas não ajudam. Elas soam vazias e saem pela culatra, apenas fazendo você se sentir pior. Mas o encorajamento nos permite fazer a jornada que somos capazes de fazer, mesmo que não seja tão longe quanto esperávamos. Posso confiar que, mesmo se eu estragar tudo, não vou ser cruel comigo, mas, em vez disso, me darei suporte, o que cria a sensação de segurança necessária para assumir riscos. Vou tirar inspiração e energia do meu próprio coração amoroso e me esforço mais porque quero, não porque tenho que fazer para ser aceitável.

Mark Williamson, que dirige a organização *Action for Happiness* (Ação para a Felicidade), no Reino Unido, disse que mudou radicalmente após ter me ouvido numa palestra sobre autocompaixão e motivação. Ele percebeu que estava sempre se repreendendo toda vez que cometia um erro. "Seu idiota de merda" era um refrão comum — xingando a si mesmo, e acreditava que isso o faria se esforçar mais da próxima vez. A voz era tão habitual que quase operava fora de sua consciência, mas ainda tinha um impacto negativo que minava sua autoconfiança. Então, ele começou a fazer uma prática intencional sempre que percebia estar se culpando por algum fracasso percebido, redirecionando seu instinto de xingar a si mesmo com um acrônimo[12]: Calmo, Amigável, Gentil, Útil. É muito mais construtivo e motivador do que o abuso verbal!

A bondade não significa tolerar qualquer coisa que fazemos, é claro, porque isso também não é útil. Às vezes, temos que lançar mão de um amor forte, sermos ferozes conosco para impedir comportamentos prejudiciais à saúde. Se estamos realmente nos prejudicando — vício com álcool ou drogas, ou presa em um relacionamento tóxico — talvez seja necessário dizer um não com firmeza. O amor duro é forte, mas, no fim, é gentil. Ele dá mensagens claras de como "Você precisa sair da situação porque, se você ficar, continuará deprimido". O encorajamento deixa claro que o desejo de mudança vem de um lugar de cuidado e de compromisso, em vez de culpa ou julgamento, e é por isso que, em última análise, é mais eficaz.

SABEDORIA

A sabedoria da humanidade comum nos permite ver as condições complexas que levam ao sucesso ou ao fracasso, para que possamos aprender com nossos erros. Todos nós sabemos que o fracasso é o nosso melhor professor. Como disse Thomas Edison, "Eu não falhei. Acabei de encontrar dez mil maneiras que não funcionam". Entendemos que há mais informações valiosas quando erramos do que quando acertamos.

Então, por que ficamos tão chateadas quando erramos? É porque, inconscientemente, acreditamos que *não devemos* falhar e que há algo

---

12 N. do E.: O acrônimo em inglês é Friendly, Useful, Calm, Kind (FUCK)

errado conosco quando o fazemos. Ficamos tão sobrecarregadas com os sentimentos de vergonha e autoculpa, resultantes do fracasso, que não conseguimos ver claramente o que inibe nossa capacidade de crescer.

Pesquisas mostram que pessoas autocompassivas são mais sábias e capazes de aprender com as situações em que se encontram. Quando confrontadas com um problema, elas são mais propensas a considerar todas as informações relevantes e menos propensas a ficar chateadas a ponto de não ver soluções. As pessoas autocompassivas também são mais propensas a ver falhas como oportunidades de aprendizagem em vez de becos sem saída. Elas têm menos medo de falhar e, quando falham, são menos afetadas pela experiência de falhar. E é mais provável que tentem novamente. A autocompaixão ajuda a focar no que podemos colher do fracasso, e não nos fixarmos no valor como pessoa que o fracasso possa aparentar. Não nos definimos por nossos contratempos. Em vez disso, vemos potencial para nos fornecer informações necessárias para ter sucesso.

Claro, às vezes, a decisão mais sábia é deixar de lado uma meta específica, se tentamos nosso melhor e isso simplesmente não está acontecendo. Se você está tentando há anos ganhar a vida como um comediante de *stand-up* e suas piadas ainda são recebidas com um silêncio ensurdecedor, pode ser a hora de mudar de curso e tentar algo diferente. Um estudo no Japão pediu que pessoas pensassem sobre uma meta importante, mas que não foi alcançada, nos últimos cinco anos. Não só os indivíduos com maior autocompaixão provaram estar menos chateados com o resultado decepcionante, eles também eram mais propensos a abandonar esse objetivo específico e mirar em outro. A autocompaixão nos dá uma perspectiva maior, para que possamos identificar o melhor uso de nosso tempo e esforço.

É útil, aqui, distinguir entre julgamento severo e sabedoria discriminativa. O julgamento severo envolve uma rotulagem estreita e rígida de nós mesmas como "boas" ou "más". A sabedoria discriminativa identifica o que está funcionando e o que não está, o que é saudável ou prejudicial, mas ela lida com o pleno conhecimento dos fatores complexos e dinâmicos que influenciam a situação. Ainda podemos julgar nosso desempenho ou conquista como bom ou ruim, sem levar as coisas para o lado pessoal. Só porque falhei dessa última vez, não significa que estou destinada a falhar de novo ou que sou, de alguma forma, "um fracasso". Enquadrando nossa experiência no contexto mais amplo do que significa ser humano, ganhamos a percepção necessária para aprender e crescer.

VISÃO

Mindfulness nos permite focar e permanecer fiéis à nossa visão quando estamos tentando fazer uma mudança. Porque nos preocupamos conosco e queremos ser felizes, não nos distraímos do que é realmente importante. Quando erramos o alvo, muitas vezes somos absorvidas por nosso sentimento de fracasso. Em vez de estarmos cientes das etapas pelas quais precisamos passar para seguir em frente, nossa consciência é sequestrada pelos bandidos da vergonha.

Talvez você esteja tentando lançar um novo empreendimento — uma obra de caridade que fornece creche a crianças de baixa renda de mães que precisam trabalhar, por exemplo. Você solicita financiamento em várias fundações e é rejeitada em todas. Você pressiona seus amigos que conhecem pessoas com possíveis conexões com doadores ricos e, mesmo assim, não consegue nada. Se você se distrair com esses contratempos iniciais, perder a fé em si mesma e em sua capacidade de realizar tal projeto ambicioso, você certamente nunca terá sucesso. Mas, se você seguir sua visão, vendo cada desafio como um solavanco temporário na estrada, você tem uma chance. Se você permanecer lúcida e determinada, poderá ver oportunidades que, de outra forma, não teriam sido percebidas, como iniciar uma campanha de financiamento coletivo online ou outras formas criativas de arrecadação de fundos.

A capacidade de continuar após o fracasso, de nos levantarmos e tentar novamente, e manter o foco em nossos objetivos é conhecida como *garra*. Angela Duckworth, estudiosa de renome que chamou a atenção da comunidade científica para o que é garra e o que ela faz, disse-me certa vez que a autocompaixão era um dos principais fatores dos quais precisamos para desenvolver essa característica. A segurança, suporte e incentivo fornecidos pela autocompaixão é o que permite que nos mantenhamos firmes quando o caminho à frente estiver cheio de obstáculos. Pesquisas confirmam que as pessoas com autocompaixão têm mais garra e determinação para continuar, independentemente dos obstáculos. Ao mesmo tempo, a autocompaixão fornece a visão clara necessária para reconhecer quando precisamos mudar de curso para chegar ao nosso destino.

PAUSA PARA A AUTOCOMPAIXÃO MOTIVADORA

Esta versão da Pausa para a Autocompaixão é projetada para explorar a energia da autocompaixão feroz, que ajuda a nos motivarmos com o incentivo e a visão sábia. (Uma versão em áudio guiada desta prática pode ser encontrada em www.lucidaletra.com.br/pages/autocompaixaoferoz)

INSTRUÇÕES

Pense numa situação da sua vida que você gostaria de mudar. Talvez você gostaria de se exercitar mais, mas parece que não consegue fazer isso. Ou, talvez, você esteja presa a um trabalho chato e queira mudar, mas simplesmente não consegue reunir a energia ou ter força de vontade. Agora, tente imaginar uma realidade alternativa que seja melhor para você — fazendo ioga todas as manhãs ou trabalhando como escritora freelancer. Quais sentimentos surgem quando você pensa em fazer essa mudança — frustração, decepção, medo, excitação? Faça contato com as emoções, como uma sensação física no seu corpo.

Encontre uma posição confortável para sentar ou fique em pé. Certifique-se de que sua postura pareça energizante, deixe seu corpo alerta. Você vai dizer uma série de frases (em voz alta ou silenciosamente) destinadas a trazer os três componentes da autocompaixão para que você possa tentar se motivar a fazer essa mudança com incentivo e apoio. Como sempre, o objetivo é encontrar uma linguagem que faça sentido para você e pareça natural.

- A primeira frase traz mindfulness, para que você tenha uma visão clara do que precisa ser mudado. Pense na nova realidade que você deseja trazer para sua vida. Diga para si mesma, devagar e com convicção: "Esta é a visão do que eu quero para mim". Outras opções são "Isso é o que eu quero manifestar no mundo" ou "Isso é possível para mim".

- A segunda frase invoca a sabedoria da humanidade comum. Pense em todas as pessoas que ficam presas a uma situação ou erram. Podemos aprender com nossa experiência. Diga a si mesma: ""Esta é uma oportunidade de aprendizado para a vida". Outras opções incluem "As dores do crescimento são parte do ser humano", "Geralmente erramos antes de acertarmos" ou "Não sou a única que enfrentou um desafio como este".

- Agora faça algum gesto de apoio, você pode colocar uma das mãos no ombro oposto ou cerrar a mão para sinalizar encorajamento. Queremos usar a bondade para nos apoiar e fazer as mudanças necessárias: não porque somos inadequadas do jeito que somos, mas porque queremos aliviar nosso sofrimento. Diga com cordialidade e convicção, "Eu quero me ajudar a alcançar os meus objetivos". Outras opções podem ser "Eu cuido de você, eu irei ajudar você", "Sim, eu posso", "Tente o seu melhor e veja o que acontece" ou "Eu acredito em você".

- Se você está tendo dificuldade em encontrar as palavras certas, imagine que alguém com quem você realmente se importa está enfrentando essa mesma situação com a qual você está lutando, e gostaria de encorajá-la e apoiá-la na mudança. O que você diria para essa pessoa? Qual seria o seu tom de voz? Existe alguma crítica construtiva que você faria? Agora, você pode oferecer a mesma mensagem para si mesma?

- Finalmente, permita que a energia forte da visão sábia e encorajadora se combine com a energia terna da autoaceitação incondicional. Podemos tentar o nosso melhor para fazer as mudanças necessárias, mas o resultado final é que estamos bem como estamos. É normal ser imperfeito. Vamos tentar fazer o que pudermos para sermos felizes e aliviar nosso próprio sofrimento porque nos importamos, mas também podemos deixar de lado a necessidade de sempre conseguir fazer o certo.

POR QUE SOMOS TÃO DURAS CONOSCO MESMAS?

Pesquisas indicam que a principal razão pela qual as pessoas são duras, em vez de gentis, consigo mesmas é porque acreditam que a autocompaixão vai minar sua motivação. Elas acreditam que a autocrítica é um motivador eficaz e que vão fazer melhor da próxima vez se forem cruéis e depreciativas consigo próprias. Outra razão pela qual batemos em nós mesmas é a ilusão de controle. Quando criticamos a nós mesmas, estamos reforçando a ideia de que é possível evitar o fracasso, contanto que façamos tudo certo. Um terceiro fator que entra em jogo é o desejo de proteger o nosso ego. Nós nos consolamos com a ideia de que, pelo menos, temos padrões elevados, mesmo que não possamos cumpri-los. Nós nos identificamos com a parte de nós que sabe como *devemos* ser, mesmo que ainda não tenhamos chegado lá. Como discutido anteriormente, a autocrítica é um comportamento básico de segurança.

Você pode se perguntar, como vou me sentir mais segura chamando a mim mesma de preguiçosa, porque estou procrastinando uma importante tarefa do trabalho? Porque alguma parte de mim acredita que isso vai me impulsionar para que eu não falhe e não perca meu emprego (ou fique sem teto). Como me flagelar porque brigo com meus filhos vai me fazer sentir segura? Porque eu acho que essa atitude vai me ajudar a ser uma mãe melhor no futuro, para que meus filhos não me odeiem e não me abandonem na velhice. Como é que vou me sentir segura insultando a minha imagem no espelho, porque eu acho que estou velha e feia? Porque eu acredito que bater em mim mesma antes vai suavizar a dor do julgamento real ou imaginário dos outros: vencendo-os no soco, por assim dizer. Em algum nível, nosso crítico interno está constantemente tentando repelir perigos que possam nos causar danos.

Em primeiro lugar, deve-se reconhecer que esse tipo de estratégia *até* funciona. Muitas pessoas passaram pela faculdade de medicina ou de direito ou alcançaram outros marcos por meio de autocrítica implacável. Mas funciona do mesmo jeito que uma velha máquina movida a carvão — leva você morro acima, mas cospe muita fumaça preta. Apesar de que o medo da autocrítica possa, às vezes, nos motivar, a tática do medo tem uma série de consequências: nos faz temer o fracasso, leva à procrastinação, mina nossa autoconfiança e causa ansiedade no desempenho, todas as coisas que atuam diretamente contra nossa capacidade de sucesso. Temos que encarar. A vergonha não incentiva exatamente uma mentalidade do tipo levante-e-faça.

Embora nosso crítico interno, muitas vezes, nos prejudique, precisamos honrá-lo, apesar da dor, porque reflete um desejo natural e saudável de segurança. Não queremos nos agredir por nos agredir! A autocrítica tem uma intenção carinhosa, embora mal direcionada. Como discutido antes, às vezes, nosso crítico interior é a voz internalizada de um antigo cuidador que não estava realmente tentando nos manter seguras — alguém que foi prejudicial ou abusivo. Mas a nossa parte jovem que internalizou essa voz estava tentando ajudar. Não tínhamos escolha a não ser assumir a culpa sobre nós mesmas enquanto crianças para podermos sobreviver. Mesmo quando a crítica não provém de cuidadores da infância, é apenas uma parte assustada de nós que quer melhorar e fazer melhor (como os diálogos internos ásperos do meu filho), tudo vem do desejo inocente de estar seguro. Às vezes, precisamos usar a compaixão feroz com o nosso crítico interior e dizer-lhe com firmeza, mas gentilmente, para acabar com essas táticas de intimidação. Mas, também, precisamos ter compaixão terna por essa parte de nós mesmas, reconhecendo que ela está tentando o seu melhor para nos proteger do perigo. Só então podemos realmente começar a nos sentir seguras.

Quando nos motivamos com compaixão em vez de críticas, alcançamos nosso sentido de segurança por meio do sistema de cuidado dos mamíferos, que se opõe ao sistema de defesa contra ameaças. Isso tem implicações importantes para nosso bem-estar, tanto físico quanto mental e emocional. A frequente ativação do nosso sistema nervoso simpático, por meio de autocrítica, eleva os níveis de cortisol, levando à hipertensão, a doença cardiovascular e acidente vascular cerebral — um trio intimamente relacionado apontado como a maior causa de morte nos Estados Unidos. A autocrítica também é a principal causa da depressão. Em contraste, a autocompaixão ativa o sistema nervoso parassimpático, que reduz o cortisol e aumenta a variabilidade do batimento cardíaco. Ela nutre nossa função imunológica, reduz o estresse e tem sido consistentemente apontada para o alívio da depressão. Aprender a nos motivar por meio da compaixão, e não da crítica, é uma das melhores coisas que podemos fazer para nossa saúde e felicidade.

AMOR, NÃO MEDO

Quando nos damos compaixão depois de cometermos um erro ou falharmos enquanto tentamos alcançar nossos objetivos, o sentimento é de cuidado e apoio. É essa sensação de segurança e autoestima que nos dá uma plataforma estável para tentar novamente. A autocompaixão permite nos motivarmos por amor, não por medo, e é muito mais eficaz. Pense em como motivamos as crianças. Pouco tempo atrás, o senso comum era assustar as pessoas para que se motivassem a alcançar seus objetivos: "Poupe a vara, estrague a criança". A sabedoria que predominava era o castigo corporal severo, a única maneira de evitar que as crianças se tornassem preguiçosas e indolentes. Embora a punição resulte em conformidade a curto prazo, é contraproducente a longo prazo, minando a autoconfiança e, consequentemente, futuras conquistas. E ainda usamos essa vara conosco mesmas. É útil pensar sobre a motivação no contexto parental porque, de muitas maneiras, a autocompaixão pode ajudar a repararmos essa relação conosco.

Para motivar efetivamente nossos filhos, precisamos encontrar o equilíbrio certo entre ser muito receptiva e muito exigente. Eu sei isso a partir da minha própria experiência como mãe. A razão de termos educado o Rowan em casa a maior parte de sua vida foi porque as escolas públicas na pequena cidade de Elgin não conseguiam atender às suas necessidades.

Queríamos dar uma chance a elas, mas, quando visitamos um jardim de infância certo dia, encontramos todas as crianças com necessidades especiais sentadas, sem fazer absolutamente nada, enquanto os auxiliares dos professores assistiam à TV e bebiam refrigerantes. Então, decidimos não colocá-lo na escola pública. Depois disso, seu pai criou o *New Trails Learning Center*, que usava cavalos e a natureza como sala de aula. A equipe focava, principalmente, na terapia equina para outras crianças autistas, mas tivemos também uma pessoa treinada para educar apropriadamente Rowan em casa, conforme o currículo estadual do Texas. Houve muitas coisas maravilhosas em sua educação — o próprio fato de ser ao ar livre, cavalgando, viajando e fazendo projetos de aprendizagem (como nossa expedição pela vida selvagem na Romênia).

No entanto, conforme Rowan foi crescendo, percebi que ele não estava sendo desafiado o suficiente. O centro tinha a filosofia de criar um ambiente "sim", o que significa que foi configurado de forma que as crianças autistas não soubessem o que era "não", não havia pressão sobre elas, acionando seus cérebros especialmente sensíveis e propensos à ansiedade de uma forma que interrompe o aprendizado. Por exemplo, em vez de fazer testes no material que aprendeu, Rowan era submetido a uma caça ao tesouro, em que seu professor avaliaria se ele conhecia o material, se respondesse às pistas dadas (por exemplo, vá para a esquerda se Henrique VIII viveu na Idade Média ou, à direita, se viveu na Renascença). Rowan nunca teve a experiência de ser explicitamente avaliado.

Embora essa abordagem reduzisse a ansiedade e funcionasse muito bem quando ele era mais jovem, parou de ser útil quando se tornou um adolescente. Ele precisava aprender a lidar com o fracasso e a pressão. Eu estava preocupada, achando que ele não avançaria academicamente.

Quando Rowan tinha 16 anos, nos mudamos para Austin. Matriculei-o em uma excelente escola pública, conhecida por seu programa de autismo. Ele teve que entrar como calouro, pois estava atrasado nos estudos, mas se encaixou perfeitamente. Rowan prosperou sendo estimulado, tendo uma professora em cada aula, aprendendo material novo.

A vantagem de ser educado em casa é que o espírito de Rowan nunca foi esmagado. Ele era feliz e autoconfiante, totalmente confortável com seu autismo. Isso o ajudou a se adaptar. A desvantagem veio quando ele teve o primeiro conjunto de testes. Estava confuso e, realmente, não sabia estudar. Então, sem surpresa, Rowan levou bomba no seu primeiro grande teste sobre Geografia Mundial — um inequívoco F (última nota da escala).

Quando voltou para casa e compartilhou a notícia comigo, eu poderia ter tentado motivá-lo com a abordagem chicote, a mesma que, às vezes, ouvi Rowan usando consigo mesmo. A mesma abordagem que muitas de nós usamos conosco mesmas: "Você não serve para nada. Tenho vergonha de você. Você precisa se sair melhor no próximo teste ou então...". Eu não fiz isso, claro. Não teria sido apenas cruel, mas totalmente contraproducente. Uma resposta tão dura só o faria se sentir pior e iria lhe causar uma ansiedade avassaladora no próximo teste. Marcá-lo como incompetente prejudicaria sua capacidade de ter sucesso, talvez levando-o a abandonar por completo o estudo da Geografia Mundial.

Em vez disso, dei-lhe um grande abraço e o assegurei do meu amor. Tive compaixão pela dor da sua experiência e deixei que ele soubesse disso, que era normal e natural falhar quando se tenta algo novo. Certifiquei-me de que ele entendeu que a falha não dizia nada sobre sua inteligência ou seu valor como pessoa. Mas eu parei por aí? Eu desisti e voltei para a abordagem da caça ao tesouro? Claro que não! Parar nesse momento seria meramente aceitar seu fracasso, sem ajudá-lo a tentar superá-lo, o que também seria cruel.

Em vez disso, encontrei-me com todos os seus professores e observei cuidadosamente como Rowan estava estudando. Descobrimos como apoiá-lo, criando materiais de estudo personalizados. Eu o encorajei a continuar tentando porque eu acreditava nele e sabia que ele poderia fazer isso. No fim do semestre, ele não só estava tirando boas notas nos testes, mas estava realmente gostando do processo de estudar e da sensação de realização e sucesso.

Podemos adotar uma abordagem semelhante para nos motivar. Nós não podemos apenas continuar com o *status quo* porque, assim, não aprenderemos a crescer. Precisamos correr riscos. Mas correr riscos significa que inevitavelmente iremos falhar. Como reagimos nos momentos inevitáveis de falha é fundamental para determinar o que vem depois. Bater em nós mesmas não nos move para frente, só nos faz querer parar de tentar. Se aceitarmos que o que somos é, na verdade, um trabalho em andamento e em constante evolução, significa que superaremos contratempos com maior facilidade. A autocompaixão terna nos permite confortar e dar segurança a nós mesmas, quando não tivermos sucesso, e a autocompaixão feroz nos inspira a tentar novamente.

MOTIVANDO A MUDANÇA COM COMPAIXÃO

Esta prática se baseia em uma visão sábia e encorajadora para nos ajudar a mudar um hábito prejudicial. É uma adaptação de um exercício que ensinamos no MSC chamado Encontrando Sua Voz Compassiva, o qual levou anos para ser refinado. Costumávamos pedir às pessoas que verificassem, primeiro, o que seu crítico interno fazia normalmente para motivar a mudança, feito isso, pedíamos que mudassem, diretamente, para uma abordagem mais compassiva. Entretanto, a maioria das pessoas tinha problemas para fazer essa troca. Depois que a terapia de Sistemas Familiares Internos se tornou mais familiar, adicionamos um passo à apreciação dos esforços que nosso crítico interno fazia para nos manter seguros. Todas as peças se encaixaram muito bem e, agora, é um dos exercícios mais poderosos do programa. Por envolver um olhar direto no nosso crítico interno, é bom proceder com cautela se você tem consciência de que esta voz crítica foi internalizada por alguém abusivo em seu passado. Se for esse o caso, você pode querer completar o exercício com a orientação de um terapeuta. Lembre-se de que, se necessário, você também pode parar. Este é um exercício de escrita, então, por favor, pegue algo para escrever.

INSTRUÇÕES

- Pense num comportamento que você gostaria de mudar — algo que está causando problemas em sua vida e que você frequentemente se critica por isso. Selecione um problema entre o nível leve e moderado, não um que seja extremamente prejudicial.

- Exemplos de tais comportamentos são "Eu como alimentos não saudáveis", "Eu não faço exercícios o suficiente", "Eu procrastino" ou "Estou muito impaciente".

- Não escolha uma característica imutável pela qual você se critica, como o fato de ter pés grandes. O foco está em algo que você faz e gostaria de mudar.

- Escreva o comportamento em si e também os problemas que ele está causando.

Encontrando seu crítico interno

- Agora, considere como seu crítico interno se expressa quando esse comportamento ocorre. É por meio de palavras duras? Se sim, anote a linguagem típica que você usa, o mais literalmente possível. Também, qual o tom de voz que seu crítico interno usa?

- Para algumas pessoas, o crítico interno não usa palavras duras, mas sim transmite uma sensação de decepção ou frieza, até mesmo de dormência. Cada pessoa é diferente. Como é que o seu crítico interno se mostra?

Compaixão por se sentir criticado

- Agora mude de perspectiva e tente entrar em contato com a parte de si mesma que recebe essa crítica. Como é a sensação de receber esta mensagem? Qual é o impacto em você? Quais são as consequências? Escreva isso.

- Você pode querer evocar alguma autocompaixão terna para se confortar pelo fato de que é difícil ser o destinatário de tal tratamento severo. Tente escrever palavras calorosas e de apoio para esta parte de você, como: "Isso realmente dói", "Eu sinto muito",

"Eu estou aqui para você" ou "Você não é o único".

Compreendendo seu crítico interno

- Agora, veja se você consegue voltar para o seu crítico interno com interesse e curiosidade. Reflita por um momento sobre o que está motivando seu crítico interno. Está tentando resguardá-la de alguma forma, para mantê-la protegida de perigo, para ajudá-la, mesmo que o resultado tenha sido improdutivo? Essa parte crítica de si mesma pode ser jovem e imatura, com uma compreensão limitada de como ajudar. Porém, sua intenção pode ser boa.

- Escreva o que você acha que pode estar impulsionando sua crítica interior. Está tudo bem se você não souber ao certo, apenas considere algumas possibilidades.

Agradecendo ao seu crítico interno

- Se você fosse capaz de identificar alguma forma com a qual seu crítico interno pode estar tentando protegê-la ou ajudá-la e se for seguro fazê-lo, veja se consegue reconhecer seus esforços, talvez até mesmo escrevendo algumas palavras de agradecimento. (Se você não consegue descobrir como seu crítico interior está tentando ajudar ou se você sente que é a voz internalizada de alguém que abusou de você no passado, pule esta etapa. Você não vai querer agradecer a alguém que criou o trauma. Em vez disso, volte a dar compaixão pela dor da autocrítica do passado ou siga em frente para a próxima etapa.)

- Deixe seu crítico interno saber que, mesmo não sendo muito útil neste momento, você aprecia os esforços para mantê-la segura. O crítico interno está fazendo seu melhor.

Aproveitando a sabedoria

- Agora que sua voz autocrítica foi ouvida, talvez possa se afastar e abrir espaço para outra voz — a voz sensata e carinhosa da autocompaixão.

- Diferentemente de nosso crítico interno, que vê nosso comportamento como o resultado de algo ruim ou inadequado, nosso eu interior compassivo entende os padrões complexos que conduzem a esse comportamento. Consegue ver o panorama geral e nos ajudar a aprender com nossos erros.

- Você consegue identificar as razões pelas quais você se sente presa ou os fatores que contribuíram para o seu comportamento ruim? Talvez você esteja extremamente ocupada ou estressada, ou é um hábito com o qual você se sente confortável. Existe alguma lição a ser aprendida com suas falhas passadas para ajudar nessa mudança? Escreva qualquer introspecção que vier à mente.

Encontrando sua voz compassiva

- Veja se consegue entrar em contato com a parte de você que deseja encorajá-la a fazer a mudança, não porque você é inaceitável como é, mas porque quer o melhor para você mesma. Claramente, esse comportamento está causando danos a você, e seu eu interior compassivo deseja aliviar o sofrimento.

- Tente repetir uma frase que capte a essência de sua voz compassiva. Por exemplo: "Eu me importo profundamente com você, e essa é a razão de querer ajudá-la a fazer a mudança" ou "Eu não quero que você continue se prejudicando. Estou aqui para apoiá-la".

- Agora comece a escrever uma carta curta para si mesma, num tom compassivo, livre e espontâneo, abordando o comportamento que você gostaria de mudar. Usando a visão encorajadora e sábia, que palavras de motivação emergem?

- Talvez algumas palavras da autocompaixão protetora também sejam relevantes de modo que você possa traçar limites ou enfrentar o seu crítico.

- Se você está tendo dificuldade em saber o que dizer, pode escrever palavras que fluem no seu coração bondoso ao falar com uma amiga querida que esteja lutando com um problema semelhante ao seu.

Integrando autocompaixão feroz e terna

- Finalmente, tente combinar o incentivo para mudar com o fato de que também está tudo bem permanecer tudo do jeito que está, há um trabalho em andamento. Não precisamos ser perfeitas ou fazer tudo certo. Veja se você consegue permitir que a autoaceitação gentil coexista com a unidade ativa de automelhoria.

- Escreva palavras de reafirmação que servem para lembrar que você ainda é digna como é, tendo ou não sucesso na mudança. Podemos tentar fazer o nosso melhor, mas não podemos controlar completamente o que acontece.

Uma participante de uma oficina de MSC que ministrei comentou que se surpreendeu ao saber que seu crítico interior e seu eu compassivo interior realmente queriam a mesma coisa para ela, embora se expressassem de maneira muito diferente. Aparentemente ela lutou com a raiva reativa no trabalho (semelhante ao meu buldogue interior) e queria melhorar suas interações com os colegas. Ela disse aos colegas de oficina: "Meu crítico interno constantemente me diz, 'Sua vaca'. Nesse exercício, meu eu compassivo interior apenas disse, 'Uau, que leoa!'". Rimos e eu, certamente, conseguia ver a relação. É também uma bela ilustração de como precisamos ser encorajadoras e solidárias conosco enquanto fazemos o trabalho desafiador de aprender a integrar a autocompaixão feroz e terna.

MOTIVAÇÃO PELAS RAZÕES CERTAS

Em psicologia, muitas vezes é feita uma distinção entre objetivos de aprendizagem e de desempenho. Pessoas com objetivos de aprendizagem são motivadas pelo desejo de desenvolver novas habilidades e dominar tarefas. Elas tendem a ver os erros como parte do processo de aprendizagem. Pessoas que são motivadas a atingir objetivos de desempenho tentam, primeiramente, defender ou aprimorar seu ego. Elas veem o fracasso como uma acusação contra sua autoestima e sentem que devem fazer melhor do que os outros para se sentirem bem consigo mesmas. Essa é a autoestima se erguendo: alcançar o seu melhor não é o suficiente, você tem que fazer melhor do que todo mundo. Pesquisas mostram que as pessoas autocompassivas são menos propensas a ter metas para realização de desempenho, porque o sentido de autovalorização não é baseado em comparações sociais com os outros. Elas tendem a definir metas de aprendizagem em vez disso, transformando a falha de uma negativa ("Não posso acreditar que Joan ganhou o contrato, e não eu, sou um perdedor") em uma oportunidade de crescimento ("Eu me pergunto o que Joan fez para garantir o contrato? Talvez eu a convide para um café para saber").

Um estudo da Universidade McGill, em Montreal, analisou como a autocompaixão afetou o bem-estar de calouros da faculdade ao lidarem com as inevitáveis falhas do primeiro ano. Os alunos com autocompaixão exibiram mais objetivos de aprendizagem e menos objetivos de desempenho. Eles ficaram menos chateados nos dias em que não alcançaram seus objetivos, e relataram que, mais do que o sucesso do objetivo, o que os preocupava era se os objetivos eram pessoalmente significativos. A autocompaixão ajuda a nos concentrarmos no *por quê* estamos tentando alcançar algo. Quando fazemos isso porque queremos nos desenvolver como pessoas, realmente não importa termos sucesso ou não, ou o que os outros pensam de nós. O que realmente importa é, como uma lagarta inquieta em seu casulo, percebermos nosso potencial ao continuar desenvolvendo nossos pontos fortes e talentos o máximo possível.

Estudos indicam que outro dom da autocompaixão é fomentar um crescimento, em vez de se manter numa mentalidade fixa. Carol Dweck, professora de psicologia da Universidade de Stanford, foi a primeira a cunhar esses termos. Pessoas com uma mentalidade construtiva acreditam que podem melhorar suas habilidades e mudar aspectos de sua personalidade. Aquelas com uma mentalidade fixa se consideram presas a qualquer habilidade dada pelo DNA e à educação, com pouca chance de alterar seu destino herdado. Pessoas com uma mentalidade construtiva são mais propensas a tentar melhorar, praticar, se esforçar para mudar e se manter positivas e otimistas quando encontram desafios.

Quando somos compassivas e não gostamos de aspectos da nossa personalidade, somos mais propensas a adotar uma mentalidade construtiva e acreditar que podemos mudar. Um estudo de Juliana Breines e Serena Chen, na Universidade da Califórnia, em Berkeley, ilustra bem esse ponto. Os pesquisadores pediram aos alunos para identificar sua maior fraqueza — a maioria estava relacionada a problemas como insegurança, ansiedade social ou falta de confiança. Uma das três condições foi, aleatoriamente, atribuída aos alunos: escrever sobre sua fraqueza com autocompaixão; escrever reforçando a autoestima; e o grupo de controle não escrevia nada.

Em seguida, foi solicitado que escrevessem se achavam, ou não, que sua fraqueza era fixa ou maleável. Em comparação com as outras duas condições, aqueles que escreveram com autocompaixão sobre suas próprias fraquezas eram mais propensos a ter uma mentalidade de crescimento ("Com trabalho duro, eu sei que posso mudar") do que os que tinham uma mentalidade fixa ("É apenas inato — não há nada que eu possa fazer"). Ironicamente, a compaixão por nossas fraquezas nos dá mais confiança em nossa capacidade de melhorar do que o "grito bravo" da torcida da autoestima.

VOU PERDER MINHA MOTIVAÇÃO?

A autocompaixão não apenas promove a crença de que o crescimento é possível, mas também aumenta nossa capacidade de trabalhar para que isso aconteça. Embora as pessoas temam que a autocompaixão vá fazê-las perder o controle, a verdade é exatamente oposta. Quando as pessoas aprendem a ter mais autocompaixão, seu nível de iniciativa pessoal — que é o desejo de assumir o controle e realizar os sonhos da nossa vida — aumenta substancialmente. A autocompaixão não significa se sentar numa poltrona reclinável e aceitar passivamente. Quando nos conscientizamos de que temos fraquezas (quem não tem?), também nos conscientizamos de que podemos superá-las.

Num outro estudo de Breines e Chen, foi aplicado a alunos de Berkeley um teste com um alto grau de dificuldade no vocabulário, e nenhum aluno se saiu bem. A um grupo de alunos foi solicitado que fossem autocompassivos consigo mesmos em relação ao fracasso no teste ("Se você teve dificuldade no teste, lembre que não está sozinho. É muito comum ter dificuldades em testes como esse"), a um segundo grupo foi solicitada uma inflada no ego ("Não se preocupe. Você, com certeza, é inteligente, já que entrou *nesta* universidade") e, ao terceiro, não foi dito nada. Os alunos, então, foram informados de que receberiam uma lista de palavras e definições que poderiam estudar pelo tempo que desejassem antes de refazer o teste. Os pesquisadores registraram quanto tempo os alunos estudaram. Aqueles que foram encorajados a serem autocompassivos depois de falharem no primeiro teste gastaram mais tempo estudando do que os outros dois grupos de alunos, e o tempo gasto estudando foi proporcional ao desempenho no teste.

Um motivo comum pelo qual não obtemos nosso melhor desempenho é a procrastinação. Não importa se é apertar o botão de soneca sete vezes no despertador de manhã ou evitar aquela conversa difícil, mas necessária, com um funcionário que não está fazendo um trabalho adequado, ou adiar a ida ao dentista para um *checkup*. A procrastinação torna as coisas muito mais difíceis. Mesmo que as pessoas adiem as coisas para evitar o estresse e o desconforto de fazer uma tarefa desagradável, ironicamente a procrastinação em si é uma das principais causas de estresse e ansiedade. Os procrastinadores, muitas vezes, julgam a si próprios e se sentem incapazes de atingir seus objetivos, o que só leva a mais preocupações e atrasos. Pode ser um ciclo infinito do qual é extremamente difícil de escapar. A pesquisa mostra que a autocompaixão ajuda a quebrar esse ciclo, reduzindo não apenas a procrastinação, mas também o estresse associado a ela. A autocompaixão terna nos permite aceitar o desconforto de uma tarefa indesejada e não fazer julgamentos sobre o nosso desejo de adiar. Autocompaixão feroz, então, nos impulsiona a agirmos para que façamos o que é necessário.

O coração autocompassivo é como um combustível de foguete que faz com que as coisas sejam feitas.

APENAS FAÇA

O fato de a autocompaixão aumentar a motivação e nos ajudar a responder produtivamente ao fracasso está adentrando no mundo atlético. Os riscos são altos para os atletas quando cometem um erro. Um gol ou um lance livre perdidos podem custar a vitória à equipe e decepcionar milhares de fãs. Mas serem duros consigo mesmos só fará com que os jogadores tenham mais dificuldade para recuperar o ritmo. Perder faz parte do jogo. A forma como os atletas respondem aos seus erros é a chave para se manterem competitivos.

O mito generalizado de que a autocompaixão destrói a motivação é expressa, principalmente, entre atletas que precisam manter seu desempenho no topo como meio de subsistência. Em um estudo qualitativo das suas crenças sobre a autocompaixão, uma jovem jogadora de basquete disse o seguinte: "Se você for muito autocompassiva, sempre vai se contentar com o bom, porque bom é o suficiente. Você nunca vai se esforçar para ser melhor. Para um atleta de elite, isso não é bom. Preciso ser dura comigo mesma, porque, se não for, vou me contentar com a mediocridade". Parte meu coração ouvir atletas dizendo coisas desse tipo. Machucar seu interior não ajuda a se elevar acima da mediocridade, apenas a mantém atolada em estresse e ansiedade. Cada um pode decidir que o desempenho não é bom o suficiente e se esforçar para fazer melhor sem se julgar severamente como pessoa. Essa rede de segurança ajuda você a ficar bem e se manter no jogo, mesmo se seu desempenho não corresponder às expectativas.

Na verdade, um corpo crescente de pesquisas mostra que atletas com autocompaixão têm reações mais construtivas ao fracasso nas situações emocionalmente difíceis no esporte que praticam. Um estudo na Universidade de Saskatchewan descobriu que, após erros ou perdas no desempenho, atletas com autocompaixão eram menos propensos a transformar a situação em catástrofe ("Minha vida está realmente uma bagunça") ou levar as coisas para o lado pessoal ("Por que essas coisas sempre acontecem comigo?"). Eram mais propensos também a manter a equanimidade ("Todo mundo tem um dia ruim de vez em quando"). Outro estudo dos mesmos pesquisadores descobriu que atletas autocompassivos relataram mais vitalidade enquanto jogavam e estavam mais motivados para crescer e se desenvolver como profissionais. Quando questionados sobre como eles reagiram a situações nas quais cometeram um erro que levou à derrota da equipe, eram mais propensos a assumir a responsabilidade e trabalhar para melhorar suas habilidades.

Atletas autocompassivos relatam que se sentem menos ansiosos ao jogar, mais capazes de se concentrar e menos tensos. Isso é parcialmente por causa do efeito da autocompaixão no sistema nervoso. Pesquisadores da Universidade de Manitoba conduziram um estudo sobre autocompaixão com quase cem atletas colegiados ou atletas em nível nacional. Eles conectaram os atletas a um sistema de biofeedback[13] para medir suas reações quando pensavam sobre alguma falha de desempenho anterior. Os atletas com autocompaixão eram mais calmos fisiologicamente e tinham maior variabilidade na taxa cardíaca, permitindo maior flexibilidade na resposta a súbitas mudanças, como aquelas que podem ocorrer nos esportes que exigem rapidez. Mentes saudáveis criam corpos saudáveis, o que é, em parte, a forma pela qual a autocompaixão ajuda os atletas a alcançarem o máximo do desempenho.

Felizmente, alguns treinadores estão começando a entender isso. Alguns anos atrás, Shaka Smart, o treinador principal do time de basquete masculino da Universidade do Texas, Austin, se interessou pela autocompaixão depois de ler meu primeiro livro. Ele me convidou para ministrar uma pequena oficina para sua equipe, a fim de que pudessem aprender a lidar com o fracasso de forma mais produtiva. Exatamente porque o basquete é um jogo intenso e os jogadores estão constantemente perdendo cestas, se o atleta congelar após um erro desses significa entregar o jogo todo. Shaka pensou que a autocompaixão poderia ajudar.

Eu pensava que a equipe, provavelmente, receberia o termo "autocompaixão" negativamente, então eu nunca o usei. Em vez disso, falei sobre a importância do treinamento da força interior, uma vez que é o que a autocompaixão feroz fornece. Lembrei aos jogadores que eles precisavam estar mental e fisicamente aptos para lidar de forma produtiva com erros. Para ajudar a combater o mito da complacência, apresentei

---

13 N. do T.: *Biofeedback* é uma técnica da área da Medicina Comportamental que surgiu nos Estados Unidos, nos anos 1960. O método consiste no monitoramente de diversas funções involuntárias do corpo, de modo que a pessoa seja treinada e passe a ter mais controle sobre seu organismo

e discuti pesquisas que mostram que o apoio a si próprio depois de um erro aumenta a motivação e a persistência. Então, eu perguntei: "Qual treinador interno você quer na sua cabeça? Um treinador que grita com você, não o deixa falar e o estressa ou um treinador que o incentiva e tem inteligência para lhe dizer o que fazer de diferente? Qual treinador interno será mais eficaz?" A equipe adotou a ideia da autocompaixão quando enquadrada da maneira certa.

Ensinei aos jogadores algumas práticas, como criar uma imagem de um treinador ideal, com visão encorajadora e sábia, para ajudar a orientá-los a mostrar o seu melhor no jogo (felizmente Shaka era um bom modelo). Eu mostrei-lhes como usar a Pausa para a Autocompaixão Motivadora, quando eles precisavam de um impulso, e como demonstrar apoio para que pudessem se estabelecer emocionalmente dentro e fora da quadra. A equipe ainda pratica os princípios básicos de autocompaixão até hoje. *(Go Longhorns!*[14])

MOTIVAÇÃO OU PERFECCIONISMO?

Apesar de a autocompaixão feroz nos motivar a melhorar, se não for equilibrada com a autoaceitação pode facilmente se transformar em perfeccionismo doentio. A sociedade nos pressiona muito para acertarmos sempre. Se nós nos estimulamos a fazer mudanças sem a autoaceitação da presença amorosa e conectada, podemos perpetuar um círculo vicioso de autoaperfeiçoamento implacável. Podemos nos esforçar para ser mais inteligentes, saudáveis ou mais bem-sucedidas ou, ainda, mais autocompassivas com a mentalidade de tentarmos consertar o que está quebrado.

Há dois tipos de perfeccionismo — adaptativo e mal-adaptativo. No perfeccionismo adaptativo, adotamos padrões elevados para nós mesmas, e essa abordagem tende a melhorar a realização e a persistência.

---

14 N. do T.: Longhorns é o nome da equipe de atletas da Universidade do Texas em Austin. *Go Longhorns!* é o grito da torcida.

No perfeccionismo mal-adaptativo, criticamos a nós mesmas quando não atendemos aos altos padrões que estabelecemos, então acabamos sentindo que o nosso mais honesto melhor não é bom o suficiente. Isso pode nos fazer ficar deprimidas e, ironicamente, minar nossa capacidade de realização.

Em comparação com pessoas autocríticas, aquelas que têm autocompaixão almejam, igualmente, altos padrões de desempenho. Elas sonham grande e desejam alcançar tanto quanto qualquer outra pessoa. A diferença é como tratam a si próprias quando não alcançam seus objetivos. As pessoas autocompassivas não desmoronam quando falham e apresentam baixo nível de perfeccionismo mal-adaptativo. O equilíbrio do yin e do yang energiza as pessoas com autocompaixão para continuarem perseguindo seus sonhos, mesmo quando passam por contratempos. Por exemplo, um estudo com residentes de medicina — os quais tendem a estabelecer padrões elevados — descobriu que aqueles que apresentavam mais autocompaixão eram menos propensos a terem uma resposta mal-adaptativa diante do fracasso, e tinham maior probabilidade de terminar seus estudos.

Encontro muito perfeccionismo entre os alunos de universidades importantes como a Universidade do Texas. Normalmente, são os alunos que tiram as notas mais altas no curso de graduação que vêm ao meu gabinete para discutir como ganhar crédito extra. Muitos alunos de pós-graduação também são perfeccionistas. E, de fato, padrões elevados são frequentemente responsáveis por seu sucesso. Mas o perfeccionismo é contraproducente quando se assume uma tarefa desafiadora, como escrever uma tese ou dissertação. A inovação e a criatividade nascem da sensação de segurança, o suficiente para poder errar.

Uma estudante da pós-graduação, chamada Molly, veio para o meu laboratório de pesquisa, ela estava apaixonada, estudando a autocompaixão. Familiarizou-se com o meu trabalho quando era estudante de graduação na Universidade A&M do Texas e disse que isso transformou radicalmente sua vida. Ela era lésbica, de uma família bastante conservadora, e creditou à prática da autocompaixão a coragem de se assumir aos 20 anos. Molly usou a autocompaixão terna para aceitar e abraçar totalmente quem era e, se utilizando da autocompaixão feroz, disse aos pais que era homossexual: ame-a ou deixe-a. Eles foram mais receptivos à notícia do que ela pensava, embora tenham sido necessárias algumas conversas difíceis até chegar lá.

Era difícil não se encantar com Molly. Ela era brilhante, divertida, inteligente como uma raposa e muito empreendedora. Destacava-se em tudo que fazia, no parapente (seu hobby favorito) ou falando japonês (ela era fluente) ou lutando por justiça social (ela organizou um desfile do orgulho gay com seu grupo de colegas LGBTQIA+ na A&M). A princípio, era cética em relação à autocompaixão porque pensava que poderia minar a condução da sua vida, mas, rapidamente, descobriu que se tornava mais fácil conseguir aquelas notas boas a que estava acostumada. Ela era tão inteligente que não se via seriamente desafiada academicamente — até ir para a pós-graduação. Um aluno de graduação excepcionalmente inteligente é um estudante mediano de pós-graduação e, embora ela ainda tivesse notas altas na maioria de suas aulas, brigava com estatística. Ela precisava de habilidades estatísticas especializadas para conduzir a pesquisa para a sua dissertação (examinar como a autocompaixão ajudava casais do mesmo sexo a lidarem com a discriminação). Molly teve aulas extras, estudava noite adentro e se encorajava a trabalhar mais e fazer melhor. Mas ela ainda era mediana (com uma nota mediana, não se passa na pós-graduação).

"Não sei por que minhas notas não estão melhorando", ela me disse. "Não estou me julgando ou punindo de forma alguma. Estou sendo gentil e me encorajando gentilmente a me esforçar mais." Embora ela não estivesse sendo abertamente dura, suspeitei que uma parte dela simplesmente não conseguia aceitar que houvesse algo no qual ela não se destacava. Ainda havia uma crença tácita de que ela precisava ser perfeita. Ser uma aluna exemplar havia se tornado uma parte tão forte de sua identidade, que tirar uma nota mediana parecia quase morte para ela. Eu a ajudei a ver que a motivação da autocompaixão nem sempre significa fazer melhor. Embora a ferocidade nos incentive a darmos tudo para fazermos nosso melhor, também precisamos da ternura para aceitarmos nossas limitações. Seria o fim do mundo se ela não fosse particularmente boa em estatística avançada? Ela sempre poderia usar um consultor de estatística para sua dissertação. Molly finalmente ficou em paz com o fato de que essa não era uma área forte para ela e, felizmente, isso não a impediu de seguir em frente com sua pesquisa.

Quando equilibramos a autocompaixão feroz e terna, não apenas agimos para melhorar a nós mesmas, mas também aceitamos nossa imperfeição humana.

E quanto mais seguras nos sentimos em nossa autoaceitação incondicional, mais recursos emocionais teremos para trabalhar duro, desafiar a nós mesmas e fazer melhor, quando possível. Carl Rogers, um dos fundadores do movimento da psicologia humanista na década de 1940, resumiu bem ao dizer: "O curioso paradoxo é que, quando eu me aceito como sou, então posso mudar". Uma das coisas lindas sobre nos motivarmos com compaixão é que isso elimina a ansiedade e o estresse ao tentar alcançar o objetivo. Paramos de nos exaurir com a necessidade de sermos perfeitas ou nos destacarmos na multidão. Nós não temos que superar os outros como uma medida de sucesso. "Eu contra o mundo" passa a ser "eu como parte do mundo". A realização pessoal não é tão pessoal, o que significa que podemos nos encorajar a fazer nosso melhor, sem a exigência de sempre acertar.

O DESAFIO PARA AS MULHERES

É especialmente importante que nós, mulheres, equilibremos a autocompaixão feroz e a terna enquanto tentamos fazer as mudanças produtivas na nossa própria vida e no mundo em geral. O perfeccionismo ou o enorme esforço para alcançá-lo sem a rede de segurança da autoaceitação incondicional só vai adicionar uma pressão extra sobre nós, enquanto fazemos nosso trabalho no mundo. Aproveitar a bondade para superar barreiras, por outro lado, tem como resultado final o cuidado e apoio que nos damos, até se falhamos. E isso nos trará uma oportunidade melhor.

Como mulheres, temos uma tarefa monumental pela frente. O planeta está esquentando. O sistema político está quebrado. Pessoas estão morrendo de fome em algumas partes do mundo e de obesidade em outras. O sexismo entrincheirado, o racismo e a desigualdade de riqueza parecem que nunca vão acabar. Em seu famoso discurso na Convenção dos Direitos da Mulher em 1851, Sojourner Truth disse: "Se a primeira mulher que Deus fez já era forte o suficiente para, sozinha, virar o mundo do avesso, todas essas mulheres juntas devem ser capazes de voltar atrás e colocar tudo novamente no lugar certo! E, agora, elas estão pedindo para fazê-lo, é melhor que os homens deixem". As velhas formas de patriarcado não estão funcionando mais e, provavelmente, serão as mulheres que impedirão o mundo de ultrapassar os limites. À medida que assumimos esse desafio, é essencial que tenhamos acesso a todas as ferramentas da autocompaixão. Uma presença amorosa e conectada ajudará a segurar a dor de tudo isso, sem sermos oprimidas. A clareza valente e poderosa nos despertará para proteger a nós mesmas e a nossos semelhantes do dano. Autenticidade equilibrada e com satisfação nos permitirá criar uma nova maneira sustentável de viver no mundo. A visão encorajadora e sábia nos inspirará a trabalhar pela mudança necessária. Se conseguirmos estimular todo esse poder da compaixão feroz e terna, com o objetivo de aliviar o sofrimento interno e também externo, quem sabe o que poderemos alcançar?

PARTE 3

A AUTOCOMPAIXÃO FEROZ NO MUNDO

CAPÍTULO 9: EQUILÍBRIO E IGUALDADE NO TRABALHO

Se tivermos uma chance, poderemos atuar. Afinal de contas, Ginger Rogers conseguia fazer tudo o que Fred Astaire fazia. E simplesmente fazia de trás para frente e de salto alto.

—Ann Richards, ex-governadora do Texas

Nossas bisavós cresceram numa época em que as mulheres não podiam votar. Elas deveriam ficar em casa, fazer as tarefas domésticas e cuidar das crianças enquanto os homens tinham seus empregos e ganhavam dinheiro. Desde então, houve avanços tremendos na igualdade de gênero. Nos Estados Unidos, as mulheres, agora, têm mais probabilidade do que os homens de obter um diploma universitário, 57% na graduação, 59% no mestrado e 53% no doutorado — e, ainda, tiram notas melhores. As mulheres somam até 47% da força de trabalho. Elas detêm, aproximadamente, 50% de todas as ocupações profissionais e dos cargos de gestão e superam, ligeiramente, os homens nas posições de gerência em áreas como educação, saúde, imóveis, finanças, recursos humanos, serviço social e serviço comunitário.

Mas, mesmo assim, há um longo caminho a percorrer. Em 2018, a mulher americana ganhava, em média, 82 centavos para cada dólar que um homem recebia. Porém, existem diferenças por grupos dentro desse universo: a cada dólar recebido por trabalhadores do sexo masculino, as mulheres asiáticas ganhavam 90 centavos; as brancas, 79; as negras, 62; e as hispânicas, 54. Parte dessa disparidade salarial se deve à simples e antiga discriminação, tanto sexual quanto racial. Mas é também pelo fato de as mulheres serem direcionadas a atuar em diferentes profissões. Os homens têm mais propensão a trabalhar em áreas nas quais o salário é mais elevado, como engenharia ou ciência da computação, enquanto as mulheres são mais propensas a trabalhar em profissões de salário mais baixo, como enfermagem ou educação. E mulheres hispânicas e negras têm maior probabilidade de trabalhar nas áreas de empregos com pior remuneração.

Além disso, cuidar da casa e da família ainda é responsabilidade feminina para grande parte da sociedade. As mulheres têm cinco vezes mais probabilidade de permanecer na casa de seus pais do que os homens. Independentemente de sua situação profissional, passam mais tempo em tarefas domésticas, como o cuidado com as crianças, com os idosos e com o trabalho doméstico. As desempregadas gastam mais tempo no trabalho doméstico (cerca de 33 horas por semana), seguidas pelas mulheres que trabalham fora (24 horas), homens desempregados (23 horas), e, depois, vêm os que estão trabalhando (16 horas). Isso significa que as mulheres empregadas trabalham mais dentro de casa do que aqueles homens que não têm qualquer ocupação externa! E esses padrões desiguais parecem igualmente consistentes entre grupos raciais e étnicos. O fato de as mulheres trabalharem fora e ainda acumularem as tarefas de casa — significando que é maior a probabilidade de terem um emprego no regime de tempo parcial, tirar licença parental e precisar de horários flexíveis — as coloca em desvantagem quando se trata de salário e promoção.

As mulheres representam apenas 23% dos lugares no conselho das empresas da Fortune 500, que lista as maiores corporações do mundo, e o número de mulheres negras nessa posição é de apenas 5%. Nos cargos mais importantes, apenas 5% dos CEOs da Fortune 500 são mulheres de qualquer etnia. De acordo com uma pesquisa recente, há menos mulheres executivas-chefes do que todos os executivos-chefes chamados James. O teto de vidro[15] parece ser mais à prova de balas do que nunca.

A questão da igualdade de gênero no trabalho deve ser entendida num contexto mais amplo de estereótipos que retratam os homens como agentes e mulheres como comunitárias. O agente está associado a realizações, demonstrações de habilidade, competência, ambição, trabalho árduo, foco e autossuficiência. É a capacidade de assumir o comando e se afirmar com força, usando a racionalidade e a lógica para analisar e resolver problemas. Essas são as qualidades exatas necessárias para líderes eficazes de alto padrão.

Por outro lado, o comunitário está associado a ser caloroso, amigável e cooperativo. É caracterizado por empatia, sensibilidade emocional e confiança na intuição, bem como na lógica. Também envolve se mostrar respeitoso, modesto e atencioso para com os outros. Essas qualidades são mais valorizadas em gerentes intermediários, secretárias e outros cargos.

O fato de nos últimos 30 anos não ter havido quase nenhuma mudança no estereótipo de gênero da atividade de agente e de comunitário expõe a intratabilidade da situação em que nos encontramos. Se, realmente, esperamos alcançar a equidade, precisamos repensar nossa visão de gênero e expandir nossa ideia de como um ambiente de trabalho se torna funcional.

DESEQUILÍBRIO NO LOCAL DE TRABALHO

O mundo tradicionalmente masculino dos negócios enfatiza a ação feroz. É preciso autoproteção para garantir que os resultados financeiros

---

15 N. do E.: Teto de vidro (*glass ceiling*) é uma metáfora que se refere à barreira artificial que impede mulheres e minorias de serem promovidas a cargos de chefia em organizações.

sejam protegidos e os concorrentes não levem a melhor. É considerada uma prática de bom negócio atender às suas necessidades, aumentando continuamente os salários e os lucros. E a motivação para ter o melhor desempenho e alcançar a excelência está inserida na própria estrutura da cultura corporativa. Qualidades como gentileza, aceitação e compreensão não têm muito peso, criando um desequilíbrio entre o yin e o yang. Uma análise do uso de palavras no *Wall Street Journal*, de 1984 a 2000, descobriu que termos como "ganhar", "vantagem" e "vencer" apareceram em milhares de artigos, e essas aparições aumentaram mais de 400% ao longo de um período de 17 anos, enquanto termos como "cuidado" e "compaixão" praticamente inexistem. Se vier a prejudicar os lucros, a preocupação com o bem-estar dos outros é, frequentemente, ignorada, criando uma lente distorcida usada para ver o mundo.

Uma consequência negativa desse desequilíbrio é o *bullying*. Pessoas com uma visão unidimensional do poder tendem a exercê-lo criticando, ridicularizando, menosprezando ou implicando com os outros. A intimidação no trabalho é mais provável de ocorrer em ambientes altamente competitivos, que enfatizam a realização individual. Os superiores tendem a intimidar seus subordinados, sendo que os homens intimidam mais do que as mulheres. Em outras palavras, quando a ferocidade não é combatida com ternura, as coisas podem correr descontroladamente. Alguns estudos descobriram que a maioria dos trabalhadores nos Estados Unidos sofre *bullying* em algum momento da carreira, o que leva a altas taxas de rotatividade e absenteísmo, o comprometimento com o trabalho é prejudicado, há menor satisfação no trabalho e mais problemas relativos à saúde mental. Qualquer um que assistiu ao primeiro debate presidencial entre Donald Trump e Joe Biden sabe como o *bullying* pode ser desgastante e exaustivo. Fica difícil realizar qualquer coisa.

Outra consequência desse desequilíbrio é a ganância desenfreada. Vejamos o exemplo da indústria farmacêutica: embora o campo da medicina deva focar na compaixão e na cura, a Big Pharma está preocupada em ganhar dinheiro para os acionistas, mostrando pouca consideração pelos pacientes. O remédio que meu irmão e eu tomamos para a Doença de Wilson é um exemplo clássico desse tipo de exploração. Porque Wilson é tão rara (afeta menos de uma em 30 mil pessoas, nos Estados Unidos), quase não há mercado para medicamentos que tratam o distúrbio. Nós dois usamos Syprine, um agente quelante desenvolvido na década de 1960. Em 2015, a indústria farmacêutica Valeant comprou a patente do medicamento e, ao longo dos anos, o preço aumentou em 3.500%: costumava custar US$ 600 a quantidade para um mês e, agora, custa US$ 21 mil. A Teva Pharmaceuticals produziu uma versão genérica do medicamento em 2018 e decidiu cobrar US$ 18 mil pelo valor de um mês (uma pechincha!). Felizmente, meu irmão e eu temos um bom plano de saúde e não precisamos desembolsar os custos, mas nossa seguradora ainda precisa conseguir US$ 500 mil para pagar o que os traficantes exigem, a cada ano, a fim de cobrir despesas repassadas a outros associados do plano. A falta de compaixão do mercado prejudica a todos.

Felizmente, há o nascer de um movimento para incorporar valores de bondade e conexão no mundo dos negócios. Jane Dutton e seus colegas do Laboratório de Compaixão da Ross School of Business, da Universidade de Michigan, são pioneiros no estudo da influência da compaixão na cultura do trabalho. Eles argumentam que o modelo de negócios de interesse próprio e lucro a todo custo é insustentável. Ambientes de trabalho que não priorizam o bem-estar dos funcionários podem, facilmente, se tornar hostis, com chefes egoístas, políticas corrosivas de escritório, assédio sexual, abuso psicológico e até violência. Trabalhar sob configurações insensíveis diminui o moral e aumenta o estresse, o que leva à depressão. As estimativas de perda econômica e diminuição da produtividade relacionadas ao estresse — baseadas no aumento mensurável do absenteísmo e da rotatividade, bem como custos médicos, legais e de seguro — chegam a bilhões a cada ano.

Por outro lado, as organizações que estabelecem uma cultura de compaixão colhem benefícios tangíveis. Por exemplo, as empresas que lançam incentivos de doação para ajudar funcionários necessitados, recompensam boas ações, promovem a expressão de emoções no trabalho e demonstram tolerância zero com *bullying* têm maior comprometimento do funcionário, eficácia da equipe e taxas de rotatividade reduzidas. Esses programas também aumentam o desempenho e impulsionam resultados financeiros positivos. Embora esse movimento forneça uma esperança para o futuro, a cultura empresarial atual exalta a ferocidade e menospreza a ternura. Portanto, vai levar algum tempo até que uma reforma estrutural tome conta.

O desequilíbrio entre o yin e o yang na cultura corporativa ajuda a explicar por que as mulheres são mais propensas a aceitar empregos com salários baixos, como os de professoras, enfermeiras ou assistentes sociais. Primeiro, as profissões dominadas por homens que priorizam a ganância em vez do cuidado com os outros, comumente, não são atraentes para as mulheres. Segundo, porque as mulheres foram criadas para o papel de provedoras qualificadas, elas tendem a se sentir mais qualificadas para profissões de cuidado. O senso comum corrobora essa visão e, por conta disso, o contrato de mulheres para tais funções é mais prontamente realizado e surgem também menos barreiras para o sucesso feminino nessas áreas. Infelizmente, o fato de as profissões de cuidado estarem associadas às mulheres significa que o valor e a remuneração atribuídos a elas serão menores.

MALABARISMO COM O TRABALHO E A FAMÍLIA

O trabalho das mulheres é, muitas vezes, moldado por compensações entre profissão e responsabilidade com os filhos. Em geral, entre os parceiros heterossexuais com filhos é o homem que trabalha em tempo integral e a mulher em meio período, especialmente porque os homens costumam receber mais. Em uma pesquisa do Centro para o Progresso Americano, de 2018, com uma amostra demograficamente diversa de quase 500 pais, houve o relato de 40% de mães a mais do que de pais de que sua carreira havia sofrido devido a problemas com filhos. E, mesmo quando as mulheres de alguma forma conseguem descobrir como acumular jornadas, elas sentem mais culpa trabalhando em tempo integral do que os homens. Porque as mulheres são socializadas para subordinar suas próprias necessidades às dos outros, sentimos ser egoísmo priorizar nossos empregos, uma preocupação não tipicamente compartilhada por homens.

A resposta, aqui, não é que queremos que as mulheres sejam mais parecidas com os homens e priorizem trabalhar às custas de prejuízo à família, mas que as oportunidades de trabalho e as responsabilidades com a família sejam compartilhadas de forma mais equitativa. Isso pode ser feito, embora, reconhecidamente, é bem mais fácil para mulheres que dispõem de recursos ou com um amplo círculo de apoio familiar. Os programas governamentais — como o de cuidado dos filhos e licença paga aos pais — podem também fazer grande diferença.

Minha amiga Lin conseguiu acertar a mão no equilíbrio. Eu a conheci numa aula de ioga, logo após me mudar para Austin, e muitas vezes tomamos chá juntas após a prática. Na época, Lin trabalhava como designer gráfica em uma movimentada agência de publicidade de Austin e estava se tornando reconhecida pelo trabalho na área. No entanto, ela também foi criada numa tradicional família ásio-americana e, assim, seus pais a incentivaram muito a tentar ter um bebê depois de completar 30 anos. Lin queria um filho, mas não estava pronta ainda — ela gostava muito da sua carreira e não pretendia interrompê-la. Mas, preocupado com a idade de Lin e consequentes problemas na gravidez, o marido, David, não queria esperar mais. Então, Lin concordou em ter um filho. A empresa tinha uma política de licença familiar incrível e manteve seu emprego por quatro meses, mesmo depois de oito semanas de licença maternidade remunerada. Ela ficou secretamente em conflito quando engravidou, mas presumiu que a interrupção seria de, no máximo, seis meses.

Lin teve uma menina saudável, chamada Amy, e David provou ser um bom pai. Ele se envolveu e a apoiou, ajudando a trocar as fraldas, acalmando Amy quando estava chateada e levando-a para passear no carrinho quase todas as noites. Lin adorava ser mãe, mas depois de meio ano exercendo a função em tempo integral, se sentiu pronta para voltar ao trabalho.

Isso foi no período pré-Covid-19, e a expectativa da empresa era de que os funcionários trabalhassem no escritório. Lin teria, portanto, que descobrir como cuidar da sua filha e se dedicar à profissão. Embora nenhum dos avós vivesse na cidade, ela conseguiu encontrar uma creche bem no centro. Mas os pais de Lin foram firmemente contrários à ideia da volta ao trabalho. Falaram grosso com ela: "Você não quer ser uma daquelas mães negligentes e ausentes, quer? Sua filha precisa de você em casa. Ela ficará marcada para o resto da vida se você abandoná-la por aí". David também foi contra a ideia, e não gostou de pensar em Amy, ainda tão jovem, passando o dia com estranhos. Lin ficou indecisa, mas acabou cedendo e decidiu trabalhar meio período de casa, para uma empresa de telemarketing que oferecia flexibilidade, pensando que ela poderia voltar a trabalhar no seu design gráfico quando a Amy estivesse na pré-escola.

Lin odiava ser operadora de telemarketing. Ainda assim, o dinheiro era decente e ela era capaz de cuidar de Amy nos intervalos das ligações. No entanto, não demorou muito até Lin começar a se sentir magoada e, muitas vezes, fazia caretas quando David entrava pela porta após um dia de trabalho na sua empresa de arquitetura. Por que ele podia manter a carreira, mas ela não? Lin tentou reprimir esses sentimentos e se concentrar em tudo pelo que ela era grata, como um marido solidário e uma filha saudável. Muitas mães, mesmo que quisessem, não podem se dar o luxo de ficar em casa com seus filhos. Ela dizia a si mesma que seria egoísmo colocar suas próprias necessidades em primeiro lugar.

Quando Amy tinha 18 meses, Lin começou a ficar desanimada. David presumiu que era depressão pós-parto causada por hormônios, mas Lin suspeitava que fosse mais do que isso. Quando conversamos sobre sua situação, incentivei-a a pesquisar sobre o que esse descontentamento estava sinalizando. Ela imediatamente disse que odiava sua vida e se odiava por isso. Então, sugeri que se concentrasse na autocompaixão terna — tratando a si mesma com gentileza e aceitação. Lin gostava de escrever e fazia anotações em seu diário todos os dias. Ela validou o fato de que, embora tivesse muito a agradecer, sua insatisfação era real. Ela se assegurou de que era normal e natural sentir-se desanimada em sua situação e que era fato que muitas outras mulheres sentiam exatamente o mesmo que ela. Começou a ficar mais calorosa e solidária consigo mesma, percebendo que suas necessidades eram importantes.

Depois de chegar a uma posição mais estável, sugeri que Lin começasse a se concentrar na autocompaixão feroz e nas ações que poderia tomar para fazer mudanças. Ela percebeu o quanto era importante ser uma designer gráfica; ela amava a mistura de criatividade e pragmatismo, em que podia integrar os lados direito e esquerdo do cérebro. Fazer um trabalho satisfatório era necessário para sua felicidade. Ela queria encontrar uma maneira de voltar, mas estava dilacerada por suas responsabilidades como mãe. Ela também estava preocupada em conseguir um emprego depois de ficar tanto tempo fora do mercado. Eu sugeri que tentasse escrever palavras de encorajamento, de apoio a si mesma em seu diário, assim como ela faria com uma boa amiga.

Depois de alguns meses, Lin decidiu que tentaria conseguir seu antigo trabalho de volta. Ela confiou na autocompaixão feroz para abordar seu ex-chefe, afirmou-se com o marido e enfrentou os pais. Com seu chefe seria fácil — Lin era muito talentosa e ele havia dito que ela poderia voltar a qualquer momento. Sua família era uma etapa mais desafiadora. Lin disse a David como ela estava se sentindo: esse arranjo entre eles a havia deixado profundamente infeliz. No início, ele tentou dissuadi-la, mas ela se manteve firme e disse que eles precisavam colocar a mesma prioridade em ambas as carreiras e compartilhar o cuidado com a filha. Ela sugeriu que eles repensassem o acordo em relação ao trabalho — talvez cada um pudesse dividir o tempo no escritório e em casa? Após algumas negociações, David concordou. Seu casamento estava abalado e David queria ver Lin feliz novamente. Ele também admitiu — o que realmente a impressionou — que era a coisa certa a fazer.

No entanto, os pais de Lin permaneciam obstinados. A mãe dela dizia que Amy seria psicologicamente prejudicada se não estivesse com Lin em tempo integral. "Eu discordo", Lin disse a ela. "Quando Amy crescer, ela terá um modelo forte na sua mãe, alguém que valoriza a si mesma e atende às suas próprias necessidades." Sua mãe não aprovava, mas Lin não precisava da aprovação de sua mãe. Ela se aprovou! Assim que Lin voltou ao trabalho que amava fazer, descobriu que poderia aproveitar seu tempo com Amy e David muito mais, se doar mais como esposa, mãe e filha. Embora ela diga que, como para a maioria das mulheres, encontrar o equilíbrio entre trabalho e maternidade é uma luta contínua, garante que vale a pena o esforço.

PERCEPÇÕES DE COMPETÊNCIA

Não é apenas a maternidade que representa uma barreira para as mulheres no local de trabalho; é também a visão perniciosa de que as mulheres são menos competentes nessa esfera. Esse viés não é consciente: quando as pessoas são questionadas a dar opiniões sobre quem é mais competente profissionalmente, homens ou mulheres, a maioria responde que são igualmente competentes ou que as mulheres são, ainda, mais competentes. Mas, no nível inconsciente, o viés é forte. Caso em questão: um estudo recente descobriu que assistentes virtuais com voz masculina foram avaliados como mais eficazes do que aqueles com voz feminina, mesmo os computadores nem sendo humanos! Madeline Heilman, da Universidade de Nova York, é uma das pesquisadoras mais talentosas no estudo de como os vieses implícitos criam percepções de gênero no trabalho. A fim de serem competentes, os líderes precisam ter um certo nível de agressividade e resistência emocional. Mas as informações sobre competência costumam ser um pouco vagas, então usamos estereótipos de gênero como um guia inconsciente para ajudar no processo da informação. Pelo fato de as mulheres serem estereotipadas como tendo traços comunitários, em vez de agentes ferozes, a suposição é de que elas não têm o que é preciso para estar no comando.

O viés de gênero coloca as mulheres em enorme desvantagem no trabalho, porque nosso comportamento é continuamente mal interpretado e distorcido. Por exemplo, defender-se com veemência de críticas feitas por um colega é visto como um sinal de força em um homem, mas como descontrole se partir de uma mulher. Mudar uma decisão é visto como um sinal de flexibilidade em um homem, mas é interpretado como errático ou sinal de indecisão em uma mulher. Adiar uma decisão parece prudente quando feita por um homem, mas é tomada como medo ou timidez em uma mulher.

Um experimento mostrou que, quando os participantes eram solicitados a examinar a competência de um candidato fictício a emprego, indicavam que a vaga seria preenchida pelo candidato John em vez da candidata de nome Jennifer. A avaliação de John superava a de Jennifer mesmo que o CV e a carta de recomendação fossem idênticos. Esses vieses inconscientes levam à discriminação nas contratações e promoções, mesmo quando as pessoas acreditam se basear unicamente em critérios objetivos. Isso significa que, ao longo de suas carreiras, as mulheres têm menos probabilidade do que os homens de serem selecionadas para promoção e posição de prestígio. Por exemplo, na academia, as professoras de gestão, com qualificações semelhantes às de seus homólogos masculinos — a mesma quantidade de experiência, o mesmo número de publicações e citações por outros estudiosos, fato que demonstra o impacto de seus estudos na área —, tinham significativamente menos chances de receber um título de professor titular no seu departamento.

Algumas pesquisas descobriram que, repetidamente, trabalhos idênticos são avaliados de forma menos favorável quando é dito que foi executado por uma mulher, e que as mulheres são vistas como menos capazes; à exceção de desempenhos extremamente robustos e classificados por padrões claros e não ambíguos. Isso é verdadeiro, independentemente de a pessoa que avalia o desempenho de uma mulher ser homem ou mulher, uma descoberta que sublinha a natureza inconsciente desse estereótipo.

Na esfera da liderança, competência significa ser agente, masculino.

Mesmo quando as mulheres exibem qualidades de agentes no trabalho, elas ainda são vistas como menos competentes, porque as pessoas acreditam que é não normal para as mulheres serem ferozes. Por exemplo, uma série de estudos feitos por pesquisadores de Yale descobriu que as mulheres que demonstram raiva no ambiente de trabalho recebem um status inferior em comparação aos homens que demonstram atitudes semelhantes. Os pesquisadores solicitaram aos participantes que assistissem a vídeos mostrando tanto homens quanto mulheres profissionais numa entrevista de emprego. No vídeo, os candidatos descreviam uma situação na qual eles e um colega perderam uma conta de um cliente importante e, quando questionados pelo entrevistador como isso os fazia sentir, diziam que tinham ficado com raiva ou tristes. Os participantes foram, então, convidados a avaliar a competência dos candidatos, fazer uma recomendação salarial e a sugerir quanto status, poder e independência eles deveriam receber no futuro trabalho.

Os participantes do estudo avaliaram os candidatos do sexo masculino que sentiram raiva como mais competentes e merecedores de maiores salário, status e independência em comparação com os candidatos do sexo masculino que se sentiram tristes. Eles também presumiam que os candidatos do sexo masculino estavam zangados por algo relevante para a situação e que essa era a resposta apropriada. O oposto era verdadeiro para mulheres. Os participantes julgaram as mulheres profissionais que estavam com raiva de serem menos competentes, porque devia haver algo inerentemente errado com elas (os fatores situacionais foram negligenciados) e, portanto, a elas devia ser atribuída uma posição com menor prestígio, autonomia e salário.

O nível de estereótipo de gênero que cada pessoa carrega também influencia na consideração de que as disparidades de gênero no local de trabalho são justas. Aquelas que acreditam de verdade que os homens são agentes e as mulheres são comunitárias, e usam essa visão como uma justificativa para explicar (ou desculpar) por que muitos — senão a maior parte — dos gerentes e executivos de alto nível são homens, presumem que os homens são naturalmente melhores em posições de liderança e, portanto, são promovidos mais automaticamente.

Esses estereótipos são consequências sérias da vida real. Em uma meta-análise de quase cem estudos empíricos realizados com 378.850 funcionários de diferentes setores, os pesquisadores compararam a avaliação de desempenho de funcionários do sexo masculino e feminino feita por supervisores e descobriram que o desempenho das mulheres foi, de forma consistente, avaliado menos favoravelmente do que o desempenho dos homens. Os dados do censo dos EUA também mostram que as mulheres entram no mercado de trabalho com as mesmas qualificações que os homens, que estão em empregos semelhantes e, apesar disso, recebem menos em todas as fases de sua carreira. Quase metade de todas as mulheres trabalhadoras relata ter vivenciado a discriminação de gênero no trabalho, sendo que um quarto delas contam que foram tratadas como se fossem incompetentes.

TESTE O NÍVEL DE VIÉS IMPLÍCITO SOBRE AS MULHERES NO AMBIENTE DE TRABALHO

O teste de associação implícita (IAT) mede em que grau você tem vieses internalizados inconscientemente, como a crença de que o trabalho é de domínio masculino e o lar é de domínio feminino. Um IAT mede quanto viés você tem, pela velocidade com que vincula as palavras; por exemplo, a rapidez em associar nomes masculinos ou femininos a palavras de trabalho *versus* a palavras de família.

Três cientistas — Tony Greenwald, da Universidade de Washington, Mahzarin Banaji, de Harvard, e Brian Nosek, da Universidade da Virgínia — criaram um site fascinante chamado Projeto Implícito para ajudar as pessoas a identificar seu próprio viés inconsciente. Você pode se registrar no site gratuitamente e, em seguida, fazer uma variedade de IATs, incluindo um que avalia o viés de gênero inconsciente na carreira: https://implicit.harvard.edu/implicit/.

Eu obtive uma pontuação indicando que tenho um forte viés de gênero, mesmo me considerando uma feminista! Lembre-se de ter compaixão por si mesma se o resultado não for o que você acha ideal. Não escolhemos ter vieses implícitos, mas eles estão dentro de nós e desenham a maneira como percebemos as ações e as decisões que tomamos. Precisamos reconhecer e, claramente, observar e entender nosso viés antes de tomarmos medidas para corrigi-lo.

BACKLASH[16]

Devido ao fato de as mulheres serem agentes e comunitárias, muitas fomentam seu yang e suavizam seu yin no ambiente de trabalho, esperando ser vistas como competentes. Infelizmente, isso torna as mulheres vulneráveis, fenômeno documentado, pela primeira vez, há mais de 20 anos: backlash. Backlash se refere à tendência de ver as mulheres com qualidades ferozes como socialmente deficientes — não sendo boas o suficiente — comparadas aos homens que exibem o mesmo comportamento.

Considere o debate das primárias do Partido Democrata, em dezembro de 2019, no qual os candidatos foram entrevistados para a posição da mais alta liderança dos Estados Unidos: o cargo de presidente. Depois de intensas duas horas, nas quais todos estavam provendo suas qualificações para liderar a nação, foi perguntado aos sete candidatos — Joe Biden, Bernie Sanders, Elizabeth Warren, Pete Buttigieg, Amy Klobuchar, Tom Steyer e Andrew Yang — se, no espírito do Natal, dariam um presente a outra pessoa que estava no palco ou pediriam perdão. Todos os candidatos do sexo masculino ofereceram um presente — principalmente, uma cópia de seu livro ou uma proposta política. As duas mulheres no palco naquela noite se sentiram compelidas a pedir perdão. Elizabeth Warren disse: "Vou pedir perdão. Eu sei que, às vezes, fico muito nervosa. E, às vezes, fico um pouco esquentada. Não é a minha intenção". Amy Klobuchar disse: "Bem, eu pediria perdão, a qualquer hora, a qualquer um de vocês que ficar com raiva de mim. Eu posso ser direta e afiada, mas estou fazendo isso porque eu acho que é muito importante escolher o candidato certo aqui". Em outras palavras, minha ferocidade interior estava em plena exibição, por favor, não me odeie por isso. Ambas sentiram que deveriam pedir perdão por serem ousadas e assertivas, mesmo que precisassem ser assim para ser qualificadas ao cargo de presidente. Elas sabiam que as pessoas iriam julgá-las por isso, então se viram impelidas

---

16 Nota do editor:. Forte reação negativa a uma ideia ou movimento. O termo tem sido muito aplicado na pauta identitária em todo o mundo.

a se desculpar, enquanto os homens sabiam que seriam admirados e respeitados pelas mesmas qualidades.

Não deve ter sido surpresa que Warren e Klobuchar, ambas senadoras extremamente competentes e experientes, ficaram de fora da corrida. O mesmo aconteceu com Hillary Clinton, que perdeu a eleição de 2016 para Donald Trump (pelo menos em termos de votos do colégio eleitoral). Essas mulheres fortes e competentes que quebraram estereótipos de gênero não eram vistas como simpáticas o suficiente para liderar a nação mais poderosa do mundo.

O viés do ambiente de trabalho contra as mulheres não se baseia apenas nas crenças de que somos comunitárias, em vez de agentes (chamados de estereótipos descritivos), mas também de que *devemos* ser comunitárias, e não agentes (chamados de estereótipos prescritivos). Em outras palavras, as pessoas não gostam de mulheres agentes, especialmente quando são competentes, porque automaticamente supõem que uma mulher feroz *não* é comunitária. Além disso, as qualidades ternas — gentileza, afetividade e calor humano — é que são valorizadas numa mulher.

Gerentes bem-sucedidas do sexo feminino em campos tradicionalmente masculinos costumam ser descritas em termos negativos (amarga, briguenta, egoísta, enganadora e desleal) em comparação com gerentes do sexo masculino de semelhante sucesso. Em um estudo, Heilman e seus colegas examinaram as avaliações que os participantes fizeram de um vice-presidente de vendas fictício de uma empresa de aeronaves. O VP era responsável por treinar e supervisionar executivos juniores, entrar em novos mercados, acompanhar as tendências da indústria e captar novos clientes. Os avaliadores leram informações sobre as características e qualificações dos VPs, mas duas condições variaram. Primeiro, o vice-presidente recebia o nome de Andrea ou de James. Em segundo lugar, a informação sobre o sucesso do VP era ou clara (eles apenas passaram por uma avaliação de desempenho anual e obtiveram notas muito altas); ou, ambígua (eles estavam prestes a passar por uma avaliação de desempenho anual). Quando as informações sobre o sucesso eram claras, James e

Andrea foram avaliados igualmente competentes. Quando a informação era ambígua, Andrea era avaliada como sendo menos competente, produtiva e eficaz do que James. Isso mostra o papel dos estereótipos inconscientes em enquadrar nossas percepções, especialmente quando as informações que usamos são vagas.

No entanto, o mais preocupante: mesmo quando as avaliações de desempenho deixavam claro o sucesso de ambos, Andrea foi classificada como menos simpática do que James. Porque seu sucesso quebra o estereótipo prescritivo de que as mulheres devem ser comunitárias em vez de agentes, ela foi avaliada como sendo mais severa, conivente, manipuladora, agressiva, egoísta e indigna de confiança. Lembre-se de que a descrição de James e Andrea era exatamente a mesma; a única diferença entre eles era o nome. A avaliação dos dois candidatos em relação à simpatia era semelhante quando o sucesso se mostrava ambíguo, porque, embora as pessoas presumissem que Andrea era incompetente, elas também presumiam que ela era carinhosa e, portanto, agradável.

Um fenômeno semelhante ocorre com a autopromoção. Para crescer profissionalmente, muitas vezes, é necessário falar diretamente sobre pontos fortes, talentos e realizações, especialmente quando se trata de vaga em um nível superior. Mas a autopromoção pode causar backlash nas mulheres. Um estudo feito por Laurie Rudman, da Universidade de Rutgers, avaliou vídeos de candidatos em uma entrevista de emprego, tanto homens quanto mulheres. Os candidatos eram classificados como modesto e simples (de olhar baixos, mas fazendo afirmações de qualificação como "Bem, não sou especialista, mas...") ou confiante e fazendo autopromoção (fazendo contato visual direto e dizendo afirmações como "Certamente sou capaz de fazer isso..."). Os participantes homens adotaram a postura da autopromoção no lugar da modéstia, diferentemente das mulheres, que eram modestas e não se autopromoviam. A diferença, nesse estudo, foi ainda mais extrema para participantes do sexo feminino, que realmente não gostavam das mulheres que se autopromoviam.

Embora possa ser tentador não se importar se as outras pessoas gostam ou não de nós, o fato de que as pessoas não aprovam mulheres agentes significa que é bem menos provável que sejam contratadas ou promovidas, visto que a simpatia é um fator influente para determinar o sucesso. Uma área importante, na qual mulheres assertivas enfrentam backlash, é a das negociações salariais. Ninguém gosta de uma mulher que pleiteia agressivamente um salário mais alto, o que reduz sua chance de aumento. Pelo fato de saberem disso, as mulheres se tornam menos assertivas nas negociações e se contentam com menos do que os seus pares masculinos. Um estudo da Universidade do Texas, em Austin, descobriu que as mulheres aceitavam 20% a menos por medo de backlash. Uma meta-análise de 142 estudos descobriu que, mesmo quando funcionários homens e mulheres são avaliados como igualmente competentes, os homens ainda recebem mais e são promovidos com maior frequência. Na verdade, a diferença salarial entre os sexos era 14 vezes maior do que a diferença na avaliação de desempenho. Em grande parte, isso é fruto de backlash.

Portanto, esta é a posição em que estamos: não somos promovidas com tanta frequência ou tão bem pagas quanto os homens, porque não somos consideradas agentes o suficiente, e nós também não somos promovidas com tanta frequência ou pagas tão bem quanto os homens, porque somos consideradas agentes *demais*. E as pessoas se perguntam por que ainda há disparidades salariais e tão poucas mulheres obtêm posições de liderança!

INTEGRAÇÃO NO TRABALHO

Integrar o lado agente e comunitário no trabalho — em outras palavras, usar nosso lado feroz e terno simultaneamente — pode ajudar a moderar o backlash. Em um experimento, os participantes assistiram a entrevistas em vídeo de candidatos: dois homens e duas mulheres. A vaga era para uma posição gerencial de muita pressão, que exigia ouvir atentamente as preocupações dos clientes. Os participantes, então, julgavam o nível de competência dos candidatos e se eram pessoas agradáveis. A partir desse julgamento, recomendavam se deveriam ser contratados. Todos os candidatos eram altamente agentes e autoconfiantes em suas entrevistas, dizendo coisas como "Geralmente tenho sucesso quando estou sob pressão. No ensino médio, eu era o editor do jornal da escola e tinha que preparar uma coluna semanal, dentro do prazo, o tempo todo... e eu sempre consegui". No entanto, dois candidatos, um do sexo masculino e uma do sexo feminino, deram ênfase à conversa de agente, adicionando comentários do tipo "Basicamente, existem dois tipos de pessoas, vencedores e perdedores. Meu objetivo é ser um vencedor, o tipo de pessoa que consegue estar no comando e tomar as decisões". Os outros dois candidatos, de igual forma, um feminino e um masculino, adicionaram mais comentários comunitários, tipo "Para mim, a vida é estar conectado com outras pessoas... Se posso ajudar alguém, sinto uma verdadeira realização".

Como em estudos anteriores, tanto o homem quanto a mulher agentes eram, ambos, considerados competentes, mas a mulher foi considerada menos simpática do que o homem e, portanto, sua recomendação à vaga era menos provável. No entanto, a mulher que combinou agência e comunhão era considerada tão competente e simpática quanto o homem, portanto era igualmente provável sua recomendação para o cargo. Em um estudo semelhante, pesquisadores de Israel descobriram que homens e mulheres são considerados líderes mais eficazes quando exibem traços de agentes e comunitários, mas essa diferença é particularmente pronunciada para as mulheres. Essas descobertas sugerem que uma maneira eficaz de as mulheres reduzirem o viés de gênero e progredirem profissionalmente é recorrer à força do cuidado para realizar o trabalho.

Isso pode exigir o envolvimento que Joan Williams, professora de direito na Universidade da Califórnia, Hastings, chama de "judô de gênero". Judô — que significa "maneira gentil" — é uma arte marcial japonesa que usa o ímpeto do seu oponente para dominá-lo, seguindo o fluxo da luta, em vez de lutar diretamente contra ele. O termo judô de gênero se refere a trazer, intencionalmente, uma qualidade tradicionalmente feminina, como o calor ou o cuidado, quando fazemos algo masculino e agente, para que trabalhemos dentro da estrutura dos estereótipos dos outros. Por exemplo, ao dar instruções a um funcionário ou membro da equipe — assumindo a cobrança que é devida a uma chefia —, se você sorri ou pergunta se a pessoa está bem, pode suavizar a percepção negativa de que está sendo exigente. A forma como as qualidades comunitárias são expressas precisa ser autêntica e natural, portanto, o estilo varia de pessoa para pessoa. Mas todas as pessoas têm acesso às energias yin e yang, assim, intencionalmente certifique-se de que ambas estão presentes, o que pode ajudar a diminuir a influência do viés de gênero.

No entanto, Williams avisa que, quando demonstramos calor e cuidado nessas situações, devemos evitar qualquer indício de submissão, como pedir desculpas ("Hum, eu realmente sinto muito, mas você se importa em fazer horas extras neste fim de semana?"), o que pode minar a credibilidade de sua liderança. Precisamos ser autoritárias e calorosas ao mesmo tempo, de uma forma que funcione ("Eu preciso que você faça hora extra neste fim de semana, mas vou tentar garantir que isso não aconteça com frequência. A propósito, como está a sua família?"). Abraçamos nossos múltiplos aspectos e, ao mesmo tempo, somos autênticas e encontramos um lugar no mundo dos negócios.

Embora seja bom saber que existem maneiras de trabalhar dentro de um sistema injusto, também é desanimador que, em primeiro lugar, tenhamos que pensar em estratégias. Eu acredito que a autocompaixão tem um papel importante a desempenhar para enfrentar o preconceito de gênero e, finalmente, transformá-lo no mundo do trabalho.

COMO A AUTOCOMPAIXÃO TERNA PODE AJUDAR

É crucial que, como mulheres, nos permitamos sentir a dor da discriminação no ambiente de trabalho. Podemos usar a presença conectada e amorosa para estarmos com nossa tristeza e frustração — aquela sensação de afundamento no estômago ou vazio no coração, sempre que percebemos de quantas formas ainda não somos vistas como iguais. Podemos reconhecer e nos voltar para nossa dor coletiva, pelo fato de uma mulher ainda não ter sido eleita presidente e os homens brancos continuarem a comandar o show na política e nos negócios. Gerações de mulheres viram seus talentos, capacidades e habilidades serem suprimidos e desacreditados. Esse é o mundo que herdamos e, infelizmente, é aquele no qual, basicamente, ainda estamos. Carregamos essa dor dentro de nós e isso dá cor à maneira pela qual nos relacionamos com as outras mulheres. Precisamos estar cientes do desconforto de ter o nosso lado mais terno suprimido no trabalho e das dores de tomar parte de um mundo que ainda não entendeu a vantagem de cuidar do outro como parte de sua missão econômica.

Também é frustrante perceber que nosso lado feroz não é aceito. Dói ser insultada e odiada por ser competente e assertiva. Se fingirmos que a dor não existe, não seremos capazes de curar seus efeitos prejudiciais. No entanto, quando reconhecemos a mágoa e respondemos a nós mesmas de forma amorosa, podemos processar nossa dor e também colher os benefícios do nosso autoacolhimento.

Ao considerar a injustiça que enfrentamos profissionalmente, é bem importante lembrar que não tem nada a ver conosco como indivíduos, mas é compartilhada com milhões de mulheres em todo o mundo. Às vezes, internalizamos o preconceito social de uma forma que diminui nosso autoconceito — eu não sou boa em ciências, não sou uma líder eficaz, talvez ele seja melhor do que eu. Mas, quando vemos o preconceito como é, clamando pela justiça, lembramos que não estamos sozinhas. Podemos nos conectar com pessoas que também são marginalizadas devido ao gênero ou outro aspecto de sua identidade — orientação sexual, raça, etnia, capacidade, classe, religião. Quanto mais deixamos os outros entrarem em nossos corações, reconhecendo esse aspecto doloroso da experiência humana, menos isoladas nos sentiremos.

Também é essencial que reconheçamos e perdoemos o fato de que contribuímos para essa discriminação por meio de nosso próprio viés inconsciente. Como discutido anteriormente, as mulheres são ainda mais propensas a valorizar menos a competência de outras mulheres do que homens. Todas nós já sentimos o desejo de desvalorizar uma mulher. Muitas de nós internalizamos esses estereótipos de "vaca" sem nos darmos conta. Podemos, inconscientemente, nos sentir ameaçadas por outras mulheres capazes, alimentando nossa antipatia. Mas não temos que nos julgar ou culpar por isso; isso acontece principalmente fora de nossa consciência. Se você é um ser humano participando de uma sociedade injusta, internaliza o viés contra outros. A autocompaixão terna pode nos dar a sensação de segurança e aceitação incondicionais necessárias para reconhecer o viés, que é o primeiro passo para poder mudá-lo. Mas paramos por aí, confortadas, porém, marginalizadas? Óbvio que não. A fim de realmente cuidar de nós, precisamos fazer algo sobre a forma como somos tratadas.

COMO A AUTOCOMPAIXÃO FEROZ PODE AJUDAR

A autocompaixão feroz fornece a determinação necessária para corrigir a injustiça — não apenas para mulheres, mas para todas as vítimas de discriminação no local de trabalho. Clareza é fundamental para essa tarefa. Pesquisas mostram que uma das etapas mais importantes na redução do viés de gênero inconsciente no trabalho é olhá-lo bem na cara. Podemos nos perguntar: "Eu formaria a mesma impressão da competência e simpatia dessa mulher se ela fosse um homem?" Podemos pedir a outras pessoas que considerem a questão também. Podemos conversar com as pessoas sobre o papel que o preconceito inconsciente desempenha nos nossos julgamentos, mesmo para aqueles que estão profundamente comprometidos com a igualdade. Mas, quando o fazemos, é importante não demonizar os outros ou eles simplesmente não colaborarão para proteger seus egos. Estaríamos também ignorando sua humanidade — o que seria exatamente o oposto do que estamos tentando atingir.

Quando você encontrar colegas de trabalho falando negativamente sobre uma gerente feminina e suspeitar que o viés de gênero está desempenhando um papel, você pode intervir. Talvez você tenha ouvido: "Você acredita que a Janet falava sem parar sobre ela mesma? Quem ela pensa que é? E você viu como ela tratou a assistente por ter se atrasado com os arquivos? Ela é uma vaca". Você pode responder com algo assim: "Eu me pergunto se Janet faria da mesma forma se fosse um homem? Somos levados a acreditar que as mulheres não devem se promover ou ser firmes com os outros. Apenas como uma suposição, imagine se fosse o Kevin, do Marketing, que dissesse essas coisas, como você acha que reagiríamos"? Se for dito de uma forma não crítica, que não envergonha ninguém, usando uma linguagem inclusiva (como "nós") no lugar de uma linguagem do apontar o dedo (como "você"), pode haver uma chance de cortar a névoa do viés inconsciente. Talvez você tenha sorte o suficiente para ouvir: "Hmm, acho que isso nunca me passou pela cabeça. Bem pensado". Mas, mesmo que tudo o que você consiga seja silêncio como resposta, o pensamento já está posto. Como mulheres, não podemos mais ficar em silêncio. Se queremos superar esses preconceitos, precisamos tornar consciente o inconsciente.

O que fazemos com nossa raiva reprimida sobre o tratamento injusto às mulheres no trabalho? Afinal, é bom ficar com raiva. Se ficarmos com medo de sentirmos raiva, as coisas nunca vão avançar. *Devemos* sentir raiva pela injustiça, para que possamos aproveitar esta energia protetora para o bem social. Mas precisamos usar o poder dessa raiva habilmente, focando no dano em si, e não nas pessoas que o causam. Quanto mais pudermos tirar o nosso ego e o dos outros do caminho, maior será a chance de obter o resultado que esperamos. (A propósito, eu não estou dizendo isso como alguém que é incrivelmente hábil em controlar sua raiva para os resultados desejados, mas como alguém que errou tantas vezes que sabe o que não funciona.)

Por exemplo, se um colega nos pede para fazer café, anotações numa reunião, planos para uma viagem ou para ajudar com outras atividades que não fazem parte do nosso rol de tarefas, podemos nos defender com a força carinhosa. Em vez de atacar ("Vai fazer o seu próprio café, babaca"), podemos dizer com uma piscadela e um sorriso algo do tipo, "Tenho certeza de que você vê as mulheres como sendo mais do que apenas assistentes no escritório, não é?" Isso lhe dá o benefício da dúvida para que você não o humilhe, mas também permite que ele saiba que seu pedido não foi razoável.

Imagine, agora, um cenário em que um colega pegue a sua ideia e a apresente como sendo dele. Pesquisas mostram que esse fato é bem comum. Jessica Bennett, autora de *Clube da luta feminista: Um manual de sobrevivência (para um ambiente de trabalho machista)*, chama esse homem de "*bropropriator*"[17]. Ela recomenda lutar contra isso com uma técnica que chama de "agradeça e puxe". Quando um homem tenta levar o crédito por sua ideia, você pode agradecer por ele gostar da sua ideia, mas deixe claro que é ela sua: "Que bom que você concorda comigo. Então, quais são os nossos próximos passos?" Isso permite que o homem dê uma resposta positiva e protege a integridade da sua própria contribuição. Ela dá conselhos semelhantes quando encontramos um "*manterrupter*"[18]. Estudos mostram que as mulheres tendem a ser interrompidas mais frequentemente do que os homens. Bennett recomenda que a resposta seja "falar sem parar": apenas continue falando, sem pausa, para que ele seja forçado a parar. Você não envergonhará o *manterrupter*, mas conseguirá desgastá-lo, deixando claro que ele deve fazer silêncio. Essas são algumas das maneiras que podemos usar nossa ferocidade para nos protegermos no trabalho.

Também é possível ajudar a capacitar umas às outras no trabalho. As pesquisas mostram que, quando uma mulher fala bem de outra, ambas se tornam mais apreciadas. Embora as pessoas possam não gostar de uma

---

17 N. do T.: *bropropriator* é a combinação de '*brother*' (irmão — mano) com "*apropriator*" (que se apropria)
18 N. do T.: *manterrupter* é a combinação de "*man*" (homem) com "*interrupter*" (interromper)

mulher quando é promovida, ela não recebe reação negativa se disser algo positivo sobre uma colega, porque seu comportamento de agente (promoção) é combinado com comportamento comunitário (apoio). E, pelo fato de que são as mulheres que geralmente tendem a não gostar de outras mulheres que se autopromovem, também cabe a nós, mulheres, mudarmos a forma de perceber quem leva crédito por seu próprio sucesso. Em vez de se sentir ameaçada por ele ou sucumbir ao nosso condicionamento inconsciente, podemos nos deleitar com o sucesso de nossas irmãs, sabendo que é um ganho, pois é um ganho para todas.

Outro benefício importante que a autocompaixão feroz pode fornecer no local de trabalho é que ela nos guia na direção de carreiras autênticas e gratificantes, que equilibram nossas necessidades individuais e profissionais com aquelas de nossas famílias. Isso começa com uma simples pergunta: o que eu realmente quero na vida? As escolhas mais satisfatórias serão aquelas que nos permitem expressar nossas energias, yin e yang, para que nos sintamos inteiras. Nós não precisamos ser consumidas pela ganância descontrolada e não temos que escolher uma carreira abnegada, que ajuda principalmente aos outros, se não for essa nossa vocação.

Frequentemente, a vida profissional e doméstica é retratada como conflituosa, mas, de alguma forma, trata-se de uma dicotomia falsa. Quando encontramos satisfação, propósito e sentimento de competência no nosso emprego, nós enriquecemos amizades e vida familiar. E, do outro lado, ser uma pessoa bem equilibrada fora da nossa vida profissional nos ajuda a atingir todo o potencial dentro dela. Na verdade, uma pesquisa indica que a autocompaixão ajuda as mulheres a alcançar melhor equilíbrio na vida profissional. Um estudo com mulheres das áreas da saúde, educação e finanças descobriu que aquelas com níveis mais elevados de autocompaixão relatam maior equilíbrio na vida profissional, bem como mais satisfação com sua carreira e vida em geral. Outro estudo descobriu que as autocompassivas tinham mais confiança no desempenho do seu trabalho, eram mais comprometidas com seus funcionários e apresentavam níveis mais baixos de esgotamento e cansaço no trabalho.

AUTOCOMPAIXÃO **FEROZ**

Uma barreira comum para mulheres que trabalham, especialmente em áreas de dominação masculina, é conhecida como o fenômeno do impostor. Pauline Clance e Suzanne Imes identificaram isso em 1978. Estudando mulheres muito bem-sucedidas, com Ph.D. — todas especialistas em seu campo de atuação —, perceberam que elas temiam ser expostas como impostoras intelectuais. Essas mulheres eram hiperperfeccionistas, mas, ainda assim, esse sucesso era visto como sendo devido à sorte, o que significa que elas viviam em um estado constante de ansiedade com medo de serem desmascaradas. O fenômeno do impostor pode dificultar a capacidade de reivindicarmos nosso lugar de direito entre os homens, que não são mais inteligentes do que nós, mas se sentem confortáveis como especialistas porque foram tratados, desde o nascimento, como se pertencessem a um clube exclusivo.

Felizmente, a autocompaixão pode ajudar. Num estudo com alunos do primeiro ano de uma prestigiada universidade europeia, os pesquisadores mediram em que grau homens e mulheres experimentavam o fenômeno do impostor. Eles, também, mediram a correlação da orientação do papel de gênero — agente, comunitário e andrógino — com o nível da autocompaixão. Os pesquisadores descobriram que as estudantes geralmente sentiam o fenômeno do impostor de forma mais intensa do que os homens. Também descobriram que mulheres agentes e andróginas tinham mais autocompaixão, e que mulheres autocompassivas eram menos suscetíveis ao fenômeno do impostor. Por aceitar e apoiar incondicionalmente a nós mesmas, a autocompaixão nos permite apostar na reivindicação das nossas realizações.

A autocompaixão feroz é também uma fonte potente e estável de motivação profissional, o que é fundamental para progredirmos. Além de incentivo, fornece capacidade de aprender com nossos erros e uma visão clara de para onde estamos indo. Indivíduos com autocompaixão mostraram ser mais positivos e confiantes ao encontrar dificuldades na busca de emprego. Eles também são mais propensos a manter a calma diante de desafios, permanecendo esperançosos na sua procura, em vez de se mostrarem abatidos. Não é só isso, funcionários autocompassivos relatam níveis mais elevados de envolvimento no trabalho no que diz respeito a se sentirem mais energizados, entusiasmados e engajados. E a autocompaixão é especialmente útil para superar falhas no trabalho. Pesquisadores da Holanda treinaram quase cem empresários para terem mais autocompaixão e descobriram que eles se tornaram menos temerosos e mais capazes de lidar com situações como uma queda repentina de demanda.

O uso de encorajamento em vez da crítica severa nos permite permanecer fortes quando falhamos no trabalho, para que possamos reunir a coragem e a determinação para continuar tentando. Serena Chen escreveu um artigo na *Harvard Business Review* revelando os benefícios da autocompaixão para o ambiente de trabalho. Ela apontou que, embora a comunidade empresarial tenha começado a abraçar a ideia de que o fracasso representa uma oportunidade de aprendizagem, ainda não descobriu como ajudar os funcionários a fazer essa transformação. A autocompaixão — o que Chen chama de "aproveitar o redentor poder da falha" — ajuda a fomentar, precisamente, o tipo de mentalidade de crescimento necessário para ter sucesso e prosperar no trabalho.

FAZENDO UMA PAUSA PARA A AUTOCOMPAIXÃO NO TRABALHO

Todas nós sabemos como é importante fazer uma pausa no trabalho. Você pode usar o tempo para tomar uma xícara de café ou ler algumas páginas de um bom livro. Uma pequena pausa pode ajudá-la a reiniciar. Você também pode usar o tempo para fazer uma Pausa para a Autocompaixão, que ajuda a lidar com qualquer estresse, frustração ou dificuldade que esteja enfrentando. A primeira pergunta é: o que eu preciso para cuidar de mim agora? Eu preciso da Pausa para a Autocompaixão Terna (página 148) para me acalmar, me confortar e proporcionar maior aceitação para o que está aí? Eu preciso de uma Pausa para a Autocompaixão Protetora (página 179) para dizer não, estabelecer limites ou me defender? Eu preciso de uma Pausa para a Autocompaixão Provedora (página 216), que ajuda a me concentrar em atender às minhas próprias necessidades de maneira autêntica? Ou eu preciso de uma Pausa para a Autocompaixão Motivadora (página 242), que ajuda a encorajar a mudança e a seguir em frente? Talvez você precise de alguma combinação das pausas acima. Adquirindo o hábito de sintonizar com o que precisa naquele momento, você pode aumentar, e muito, a sua resiliência e eficácia no trabalho.

MINHA JORNADA NA ACADEMIA

Como a maioria das mulheres, sofri preconceito de gênero no ambiente de trabalho. A academia é um mundo yang. As "guerras da escala" que discuti anteriormente são, certamente, um testemunho disso, e minha personalidade acadêmica pode ser bastante feroz. Contudo, porque isso vai contra as normas de gênero, também significa que alguns dos meus colegas — incluindo aqueles em meu departamento na UT Austin — não gostam de mim. É algo que tive de enfrentar ao longo da minha carreira. Parte disso é uma reação ao meu lado buldogue aparecendo em locais inadequados como na defesa de dissertações, o que é compreensível. Mas é algo além disso. Se eu fizer uma pergunta direta, sem uma tonelada de floreios numa reunião do departamento, essa atitude é considerada agressiva. Quando as pessoas me perguntam como estou indo e sou honesta sobre meu entusiasmo ("Ótima, obrigada! Meu trabalho foi mencionado duas vezes no *New York Times* no mês passado, não é legal?"), é interpretado como narcisista e autopromocional. Suspeito que nenhum desses comportamentos, mesmo meu buldogue interior, levantaria uma sobrancelha se eu fosse um homem.

Ao mesmo tempo, como o foco do meu trabalho está na autocompaixão, também sofri a consequência de ser muito mole. Foi-me negada promoção para professora titular associada — mesmo tendo 50% a mais de citações do que o segundo professor titular mais citado no meu departamento — porque minha pesquisa não foi considerada "rigorosa o suficiente" para uma universidade de pesquisa R1 (significando nível superior). Pelo fato de minhas aulas se concentrarem em ajudar os alunos a aprender habilidades de mindfulness e de autocompaixão, e a escrever artigos sobre o impacto de fazer tais práticas na sua vida diária, meu ensino não foi considerado "acadêmico o suficiente". E o serviço que prestei na forma de ajudar a criar um programa internacional de treinamento em autocompaixão não foi realmente valorizado, uma vez que foi feito fora do sistema burocrático. (Sou cofundadora de uma organização sem fins lucrativos, em vez de me inscrever para grandes subsídios federais, por exemplo.)

Já fui professora associada, e a diferença de remuneração entre um professor associado e um titular é mínima, a negação da promoção foi mais um golpe no meu ego do que no meu sustento. Mas ter o trabalho da minha vida sendo descartado tão facilmente me fez sentir um chute no estômago. Sou dedicada ao estudo e ensino da autocompaixão porque isso ajuda as pessoas. Não perdi tempo fazendo muitas das coisas que são valorizadas na academia tradicional — voluntariado para trabalhar no comitê extra, organizar e participar de reuniões acadêmicas e prescrever bolsas — porque isso não ajudaria ninguém de verdade. Operei fora do sistema e a academia não gosta de pessoas que seguem seus próprios caminhos.

Agradeço aos céus pela minha prática da autocompaixão. Eu estava desanimada e desencorajada depois de ter a promoção negada e precisava de ambas, a autocompaixão terna e a feroz, para me ajudar a passar por aquilo. Primeiro, eu me certifiquei de me permitir experimentar completamente a decepção e a tristeza de estar sendo preterida, a sensação de não ser valorizada. Eu me lembro de deitar na cama, colocar as duas mãos no coração e chorar a noite toda. Disse a mim mesma: "Isso dói muito. Eu me sinto tão invisível. Tão desvalorizada. Mas eu vejo você, Kristin. Eu valorizo você e honro o trabalho duro que fez para trazer mais compaixão a este mundo. Lamento muito que seu departamento e a universidade tenham valores diferentes. Mas não tem nada a ver com você ou o valor do seu conhecimento". Eu permiti que a tempestade chegasse, soltei o dilúvio, com vento, chuva e trovão, e segui em frente.

Quando acordei na manhã seguinte, estava com raiva. Senti que fui tratada injustamente. Eu me encontrei com o reitor, o ombudsman da universidade e o presidente do comitê de estabilidade e promoção. Eu criei um documento comparando o rigor da minha pesquisa com a de dois membros do corpo docente em áreas semelhantes, que foram promovidos a professor titular (ambos homens). Ficou claro que meus métodos eram talvez até mais rigorosos. Mas a decisão não mudou e minha única opção seria tentar novamente em alguns anos. No entanto, para fazer isso, seria necessário jogar o jogo de uma forma que fosse mais do agrado da universidade, e eu não quero fazer isso. Eu não quero ser distraída do meu trabalho no mundo e perder tempo com o que a universidade valoriza, mas que eu vejo como irrelevante. Então, decidi fazer uma mudança, vou me aposentar mais cedo, no fim de 2021. Ainda posso realizar pesquisas como professora emérita associada e estou conversando com várias universidades sobre compromissos de pesquisa, mas vou me concentrar principalmente em ajudar o Center for Mindful Self-Compassion a trazer autocompaixão para aqueles que precisam ao redor do globo: trabalhadores da saúde, educadores, advogados da justiça social, pais, adolescentes, qualquer pessoa que sofre. Embora seja assustador deixar uma posição estável, eu sei que é a coisa certa a fazer.

Como mulheres, precisaremos de muita autocompaixão para navegar com sucesso e transformar um local de trabalho sexista. Infelizmente, não há conserto rápido. Nossa única opção é seguir em frente e sermos as mais autênticas possível, honrando nossa natureza yin e yang. A autocompaixão terna permite aguentar a dor da injustiça e a autocompaixão feroz nos impele a defender-nos e realizar nossa visão do futuro. Podemos trabalhar juntas para criar um local de trabalho no qual o valor da bondade humana seja equilibrado com a obtenção de lucros, cada voz única tem a chance de contribuir com o todo, e todas as pessoas estão em pé de igualdade na escada do sucesso.

CAPÍTULO 10: CUIDANDO DOS OUTROS SEM PERDER A SI MESMA

*Cuidar de mim não é autoindulgência, é autopreservação,
e isso é um ato de bem-estar político.*

—Audre Lorde, autora e ativista

Um aspecto central do papel do gênero feminino é a expectativa de que nós cuidaremos e proveremos aos outros. Mas, ao cumprir essa função, corremos o risco de ser engolidas, a menos que haja uma ênfase, igualmente forte, no atendimento das nossas próprias necessidades. Se não, podemos nos tornar espécies de aranhas que praticam a matrifagia — quando filhotes comem sua mãe viva, como fonte de nutrição. Mas, em vez de nossos corpos serem devorados, nossas reservas emocionais e psicológicas são consumidas até que não reste quase nada para nós.

Há sinais de que isso já pode estar acontecendo para algumas. Atualmente, 80% dos genitores solteiros são mulheres, o que significa que as mães são muito mais propensas a assumir a responsabilidade primária para criar seus filhos. Mesmo em famílias em que ambos os pais trabalham em tempo integral — o arranjo mais comum para as famílias de hoje — a estimativa é de que as esposas que trabalham passam duas vezes mais tempo cuidando dos filhos e fazendo tarefas domésticas. E não é apenas porque os homens tendem a ganhar mais dinheiro do que as mulheres. Quando as mulheres começam a ganhar mais dinheiro do que seus maridos, elas, de fato, aumentam, não diminuem, a quantidade de tempo gasto em tarefas domésticas, a fim de não prejudicar sua imagem como boa esposa. Elas também passam mais tempo coordenando atividades familiares, planejamento de celebrações, marcação de consultas médicas, cuidando dos parentes, e assim por diante. O resultado é que quatro em cada dez mães trabalhadoras relatam sempre se sentirem apressadas, com pouco, ou nenhum, tempo para elas. Correr para cuidar das crianças, marcar consultas e lavar a louça e, ainda, nos preparar para a grande reunião no dia seguinte drena nossa preciosa energia.

As mulheres também arcam com o fardo de cuidar de outros membros da família. Temos 50% mais probabilidade do que os homens de cuidar de um cônjuge doente, ou parente idoso com doenças como Alzheimer, demência ou câncer. Também somos mais propensas do que os homens a relatar resultados negativos consequentes desse cuidado, como ansiedade, estresse, depressão, diminuição da saúde física e menor qualidade de vida. O ressentimento fervoroso que muitas mulheres sentem, especialmente quando seus fardos domésticos não são compartilhados por sua contraparte masculina, leva à tensão e descontentamento. Na verdade, as mulheres casadas que trabalham em tempo integral e sentem que a divisão do trabalho doméstico é injusta relatam irritação e angústia, e também são mais propensas a sofrer esgotamento do que aquelas que compartilham seus fardos mais igualmente.

Já quando os homens cuidam igualmente de seus filhos, da esposa e de seus parentes, as expectativas em relação à contribuição são muito menores. E, quando um homem se oferece para fazer mais, muitas vezes essa atitude é vista como se ele tivesse tivesse doado um rim. Uma colega chamada Stephanie, mãe de três crianças menores de 8 anos, comentou sobre o absurdo de tudo isso. Ela disse que levou suas duas filhas mais velhas para comprar roupas para a volta às aulas, enquanto seu marido, Mike, ficou em casa com o menino. Aparentemente, foi bastante desafiador garantir que nenhuma das meninas se afastasse enquanto caminhavam de loja em loja, especialmente porque estava carregando várias sacolas. Em uma loja, todas as três ficaram espremidas em um pequeno provador enquanto a mais velha experimentava roupas. Despercebida, a menina mais nova conseguiu se esgueirar para a cabine ao lado. Foi quando Stephanie ouviu a voz de uma mulher dizer bruscamente: "Você pode, por favor, tentar controlar suas filhas?" Ela sentiu vergonha, como se ela não estivesse à altura da tarefa de ser mãe. Quando ela chegou em casa, estava exausta. Mike as cumprimentou quando entraram pela porta, parecendo particularmente satisfeito consigo mesmo. "Como foi seu dia?", ela perguntou. "Excelente!", respondeu ele alegremente. "Eu coloquei Tyler no canguru para fazer compras no mercado e, na fila do caixa, um casal de idosos me disse que eu era um ótimo pai!" Stephanie disse que teve que evitar revirar os olhos. "Se fosse assim tão fácil para mim!".

Histórias como a de Stephanie são típicas. As mulheres podem dar cambalhotas triplas cuidando de seus filhos e ninguém percebe, exceto quando ela é vista aparentemente não dando conta. Um homem faz a metade e é saudado como um herói.

Embora possa haver um enorme significado e satisfação em cuidar dos outros, não é agradável se não conseguimos equilibrar com o cuidado de nós mesmas. Qualquer que seja o cuidado na profissão, na família ou com o nosso parceiro, o dar e o receber devem ser equitativos para se tornarem sustentáveis.

CUIDADO ASSIMÉTRICO

Uma das consequências mais problemáticas de socializar as mulheres para serem ternas, e não ferozes, é a ênfase exagerada em ajudar os outros — e, simultaneamente, a subenfatização em ajudar a si mesmas. A subordinação de nossas próprias necessidades às dos outros é considerada um símbolo natural de admirável abnegação, aquilo que torna as mulheres o "sexo mais nobre". Essa caracterização alimenta o sexismo benevolente, porque lança alocação desigual de recursos — tendo homens recebendo a parte do leão — de alguma forma, devido à natureza linda, generosa e amável das mulheres.

E, muitas vezes, caímos como patinhos. Como todos os seres humanos, queremos ser amadas e aprovadas. Assim que descobrimos que os outros gostam de nós quando nos sacrificamos, acabamos numa estranha posição: abandonamos nossas próprias necessidades para manter um senso positivo do eu, mesmo que isso signifique que resta menos de nós mesmas para valorizar.

Vicki Helgeson e Heidi Fritz, da Universidade de Carnegie Mellon, criaram o rótulo "comunhão absoluta" para situações em que o foco nas necessidades dos outros exclui as necessidades pessoais. Esse estado ocorre sempre que cuidar dos outros não está sendo moderado com o cuidado de si mesmo. Eu chamo de cuidado assimétrico. Pode significar concordar continuamente em fazer o que seu parceiro deseja (onde você passa as férias, a que restaurante vai, em que cidade mora) em vez do que você deseja. Pode parecer que você está gastando muito tempo ajudando a família, amigos ou sua instituição de caridade favorita, que você tem pouco tempo para perseguir seus próprios interesses, deixando-a esgotada e exausta. Não é surpresa que as mulheres registrem níveis mais elevados de cuidado assimétrico do que os homens. Embora nutrir os outros tenda a estar associado ao bem-estar, fazê-lo às suas próprias custas leva à angústia e explica parcialmente a razão de as mulheres serem mais deprimidas do que os homens.

Às vezes, as mulheres não conseguem atender às suas próprias necessidades simplesmente porque as condições da vida diária não lhes dão chance de fazê-lo. Uma mãe solteira que está trabalhando em dois empregos para sustentar seus filhos pode simplesmente não ter tempo sobrando para si mesma. Mas o cuidado assimétrico também pode ser devido ao tipo de personalidade ou sentido de identidade. Algumas mulheres optam, repetidamente, por focar nas necessidades dos outros com exclusão das suas próprias, simplesmente, porque acreditam que *devem* — elas não pensam que merecem o contrário. Pesquisas indicam que as mulheres que são cuidadoras assimétricas tendem a ficar em silêncio e a se sentirem inibidas perto dos outros, porque elas duvidam que o que têm a dizer valha a pena. Apresentam dificuldades em expressar seu eu autêntico ou de serem assertivas, para defender seus direitos quando outros não têm consideração com elas. Essa inexpressividade ajuda a aumentar os desafios na intimidade em relacionamentos românticos. É difícil compartilhar profundamente com seu parceiro, se você mesma acredita que o que tem para compartilhar é inadequado. Isso, também, torna mais difícil revelar seus desejos a outras pessoas ou ser firme em insistir que suas necessidades devem receber a merecida consideração.

Mulheres que são cuidadoras assimétricas nem sempre o fazem com alegria e, frequentemente, ficam descontentes com isso. Elas têm medo de reivindicar o que precisam e, ao mesmo tempo, se ressentem com os outros por não lhes darem o que elas querem. Claro, esperar que os outros atendam, espontaneamente, às nossas necessidades é a mesma coisa que esperar que nosso filho adolescente leve o lixo para fora, espontaneamente. Boa sorte. Se não pedirmos, provavelmente, não vai acontecer.

Pode ser perigoso nos perdermos dessa maneira, até fatal. Pesquisas indicam que cuidadoras assimétricas tendem a negligenciar a saúde física: aquelas com diabetes ou câncer de mama se mostram menos propensas a visitar o médico, fazer exercícios, comer bem, seguir os medicamentos prescritos ou descansar adequadamente. Um estudo examinou indivíduos que haviam dado baixa recentemente no hospital por problemas cardíacos. Descobriram que cuidadoras assimétricas eram mais propensas a sofrer sintomas cardíacos, como dor no peito, tontura, falta de ar, fadiga, náuseas e palpitações, porque não estavam suficientemente envolvidas no autocuidado. Podemos estar literalmente quebrando nosso coração quando ignoramos nossas próprias necessidades.

SEU CUIDADO É ASSIMÉTRICO?

Você pode testar se seu padrão de cuidar de si mesma e dos outros está fora de equilíbrio, preenchendo a Escala de Comunhão Absoluta, criada por Fritz e Helgeson.

INSTRUÇÕES

Leia cada declaração com atenção antes de responder. Para cada item, pense se você concorda ou discorda da afirmação, leve em consideração, especialmente, se ela descreve com precisão a maneira como você se relaciona com pessoas próximas a você, amigos ou família. Responda usando uma escala de 1 (discordo fortemente), 2 (discordo ligeiramente), 3 (nem concordo, nem discordo), 4 (concordo ligeiramente) ou 5 (concordo fortemente).

___ Eu coloco as necessidades dos outros acima das minhas.

___ Eu me vejo envolvida demais nos problemas dos outros.

___ Para ser feliz, preciso que os outros sejam felizes.

___ Eu me preocupo em como as outras pessoas estão quando não estou presente.

___ Tenho grande dificuldade de conseguir dormir à noite quando outras pessoas estão chateadas.

___ É impossível satisfazer minhas próprias necessidades quando elas interferem nas necessidades dos outros.

___ Não consigo dizer não quando alguém me pede ajuda.

___ Mesmo exausta, sempre ajudarei outras pessoas.

___ Frequentemente, me preocupo com os problemas dos outros.

Depois de responder, calcule a pontuação total e divida por 9 para obter uma média. A pontuação acima de 3 indica que seu cuidado é um pouco assimétrico. Para que você tenha uma noção do que é típico: um estudo com 361 alunos de graduação descobriu que a pontuação média dos homens foi de 3,05 e a pontuação média das mulheres, 3,32.

O VALOR DE UMA MULHER

Como mencionado, a força que impulsiona o cuidado assimétrico é a necessidade de validação externa. Queremos que os outros gostem de nós e nos aprovem. Nosso senso de autovalorização, frequentemente, depende do cumprimento dos padrões que a sociedade estabelece para ser uma "boa" mãe (oferecendo-se para trazer um bolo para o jantar da Associação de Pais e Mestres da escola) ou uma "boa" esposa (interessando-se pelos hobbies do cônjuge) ou uma "boa" filha (providenciando reparos para a casa de nossos pais idosos). Muitas dessas ações são expressões autênticas do cuidado, mas essas boas ações tornam-se contaminadas se forem usadas como um meio de obter a aprovação dos outros. Em vez de equilibrar atos de generosidade com autocuidado, começamos a subordinar o que realmente queremos para fazer os outros felizes. Em parte, é por isso que tantas mulheres dizem sim quando na verdade querem dizer não; elas têm medo de que ninguém as ame, caso elas não os amem também.

O problema com essa estratégia é que, muitas vezes, não funciona. Os outros podem presumir que o cuidado que dispomos já está garantido e, por conta disso, não nos valorizam — ou porque escolhem assim ou, simplesmente, porque estão muito absortos em seus próprios problemas. E mesmo quando os outros nos valorizam, ainda pode não ser o suficiente para combater esse sentimento de inadequação. Nossos parceiros podem dizer todas as coisas certas — "Eu acho que você é ótima, você é tão especial para mim" —, mas, se nós mesmas não acreditarmos nisso, provavelmente iremos simplesmente ignorar o que eles dizem. Se não pudermos nos valorizar, nunca nos sentiremos bem o suficiente. Esse sentimento de indignidade que está nos cuidadores assimétricos contribui diretamente para sua infelicidade e depressão.

Em vez de buscar um sentido de dignidade e aprovação nos outros, é possível voltar-se para dentro do próprio manancial de calor e boa vontade como a fonte. Pode parecer uma tarefa difícil, mas este é o poder da autocompaixão. Nós nos abraçamos, com falhas e tudo, e nos valorizamos por causa de nossas imperfeições, e não apesar delas. Honramos nossos pontos fortes e fracos. Não precisamos fazer nada para ganhar essa aceitação; nós a reivindicamos como direito de nascença. Afinal, o que determina nosso valor como pessoa? Quão boas, úteis e atraentes somos e o quanto as pessoas gostam de nós? Nosso valor é, simplesmente, uma parte intrínseca de ser humano, fazendo o melhor que podemos com as cartas que nos foram dadas. Nosso valor decorre de ter uma consciência capaz de experimentar toda a gama de emoções humanas. Quando reconhecemos isso, podemos aprender a nos dar o amor e a atenção que ansiamos.

Isso não é apenas um discurso tipo "vamos lá!". Tudo está apoiado em pesquisas empíricas. Estudos mostram que o sentimento de valor próprio enraizado na autocompaixão não é dependente de quanto as outras pessoas gostam de nós, ou se somos atraentes ou bem-sucedidas. Porque vem de dentro, e não de fora, é mais estável e menos incerto ao longo do tempo. É incondicional, está lá para nós tanto nos momentos de aprovação quanto nos de culpa.

Quando o resultado final é autoaceitação incondicional, podemos nos doar aos outros porque queremos, não porque pensamos que devemos. Podemos dizer sim quando nos sentimos com recursos. E, quando nosso combustível está baixo, podemos dizer não.

DIZENDO NÃO AOS OUTROS E SIM A NÓS MESMAS

Encontrar o equilíbrio certo entre cuidar dos outros e de nós mesmas é crucial para o cuidado da nossa saúde. Embora tenhamos um reservatório ilimitado de amor para dar aos outros, não temos tempo ou energia ilimitados. Se o ato de dar chega ao ponto de nos prejudicar, não estamos mais trabalhando em alinhamento com a compaixão. Uma vez que a compaixão está focada no alívio do sofrimento, nos causar dor para aliviar o sofrimento dos outros não funciona — não apenas na teoria, mas na prática. Se não nos esforçarmos para atender às nossas próprias necessidades para que nos sintamos realizadas, vamos falhar como cuidadoras. Se acabarmos tão esgotadas e exauridas que não temos nada para dar, não seremos muito úteis para ninguém.

A Verônica aprendeu a importância de cuidar de si mesma depois de participar de uma semana intensiva de oficinas sobre autocompaixão. Durante o almoço, estávamos conversando sobre as expectativas culturais que colocavam as mulheres como cuidadoras. Eu mencionei que havia feito pesquisas comparando normas de autossacrifício entre mulheres mexicano-americanas e europeias e descobri que as mulheres mexicanas sentem mais pressão para desistir de suas necessidades em prol dos outros, nos relacionamentos. Verônica, uma mulher mexicano-americana na casa dos 40, concordou — na verdade, foi por isso que ela se interessou pelo tema da autocompaixão. Continuamos nossa amizade e eu conheci sua história.

Verônica cresceu em uma grande família unida e amorosa no centro da Califórnia. Como a mais velha de seis filhos, ela foi encarregada de ajudar seus irmãos mais novos, que tinham no máximo 10 anos. Seu senso de identidade se formou em torno da noção de ser uma boa cuidadora, e ela se sentiu recompensada por estar sendo responsável. E assim continuou na idade adulta. Ela se casou e teve dois meninos, que agora são adolescentes, e trabalhava como gerente numa firma de contabilidade bem movimentada. Ela era a principal provedora de sua família porque, no início de seu casamento, seu marido, Juan, desenvolveu esclerose múltipla e não podia mais trabalhar. Quando chegava em casa do escritório, fazia o jantar para seus filhos, ajudava Juan no que era necessário e, ao mesmo tempo, garantia que a família passasse um tempo juntos e com qualidade. Ela também era uma mulher religiosa e voluntária na igreja, nos fins de semana, onde cozinhava em eventos para arrecadação de fundos e organizava campanhas de doações. Se alguém precisasse de ajuda, sempre pediam à Verônica.

Mas, por dentro, Verônica estava se afogando. Ela trabalhou até ficar exausta e ficou ressentida com todas as pessoas que dependiam dela. Parecia que sua vida consistia em ir de uma tarefa à outra. Raramente tinha tempo para fazer coisas de que gostava, como a pintura em aquarela. Ela aprendeu a pintar na faculdade e teria adorado se tornar uma artista profissional, mas em vez disso escolheu o caminho seguro e tornou-se contadora.

Juan estava programando sair da cidade com os meninos. Iriam visitar sua família durante três dias no final de semana; e ela, finalmente, teria uma pausa. Ela planejava se esconder em casa e pintar o máximo possível. Mas o padre de sua paróquia ligou de última hora para perguntar se ela poderia cobrir um voluntário doente no acampamento anual de verão naquele fim de semana. "Significa muito para as crianças", disse ele. Verônica estava prestes a dizer sim, instintivamente, mas ela fez uma pausa e disse que teria que pensar sobre isso. Aprender sobre autocompaixão feroz tinha causado uma grande impressão nela, e ela sabia que precisava de mais yang. Esta foi uma oportunidade para praticar.

Depois de desligar o telefone, a primeira coisa que Verônica fez foi considerar o que aconteceria se ela dissesse não. Ela percebeu que estava com medo. Como ela poderia recusar? O que todos na igreja iriam pensar dela? Eles pensariam que ela era fria, egoísta, sem coração, não cristã? Mais tarde, ela descreveu para mim como ela usou as práticas ensinadas na oficina para ajudar a lidar com seus medos. Ela, primeiramente, se permitiu estar com a preocupação, entrando em contato com sua manifestação física como uma constrição na parte de trás de sua garganta. Parecia quase como se estivesse engasgando e não conseguia falar. Ela percebeu que tinha medo de que, caso tomasse a decisão de dizer não, já não seria mais digna de amor. Então ela tentou outra coisa que aprendeu, mesmo que possa parecer estranho. Ela disse em voz alta para si própria: "Eu amo e valorizo você, Verônica. Eu me importo com você. Eu quero que você seja feliz". Ela disse isso sem parar. No começo, parecia externo e estranho. Ela não conseguia acreditar. Mas persistiu. Finalmente, quando ela deixou que as palavras entrassem, as lágrimas começaram a fluir.

Ela, então, tentou fazer uma pausa para autocompaixão provedora para chamar o poder da autenticidade satisfatória e equilibrada. Primeiro, usou mindfulness para validar o fato de que o que ela realmente queria era um retiro para a pintura, e não ser voluntária no acampamento. Ela foi para o próximo passo, equilíbrio, repetindo para si mesma: "Minhas necessidades também são importantes". Embora ela amasse sua igreja e quisesse ajudar, ela sabia que precisava começar a cuidar de si mesma, além dos outros. Então ela foi para o último passo, que era o de se comprometer com seu próprio bem-estar. Ela segurou o rosto com as duas mãos e falou consigo mesma da maneira que ela falaria com um de seus filhos: "Eu não quero que você se sinta vazia e esgotada, querida, eu quero você se sentindo satisfeita e completa. Você merece algum tempo para você".

Verônica se sentiu mais forte depois de fazer esta breve prática e ligou para o padre. "Eu adoraria ajudar, mas tenho planos para este fim de semana. Eu sinto muito". Ele não estava acostumado a ouvir Verônica dizer não. "Você tem certeza de que não pode reorganizar as coisas? Seria de grande ajuda." Ela respondeu calorosamente, mas com firmeza, "Não, eu não posso. Eu preciso de um tempo para mim". O padre não teve escolha senão aceitar sua decisão.

E o mundo não desmoronou. Verônica teve uma experiência muito agradável no fim de semana, pintando sozinha. Ela estava tão orgulhosa de si mesma, me disse depois. Em vez de tentar obter amor e aprovação dos outros como ela sempre tinha feito toda a sua vida, encontrou a coragem de se entregar ao que ela precisava.

DO QUE EU PRECISO AGORA?

A autocompaixão pode ser usada de muitas maneiras diferentes para atender às nossas necessidades. Às vezes, precisamos de ternura, outras, de ferocidade e, outras ainda, de uma mudança. Você pode fazer um inventário dos diferentes aspectos da autocompaixão feroz e terna, e considerar aquilo de que você está precisando para cuidar de si mesma neste momento (talvez você precise de todos eles!):

Aceitação. Você está se sentindo mal consigo mesma ou indigna de alguma forma? Talvez você só precise se aceitar com amor e compreensão, sabendo que não há problema em ser imperfeita.

Conforto. Você está chateada com alguma coisa e precisa de algum conforto? Tente usar um toque suave para acalmar seu corpo. Então, considere quais palavras de carinho você pode dizer a um amigo querido que esteja passando por uma situação semelhante. Considere também o tom de voz que pode usar. E, assim, tente dizer a mesma coisa, da mesma forma, para você.

Validação. Existe uma parte de você que sente não ter o direito de reclamar, ou você tem estado tão focada em consertar coisas que não tem plena consciência do quanto você está lutando neste momento? Tente verbalizar seus sentimentos de uma forma que afirme o que é verdade para você. Você pode dizer em voz alta: "Isso é incrivelmente difícil" ou "Claro que você está tendo dificuldade. Qualquer um estaria nesta situação".

Limites. Alguém está ultrapassando os limites, talvez querendo muito de você ou fazendo você se sentir desconfortável? Tente se levantar e diga um não com coragem, baseado na autocompaixão feroz. Você não precisa fazer isso de uma forma maldosa, mas seja firme na comunicação do que é aceitável e do que não é.

Raiva. Alguém a prejudicou ou maltratou? Você sente raiva em relação a isso ou você está suprimindo sua raiva de uma forma que não é saudável? Dê a si mesma a permissão para ficar com raiva, invocando o poder da sua mãe ursa interior, que é feroz no desejo de proteger aqueles que ama. Você vai usar de sabedoria para expressar sua raiva, para que seja construtiva, e não destrutiva, mas permita-se sentir sua raiva e deixe-a fluir livremente em seu corpo. Essa poderosa emoção é também uma face do amor.

Satisfação. Você já se perguntou do que precisa para se sentir satisfeita? A primeira etapa é justamente identificar do que precisamos e a segunda é agir para termos certeza de que realmente vamos conseguir. Escreva todas as necessidades que você acha que não estão sendo atendidas adequadamente: apoio emocional, sono, risos? Diga a si mesma que merece ser feliz. Lembre-se também de que os outros podem não estar disponíveis para atender às suas necessidades. De que modo você pode atender sozinha a tais necessidades? Por exemplo, se você precisa de um toque, pode fazer uma automassagem? Se precisar de descanso, pode reservar dois dias sozinha apenas para relaxar? Se você precisa de amor, pode se comprometer a dar a si mesma ternura e carinho?

Mudança. Você está presa a uma situação — como um trabalho ou relacionamento ou situação na sua vida — que a está frustrando? Você se pega repetindo um comportamento que está sendo prejudicial de alguma forma, como fumar ou procrastinar ou assistir muito à TV? Você pode tentar motivar uma mudança usando gentileza e compreensão em vez da autocrítica severa?

Você consegue se inspirar da mesma forma que um bom treinador, apontando maneiras de melhorar as coisas enquanto demonstra apoio e crença em sua própria capacidade de atingir seus objetivos?

A DOR EMPÁTICA

Outro desafio que enfrentamos como cuidadoras é sentir a dor daqueles de quem cuidamos. Cuidar de pessoas envolve ser sensível à sua angústia, e as mulheres têm se mostrado consistentemente mais empáticas do que os homens. Quando aqueles de quem cuidamos estão sofrendo, podemos assumir sua dor a ponto de ela se tornar insuportável, interferindo na capacidade de conduzir nossas vidas. Para entender como isso acontece, precisamos examinar mais de perto o processo de empatia.

Carl Rogers define empatia como a capacidade de "sentir o mundo de outra pessoa como se fosse o seu". Envolve a sintonia com o estado emocional dos outros e é a base da nossa capacidade de conexão. A empatia depende da tomada de perspectiva cognitiva para entender o que os outros estão pensando e sentindo (nos colocando no lugar deles), mas também tem um componente pré-reflexivo que opera fora da percepção consciente.

Nosso cérebro é projetado para experimentar as emoções dos outros diretamente. Temos até neurônios especializados, chamados de "neurônios-espelho", cujo propósito é ressoar com as emoções dos outros. Essa capacidade é pré-verbal, o que significa que não ocorre por meio da linguagem. A empatia é o que nos permite sentir quando os outros estão em perigo, mesmo que eles não digam nada explicitamente. Podemos sentir sua dor, literalmente.

Nosso cérebro desenvolveu essa capacidade porque nos ajudou a cooperar e sobreviver em grupo. Embora o princípio da "sobrevivência do mais apto", com sua ênfase na competição do vencedor-leva-tudo, seja geralmente atribuído a Charles Darwin, ele realmente considerou a cooperação como sendo o fator-chave para ajudar uma espécie a sobreviver. A empatia é fundamental para a cooperação e também facilita a comunicação entre os pais e o sistema pré-verbal dos bebês. Isso significa que os pais que apresentam melhor habilidade de espelhamento são mais capazes de atender às necessidades de seus bebês, garantindo que o DNA para essas habilidades seja passado de pai para filho.

No entanto, a empatia nem sempre é uma coisa boa. Em primeiro lugar, às vezes, as pessoas sentem a dor dos outros, mas não se importam com isso. Um vigarista esperto, por exemplo, usa a consciência do medo ou da angústia da outra pessoa como um sinal de que é um bom momento para dar o golpe. Em outras ocasiões, podemos nos sentir tão desconfortáveis com a dor dos outros que os ignoramos, desumanizando-os para que não tenhamos que sentir seu sofrimento. Ignorar a situação dos sem-teto é um bom exemplo disso. Pesquisas na neurociência indicam que, quando estamos na presença de alguém com dor, os centros de dor de nosso cérebro são ativados. Estar repetidamente na presença de pessoas com traumas físico, emocional ou mental pode ter consequências graves. Primeiros socorristas, como bombeiros ou técnicos de emergência médica, podem desenvolver transtorno de estresse traumático secundário, simplesmente por serem constantemente expostos a situações de pessoas com risco de vida. Os sintomas são muito semelhantes ao TEPT — a hipervigilância ao perigo, dificuldade em dormir, entorpecimento, tensão física, depressão ou irritação — mesmo quando o trauma é experimentado pela outra pessoa. Pessoas cuja profissão envolve ajudar e atender outras pessoas, como enfermeiras, professores, assistentes sociais e terapeutas, reclamam de sintomas semelhantes. Também pode afetar pessoas que cuidam de familiares, com contato contínuo com uma criança, o cônjuge ou um parente idoso que esteja sofrendo.

Se sentirmos dor empática por um período prolongado, ao fim ficamos esgotados por sentir essa dor. Com o esgotamento, vem exaustão emocional, despersonalização (uma sensação de entorpecimento e vazio) e perda da satisfação no cuidado com os outros. A exaustão é a principal causa da rotatividade entre professores, assistentes sociais e profissionais da saúde. Mas na situação familiar os cuidadores raramente têm a opção de desistir. Eles têm que engolir, resultando em estresse agudo, ansiedade e depressão.

O psicólogo Charles Figley originalmente chamou a exaustão de um cuidador de "fadiga da compaixão", mas alguns argumentam que deveria realmente ser chamado de "fadiga de empatia". Quando experimentamos empatia, sentimos a dor do outro. Quando sentimos compaixão, sentimos a dor do outro, mas também sustentamos essa dor com amor. Essa distinção faz toda a diferença. A compaixão gera o sentimento de calor e conexão que fornece uma proteção contra os efeitos negativos de experimentar o sofrimento da outra pessoa. A compaixão é algo positivo, recompensador, uma emoção inerentemente energizante. Quanto mais sentirmos compaixão, melhor para nossa mente e corpo. Pesquisas mostram que a compaixão reduz a depressão e a ansiedade, aumenta estados mentais positivos, como esperança e felicidade, e melhora a função imunológica.

As neurocientistas Tania Singer, do Instituto Max Planck, em Berlim, e Olga Klimecki, da Universidade de Genebra, estudaram extensivamente a diferença entre empatia e compaixão. Em um experimento, examinaram dois grupos de pessoas as quais foram treinadas, durante vários dias, para sentir ou empatia, ou compaixão. Em seguida, mostraram pequenos clipes de notícias que retratavam o sofrimento — pessoas feridas ou resistindo a um desastre natural. Os clipes ativaram redes cerebrais distintas nos dois grupos. O treinamento da empatia levou à ativação da amígdala e ficou associada a sentimentos negativos, como tristeza, estresse e medo; enquanto o treinamento da compaixão levou à ativação dos centros de recompensa do cérebro e gerou emoções positivas, como conexão ou gentileza.

A compaixão nos impede de ser engolidas pela dor empática que experimentamos quando cuidamos dos outros. É importante não ter compaixão apenas pelas nossas responsabilidades, mas também para brilhar interiormente a luz da compaixão. Quando temos autocompaixão pelo desconforto de termos que cuidar de alguém, somos ainda mais resilientes.

EVITANDO A EXAUSTÃO

Um método comumente prescrito para a prevenção do esgotamento é a autocompaixão feroz: ela desenha limites. Isso significa colocar limites na quantidade de tempo e energia que damos aos outros. Ser firme nessas situações requer a autocompaixão protetora — corajosa e com clareza fortalecida. Pode ser dizer não ao seu cliente que pede o seu número pessoal de telefone para ligar para você no fim de semana ou para sua tia idosa, a Zelda, que pede para você levá-la à loja pela terceira vez nesta semana, estabelecer limites é essencial para manter nossa sanidade e eficácia.

Outra definição de limites tem a ver com distanciamento emocional, para que estejamos menos envolvidos com o sofrimento dos outros. Às vezes, simplesmente não podemos nos permitir sentir algo muito profundamente, se isso for restringir nossa capacidade de fazer nosso trabalho. Quando um médico da emergência ou uma enfermeira atende a um paciente com risco de vida, a distância emocional é, muitas vezes, necessária apenas para continuar trabalhando sem ficar sobrecarregado. Quando um advogado de defesa de um criminoso vai para casa, ele deve deixar os problemas de seus clientes no escritório, para que não interfiram na sua vida pessoal. Contanto que sejamos claros sobre o que estamos fazendo, pode ser útil nos distanciar da dor dos outros por um tempo limitado para fazer nosso trabalho efetivamente. O verdadeiro problema surge quando as pessoas se distanciam inconscientemente de suas próprias emoções. Se não estivermos cientes de que estamos nos fechando para nos proteger, nunca teremos a oportunidade de processar a dor empática que experimentamos. Se eu chegar em casa do trabalho e pegar uma garrafa de vinho ou ligar a TV para aliviar o estresse que experimentei durante o dia, talvez esse sentimento possa permanecer trancado dentro de mim. Isso pode levar à pressão alta, à depressão ou ao uso de substâncias ilícitas. Mas, quando nos fechamos conscientemente, como um ato de cuidado com o nosso bem-estar naquele momento, então, podemos trabalhar os sentimentos difíceis mais tarde, quando tivermos mais recursos.

Essa é uma estratégia que uso constantemente. Se eu estiver dando aula ou workshop e alguém contar uma história comovente, posso não ter os meios para lidar com isso ali mesmo. Para que eu possa continuar ensinando sem me tornar emocionalmente descarrilada, posso temporariamente compartimentalizar minha dor empática para que eu consiga continuar a ensinar. No entanto, mais tarde naquela noite, verificarei comigo mesma para ver como estou me saindo. Se eu descobrir que ainda estou carregando um pouco da angústia do dia, faço uma prática como a da Pausa para a Autocompaixão Terna (página 179) ou a prática de Estar com Emoções Difíceis (página 163), para ter certeza de que reconheço o desconforto e cuido dele.

O remédio mais prescrito para prevenir o esgotamento do cuidador é autocuidado. Essa também é uma forma de autocompaixão feroz que visa nos nutrir por meio de atividades como caminhadas, ioga e comer bem. A pesquisa mostra que envolver-se em cuidados pessoais pode fazer uma grande diferença em termos de redução do esgotamento e aumento de sentimentos positivos em relação a ajudar os outros. O cuidado pessoal é essencial para que possamos recarregar e reiniciar, e para que tenhamos a energia para atender às necessidades dos outros. Estudos indicam que cuidadores que são mais autocompassivos são mais propensos a se envolverem em atividades de autocuidado como escrever um diário, fazer exercício ou encontrar com amigos.

Embora essas maneiras de prevenir o esgotamento sejam úteis, elas têm limitações. Às vezes, não é apropriado traçar limites firmes ao cuidar dos outros. Se a pessoa de quem você está cuidando é seu filho, cônjuge, pai ou mãe, dizer não pode não ser a coisa certa a fazer. Estratégias como o distanciamento emocional, mesmo quando temporário, também têm suas limitações. A empatia é o que nos permite entender a pessoa que estamos atendendo e é necessária para prestar cuidados eficazes. Se, por autopreservação, um médico ou terapeuta se fechar muito na presença de seu paciente, limita sua capacidade de compreensão daquilo que é necessário para aliviar o sofrimento.

Também há uma grande limitação para o autocuidado como uma forma de contra-atacar o esgotamento. Uma analogia comum para o autocuidado é colocar sua própria máscara de oxigênio antes de ajudar as outras pessoas em uma emergência, como somos aconselhados a fazer no início de qualquer voo. E, além disso, as atividades de autocuidado não acontecem quando o avião está descendo; elas acontecem antes da decolagem ou depois da queda — em outras palavras, fora do ambiente de cuidado. Se você é uma enfermeira que está ao lado do leito de um paciente com coronavírus em um respirador, você não pode dizer: "Ei, cara, isso está me assustando! Vou embora fazer tai chi"! Envolver-se no próprio cuidado no tempo livre é crucial, mas não é o suficiente, porque não ajuda quando você está na presença de alguém que está sofrendo e seus neurônios-espelho estão zumbindo com sua dor.

Então, como cuidamos de nós na presença de sofrimento? Buscamos a autocompaixão terna, aprendendo a estar com nossa dor empática na presença amorosa e conectada à medida que nos engajamos no difícil trabalho de cuidar. Reconhecemos nossa angústia: "Isso é muito difícil. Eu me sinto confusa e oprimida". Reconhecemos que ajudar os outros é um desafio, mas é um aspecto gratificante da experiência humana: "Eu não estou sozinha". E nos apoiamos com um tipo de diálogo interno caloroso, o qual usamos naturalmente com um amigo: "Lamento que você esteja com dificuldades. Estou aqui por você". Abraçar nossa dor empática com compaixão num ato real de cuidado proporciona uma tremenda calma, estabilidade e resiliência.

Alguns podem sentir que é impróprio nos dar compaixão se estamos cuidando de alguém que está sofrendo muito mais do que nós. Pode-se pensar: "Quem sou eu para reclamar que tenho trabalhado doze horas seguidas? Este pobre rapaz pode não sobreviver a esta noite!" Embora possa parecer egoísta, é tudo, menos egoísmo. Não estamos cuidando de nós mesmas e excluindo os outros, muito pelo contrário, estamos incluindo nós mesmas no círculo da compaixão. A ideia é que precisamos ter compaixão por nós e pela pessoa de quem cuidamos. Não é como se houvesse uma quantidade limitada de compaixão e, se eu der três unidades para mim, restarão apenas duas para outra pessoa. Quando abrimos nosso coração, nos conectamos a uma fonte ilimitada de compaixão. Quanto mais fluir para dentro, mais pode fluir para fora.

Além disso, precisamos nos lembrar de que as pessoas de quem cuidamos ressoam o nosso estado de espírito também. A empatia é uma via de duas mãos. Se estamos frustradas e exaustas, os outros ressoam esses sentimentos negativos, mas, se estivermos cheias de autocompaixão, eles entram em sintonia com esses sentimentos positivos. Assim como podemos passar por um estresse traumático secundário, também podemos passar por uma presença conectada e amorosa secundária. Dessa forma, ao darmos compaixão a nós mesmas, quando cuidamos dos outros, é, na verdade, um presente que damos ao mundo.

CUIDANDO DE ROWAN

Eu aprendi muito sobre empatia de mão dupla com o Rowan. Crianças autistas podem ser hipersensíveis às emoções das pessoas ao seu redor, e isso é tão forte que pode ser um motivo para elas se afastarem das pessoas. Quando Rowan era criança, comecei a perceber que ele era altamente afetado pelo meu estado mental. Quando Rowan tinha acesso de raiva e eu ficava chateada — seus gritos perfuravam meu cérebro —, o volume e intensidade da explosão aumentavam ainda mais. Mas, quando me lembrava de me acalmar e cuidar de mim por causa da dor que eu sentia pelo seu acesso de raiva, a intensidade diminuía. Às vezes, ele era como um espelho, refletindo meu estado mental interno quase instantaneamente. O momento em que realmente percebi esse processo em ação foi num avião.

Rowan tinha cerca de 4 anos, no auge de seu autismo. Ele ainda não era treinado para ir ao banheiro, ainda não conseguia falar e era extremamente sensível ao meio ambiente. Eu tive que levá-lo num voo transatlântico de Austin para ver seus avós, em Londres. Desnecessário dizer que eu estava com medo do que poderia acontecer na longa jornada. Foi um voo direto à noite. Então, eu esperava que ele dormisse durante a maior parte do tempo. Passamos o jantar sem incidentes e eu estava começando a ter esperanças de que, talvez, tudo ficasse bem. Em seguida, a tripulação diminuiu as luzes da cabine para que todos dormissem um pouco. Foi isso. Por alguma razão inexplicável, a mudança na iluminação ligou Rowan: um acesso de raiva violento e com muitos gritos. Fiquei horrorizada. Foi incrivelmente ensurdecedor e perturbador, me senti péssima por incomodar a todos no avião, que naquele momento estavam olhando diretamente para nós. Eu imaginei todas as coisas horríveis que as pessoas deveriam estar pensando: "O que há de errado com essa criança? Isso está além dos 'terríveis 2 anos'!" Pior do que isso, imaginei o que todos deveriam estar pensando de mim: "O que há de errado com ela? Por que ela não consegue acalmar o filho?"

Eu estava em pânico, mas pular pela janela não era uma opção. Então, tive uma ideia brilhante. Peguei o Rowan e o carreguei pelo corredor até o banheiro para deixá-lo ter seu acesso de raiva lá, na esperança de isso abafar seus gritos. Parecia o caminho da vergonha. Ele estava chorando, se debatendo e batendo nas pessoas enquanto passávamos. Dei "uma carteirada", um código que pais de autistas usam para avisar às pessoas que sua criança é autista, na esperança de que sejam mais compreensivas. "Mil desculpas. Criança autista passando. Com licença". Mas, quando eu finalmente consegui chegar aos banheiros, eles estavam todos ocupados. Claro que estavam. A lição que ganhei da vida naquele momento não foi como habilmente escapar de uma situação difícil, mas sim como superá-la.

Eu afundei no chão em desespero. Eu estava sem opção, exceto uma: a autocompaixão. Eu me certifiquei de que Rowan estava seguro e não estava se machucando e coloquei 95% da minha atenção em mim mesma. Normalmente, quando eu me dou compaixão em público, faço isso às escondidas — talvez segurando minha própria mão de uma forma casual enquanto falo silenciosamente comigo mesma. Mas dessa vez a pressão era tanta que não me importei com o que as outras pessoas pensariam. Não poderia ficar pior do que estava. Eu coloquei as duas mãos sobre meu coração e comecei a balançar para frente e para trás. Sussurrei para mim mesma: "Vai ficar tudo bem, querida. Você vai superar isso. Você está fazendo o melhor que pode". Quase imediatamente me senti mais calma. Fiquei genuinamente comovida com a minha própria situação e meu coração se abriu. Pouco depois, Rowan começou a se acalmar. Seus gritos diminuíram e eu pude segurá-lo e embalá-lo. "Tudo bem, querido. Tudo bem". Voltamos para nossos lugares e Rowan dormiu a noite toda.

Meu relacionamento com Rowan continua a refletir essa constante interação da compaixão por ele e por mim, a natureza de nossas emoções indo de um lado para o outro. Rowan está com 19 anos quando escrevo este livro, e é um ser humano verdadeiramente gentil, atencioso, charmoso, responsável e adorável. Ele é apaixonado por comida e tem um ótimo senso de humor, muitas vezes combinando os dois. (Uma vez, eu me espantei com o conteúdo da letra de um rap de que ele gosta, ele riu e disse: "Não se preocupe, mãe, eu não levo o que eles estão dizendo a sério. Isso apenas tempera a música, como cebola em um cachorro-quente".) Outro dia, ele apareceu com mais uma: "Que comida você pode comer com os pés? *A Toast*[19]". Embora ele ainda lute com ataques de ansiedade, não tem mais acessos de raiva.

Na verdade, Rowan recentemente tirou sua carteira de motorista. Qualquer pai ou mãe que ensina uma criança a dirigir reconhece que nosso estado mental afeta nossos filhos. Se eu mostrasse o menor temor quando Rowan estava entrando na rodovia ou prestes a virar à esquerda em uma estrada movimentada, ele sentiria, e isso o deixaria mais estressado. A maneira como eu lidei com meu próprio medo (às vezes, beirando o terror absoluto) fez toda a diferença. Eu cruzava meus braços casualmente, escondendo um autoabraço e me consolava para o estresse da situação. Eu lembrava que não estava sozinha, que todos os pais passam por isso e, de alguma forma, sobrevivem. Isso permitiu me sentir mais segura e calma para que Rowan pudesse se sentir da mesma maneira. Graças ao meu filho, aprendi em primeira mão que autocompaixão nos torna cuidadoras melhores.

---

[19] N. do T.: Toast = torrada (aqui se faz uma brincadeira com o fato de a pronúncia de dedos dos pés em inglês, '*toes*', ser igual à pronúncia de torrada '*toast*').

EQUANIMIDADE

Para cuidar dos outros sem nos perdermos, também é necessário ter equanimidade, um tipo de equilíbrio mental que é mantido até em circunstâncias tumultuadas. Equanimidade não é desapego frio ou falta de cuidado, mas sim um profundo *insight* sobre a ilusão de controle. Embora queiramos fazer a dor passar, não podemos mudar a realidade do momento presente. Mas podemos definir nossa intenção de tentar ajudar e esperar que o futuro mude para melhor. Equanimidade está no cerne da Oração da Serenidade, que é fundamental para os 12 passos do programa de recuperação: "Deus, dai-nos serenidade para aceitar as coisas que não podemos mudar, coragem para mudar as que podemos e sabedoria para distinguir umas das outras".

A equanimidade também é um dos dons que emergem da integração entre o yin e o yang. É a dança de ser e fazer, de aceitação e mudança, que permeia um coração compassivo. Como cuidadoras, podemos usar a compaixão para acalmar e confortar, proteger do mal, atender às necessidades e motivar a ação. Mas, em última análise, não estamos no controle do que acontece e devemos aceitar essa realidade. Às vezes, caímos na armadilha de acreditar que devemos ser capazes de pôr fim à dor do outro. Nosso ego se investe de poder e achamos que essa carga poderia ser melhor se fôssemos boas cuidadoras. E, se não ficar melhor, deve haver algo errado conosco. Para os médicos, é especialmente difícil porque as outras pessoas conspiram nessa ilusão de controle — como se os médicos tivessem o poder de Deus sobre a vida e a morte. Mas a verdade é que os médicos, como todos os cuidadores, são apenas humanos. Podemos tentar o nosso melhor para ajudar aqueles de quem cuidamos, mas, no fim, o resultado está além do nosso controle. Quando a equanimidade é o espaço no qual o cuidado se desenvolve, podemos deixar de lado nosso apego a resultados e focar em fazer o nosso melhor para ajudar no momento.

COMPAIXÃO COM EQUANIMIDADE

Ensinamos esta prática no programa geral de MSC, e também é o destaque de uma adaptação voltada para cuidadores. Esta é uma prática informal projetada para ser usada no meio de situações em que estamos prestando cuidados, como uma resposta autocompassiva ao sofrimento empático. No entanto, é útil aprender como usar a prática fazendo uma ou duas vezes por conta própria antes de aplicá-la em uma situação real de prestação de cuidado. (Uma versão em áudio guiada desta prática pode ser encontrada em www.lucidaletra.com.br/pages/autocompaixaoferoz)

INSTRUÇÕES

- Coloque-se numa posição confortável e respire fundo algumas vezes para se estabelecer fisicamente no momento presente. Você pode colocar a mão sobre o coração ou onde seja mais reconfortante. Dê mais apoio, como um lembrete, para infundir calor na sua consciência.

- Traga à sua mente alguém de quem você está cuidando e que está te deixando exausta ou frustrada ou te preocupando — alguém que está sofrendo. Visualize a pessoa e a situação de cuidado claramente em sua mente e sinta a tensão em seu próprio corpo.

- Agora, diga as palavras silenciosamente para si mesma, deixando-as rolar suavemente no seu pensamento:

    Todos estão na sua jornada de vida. Eu não sou a causa do sofrimento dessa pessoa, nem está inteiramente no meu poder fazê-lo desaparecer, embora eu quisesse que fosse possível.

AUTOCOMPAIXÃO **FEROZ**

Momentos como esses podem ser difíceis de suportar, mas ainda assim posso tentar ajudar, se eu puder.

- Ciente do estresse que você carrega em seu corpo, inspire completa e profundamente, trazendo compaixão para dentro de você e preenchendo cada célula do seu corpo com a presença amorosa e conectada. Se você quiser, pode também imaginar que seu corpo está sendo preenchido por uma luz branca ou dourada. Deixe-se acalmar respirando profundamente e dando a você mesma a compaixão de que precisa.

- Ao expirar, imagine que está enviando compaixão para a pessoa de quem você está cuidando. Você também pode imaginar que, quando expira, o corpo dela está sendo preenchido por luz branca ou dourada.

- Continue inspirando e expirando compaixão, permitindo que seu corpo encontre gradualmente um ritmo natural de respiração — deixando seu corpo respirar: "Uma para mim, uma para você. Inspiro para mim, expiro para você".

- Se você achar que precisa se concentrar mais em si mesma e em sua angústia, sinta-se à vontade para se concentrar mais em inspirar. Da mesma forma, se você estiver atraída pela dor da pessoa de quem você está cuidando, você pode se concentrar mais na expiração. Você pode ajustar a proporção conforme necessário, mas certifique-se de sempre incluir você e o outro.

- Observe como seu corpo está sendo acalmado e acariciado por dentro, enquanto você respira.

- Você pode imaginar que está flutuando sem esforço em um mar de compaixão — um oceano ilimitado que abraça todo o sofrimento. Mais do que o suficiente para você e mais do que o suficiente para o outro.

- Continue inspirando e expirando compaixão pelo tempo que quiser.
- Quando estiver pronta, repita silenciosamente estas palavras mais uma vez:

   Todos estão na sua jornada de vida. Eu não sou a causa do sofrimento dessa pessoa, nem está inteiramente no meu poder fazê-lo desaparecer, embora eu quisesse que fosse possível. Momentos como esses podem ser difíceis de suportar, mas ainda assim posso tentar ajudar, se eu puder.

- Agora deixe de lado a prática e permita-se ser exatamente como você é neste momento.

AUTOCOMPAIXÃO **FEROZ**

A AUTOCOMPAIXÃO E A RESILIÊNCIA DO CUIDADOR

Há extensa pesquisa mostrando que os cuidadores mais autocompassivos (ou que são treinados para ser) são mais resilientes e têm melhor saúde mental, apesar do estresse que enfrentam. Um estudo examinou como a autocompaixão ajudou as pessoas a lidar com o cuidado de um parceiro com diagnóstico de câncer de pulmão. Os pesquisadores descobriram que os cuidadores autocompassivos ficaram menos angustiados com o diagnóstico do parceiro e conseguiam falar sobre isso mais abertamente — e seus parceiros eram menos angustiados também. Cuidadores profissionais, como terapeutas, enfermeiras, residentes pediátricos, parteiras e clérigos que têm autocompaixão, relatam ter passado por menos fadiga e esgotamento. Eles dormem melhor à noite, mesmo após regular o nível de estresse que experimentam no trabalho. Cuidadores autocompassivos são mais engajados e realizados profissionalmente. Eles relatam uma maior "satisfação na compaixão" — sentimentos bons de envolvimento num trabalho gratificante, como a felicidade, o entusiasmo e a gratidão por serem capazes de fazer a diferença no mundo. Eles também são mais propensos a ter confiança em suas habilidades de fornecer o cuidado calmo e compassivo aos outros.

Ajudei a desenvolver um breve programa de treinamento projetado especificamente para médicos, enfermeiras e outros profissionais de serviços de saúde, chamado Treinamento de Autocompaixão para Profissionais de Saúde (SCHC). Nós desenvolvemos o programa em conjunto com o Center for Resiliency at Dell Children's Medical Center (Centro de Resiliência do Centro Médico Infantil Dell), em Austin. O curso é uma adaptação do Programa de Mindfulness e Autocompaixão Mindful Self-Compassion (MSC), mas, em vez de oito sessões de duas horas e meia, é composto por seis sessões de uma hora, que ficou muito mais viável para esses profissionais do cuidado da saúde que são bem ocupados. Foi pedido aos participantes para praticarem a autocompaixão no trabalho usando os exercícios ensinados no curso, incluindo a Pausa para a Autocompaixão com práticas da Equanimidade. Não foi solicitado meditar ou fazer qualquer "lição de casa", o que poderia transbordar um copo já cheio, essa dose mínima pareceu ser eficaz. Nossa pesquisa mostra que o SCHC aumentou significativamente a autocompaixão, mindfulness, compaixão pelos outros, a satisfação na compaixão e o sentimento de realização pessoal dos trabalhadores de saúde, ao mesmo tempo em que reduziu o estresse, a depressão, o estresse traumático secundário, o esgotamento e a exaustão emocional.

Entrevistamos participantes que concluíram o programa, e eles fizeram avaliações brilhantes. Uma assistente social relatou que a prática a ajudou a se conectar com seus pacientes: "Estou ouvindo minha paciente, todas as partes de mim estão aqui... E eu estou ouvindo". Um fonoaudiólogo disse: "Eu acho que a autocompaixão me ajudou a criar limites mais saudáveis". Uma enfermeira comentou: "Eu acho que é tão necessário — todos devem fazer. É realmente, muito, muito positivo e útil. Mas me surpreendeu pensar que nenhum outro hospital para o qual trabalhei jamais tenha feito algo assim antes". Esperamos que isso não seja verdade por muito tempo e que haja uma nova onda de autocompaixão no cuidado da saúde. O hospital onde desenvolvemos o programa continuou a realizar treinamentos com o SCHC regularmente.

A equipe do hospital também nos pediu para ensinar o programa aos pais de seus pacientes pediátricos que sofrem com doenças crônicas como o câncer ou a paralisia cerebral. Para esses pais, a capacidade de se dar compaixão pela dor de cuidar de seus filhos prova ser uma mudança de vida. Deu a eles a força para estar presentes para seus filhos com o coração aberto, sem sentir seu sangue sendo drenado.

Imagine um mundo no qual a autocompaixão seja considerada tão essencial para um cuidador aprender quanto medir a temperatura ou conduzir uma entrevista de diagnóstico ou ajudar uma criança com problemas de comportamento. O peso de cuidar dos outros se tornaria muito mais fácil de suportar.

Um grupo de indivíduos que particularmente precisa de autocompaixão é o de ativistas da justiça social, lutando por questões como igualdade de gênero, expressão sexual, justiça racial, direitos humanos ou aquecimento global. Os ativistas sociais são propensos ao esgotamento, devido à intensidade da tarefa assustadora que enfrentam, tentando mudar estruturas de poder entrincheiradas. Ao passo que a maioria de nós evita as consequências devastadoras da injustiça, se não nos afeta diretamente, os ativistas procuram e confrontam por escolha. Abrir-se para o sofrimento do mundo pode causar uma tremenda dor empática, que é agravada pelo baixo salário, alto nível de estresse e longas horas de trabalho que os empregos acarretam. E eles também têm que lidar com a reação de ódio que recebem daqueles que estão no poder e que lutam contra seus esforços implacavelmente. Isso cria as condições perfeitas para o esgotamento, fazendo com que muitas pessoas desistam totalmente de seu ativismo.

Infelizmente, o ativismo também pode ser acompanhado pela crença de que o cuidado deve ir apenas para um lado. Kathleen Rodgers, da Universidade de Ottawa, conduziu entrevistas em profundidade com 50 trabalhadores da Anistia Internacional e descobriu que uma cultura de abnegação e autossacrifício permeia a organização de tal forma que aumentou diretamente o esgotamento. Como um trabalhador comentou: "Há um potencial de culpa de não fazer o suficiente para as pessoas que são vítimas de violação, que 'merecem' ou 'precisam' ou 'devem ter' a atenção, e cada pedaço da atenção, e cada pedaço da energia que podemos trazer para elas; assim, quando não se consegue produzir... de certa forma é como uma traição às vítimas". Essa visão falha ao não encarar o autocuidado como fonte de energia que impulsiona nossa habilidade de ajudar os outros.

A autocompaixão é crucial para promover a força e a resiliência necessárias para enfrentar questões dolorosas, como a pobreza enraizada, o tráfico sexual ou o abuso conjugal. Se nós, como mulheres, queremos trazer justiça para um mundo injusto, precisamos ter certeza de que nossa compaixão está direcionada tanto para dentro quanto para fora.

A boa notícia é que o papel do gênero nos transformou em zeladoras poderosas e capazes. Nós já temos as habilidades e os recursos para aliviar o sofrimento; nós só precisamos nos dar permissão para cuidar, simultaneamente, de nós mesmas. Podemos confiar na mãe ursa feroz para lutar pelo que é certo e na mãe ursa terna para nos alimentar na jornada.

CAPÍTULO 11: O QUE FAZEMOS POR AMOR

Não pode haver amor sem justiça.

— bell hooks, autora e ativista

É no nosso relacionamento romântico que a associação de gênero do yin e do yang tem mais influência. Muitas vezes vendemos nossa alma para estar com alguém porque fomos doutrinadas desde o nascimento a acreditar que somos incompletas sem um parceiro. Começamos a acreditar que precisamos de um relacionamento para ser feliz. Outras mulheres costumam ser coniventes com essa crença. Quando você é solteira e uma amiga, que não vê há anos, telefona, frequentemente, a primeira pergunta é: a) Você está em um relacionamento? ou b) Como está indo seu relacionamento? Como se esse fosse o aspecto mais importante da nossa vida.

Frases comuns como "minha outra metade" reforçam a noção de que a integridade requer duas pessoas em uma parceria. Parte do que acontece aqui é que o yin e o yang foram divididos por gênero (pelo menos nas relações heterossexuais), de modo que uma mulher socializada para ser yin deve sentir que precisa estar com um homem socializado para ser o yang, assim as energias ficam equilibradas. Tradicionalmente, a mulher é ensinada a direcionar a ternura para o lado externo, e não para o interno, e que ela precisa se sentir amada e aceita por um homem para experimentar essa ternura por si própria. Ela aprende que a presença amorosa e conectada vem de um homem que a ama (romanticamente), está conectado a ela (emocional e psicologicamente) e está na presença dela (em um relacionamento de compromisso). Ela também foi ensinada que qualidades fortes de proteção, provisão e motivação vêm de fora, e não de dentro. Ela precisa de um homem para protegê-la fisicamente, para ajudá-la, sustentá-la materialmente e motivá-la, dando, enfim, sentido à sua vida. Embora as normas tradicionais não tenham o mesmo poder de antes, ainda obscurecem a visão que temos sobre relacionamentos.

Quando a integração do yin e do yang ocorre em casais, não em indivíduos, pode ser pouco saudável. Em vez de acontecer de forma independente, uma mulher pode se tornar codependente, carente ou apegada, sempre buscando a atenção de um homem para se sentir valiosa. Ela também pode se tornar passiva, submissa ou desconfortável por estar sozinha e incapaz de acessar o poder que tem dentro de si. Colette Dowling chamou essa condição de "complexo de Cinderela", baseado no conto de fadas em que a indefesa heroína é insignificante até ser resgatada pelo Príncipe Encantado. A socialização de gênero nos diz que precisamos encontrar algum príncipe para nos sentirmos amadas e protegidas — um ideal que atrapalha a aprendizagem do amar e do proteger a nós mesmas.

Felizmente, a autocompaixão fornece uma saída para essa ilusão, permitindo-nos atender às nossas necessidades diretamente. Isso nos ajuda a encontrar o equilíbrio entre o yin e o yang internamente, em vez de externamente. A autocompaixão também melhora a nossa vida amorosa — com ou sem um relacionamento. Quando nos valorizamos verdadeiramente, somos menos dependentes de outra pessoa para nos fazer sentir amadas, felizes, dignas e seguras. Isso nos dá uma liberdade incrível para desfrutar a vida, ser autênticas na forma como nos expressamos e encontrar significado e realização, quer estejamos sozinhas, namorando ou em um relacionamento sério.

A AUTOCOMPAIXÃO NOS RELACIONAMENTOS

Quando estamos em um relacionamento romântico sério, a autocompaixão é um recurso inestimável para fortalecer a parceria. A habilidade de cuidar de si mesma e de apoiar-se, quando estiver passando por um momento difícil ou se sentindo insegura, facilita o comprometimento com os outros. Quando não exigimos que um parceiro atenda a todas as nossas necessidades exatamente como desejamos, exatamente quando queremos (num momento queremos carinho e, no outro, ficar sozinhas), então colocamos menos pressão em nosso parceiro querendo que ele acerte sempre. Encontrar a harmonia fica mais fácil.

O filósofo alemão Arthur Schopenhauer falou sobre relacionamento humano usando a metáfora do dilema do porco-espinho: "Num dia frio de inverno, vários porcos-espinhos se amontoaram bem perto, a fim de, com o calor mútuo, evitar ser congelados. Mas eles logo sentiram os espinhos um do outro e voltaram a se separar. Depois, quando houve a necessidade de calor novamente, se agruparam mais uma vez e o inconveniente efeito dos espinhos também se repetiu, até que descobriram a distância adequada na qual poderiam tolerar um ao outro". Assim como porcos-espinhos, inevitavelmente, ferimos nosso parceiro romântico e enfrentamos barreiras na intimidade. Quanto mais geramos calor interno por meio da autocompaixão, mais podemos encontrar harmonia com nosso parceiro e o equilíbrio certo entre espaço e proximidade. Longe de ser autocentrado, esse recurso interno fornece estabilidade e flexibilidade, potencializando nossa competência como parceiras.

Essa competência aparece em pesquisas que mostram que pessoas com autocompaixão vivem relacionamentos românticos mais saudáveis. Elas têm menos probabilidade de brigar com os parceiros, têm interações mais gratificantes e passam mais tempo de qualidade juntos. Elas também estão mais satisfeitas sexualmente. Sentem-se melhor sobre quem são na união, são mais felizes, resultando em menos depressão. Quando surgem conflitos, assumem compromissos mais justos e são honestas com seus parceiros na hora de pedir o que precisam ou querem.

Uma aluna de graduação autocompassiva falou sobre como ela resolveu as coisas entre ela e o namorado, para um estudo que conduzimos sobre conflitos de relacionamento: "Eu estava muito ocupada com escola, torcida, esportes, música e trabalhos. Dedico muito do meu tempo e esforço a essas coisas, porque são importantes para mim. Sei que meu namorado quer mais tempo comigo, mas, simplesmente, não disponho de tempo suficiente". Ela escolheu passar um pouco mais de tempo com ele, mas não a ponto de abrir mão de qualquer coisa que fosse realmente importante para ela. "Estamos lidando com as coisas desta forma, porque nos respeitamos", disse. "Nós dois tínhamos nossos próprios desejos e necessidades, e nosso relacionamento era muito mais importante para nós do que qualquer problema que tivemos em algum momento". Esse tipo de equilíbrio foi menos prevalente em alunas de graduação que não tinham autocompaixão. Elas subordinavam mais frequentemente suas necessidades às de seus parceiros. Como disse uma jovem: "Sempre quero agradá-lo e torná-lo feliz. Eu também tenho medo de que, se ficar bravo, não fique mais comigo. Ele é muito persuasivo e, geralmente, me convence a ver as coisas do seu ponto de vista". A autocompaixão feroz estrutura nosso eixo para manter posição quando surgirem desacordos, enquanto a autocompaixão terna nos permite ter a mente mais aberta, íntima e amorosa.

Isso ficou evidente em outro estudo que conduzimos sobre autocompaixão em relacionamentos românticos. Incluímos mais de cem casais adultos que moravam na área de Austin e que tinham um compromisso de longo prazo. Avaliamos o nível de autocompaixão e autoestima de cada pessoa, sua autenticidade no relacionamento e o quanto se sentiam confortáveis expressando sua opinião. Também pedimos aos participantes que relatassem o comportamento de seu parceiro. Os parceiros eram afetuosos e amorosos ou frios e distantes? Eram receptivos e davam espaço e liberdade no relacionamento ou eram críticos e controladores? Seus parceiros foram, alguma vez, abusivos verbalmente ou agressivos? Finalmente, perguntamos aos participantes o quanto estavam satisfeitos e seguros no relacionamento.

As pessoas que eram mais compassivas mostraram-se mais autênticas e capazes de falar o que pensam sobre assuntos importantes, demonstrando sua capacidade de recorrer à ferocidade interior para impor-se em favor próprio. Sua capacidade de autocuidado também pareceu se traduzir em ser mais atenciosas, de uma maneira geral. Elas foram descritas por seus parceiros como sendo mais calorosas e solidárias (por exemplo, "é gentil e carinhosa em relação a mim"), aceitando ("respeita minha opinião") e encorajando sua autonomia ("me dá a liberdade que quero"). Não eram vistas como desapegadas (por exemplo, "age como se eu estivesse atrapalhando"), nem controladoras ("espera que eu faça tudo do seu jeito") ou agressivas ("grita e sai brava da sala"). Curiosamente, descobrimos que era o nível individual da autocompaixão, não da autoestima, que determinava aqueles que foram descritos de forma positiva pelos parceiros. Em outras palavras, as pessoas podem ter alta autoestima, mas seus parceiros ainda podem descrevê-las negativamente. No entanto, a esmagadora maioria das pessoas que tinha autocompaixão foi descrita como sendo mais cuidadosa no relacionamento. Sem surpresa, os parceiros de indivíduos autocompassivos relataram sentir-se mais seguros e satisfeitos. Esse estudo oferece ainda mais evidências de que a autocompaixão não leva ao egocentrismo ou comportamento egoísta. Quanto mais amor somos capazes de dar a nós mesmos, mais, ao mesmo tempo, temos reservas disponíveis para os outros.

Uma limitação desse estudo foi a não diversidade étnica — os casais eram predominantemente brancos —, mas o estudo para uma dissertação na Universidade Estadual do Kansas, com 210 casais negros heterossexuais, também descobriu que parceiros com mais autocompaixão relataram ter relacionamentos mais calorosos, gratificantes e felizes. Eles eram menos propensos a se envolver em comportamentos negativos, como menosprezar um ao outro, ou entrar em confrontos com acusações, xingamentos e mágoas do passado. Mais uma vez, os resultados sugerem que nos tratarmos com gentileza facilita tratar assim também nossos parceiros, o que resulta em relacionamentos mais saudáveis e sustentáveis.

A autocompaixão nos ajuda a aceitar que somos seres humanos imperfeitos, fazendo o melhor que podemos. Todos nós, em um ponto ou outro, nos comportamos impensadamente em relação a um parceiro ou agimos de certa maneira que lamentamos depois. Quanto mais compreensão e perdão dirigimos às nossas imperfeições humanas, mais compreensão e perdão dirigiremos às limitações dos nossos parceiros, e a aceitação incondicional em ambas as direções constroi relacionamentos mais fortes. Jia Wei Zhang e Serena Chen, da Universidade da Califórnia em Berkeley, examinaram o papel da autocompaixão e da aceitação em relacionamentos românticos. As pesquisadoras recrutaram alunos de graduação e adultos mais velhos, pedindo-lhes que descrevessem uma falha em si mesmos (por exemplo, eu sou bagunceiro) e uma falha no seu parceiro (por exemplo, ele procrastina). Elas descobriram que as pessoas com autocompaixão tendem a aceitar suas próprias deficiências, bem como as de seus parceiros. Seus parceiros confirmaram isso e disseram que se sentiam menos julgados e mais aceitos. Essa aceitação mútua resulta em mais satisfação geral no relacionamento.

No entanto, a autocompaixão não se trata apenas de aceitar fraquezas, também promove mudança e crescimento saudável. Uma série de três estudos feitos por pesquisadores da Universidade do Tennessee descobriu que mulheres com autocompaixão que estavam comprometidas em um relacionamento de longa data eram mais capazes de abordar as dificuldades com seus parceiros. O primeiro estudo descobriu que as mulheres com níveis mais elevados de autocompaixão eram mais propensas a relatar que estavam empenhadas em resolver problemas (por exemplo, "Eu geralmente tento, imediatamente, lidar com o problema com meu parceiro"). O segundo estudo perguntou se as mulheres imaginavam que haviam feito algo de que se arrependiam, como não apoiar seu parceiro num momento de necessidade. Os pesquisadores, então, instruíram as participantes a terem compaixão pelo seu erro e descobriram que isso as motivou a consertarem as coisas. O terceiro estudo rastreou o nível de satisfação com o relacionamento entre as mulheres em seus primeiros cinco anos de casamento. Embora a maioria das pessoas fique menos satisfeita durante esse período, mulheres autocompassivas eram tão felizes no quinto ano do relacionamento quanto na fase de recém-casadas, demonstrando o notável poder da autocompaixão para criar e manter uma união saudável.

A AUTOCOMPAIXÃO PARA DESAFIOS NO RELACIONAMENTO

Os relacionamentos românticos são uma grande fonte de alegria, mas também de sofrimento. Nós podemos trazer a compaixão feroz ou a terna para nós mesmas quando enfrentamos problemas de relacionamento, dependendo do que precisamos naquele momento. Esta prática pode ser feita como um exercício escrito ou uma reflexão interna e é projetada para pessoas que estão atualmente numa relação romântica.

INSTRUÇÕES

- Pense numa dificuldade que você está tendo com seu parceiro. Talvez você discorde sobre algo, ou está insatisfeita de alguma forma, ou se sente mal por algo que você ou seu parceiro fizeram. Tente ser o mais específica possível, evocando vividamente a situação. Quem disse o que, a quem, o que aconteceu ou não aconteceu?

- Agora, veja se você consegue deixar de lado a história por um momento e verifique suas emoções. O que você está sentindo agora? Está triste, frustrada, solitária, com medo, vergonha ou raiva? Uma combinação de sentimentos? Tente localizar os sentimentos em seu corpo. Concentre-se na sensação física da emoção. Use mindfulness para reconhecer a dor do que você está sentindo. É difícil se sentir assim. Permita-se qualquer sentimento, sem a necessidade de consertá-lo imediatamente ou fazer com que desapareça.

- Em seguida, lembre-se da humanidade comum da situação. Você não está sozinha. Todo relacionamento tem desafios. Todos os relacionamentos são imperfeitos. Tente trazer alguma gentileza para si mesma no meio desse desafio. Primeiro, use algum tipo de toque calmante e de apoio que pareça apropriado — talvez colocando a mão em algum lugar do corpo onde você sente as emoções, ou colocando ambas as mãos no seu coração, ou ainda usando um gesto de força, como pôr um punho no seu coração e o outro suavemente sobre ele.

- Por fim, diga palavras de gentileza que sejam exatamente o que você precisa ouvir no momento: talvez algumas palavras gentis de aceitação ou conforto; palavras ferozes de coragem; validação de suas necessidades ou incentivo para fazer uma mudança. Se você está tendo problemas em encontrar as palavras certas, pode imaginar o que diria para uma amiga que estivesse passando pela mesma dificuldade de relacionamento que você. Que palavras fluiriam naturalmente para ela? Você consegue dizer a mesma coisa para si própria?

Muitas pessoas me disseram que, assim que começaram a praticar a autocompaixão, seu relacionamento romântico melhorou. Michelle, uma aluna que fez meu seminário avançado sobre autocompaixão, foi uma dessas pessoas. Ela me disse que costumava ser muito autocrítica e dura consigo mesma. Admitia ser "maníaca por controle", que precisava ter tudo certo, incluindo seu relacionamento. Michelle corria em maratonas e era fissurada por saúde, e sua pele brilhante e a figura esguia mostravam isso. Ela estava saindo já havia uns dois anos com Brandon, um bombeiro, e eles se amavam. Tinham muito em comum: ambos gostavam de música, caminhadas e tinham uma visão semelhante da vida. Mas houve problemas.

Michelle era uma pessoa pontual e pediu a Brandon para mandar uma mensagem sempre que fosse se atrasar mais de 20 minutos. Ele frequentemente se esquecia, especialmente se estava com seus amigos. Sentada sozinha na mesa do restaurante, esperando por ele, ela se irritava com a falta de consideração. Mas, quando ele aparecia, fingia esquecer-se de tudo, como se não se importasse, porque ela não queria que ele pensasse que era uma chata.

Outro problema: Brandon não era tão romântico quanto ela gostaria. Ela queria que ele expressasse seu amor com maior fervor (ela adorava romances históricos, como *Outlander* e *Poldark*, e, secretamente, queria essa mesma intensidade). Mas Brandon era mais discreto, a expressão dramática de emoção não lhe era natural. Seus heróis eram os tipos fortes e silenciosos, que expressavam seu amor por meio do compromisso. Embora ela apreciasse a sua estabilidade, ficava desapontada com a falta de paixão.

Ela admitiu que um de seus maiores problemas com Brandon era o fato de ele gostar de comer em restaurantes como Taco Bell e McDonald's. Quando ela encontrava a embalagem vazia na parte de trás do carro, às vezes estourava e dava um sermão fulminante sobre nutrição. Então, ela imediatamente se sentia envergonhada e se criticava por ser tão arrogante.

Brandon amava Michelle, apesar desses problemas, e a convidou para morar com ele, mas ela estava hesitante. O problema era o relacionamento ou ela estava apenas sendo muito cautelosa e exigente? Michelle decidiu aprender sobre autocompaixão — principalmente para si mesma, mas também na esperança de que isso pudesse ajudar com Brandon. Ela leu vários livros e, depois, foi ao meu seminário.

Michelle praticou diligentemente a autocompaixão (como tudo o que ela fazia). Passado um tempo, começou a ver mudanças em si. Ela estava menos ansiosa, mais motivada e menos controladora. As coisas também começaram a melhorar com Brandon. Michelle percebeu que muitas de suas reações decorriam de suas próprias inseguranças. Por exemplo, quando Brandon se atrasava, imediatamente, parte dela se preocupava que ele já não era mais tão louco de amor por ela e não se importava mais. É por isso também que ela queria que ele expressasse seu afeto de uma forma que a fizesse se sentir uma das heroínas dos dramas de que gostava. Ela queria ter 100% de certeza de que era digna de ser amada e adorada. Até o foco na saúde, embora tenha um valor positivo na sua vida, foi, em parte, impulsionado pelo medo de ganhar peso ou de ficar doente, e ela projetava esse medo em Brandon.

Depois que Michelle aprendeu como enfrentar essas inseguranças com autocompaixão, elas se tornaram menos debilitantes. Primeiro, ela poderia aceitar que essas dúvidas estavam lá. Ela fez terapia o suficiente para saber de onde vieram — seus pais se divorciaram quando era criança, seguido por uma amarga batalha de custódia. Ela sabia que a cura seria lenta, mas estava determinada a tentar. Quando Brandon se atrasava, e ela começava a andar pelo caminho de acreditar que ele não se importava, percebia esse medo e se dava apoio e bondade. Era simplesmente natural ficar angustiada e se tranquilizava com seu próprio calor e cuidado. Quando queria que Brandon fosse mais romântico, reconhecia a dor de se sentir desapontada. Então, tentava satisfazer sua própria necessidade de romance comprando para si um enorme buquê de flores. Se reagia exageradamente aos hábitos alimentares de Brandon, em vez de se criticar, tentava entender o que a estava levando a ter essa reação. Era um gatilho relacionado ao desejo de uma vida saudável, na verdade, uma coisa positiva.

Quanto mais Michelle se dava a autocompaixão terna e aceitava a si mesma, mais poderia fazer o mesmo por Brandon. No momento em que Michelle tirou a pressão, aceitando que nenhum relacionamento é perfeito, eles começaram a discutir menos.

Mas Michelle não parou por aí. Algumas de suas reclamações eram legítimas e precisavam ser tratadas com a autocompaixão feroz. Ela percebeu que ficar dando sermão em Brandon sobre seus hábitos de *fast-food* era um problema dela, e que ela não tinha o direito de decidir aquilo que ele tinha que comer: ele era um homem adulto, afinal de contas. Mas o pedido de que ele mandasse uma mensagem quanto aos atrasos continuava válido. Ela disse a Brandon a verdade sobre o quanto isso a aborrecia, especialmente quando eles estavam em público. Talvez ele pudesse ajustar um lembrete no telefone se fosse necessário, mas isso era importante para ela. Ela sabia que o atraso não significava que ele não a amava, mas ainda era falta de consideração e ela precisava que ele respeitasse seu tempo.

As conversas mais difíceis foram sobre a maneira como Brandon expressava seu amor por ela. Ele disse que não conseguia mudar, que ela não deveria esperar que ele fizesse como algum personagem de um romance. Ela entendeu. Mas, ainda assim, suas necessidades de intimidade não estavam sendo totalmente atendidas. Comprar flores para si ajudou, mas não foi o suficiente. Eles começaram a ter conversas sobre como ela poderia ajudá-lo a se sentir mais seguro e se abrir, demonstrando seu apoio e aceitação por ele, o que o ajudaria a ser mais vulnerável. Eles falaram sobre a cultura machista do corpo de bombeiros e como isso contribuiu para o desconforto de expressar ternura. Embora fosse estranho para ele, estava disposto a tentar algo diferente. Ela aprendeu como pedir a Brandon para expressar seu sentimento, sem fazer julgamento, e ele se sentiu mais confortável ao longo do tempo.

Eles até começaram a ter discussões francas sobre o equilíbrio de poder no relacionamento. Brandon admitiu que, às vezes, a manteve esperando em encontros para que seus amigos não pensassem que ela o estava "chicoteando", queria que pensassem justamente o contrário. Ele também foi capaz de ver que sua resistência à intimidade era outra maneira de demonstrar poder, para que ela sempre quisesse mais. Essas conversas foram difíceis, mas eles as assumiram com mútuo amor, respeito e compaixão, que os ajudou a realmente ouvirem um ao outro. Da mesma forma que Michelle modelou a autocompaixão no seu papel em relação aos problemas dele, Brandon, por sua vez, foi capaz de ter compaixão e admitir suas deficiências mais prontamente. Michelle e Brandon estão morando juntos há dois anos — até agora, tudo bem.

AMOR E PATRIARCADO

A dinâmica do poder de gênero, muitas vezes, desempenha um papel na formação do relacionamento heterossexual. Isso ocorre porque a história de amor e casamento foi moldada pelo patriarcado. Na era pré-industrial, o casamento era visto, principalmente, como um arranjo econômico entre famílias, com base nas considerações de status e estabilidade econômica. Uma mulher normalmente não escolhia o homem com quem iria se casar; essa decisão era tomada por seus pais. O amor era considerado um péssimo motivo para se casar. A *doctrine of coverture*[20] — que continuou a ser ativamente aplicada até o século XIX — basicamente afirmou que um homem era dono de sua esposa, incluindo seu corpo e seus serviços, todas as suas propriedades e salários, e a custódia dos filhos nos raros casos de divórcio. Dado que uma mulher era basicamente considerada bem móvel, precisava de um homem para sobreviver fisicamente.

Mas, então, com o Iluminismo, a ideia de amor no casamento como expressão da liberdade individual e a busca de felicidade ganham

---

20 N. do T.: A encoberta (doctrine of coverture) era uma doutrina de direito comum, segundo a qual, no casamento, os direitos e obrigações legais da mulher eram incluídos aos de seu marido. O status legal da mulher ficava encoberto pelo da esposa. Uma mulher solteira tinha o direito de possuir propriedade e fazer contratos em seu próprio nome. A encoberta surge da ficção legal de que marido e mulher são uma única pessoa.

popularidade. Escritoras como Jane Austen e Charlotte Brontë glorificaram o amor romântico como uma fonte de significado e realização para as mulheres, mesmo que elas ainda não tivessem o direito de votar ou controlar a propriedade. O ideal para uma mulher, dentro e fora dos romances, era encontrar um homem que a amasse, valorizasse, adorasse e protegesse, criando uma união feliz e gratificante.

Os maridos, porém, nem sempre eram amorosos ou seguros; às vezes, eles estavam emocionalmente indisponíveis, eram negligentes ou abusivos. Bater na esposa era legal até 1920. E, embora o amor romântico devesse ser sobre respeito mútuo, esperava-se que uma esposa se submetesse às decisões de seu marido. Ela precisava minimizar sua inteligência para não ameaçar a dele. (Como Rita Rudner brincou: "Quando finalmente encontrei o Sr. Certo, não tinha ideia de que seu primeiro nome era Sempre".) Ainda assim, ser casada com um homem que fazia sua esposa se sentir especial, valorizada e protegida era o ideal romântico da sociedade, mesmo que poucos casamentos correspondessem propriamente a esse arranjo. Com certeza, é melhor estar perdido em um sonho romântico do que acordar e ver a verdade de seu desempoderamento.

As mulheres tiveram que se dobrar para preservar essas ilusões, uma vez que eram financeiramente dependentes dos homens, sem lugar na sociedade fora do casamento. Uma vez que o poder feminino estava confinado à esfera doméstica, as mulheres tiveram que tentar encontrar sua satisfação ali. Elas, muitas vezes, viravam a cara para não ver a infidelidade, ignoravam o comportamento grosseiro e aguentavam quando o marido lhes chamava a atenção. Não havia nada a fazer, além de serem corajosas numa união infeliz, já que o divórcio ainda não era uma opção. Essa visão do casamento, sustentada pelo ideal romântico, continuou até aproximadamente os anos Ozzie e Harriet[21], da década de 1950.

As coisas começaram a mudar entre os anos 1960 e 1980. O divórcio e a coabitação tornaram-se mais comuns. Maior número de mulheres

---

21 N. do T.: *The Adventures of Ozzie and Harriet* foi uma novela americana exibida na ABC, de 3 de outubro de 1952 a 3 de setembro de 1966, mostrando a vida da família Nelson.

começou a trabalhar e a frequentar a faculdade. A segunda onda do feminismo (a primeira foi o movimento sufragista) caiu sobre nós. Livros pioneiros, como *A Mística Feminina*, de Betty Friedan, que questionava o ideal da mulher como esposa e dona de casa, tornou-se um *best-seller*. Gloria Steinem foi cofundadora da revista *Ms.* (pronome de tratamento para todas as mulheres), tremendo sucesso ao rejeitar a ideia de que o status de uma mulher é determinado por ser solteira (Miss — senhorita) ou casada (Mrs. — senhora). A própria ideia de amor romântico foi questionada, com feministas radicais argumentando que "O amor, no contexto de um relacionamento homem-mulher opressor, torna-se um cimento emocional para justificar a relação dominante-dominado". Os costumes projetados para tornar as mulheres atraentes para os homens, como usar maquiagem, eram vistos como conivência com o patriarcado. Jogar sapatos de saltos altos e sutiãs no lixo foi uma forma de protesto contra o Concurso Miss América; na verdade, as manifestantes não queimaram sutiãs, mas, mesmo assim, o movimento foi descrito pela mídia como a queima de sutiã, semelhante à queima dos cartões[22], e foi assim que toda uma geração de mulheres sinceras veio a ser chamada de feministas da queima de sutiã.

As décadas seguintes viram um efeito rebote cultural conservador à agenda feminista e o desejo de acabar com a opressão feminina nos relacionamentos românticos foi rebatizada de "ódio ao homem". Apesar dos melhores esforços da onda seguinte de feministas que cresceram com o Title IX[23] e estudos para mulheres, o movimento ficou relativamente quieto — até o tsunami do ativismo que cresceu com o #MeToo e a Marcha das Mulheres, após a posse de Trump. Questões de assédio sexual e exclusão de mulheres de cargos do poder voltaram a dominar

---

22 N. do T.: Queima do cartão é símbolo dos protestos realizados por milhares de jovens nos Estados Unidos nos anos 1960 e início dos anos 1970. Os cartões de alistamento eram queimados, demonstrando que os americanos se opunham à participação dos Estados Unidos na Guerra do Vietnã.

23 N. do T.: Título IX (Title IX) é uma lei federal de direitos civis nos Estados Unidos, que foi aprovada como parte das Emendas à Educação de 1972. Ela proíbe a discriminação baseada no sexo em qualquer escola ou outro programa educacional que receba dinheiro federal.

as manchetes. O que está demorando mais a despertar é a necessidade de questionar o papel do amor e do romance em nossa vida. Muitas mulheres que conheço, ativistas autossuficientes e com muito poder, ainda acreditam que precisam de um parceiro para se sentirem amadas, realizadas e valorizadas.

As mulheres são hábeis em dar seu coração. O problema é que doamos nosso poder junto do nosso coração se acreditamos que a fonte de amor e segurança reside no relacionamento com um parceiro, em vez do relacionamento conosco mesmas. As mulheres heterossexuais são tão condicionadas a se sentir valorizadas com base no fato de um homem amá-las que, às vezes, abandonam a si mesmas para manter a união. Até quando uma mulher ganha um bom dinheiro e é bem-sucedida e independente, acredita, frequentemente, que precisa de um homem para ser feliz. Isso pode levar muitas de nós a ficarmos em uma situação ruim por mais tempo do que deveríamos. Pense em todas as celebridades ricas que ouvimos falar que, constantemente, fazem escolhas erradas nos relacionamentos. Pense nas suas próprias amigas. Pense em você. Embora seja difícil saber se um relacionamento é saudável quando recém entramos nele, uma vez que estamos em um, é parcialmente nossa convicção de que precisamos de um parceiro que dá cor ao processo da nossa tomada de decisão. Muitas vezes ignoramos os alertas vermelhos, porque queremos muito que nossos relacionamentos tenham sucesso.

Mulheres com relacionamento do mesmo sexo não enfrentam exatamente os mesmos problemas que as mulheres heterossexuais, porque têm menos chance de ficarem trancadas num roteiro cultural de gênero. Um estudo realizado por pesquisadores da Universidade do Texas, em Austin, examinou 157 casais de lésbicas e 115 casais heterossexuais legalmente casados ou coabitando (por um tempo médio de 15 anos), e descobriu que as mulheres em uniões heterossexuais tinham menos propensão de dizer que seu parceiro as tinha decepcionado, agiu de maneira imprudente ou não ouvia atentamente, do que as pessoas que tinham relacionamento com o mesmo sexo. Mulheres lésbicas também relataram mais bem-estar psicológico dentro seus relacionamentos. Embora casais do mesmo sexo enfrentem maior discriminação e pressão externa da sociedade — e essa injustiça não pode ser ignorada —, dentro da esfera de seu relacionamento, são frequentemente libertadas de algumas das dinâmicas prejudiciais do patriarcado.

PRECISAMOS ESTAR NUM RELACIONAMENTO PARA SERMOS FELIZES?

Embora as mulheres não precisem mais ser casadas para ter status em nossa sociedade, a vontade de estar em um relacionamento ainda é forte. Mesmo quando deixamos um relacionamento ruim, a sensação de que não estamos completas sozinhas pode estimular a que nos envolvamos com outra pessoa muito rapidamente. Persiste a percepção de que mulheres sem parceiro são solteironas sem valor, mesmo que de forma sutil, e a nossa cultura reforça essa visão. Homens podem querer se relacionar e se sentir amados, mas não *precisam* disso. No nível mais profundo do inconsciente, o valor e a sensação de segurança nos homens não dependem de um relacionamento. Ninguém sente pena deles, como sentem de nós, por estarem solteiros. Na verdade, a mídia reflete muitas imagens de homens que são solteiros, felizes e respeitados. Não é assim com as mulheres.

O livro de Wendy Langford, *Revolutions of the Heart* (Revoluções do Coração), embora escrito 20 anos atrás, ainda ressoa hoje. Ela entrevistou 15 mulheres que falaram a respeito de qual é o lugar do relacionamento romântico na sua vida. Hannah, que é solteira e quer desesperadamente um relacionamento, pode dizer: "Parece que há uma lacuna na minha vida... Aquela ideia de que você é realmente especial para alguém... Eu anseio ter alguém do tipo, você sabe, acordar às três da manhã ao lado de — e só em pensar ooooh, você sabe, isso é muito íntimo... Eu me pergunto se algum dia encontrarei alguém que seja íntimo novamente. Isso me preocupa".

Outro tema comum às mulheres era que precisam de um homem que as amasse para se sentirem dignas. Ruth diz: "Eu acho que talvez tenha tido isso em mente em algum lugar, você sabe, que se eu fosse realmente uma pessoa desejável, quer dizer, atraente ou qualquer outra coisa, ou legal, então aí teria um homem por perto". Elas também olham para o amor romântico como uma forma de se sentirem completas. Quando Diane descreveu a sensação de se apaixonar num antigo relacionamento, disse: "Foi adorável. Era como se fosse uma unidade, sabe? A sensação é de duas metades da mesma laranja juntas, formando um todo". Essas atitudes em relação a estar num relacionamento romântico, realmente, não mudaram nas últimas duas décadas.

Se nós, mulheres, quisermos realmente ser livres, teremos que abrir mão da ideia de que precisamos de um parceiro para nos completar. Podemos aprender a nos sentir inteiras por conta própria. Muitas mulheres na casa dos 45 anos (eu incluída) são solteiras ou divorciadas. Queremos estar num relacionamento, mas não conseguimos encontrar um parceiro que possa oferecer o que precisamos — inteligência emocional, espiritualidade, autoconsciência, respeito e igualdade. Algumas mulheres se comprometem e começam um relacionamento com alguém que não as faz feliz ou permanecem solteiras, mas se sentem insatisfeitas porque não têm um parceiro. O denominador comum aqui é a crença de que precisamos de um parceiro para ser felizes. Nós não precisamos. Existem muitas fontes de alegria, incluindo amizades, família, carreira e espiritualidade. As fontes mais importantes são aquelas que são incondicionais e não dependem das circunstâncias. E uma das mais acessíveis é a autocompaixão.

UM RELACIONAMENTO DE AMOR CONSIGO MESMA

A autocompaixão não nos torna mais felizes apenas quando estamos num relacionamento romântico, ela permite que sejamos felizes sem ele. Um dom radical da autocompaixão para as mulheres é a luz da compreensão de que não precisamos de um parceiro para nos preencher. Podemos desenvolver e acessar totalmente a energia do nosso próprio yin e yang, tudo dentro do contexto de autocompaixão. Para as mulheres heterossexuais que temem que cultivar esse tipo de autossuficiência corresponda a odiar homens, é bom deixar claro que isso não acontece. Podemos amar os homens, desfrutar de sua companhia, morar com eles, nos casarmos ou criar filhos com eles, desde que seja a nossa escolha. A questão é simplesmente que não *precisamos* deles. Nós podemos recorrer à autocompaixão terna para nos sentir amadas e valorizadas e à autocompaixão feroz para nos sentir seguras e protegidas.

A capacidade de estar consigo mesma e aceitar-se com uma presença conectada e amorosa é fundamental para encontrar a felicidade fora de um relacionamento romântico. Todas nós temos uma profunda necessidade de nos sentir especiais, adoradas, dignas, importantes e cuidadas. Podemos atender a essas necessidades diretamente, porque, quando nosso coração está totalmente aberto, vemos nossa própria beleza. Essa beleza não depende da perfeição física. É a beleza de ser um indivíduo único, com uma história única, a única desse tipo e, portanto, especial. Nosso valor não vem de nossas realizações, nem de encontrar um parceiro que nos diga que somos amáveis. Vem do fato de que somos um ser humano consciente, sentindo e respirando, alguém que faz parte da vida se desdobrando momento a momento, tão precioso como qualquer outro. Quando nos damos a atenção que não recebemos dos outros, tornamo-nos notavelmente autossuficientes.

Quando estamos totalmente em contato com a autocompaixão feroz, podemos fornecer a nós mesmas tudo aquilo que foi dito às mulheres heterossexuais que só poderiam vir de um homem. Ao termos a energia da clareza corajosa e fortalecida fluindo em nossas veias, podemos invocar nossa guerreira interior. A capacidade de nos defendermos significa que não somos dependentes de um homem para nos proteger. Se alguém nos insulta ou ultrapassa os limites, podemos enfrentar essa pessoa de frente. Haverá situações nas quais a força física será necessária e, se não estivermos em um relacionamento, podemos recorrer a nossos amigos ou família ou vizinhos ou ainda autoridades legais para pedir ajuda. E, se tivermos os meios, podemos contratar a ajuda necessária para fazer as coisas que anteriormente dependíamos exclusivamente de nosso marido ou namorado. (Por exemplo, em alguns serviços online você pode contratar alguém por hora para mover objetos pesados, consertar coisas pela casa, cortar a grama e assim por diante.)

Não precisamos de um homem para nos sustentar também. Primeiro, podemos suprir nossas próprias necessidades financeiras. Embora as mulheres recebam menos, e isso precisa mudar, não vale a pena ficar em um relacionamento no qual não somos felizes apenas para aumentar nosso conforto material. Esse cálculo, muitas vezes, não funciona a nosso favor. Em termos de necessidade emocional, como suporte e companheirismo, podemos encontrar nos nossos amigos. Mais e mais mulheres estão optando pela raiz do seu senso de pertencimento num círculo de amigos, em vez de um homem, e descobrem que esse laço é profundo, gratificante e estável. Mais importante: com a autocompaixão, podemos dar amor, carinho e apoio emocional a *nós mesmas*.

Também podemos usar nosso tempo fazendo o que é gratificante e autêntico. Na verdade, de certa forma, somos mais livres para aprender e crescer sem um parceiro. É comum que as mulheres desistam de seus interesses e concentrem mais sua energia em seu relacionamento, especialmente em seus estágios iniciais. Eu tenho uma amiga bem chegada que há anos deseja escrever um livro. Ela é muito talentosa e sei que seu projeto seria um grande presente para o mundo. Quando ela estava solteira, fez um bom progresso, mas, desde que entrou num relacionamento, o livro está parado. Quanto do nosso precioso tempo e energia são consumidos quando encontramos um parceiro, nos apaixonando, preocupando-nos se devemos ou não permanecer no relacionamento e se o relacionamento é o certo para nós, resolvendo os problemas? Claro, é bom estarmos em um relacionamento sólido e estabelecido, que também proporciona bastante liberdade e apoio para realizar coisas. Mas não queremos jogar tudo pela janela enquanto procuramos um final feliz. Quando estamos solteiras, temos tempo e espaço para perseguir nossos sonhos. Se cairmos na armadilha de acreditar que o único objetivo importante na vida é ser parceira, o que estamos perdendo? A autocompaixão pode nos ajudar a crescer em todo o nosso potencial, independentemente das nossas circunstâncias.

Quando o yin e o yang estão integrados internamente, ficamos livres de muitos dos limites do papel de gênero. As energias masculinas e femininas se juntam em nós. Paramos de terceirizar uma parte essencial de nosso ser e, como resultado, nos tornamos capazes de perceber nosso verdadeiro eu. Com certeza, isso não significa que paramos de querer ou precisar dos outros. O desejo do amor romântico também é uma parte essencial de nossa natureza, e a tristeza surge naturalmente quando estamos sozinhas. O sonho de conhecer o Príncipe Encantado não é apenas querer que alguém cuide de nós, como é apresentado no livro *O complexo da Cinderela*. É também querer experimentar o amor, a intimidade e a conexão por meio da união de duas almas. É uma experiência profundamente espiritual e bela.

Desde a publicação de seu influente *Ain't I a Woman*[24] (*Eu não sou uma mulher?*) em 1981, bell hooks[25] tem sido uma figura central no movimento feminista, elencando de quais maneiras o amor romântico pode enganar as mulheres para que aceitem sua subordinação sob o pretexto de amar e cuidar de seu homem. Ela também reconhece a importância do desejo da união. No seu livro *Comunhão: A busca feminina pelo amor*, escreve: "Mulheres poderosas e que amam a si mesmas sabem que a capacidade de cuidar de suas próprias necessidades é essencial, mas não substitui o amor do companheirismo e da parceria". Quando digo às mulheres que elas podem atender às suas necessidades românticas, dizendo a si

---

24 N. do T.: "Ain't I A Woman?" nome dado a um discurso feito de improviso pela ex-escravizada Sojourner Truth, proferido na Convenção de Mulheres em Akron, Ohio, em 1851. Pouco depois de conquistar a liberdade em 1827, tornou-se uma conhecida oradora abolicionista.

25 N. do T.: bell hooks é o pseudônimo de Gloria Jean Watkins, escritora.

mesmas o que elas querem ouvir de outro — "Eu te amo, você é linda, eu te respeito, eu não vou te abandonar" —, a reação imediata é que não é o mesmo que ter um parceiro lhe dizendo isso. Correto, não é o mesmo. Não quero fingir que é. Em vez disso, podemos nos abrir totalmente para a dor de não ter nosso sonho de amor romântico realizado e mantê-lo com a mesma ternura que podemos usar com uma criança que está assustada e sozinha. Podemos honrar esse sonho e manter viva a chama da esperança de que, algum dia, isso pode acontecer.

O problema é que tendemos a priorizar essa fonte específica de felicidade em relação a todas as outras. Acreditamos que esse amor é o único que realmente conta. Mesmo que sejamos exatamente a mesma pessoa quando ouvimos de um parceiro que somos dignas e amáveis ou quando dizemos isso a nós mesmas, parece que o que conta de verdade é somente a perspectiva do outro. Fazendo isso, doamos ao parceiro o nosso poder e desconsideramos nossa própria capacidade de amar.

Também nos propomos a sofrer com o coração partido, uma vez que uma união duradoura não é garantida mesmo quando encontramos o "amor verdadeiro". Podemos ter sorte o suficiente de experimentar por um tempo, mas, muitas vezes, a vida toma outro rumo, as coisas mudam e as pessoas se distanciam. Pense em todas as mulheres que você conhece que têm um relacionamento romântico completo, que, provavelmente, durará pelo resto da vida. Elas existem, mas não são a norma. Apenas metade de todos os casamentos dura mais de 20 anos, e muitos casamentos duradouros são, ainda, insatisfatórios. Nós realmente queremos basear nossa felicidade em algo tão frágil, sobre o qual temos tão pouco controle?

Embora nos dar amor não substitua o relacionamento de um amor romântico, isso se torna realmente importante por não depender das circunstâncias. Somos as únicas pessoas com 100% de certeza de que estaremos conosco durante toda a nossa vida. E o amor que vem da autocompaixão não se origina de nosso pequeno eu, porém, cresce a partir de nossa conexão com algo maior. Quando estamos realmente presentes e preocupadas conosco, tanto na alegria quanto na tristeza, a sensação de estarmos separadas dos outros desaparece. Percebemos que nossa consciência é uma janela para a nossa experiência única, que está em constante mudança e sempre se revelando, mas a luz da consciência que espia por essa janela não é separada da luz que entra por outras janelas. Como seres humanos, nossas experiências são diferentes, e alguns sofrem muito mais do que outros, mas a luz é essencialmente a mesma. O motivo da união de duas pessoas no amor é tão incrível porque experimentamos uma fusão de consciências. Mas não precisamos ter outra pessoa conosco para experimentá-la. A fusão, a união e a unidade podem ser encontradas internamente.

MINHA JORNADA PARA A INTEGRALIDADE

Depois de vários relacionamentos fracassados, eu pessoalmente abracei o "ser sozinha". Enfrentei a solidão e o medo de "não contar" se não estou em um relacionamento com um homem. Eu também obtive uma visão de como a autocompaixão pode ser a chave para escapar dessa prisão. Neste ponto, tenho orgulho de dizer que minha felicidade não depende mais de eu estar numa relação. Embora goste da ideia de estar com alguém, não estou disposta a me comprometer mais. Posso ser feliz sozinha e aprendi que eu sou a única que pode me fazer sentir amada, valorizada, realizada e segura — é preciso dizer que foi uma longa jornada para chegar aqui.

Alguns leitores podem estar familiarizados com a história contada no meu primeiro livro, *Autocompaixão*, de como conheci meu marido, Rupert, na Índia antes de mudar para o Texas e ter nosso filho, Rowan. Ele era um defensor dos direitos humanos, ativista e escritor de viagens, e uma das pessoas mais interessantes que já conheci. Rupert era meu Príncipe Encantado. Um louro de olhos azuis, um cavaleiro da Grã--Bretanha com uma armadura brilhante que me surpreendeu e parecia que cumpriria o sonho de amor e romance que todas nós aprendemos a esperar desde meninas. Depois que Rowan foi diagnosticado com autismo, Rupert — o ávido cavaleiro — descobriu que Rowan tinha uma conexão misteriosa com cavalos e que seus sintomas de autismo ficavam bem mais leves quando estava perto deles. Em uma reunião com curandeiros indígenas que aconteceu para aumentar a conscientização sobre a situação dos bosquímanos do Kalahari, Rowan também respondeu bem ao contato com os xamãs. Depois disso, nossa família fez uma viagem fantástica para uma terra onde o xamanismo é a religião nacional e de onde o cavalo se origina: Mongólia. Cavalgamos pela estepe da região para encontrar com o povo das renas e obter a cura para o nosso filho. Essa história foi narrada em documentário e no best-seller *O menino e o cavalo*. Coisas de conto de fadas. Mas, à medida que aprendemos mais, percebemos que esses contos de fadas não servem para nós e, na verdade, muito frequentemente acabam nos desempoderando.

Rupert era meu segundo marido. Meu primeiro casamento acabou quando tive um caso — algo que ia contra todos os valores que prezo. O processo de lidar com a vergonha e a autorrecriminação pelo meu comportamento muito me ajudou a entender o poder da autocompaixão para me curar e recomeçar. Quando decidi me casar pela segunda vez, eu queria acertar. A honestidade era a chave para mim e assumi o compromisso solene de ser honesta no meu relacionamento, não importava sobre o quê. Não queria nunca mais sentir aquela guerra interna. Pensava que Rupert tinha assumido um compromisso semelhante.

No entanto, logo após o diagnóstico de Rowan, comecei a ter a sensação de que Rupert não estava me contando tudo. Eu não posso dizer exatamente por que, apenas sentia. Porém, coloquei a sensação incômoda de lado pelo fato de que estávamos lutando para lidar com o autismo de Rowan. Seu diagnóstico foi uma das coisas mais difíceis pelas quais já passei, e eu não tinha nenhuma energia sobrando para lidar com as dúvidas no meu casamento. Sem entrar em detalhes, digamos que eu finalmente descobri que Rupert estava mentindo para mim, repetidamente, sobre encontros sexuais com outras mulheres. Quando o confrontei, ele parecia dominado pela vergonha e pela culpa. Ele me disse o quanto estava arrependido e que queria salvar nosso relacionamento mais do que tudo.

Eu estava devastada. O grande confronto aconteceu pouco antes de ir para um retiro de meditação. Chorei o tempo todo enquanto estive lá. Contudo, minha prática de mindfulness e autocompaixão era forte e passei por isso. Tentei estabelecer em mim um estado de presença amorosa e conectada e fui capaz de abraçar a dor sem oprimi-la. Por termos um filho pequeno com necessidades especiais, senti que a melhor escolha era tentar fazer o casamento funcionar. Fomos à terapia de casal e eu esperava que as coisas melhorassem.

Nesse ínterim, o trabalho com a autocompaixão estava decolando. Ao escrever meu primeiro livro, contei, principalmente, as partes maravilhosas do meu relacionamento com Rupert. Consegui me convencer de que ele não estava mais mentindo para mim. Olhando para trás, percebo que havia sinais e alertas dos quais me afastei. Para ser franca, era mais fácil presumir que tudo estava indo bem do que enfrentar a verdade de que não estava.

Pouco depois da publicação do livro em 2011, descobri mais casos escondidos — vários deles, na verdade. Eu sabia, sem sombra de dúvida, que devia terminar o casamento. Mesmo que eu ainda o amasse. Mesmo tendo um filho autista. Eu não podia me permitir ser tratada dessa forma. Tive apoio dos meus amigos, que me ajudaram a encontrar forças. Eu não conhecia nada sobre a autocompaixão feroz naquele momento, mas sabia que seria necessária uma tremenda coragem para partir. Acordei a mãe ursa, embora ainda não tivesse um nome para ela. Carregava um pedaço de ferro na minha bolsa para simbolizar a determinação de que precisava.

Quando eu disse a Rupert que estava indo embora, ele mais uma vez me disse que sentia muito, que estava envergonhado, e admitiu que provavelmente tinha um problema com o vício em sexo. Embora eu tivesse compaixão por ele, meu protetor interno levantou-se e disse "não". Eu não esperaria para ver se ele conseguia mudar ou não. Tinha acabado para mim. Por sermos pais e estarmos educando nosso filho em casa, continuamos amigos, tentamos garantir que nosso rompimento não impactasse Rowan negativamente.

Embora estivesse orgulhosa de mim mesma por ter partido, continuei apegada à ideia de querer um relacionamento romântico gratificante. Talvez minha alma gêmea ainda esteja lá fora. Cerca de um ano depois, conheci um brasileiro. Ele era gentil, inteligente, levava a meditação a sério e era lindo. Apenas um problema: ele afirmou explicitamente no início que não queria um compromisso sério. Pelo fato de estarmos apaixonadamente conectados em vários níveis — emocional, espiritual e sexualmente — fiquei pendurada nesse relacionamento por anos, esperando que ele finalmente mudasse de ideia. Ele nunca o fez. Ele sempre foi honesto e sincero comigo e se afastava sempre que sentia que estava ficando muito sério. Tentei culpá-lo pela situação — ele deve ter alguma desordem de apego, deve haver algo de errado com ele. A realidade é que apenas queríamos coisas diferentes na vida. Justo. Minha prática da autocompaixão me ajudou a conter a tristeza e a dor dessa verdade, mas o desejo de um relacionamento ainda queimava fortemente dentro de mim.

Mais recentemente tive um relacionamento breve, mas intenso, com outro homem que parecia me dar tudo que eu sempre quis — honestidade, paixão, amor, amizade, apoio e, o mais importante, compromisso. Ele me disse que eu era a mulher dos seus sonhos e queria passar o resto de sua vida comigo. Ele também se deu muito bem com Rowan e parecia ser uma presença masculina positiva em sua vida. Nessa época, Rupert formou outra família e mudou-se para a Alemanha — a metade de uma volta ao mundo —, eu precisava de ajuda. O novo cara era músico e revelou-me ser ex-viciado, mas estava sóbrio agora e bastante autoconsciente. Ele tinha até lido meu livro nos AA antes de nos conhecermos! Eu me preocupava com sua história, mas tentava ser tolerante e não julgar. Estávamos loucamente apaixonados e decidimos morar juntos.

Depois de algum tempo, ele começou a regredir, jogando videogame por horas e agindo como um adolescente mal-humorado. Às vezes, enquanto falávamos, ele cochilava no meio da frase. Eu sabia que não era normal, mas também sabia que ele tinha insônia. Quando o questionei sobre isso, ele jurou que era devido à falta de sono. Mais uma vez, eu ignorei aquele pequeno sentimento incômodo e deixei isso de lado, porque uma parte de mim ainda valorizava a ilusão do amor sobre a verdade. Após aproximadamente três meses, pesquisei no Google e a primeira coisa que apareceu foi dependência de opiáceos. Eu o confrontei e pedi para fazer um teste de drogas. Ele ficou com raiva e disse que não poderia estar com uma mulher que não confiava nele, reuniu suas roupas e saiu furioso de casa. Felizmente, Rowan estava na Europa visitando seu pai na época e eu, imediatamente, troquei todas as fechaduras da minha casa.

Voltou no dia seguinte, dizendo que queria outra chance. Não pestanejei. A mãe ursa se levantou e, embora eu sentisse compaixão por ele, como eu tive por Rupert, não havia maneira de deixá-lo perto do meu filho novamente. Mas eu tive que aceitar o fato de que, dada sua história, eu deveria ter sido mais cautelosa, e coloquei Rowan em risco ao permitir que ele se mudasse para minha casa. Eu me vendi para perseguir o sonho do romance, não querendo ver a verdade totalmente. Mais uma vez, eu precisava me inundar com a autocompaixão terna e perdoar meus erros, abraçando a dor de tudo isso. A natureza da minha confiança e aceitação é, na verdade, uma qualidade bela, mas não estava equilibrada com minha autoproteção feroz.

Eu tinha feito terapia o suficiente para perceber que estava sendo conduzida por uma jovem, uma garotinha ferida, uma parte de mim que estava tentando ganhar plenitude por meio da parceria. A origem dessa ferida era óbvia: meu pai foi embora quando eu tinha dois anos e não o via com frequência durante meu crescimento. Depois de terminar com o músico, fui visitar meu pai na Dinamarca, onde mora. (Ele se mudou para lá depois de se casar com uma dinamarquesa e acabou ficando por lá, mesmo depois de se divorciar.)

A visita, embora dolorosa, deu-me uma nova visão da minha história inicial. Eu reuni a coragem para contar ao meu pai sobre todo o trabalho interior que havia feito e disse que o tinha perdoado por ter nos deixado e que, apesar de tudo, o amava. Suponho que estava esperando por um "Sinto muito por te magoar, querida, eu também te amo".

Em vez disso, ele ficou com uma estranha expressão de dor enquanto baixava o olhar. "Eu prometi a mim mesmo que nunca te contaria isso. Eu prometi a mim mesmo!", murmurou.

"O que é?", eu perguntei.

Ele começou a me dizer: "Quando você era uma bebê, você me odiava!"

"O quê?", perguntei, pasma.

"Você me odiava. Você não falou comigo nos primeiros dois anos da sua vida. Você queria que eu fosse embora para que pudesse ter sua mãe para você. Eu sentia que ir embora era a melhor coisa que eu podia fazer."

Felizmente, não levei isso para o lado pessoal. Meu único pensamento foi: "Este homem é louco. Ele precisa projetar o ódio em um bebê inocente para justificar sua partida? Isso é doentio". Eu não tentei dissuadi-lo, embora eu estivesse morrendo de vontade de dizer: "Bebês não odeiam. E você sabe que eles não falam com ninguém nos primeiros dois anos?" Em vez disso, eu apenas disse que estava cansada e fui para a cama. Eu percebi que ele estava idoso agora e me amava da melhor maneira que podia. Fui capaz de cuidar de minhas próprias feridas e aceitar meu pai como ele era. Era problema dele, não meu.

Mais tarde, quando perguntei à minha mãe sobre isso, ela disse que meu pai tinha ciúmes de todo o amor e atenção que ela me deu quando eu nasci e foi, em parte, por isso que ele foi embora. Eu consegui ver nisso, mais uma vez, a separação do yin e do yang se manifestando. Meu pai foi separado de sua própria autocompaixão terna (ele teve um relacionamento conturbado com seus pais) e, portanto, dependia de receber cuidados da minha mãe. Quando sua energia nutridora foi direcionada a mim, ele se sentiu perdido e abandonado e, então, afastou-se. Isso deixou um buraco em mim, que eu ainda estava tentando preencher com um relacionamento romântico.

Agora, estou totalmente empenhada em não dar crédito à falácia de que sou incompleta. Eu não vou me contentar com menos, mesmo que isso signifique nunca mais ter um parceiro. Embora eu certamente esteja aberta ao amor, estou focada em encontrar a felicidade por meio da conexão interna. Eu percebo que, quando nosso sentido de união é baseado na nossa sensação de separação — quando a nossa energia terna do yin estiver separada da energia feroz do yang —, nunca seremos completas. Quando pensamos que a intimidade tem que ocorrer com alguém fora de nós, nos sentimos solitárias quando estamos sozinhas. Mas a noção de que a conexão só ocorre entre dois seres separados é uma ilusão. A conexão deve ser encontrada dentro de si. A conexão vem da fusão e integração do yin e do yang. A conexão vem de compreender que nossa verdadeira natureza é a inter-relação inerente com tudo na vida. Você pode chamá-lo de Deus, consciência universal, amor, natureza, divino — não importa. Podemos sentir essa conexão quando deixamos de lado a identificação da mente egoica com um eu separado, que conduz à sensação de que sozinhas não somos o suficiente, de que estamos incompletas.

Minha prática explícita neste último ano vai além dessa ilusão de separação. Quando o sentimento de solidão ou desejo por um homem surge em mim, eu o percebo com mindfulness. Eu não rejeito ou menosprezo esse anseio. Eu o honro e reconheço sua santidade. Eu me pergunto o que mais desejo. Normalmente, são afirmações sobre o meu valor como mulher, desejada, bonita, amada e valorizada. Que estou segura e não serei abandonada. Então, faço essas afirmações em voz alta para mim mesma (num espaço privado, é claro). Contanto que eu não me apegue ao seguinte pensamento: "Quero que essas palavras venham de outra pessoa" e faça as afirmações de maneira autêntica, é surpreendentemente satisfatório. Eu lembro a mim mesma que já sou completa e não preciso de mais ninguém para me completar. Eu já estou conectada — a mim mesma, ao mundo, à consciência, ao amor e ao ser.

O QUE EU ANSEIO?

Este exercício se baseia em várias práticas do MSC projetadas para nos ajudar a entrar em contato com as nossas necessidades mais profundas e atendê-las diretamente com a autocompaixão. Pode ser feita, simplesmente, como uma reflexão interna ou de forma escrita, o que for melhor para você.

INSTRUÇÕES

- Em primeiro lugar, pergunte-se: quais são os meus anseios quanto ao relacionamento? Se você está atualmente em um relacionamento romântico, talvez você deseje algo que esteja faltando — mais intimidade, paixão, validação, compromisso? Se você não está em um relacionamento, você deseja um parceiro romântico na sua vida?

- Veja se você consegue localizar a sensação de desejo em seu corpo como uma sensação sentida. Pode ser um ardor em seu coração ou um vazio no seu estômago ou uma pressão na cabeça ou uma dor generalizada. Quais são as sensações corporais que permitem que você saiba que o anseio está presente? Se você não consegue localizar nenhuma sensação em particular, tudo bem; apenas observe como seu corpo se sente.

- Agora coloque uma mão gentil sobre o lugar em seu corpo onde você sente esse anseio (se você não conseguiu localizar um lugar, basta colocar a mão no coração ou algum outro lugar reconfortante).

- O que você acha que ganharia na vida se o seu desejo fosse realizado (por exemplo, mais conexão, entusiasmo, suporte, estabilidade)?

- Como você acha que se sentiria se tivesse esse desejo realizado (especial, valorizada, digna, bonita, amada, importante, feliz)?
- Existe algo que você deseja ouvir de seu parceiro sussurrando em seu ouvido (você é incrível, eu te amo, eu te respeito, eu nunca vou te deixar)?
- Agora diga em voz alta para si mesma as exatas palavras que deseja ouvir de um parceiro. Pode soar estranho, mas deixe fluir. Se os pensamentos que surgirem dessas palavras fazem com que se sinta vã ou egocêntrica, tente liberar e esquecer esse pensamento. Essas palavras são o que você deseja ouvir, e esses anseios são válidos por si próprios. Você consegue dizer palavras a si mesma com o peso do significado?
- Respire fundo algumas vezes, imagine que na inspiração você ativa a autocompaixão feroz e na expiração você relaxa com a autocompaixão terna. Sinta essas duas energias fundirem e se integrarem dentro de você.
- Saiba que seu desejo de união e conexão é válido. Isso pode ser preenchido dentro de você pela fusão do yin e do yang. E pode ser expandido, permitindo sentir a conexão com o todo maior. Use qualquer símbolo de unidade que lhe pareça certo. Se você é uma pessoa espiritual, pode ser Deus, ou Alá, ou a consciência divina, ou se você não é uma pessoa espiritual, pode simplesmente ser o planeta Terra ou o universo. Na verdade, você não está sozinha. Tente sentir essa conexão com algo maior do que você mesma, e fique nessa consciência por tanto tempo quanto você conseguir.
- Finalmente, tente dizer algumas palavras de gratidão por todas as fontes de amor e conexão que você tem em sua vida, incluindo você mesma.

Faço essa prática regularmente e tem sido transformadora. Neste momento em que escrevo, posso dizer honestamente que descobri o amor, a alegria e a realização que jamais poderia ter imaginado. Embora eu não tenha desistido de encontrar um homem para compartilhar minha vida, o fato de que minha felicidade não depende disso é um presente precioso que dei a mim mesma.

EPÍLOGO: TORNANDO-SE UMA BAGUNÇA COMPASSIVA

Ainda podemos estar loucos depois de todos esses anos.
Ainda podemos estar com raiva depois de todos esses anos...
A questão não é eliminar o que não gostamos para nos tornarmos algo melhor.
É sobre fazer amizade com quem já somos.

—Pema Chödrön, autora e professora de meditação

Tenho praticado a autocompaixão diariamente por quase 25 anos. Embora eu esteja efetivamente mais forte, calma e feliz, e meu buldogue interior não lata tanto quanto antes, eu ainda luto. Sou tão imperfeita quanto antes — e é assim que deve ser. Seja você mesma, errando ou acertando. Ser humana é abrir o coração. Aprendi a fazer isso com o tempo, apenas me movendo através de todos os meus erros e experiências difíceis.

Eu tendo a ser mais yang do que yin, mas, quando isso me coloca em apuros, dou uma resposta gentil a mim mesma — restaurando o equilíbrio novamente. Aprendi a amar esse lado feroz, corajoso, às vezes, mal-humorado e reativo de mim mesma, porque sei que é parcialmente responsável por muito do que consegui: escrever livros, conduzir pesquisas, desenvolver programas de treinamento, oficinas de ensino e, o mais importante, criar meu filho, Rowan. Essas conquistas foram impulsionadas tanto pela ferocidade quanto pela ternura. Mas, mesmo se eu não tivesse realizado tudo isso, e mesmo que tudo pare amanhã, sei que eu não seria menos digna.

Certa vez, ouvi um professor de meditação dizer: "O objetivo da prática é, simplesmente, se tornar uma bagunça compassiva". Pense nisso. Se o seu objetivo é apenas ser solidária, prestativa e compassiva consigo mesma, aconteça o que acontecer, seu objetivo será sempre alcançado. Você aprende a abraçar a bagunça como a expressão plena da experiência da vida humana. Não se atinge um estado de equilíbrio e se permanece assim. Caímos constantemente em desequilíbrio, repetidamente, e é a compaixão por tropeçar que restaura o equilíbrio. Quando sou muito direta com alguém de quem discordo, assim que percebo o que ocorreu (geralmente em poucos segundos), peço desculpas e sou gentil comigo mesma. Eu sei que a faísca por trás da minha reação exagerada é uma parte maravilhosa e feroz em mim, que temporariamente se sobrepõe à consideração pelos sentimentos da outra pessoa. Quando deixo escapar um comportamento (em mim ou nos outros) que acaba sendo prejudicial, não demoro muito tempo para perceber que essa aceitação exagerada provém de uma parte pacífica e amorosa de mim, com vasta capacidade de estar com o que é, mas que precisa de uma ação mais corretiva e feroz.

Ao abrir meu coração para toda a confusão emaranhada em mim, encontro força para suportar mais do que jamais pensei ser possível, e eu não mudaria em nada porque isso me permitiu ser quem sou hoje.

Acredito que esse processo também esteja ocorrendo com as mulheres em geral. À medida que recuperamos a ferocidade que foi suprimida ao longo dos séculos, estamos restaurando o equilíbrio e honrando nossa verdadeira natureza. Como aprendemos a ser cuidadosas sem ser submissas, a ter raiva sem ser agressivas, não estamos apenas integrando o yin e o yang dentro de nós, mas na sociedade como um todo. A jornada é desafiadora e, certamente, cometeremos erros ao longo do caminho.

AUTOCOMPAIXÃO **FEROZ**

Quando denunciarmos predadores, podemos errar em relação à proteção da privacidade e em relação à garantia de que as pessoas são consideradas inocentes até que se prove a culpa. Quando avançamos na questão da justiça de gênero, podemos nos esquecer de prestar atenção o suficiente às necessidades de outros grupos oprimidos. Enquanto tentamos encontrar o equilíbrio entre o trabalho e a família, ou a realização pessoal e a justiça social, podemos ficar sobrecarregadas. Inevitavelmente falharemos, de novo e de novo, ao longo do caminho para alcançar nossos objetivos — representação política, igualdade de remuneração, igualdade de tratamento. E, então, vamos nos erguer, corrigir o desequilíbrio e tentar novamente. O movimento feminista, como todos os movimentos, foi e continuará a ser uma bagunça. Mas, por causa da nossa habilidade de cuidar, ele tem potencial real de ser uma bagunça compassiva. Se nós infundirmos a compaixão feroz e a terna em todo o processo de empoderamento feminino, podemos permanecer focadas no nosso objetivo final — o alívio do sofrimento. Se mantivermos nossos corações abertos enquanto fazemos o trabalho de mudança, teremos sucesso.

Isso precisa acontecer simultaneamente no nível pessoal e social. Enquanto cada uma de nós for a protagonista central na história da nossa vida, todas as nossas histórias estarão interligadas. Quando a compaixão feroz e a terna correm em nossas veias e fluem tanto para dentro quanto para fora, ajudamos a sociedade e a nós mesmas. Tropeçar e cair não são apenas a oportunidade de aprender e crescer; permite que nos relacionemos com as outras que também lutam, fortalecendo a interconexão. Todo o drama comovente que está se desenrolando no âmbito pessoal, político e em nível global pode ser exatamente do que precisamos para fornecer uma lição essencial para o nosso despertar. Quem sabe quais eventos — que podem ser bem difíceis — são necessários para moldar positivamente nossa evolução individual e coletiva? No mínimo, nossa luta nos dá uma visão maior da natureza do sofrimento. Quando nos abrimos para tudo isso com amor e compaixão, somos mais capazes de abraçar os desafios e trabalhar com eles de forma produtiva.

Rowan está finalmente chegando a essa ideia, conseguindo incorporá-la na sua abordagem de vida. Depois de lutar contra a realidade da dor e da imperfeição por anos, ele agora percebe como tudo isso é necessário para a nossa transformação. Outro dia, depois de se esquecer de fazer uma tarefa importante — algo que no passado o teria levado ao autoflagelo —, ele disse bem espontaneamente: "Uma vida sem erros seria como uma refeição sem graça. Chata e previsível. A imperfeição é o molho picante que faz a refeição saborosa". Ele precisava chegar a essa compreensão por conta própria e no seu próprio tempo, mas está realmente começando a fazer diferença. Conforme lidava com todas as mudanças devido à pandemia — se protegendo em casa, com aulas no Zoom, e agora já indo para a aula presencialmente, mas com apenas alguns outros alunos — me surpreendia com sua flexibilidade e resiliência. Embora seus ataques de ansiedade ainda sejam um desafio, ele, provavelmente, coloca a mão no coração e diz: "Está tudo bem, Rowan. Você está seguro. Estou aqui por você". Está ajudando tremendamente. Ele aprendeu desde cedo que não é exatamente o que acontece na vida que determina sua saúde e felicidade, mas com quanta compaixão você se relaciona com tudo o que está acontecendo.

Quanto a mim, estou entrando numa nova fase — a mulher sábia ou "coroa", como dizem hoje. Após a menopausa, as mulheres estão livres da preocupação de engravidar (ou não). Nossos filhos, se os tivermos, já são normalmente crescidos e estabelecidos na carreira. É um momento de acumular sabedoria e devolvê-la à comunidade. Embora existam alguns aspectos do envelhecimento — nossa pele cai e a visão declina — que podemos não querer aceitar, pode ser, também, um momento maravilhoso, desde que não resistamos às mudanças e as abracemos de boa vontade. É o momento em que realmente encontramos nosso poder como mulheres e já não temos mais muitas das inseguranças e ilusões da juventude. Embora a sociedade, muitas vezes, desvalorize as mulheres mais velhas, porque a atratividade sexual não é mais nossa qualidade dominante, esse é um sistema de valores que foi imposto pelo patriarcado, é uma visão distorcida facilmente descartada com a autocompaixão feroz. A verdade é que ficamos mais bonitas à medida que envelhecemos, porque nossas almas tiveram a chance de florescer completamente. Esse estágio pode ser estimulante e radicalmente transformador — para mim tem sido assim.

Por um lado, parei de tentar entender meus padrões e decidi curar minhas feridas. Percebi que meu ego e minha personalidade são funcionais o suficiente. Eu não preciso entender todas as partes de mim mais plenamente — embora eu seja grata pelos anos de terapia que me ajudaram a alcançar este patamar. Eu comecei a conhecer e apreciar todos os aspectos de mim: a parte que é como uma guerreira empunhando um arco quando percebo que alguém está violando a verdade; a parte que fala autenticamente, mesmo que nem sempre diplomaticamente; a parte que trabalha duro e continua, mesmo quando as coisas ficam difíceis na vida; e a parte que pode conter tudo com amor.

Agora, meu trabalho se concentra principalmente em liberar os bloqueios que atrapalham meu fluxo da energia yin e yang. Quando eu medito, nem sei exatamente o que estou deixando ir embora. Não há enredo presente. Simplesmente repito: "Posso deixar o que não me serve mais", e eu sinto a energia mudando no meu corpo. Porque eu uso meu intelecto tão intensamente no meu trabalho, eu pratico estar confortável com o não saber. Eu não sei a que sou apegada, não sei por que as coisas são como são, eu não sei o que vai acontecer no futuro — se vou estar em um relacionamento novamente, o que vai acontecer depois que eu sair da Universidade do Texas, em Austin, o que acontecerá com nossa sociedade e nosso planeta. Eu foco em estar em paz por não ter uma compreensão clara do que está acontecendo e confio que aceitarei o que precisa ser aceito e trabalharei para mudar o que precisa ser mudado, quando chegar a hora. É como se eu, "Kristin", não estivesse mais controlando as coisas ou tomando decisões em minha vida, mas, apenas, me apoiando e me ajudando enquanto esse momento se desenrola. Ao abandonar a identificação com esse eu que conhece coisas e controla coisas, me sinto mais leve por dentro — de duas formas, estou com menos sentimentos desanimadores e estou me sentindo mais cheia de luz.

Como mulheres, também estamos deixando de lado a autoidentificação e nos libertando nesse processo. Estamos deixando de lado a identificação com o papel de gênero que nos limitou ao longo dos anos, por meio de nossas próprias vidas e da vida de nossas mães, por gerações. À medida que nos tornamos menos dependentes da aprovação social baseada no gênero para chegarmos a nossa autovalorização, à medida que nos tornarmos menos dependentes dos homens para nossa segurança, cada uma de nós será capaz de expressar, com exclusividade, sua própria energia yin e yang. Isso vale também para os homens, os transgêneros, os não binários e as pessoas de gênero fluido. Imagine se cada um de nós, independentemente do sexo, pudesse descartar estereótipos estreitos. Se deixássemos de lado o que não nos serve mais: autojulgamento, sentimentos de isolamento e as narrativas de medo e inadequação que nos bloqueiam. Se conseguíssemos honrar o fato de que não é um problema ser repetidamente derrubado, levantar-se e, de novo, seguir nosso caminho. Se celebrássemos a nós mesmas pela gloriosa bagunça em constante evolução que somos. Se colocarmos a compaixão feroz e a terna como princípios orientadores na nossa vida, podemos ter uma chance de consertar o mundo.

AGRADECIMENTOS

Este livro foi um esforço de equipe e tenho que agradecer a muitas pessoas pela sua existência. Em primeiro lugar, gostaria de agradecer a Chris Germer, meu colega de longa data, bom amigo e cocriador do Programa de Mindfulness e Autocompaixão Mindful Self-Compassion. Desenvolvemos juntos muitas das ideias sobre a autocompaixão feroz e terna, e a maioria das práticas neste livro vem de nosso trabalho em conjunto. Eu gosto de brincar que Chris representa o meu relacionamento masculino adulto mais funcional e, realmente, tem sido uma parceria incrivelmente maravilhosa e produtiva.

Muitos professores do MSC, como Michelle Becker e Cassondra Graf, contribuíram com suas ideias e percepções sobre como o lado feroz da autocompaixão se manifesta. Eu sou muito grata a elas e pelo apoio de toda a equipe do Center for Mindful Self-Compassion, incluindo nosso brilhante diretor-executivo Steve Hickman, por encorajar a prática da autocompaixão em todo o mundo.

As contribuições de Kevin Conley foram inestimáveis para escrever este livro. Ele atuou como meu primeiro editor e trabalhou comigo para que eu realmente criasse o manuscrito. Sua mão amiga pode ser vista em quase todas as páginas. Sua paciência e bom humor, enquanto trocávamos ideias e ajustávamos os rascunhos para frente e para trás, foram muito apreciados.

Minha profunda gratidão também vai para minha editora na Harper Wave, Karen Rinaldi, que ajudou a moldar este livro de muitas maneiras. Ela "entendeu" o livro desde o início e é maravilhoso se sentir tão compreendida. Também agradeço pela cuidadosa edição de Haley Swanson e à equipe maravilhosa da Harper Wave. Eu me sinto muito bem cuidada.

Gostaria de agradecer à minha agente, Elizabeth Sheinkman, a quem enviei a proposta de livro pela primeira vez e que me convenceu de que era um livro que eu precisava escrever. Seu *feedback* sobre as ideias como mulher foram tão úteis quanto seu *feedback* profissional sobre a comercialização do livro, além da sua confiança em mim, que significa muito.

Tenho uma grande dívida com a tradição de sabedoria dos professores da Insight Meditation que primeiro me ensinou sobre a compaixão feroz, especialmente Sharon Salzberg e Tara Brach. Essas duas mães ursas são exemplos maravilhosos de como deve ser a integração de uma autocompaixão feroz e terna, e sua orientação e mentoria têm sido inestimáveis.

Outra professora espiritual a quem gostaria de agradecer é Carolyn Silver. Trabalho com ela há muitos anos e sua ajuda prática no meu processo de desenvolvimento é um presente que nunca poderei retribuir. Ela me mantém no caminho certo quando eu perco o centro e eu a amo profundamente.

Gostaria de agradecer à minha grande amiga e colega Shauna Shapiro, que foi a primeira pessoa, além de mim, a usar a escala da autocompaixão em pesquisa e que, ao longo dos anos, se tornou uma pessoa querida e uma confidente confiável.

Também essencial para este livro foi o amor e a amizade de Kelley Rainwater, minha melhor amiga. Ela me iniciou nos mistérios do divino feminino e me ajudou a recorrer a essa fonte de orientação quando eu mais precisava. Nossas horas de conversas sobre feminilidade, patriarcado e a história foram fundamentais para o desenvolvimento de muitas das ideias sobre as quais escrevo. Ela tem sido uma companheira constante e me ajudou a passar por alguns dos momentos mais difíceis da minha vida. Também comemoramos juntas muitos momentos felizes, minha vida não seria a mesma sem ela.

Claro, minha vida nem existiria sem minha mãe. Eu sou grata, não só pelo trabalho incrível que ela fez criando a mim e meu irmão, Parker, mas também por sua amizade contínua. Ela não se apega a nada das pessoas e me ensinou muito sobre ser uma mulher feroz.

Minha mais profunda gratidão vai para meu filho, Rowan, cuja incrível bravura e resiliência são uma inspiração para mim todos os dias. Ele me ensina muito e sou abençoada por ter um filho tão amável, amoroso e encantador.

Por fim, gostaria de agradecer a todas as mulheres corajosas que passaram pelo trauma coletivo de "George" (George Floyd) e que se uniram para apoiar umas às outras quando foi necessário. Felizmente, somos mais fortes por causa disso e podemos usar nossa voz para ajudar a evitar que eventos como esse aconteçam no futuro.

NOTAS

INTRODUÇÃO: A FORÇA DO CUIDADO

10 *"Uma coisa é certa: se fundirmos misericórdia e poder"*: A. Gorman, "The Hill We Climb", *poema, lido na inauguração presidencial de Joseph Biden em 20 de janeiro de 2021*, https://www.cnbc.com/2021/01/20/amanda-gormans-inaugural-poem-the-hill-we-climb-full-text.html.

10 *A compaixao alivia o sofrimento:* J. L. Goetz, D. Keltner, and E. Simon-Thomas, "Compassion: An Evolutionary Analysis and Empirical Review", Psychological Bulletin 136, no. 3 (2010): 351–74.

11 *programa de treinamento chamado Mindful Self-Compassion*: C. Germer e K. D. Neff, "Mindful Self- Compassion (MSC)", in I. Ivtzan, ed., *The Handbook of Mindfulness-Based Programs: Intervention from Medicine to Education* (Londres: Routledge, 2019), 55–74.

12 *Jack Kirby, escritor da Marvel Comics*: G. Groth, Entrevista com Jack Kirby, Parte 6, Comics Journal # 134, 23 de maio de 2011.

13 *"Quando falo de amor"*: "Beyond Vietnam: A Time to Break Silence", *discurso proferido por Dr. Martin Luther King Jr. em 4 de abril, 1967, em uma reunião com clérigos e leigos na Igreja de Riverside, na cidade de Nova York.*

14 *artigo teórico definindo a autocompaixão*: K. D. Neff, "Self-Compassion: An Alternative Conceptualization of a Healthy Attitude toward Oneself", Self and Identity 2, no. 2 (2003): 85–102.

14 *a Escala da Autocompaixão (SCS)*: K. D. Neff, "Development and Validation of a Scale to Measure Self-Compassion", Self e Identity 2 (2003): 223–50.

14 *maior nível de bem-estar*: K. D. Neff, K. Kirkpatrick e S. S. Rude, "Self-Compassion and Adaptive Psychological Functioning", Journal of Research in Personality 41 (2007): 139–54.

14 *inclui mais de três mil artigos em revistas científicas:* baseados em pesquisa feita para a entrada "autocompaixão" na Google Scholar, realizada em novembro de 2020.

14 *de acordo com o modelo de Kohlberg*: L. Kohlberg e R. H. Hersh, "Moral Development: A Review of the Theory", Theory into Practice 16, no. 2 (1977): 53–59.

15 *Turiel explicou o argumento*: E. Turiel, The Culture of Morality: Social Development, Context e Conflict (Cambridge, Reino Unido: Cambridge University Press, 2002).

15 *a pesquisa de Turiel também mostra que o poder social*: C. Wainryb e E. Turiel, "Dominance, Subordination, and Concepts of Personal Entitlements in Cultural Contexts", Child Development 65, no. 6 (1994): 1701–22.

20 *ela muda nossas vidas radicalmente para melhor.*: A. C. Wilson et al., "Effectiveness of Self-Compassion Related Therapies: A Systematic Review and Meta-Analysis", Mindfulness 10, no. 6 (2018): 979–95.

21 *estudo anterior sobre a eficacia do MSC*: K. D. Neff e C. K. Germer, "A Pilot Study and Randomized Controlled Trial of the Mindful Self-Compassion Program", Journal of Clinical Psychology 69, no. 1 (2013): 28–44.

22 *breve versão da Escala de Autocompaixao*: F. Raes et al., "Construction and Factorial Validation of a Short Form of the Self-Compassion Scale", Clinical Psychology and Psychotherapy 18 (2011): 250–55.

CAPÍTULO 1: OS FUNDAMENTOS DA AUTOCOMPAIXÃO

26 *"Precisamos de mulheres que"*: Discurso de formatura proferido por Kavita Ramdas em 19 de maio de 2013, aos formandos da Faculdade de Mount Holyoke.

30 *"O objetivo da pratica espiritual"*: J. Kornfield (2017), "Freedom of the Heart", Heart Wisdom, Episode 11, https://jackkornfield.com/freedom-heart-heart-wisdom-episode-11, acesso em 13 de novembro de 2020.

31 *de acordo com meu modelo*: K. D. Neff, "Self-Compassion: An Alternative Conceptualization of a Healthy Attitude toward Oneself", Self and Identity 2 (2003): 85-101.

31 *conjunto de regiões cerebrais interconectadas, chamado de rede de modo padrão*: L. Mak et al., "The Default Mode Network in Healthy Individuals: A Systematic Review and Meta-analysis", Brain Connectivity 7, no. 1 (2017): 25–33.

32 *O foco intencional de atenção desativa o modo padrão*: J. A. Brewer, "Meditation Experience Is Associated with Differences in Default Mode Network Activity and Connectivity", Proceedings of the National Academy of Science 108, no. 50 (2011): 20254–59.

35 *tendem a produzir as mesmas descobertas*: M. Ferrari et al., "Self-Compassion Interventions and Psychosocial Outcomes: A Meta-Analysis of RCTs", Mindfulness

10, no. 8 (2019): 1455-73.

35 *benefícios da autocompaixão: para uma boa revisão da pesquisa na literatura sobre autocompaixão*, veja os capítulos 3 e 4 de C. K. Germer e K. D. Neff, Teaching the Mindful Self-Compassion Program: A Guide for Professionals (Nova York: Guilford Press, 2019).

35 *mais felizes, esperançosas e otimistas*: K. D. Neff, S. S. Rude e K. L. Kirkpatrick, "An Examination of Self-Compassion in Relation to Positive Psychological Functioning and Personality Traits", Journal of Research in Personality 41 (2007): 908-16.

35 *ansiosas, deprimidas, estressadas e temerosas*: A. MacBeth e A. Gumley, "Exploring Compassion: A Meta-Analysis of the Association between Self-Compassion and Psychopathology", Clinical Psychology Review 32 (2012): 545-52.

35 *pensar em suicídio*: S. Cleare, A. Gumley e R. C. O'Connor, "Self-Compassion, Self-Forgiveness, Suicidal Ideation, and Self-Harm: A Systematic Review", Clinical Psychology and Psychotherapy 26, no. 5 (2019): 511-30.

35 *usar drogas e álcool*: C. L. Phelps et al., "The Relationship between Self-Compassion and the Risk for Substance Use Disorder", Drug and Alcohol Dependence 183 (2018): 78-81.

35 *capazes de controlar emoções negativas de forma mais eficaz*: K. D. Neff et al., "The Forest and the Trees: Examining the Association of Self-Compassion and Its Positive and Negative Components with Psychological Functioning", Self and Identity 17, no. 6 (2018): 627-45.

35 *desenvolver transtornos alimentares*: T. D. Braun, C. L. Park e A. Gorin, "Self-Compassion, Body Image, and Disordered Eating: A Review of the Literature", Body Image 17 (2016): 117-31.

35 *Envolvem-se em atividades úteis*: D. D. Biber e R. Ellis, "The Effect of Self-Compassion on the Self-Regulation of Health Behaviors: A Systematic Review", Journal of Health Psychology 24, no. 14 (2019): 2060-71.

35 *são fisicamente mais saudáveis*: W. J. Phillips e D. W. Hine, "Self-Compassion, Physical Health, and Health Behaviour: A Meta-Analysis", Health Psychology Review (2019): 1-27.

35 *São mais motivadas:* J. G. Breines e S. Chen, "Self-Compassion Increases Self-Improvement Motivation", Personalidade e Boletim de Psicologia Social 38, no. 9 (2012): 1133-43.

35 *assumem mais responsabilidade por si próprias.*: J. W. Zhang e S. Chen, "Self-Compassion Promotes Personal Improvement from Regret Experiences Via Acceptance", Personality e Social Psychology Bulletin 42, no. 2 (2016): 244-58.

35 *mais resilientes quando confrontadas com os desafios da vida*: A. A. Scoglio et al., "Self-Compassion and Responses to Trauma: The Role of Emotion Regulation", Journal of Interpersonal Violence 33, no. 13 (2018): 2016-36.

35 *relacionamentos mais próximos e funcionais com amigos, familiares e parceiros român-

ticos: L. M. Yarnell e K. D. Neff, "Self-Compassion, Interpersonal Conflict Resolutions, and Well-Being ", Self and Identity 12, no. 2 (2013): 146–59.

35 *mais satisfação sexual*: J. S. Ferreira, R. A. Rigby e R. J. Cobb, "Self-Compassion Moderates Associations between Distress about Sexual Problems and Sexual Satisfaction in a Daily Diary Study of Married Couples", Canadian Journal of Human Sexuality 29, no. 2 (2020): 182–96.

35 *capazes de aceitar as perspectivas dos outros*.: K. D. Neff e E. Pommier, "The Relationship between Self-Compassion and Other-Focused Concern among College Undergraduates, Community Adults, and Practicing Meditators", Self and Identity 12, no. 2 (2013): 160–76.

35 *cuidar sem se esgotar*: Z. Hashem e P. Zeinoun, "Self-Compassion Explains Less Burnout among Healthcare Professionals", Mindfulness 11, no. 11 (2020): 2542–51.

36 *busca de uma autoestima elevada*: K. D. Neff e R. Vonk, "Self-Compassion Versus Global Self-Esteem: Two Different Ways of Relating to Oneself", Journal of Personality 77 (2009): 23–50.

36 *"resposta de defesa contra ameaças"*: P. Gilbert, "Social Mentalities: Internal 'Social' Conflicts and the Role of Inner Warmth and Compassion in Cognitive Therapy", in P. Gilbert e K. G. Bailey, eds., Genes on the Couch: Explorations in Evolutionary Psychotherapy (Hove, UK: Psychology Press, 2000), 118–50.

37 *sistema nervoso simpático é ativado*: S. W. Porges, The Polyvagal Theory: Neurophysiological Foundations of Emotions, Attachment, Communication, and Self-Regulation (Nova York: Norton, 2011).

37 *levando ao estresse, ansiedade e depressão*: R. J. Gruen et al., "Vulnerability to Stress: Self-Criticism and Stress - Induced Changes in Biochemistry", Journal of Personality 65, no. 1 (1997): 33–47.

37 *notável plasticidade neuronal*: S. Herculano-Houzel, The Human Advantage: A New Understanding of How Our Brain Became Remarkable (Cambridge, MA: MIT Press, 2016).

37 *resposta "cuidar e fazer amizade"*: S. E. Taylor, "Tend and Befriend: Biobehavioral Bases of Affiliation Under Stress", Current Directions in Psychological Science 15, no. 6 (2006): 273–77.

37 *o que aumenta a sensação de segurança*: C. S. Carter, "Oxytocin Pathways and the Evolution of Human Behavior", Annual Review of Psychology 65 (2014): 17–39.

38 *reduz a atividade simpática*: S. W. Porges, "The Polyvagal Theory: Phylogenetic Contributions to Social Behavior", Physiology and Behavior 79, no. 3 (2003): 503–13.

38 *respondem ao toque físico quase que imediatamente*: T. Field, Touch (Cambridge, MA: MIT Press, 2014).

41 *internalizar essa atitude de apoio*: P. R. Shaver et al., "Attachment Security as a Foun-

dation for Kindness toward Self and Others", in K. W. Brown e M. R. Leary, eds., The Oxford Handbook of Hypo-egoic Phenomena (Oxford: Oxford University Press, 2017), 223-42.

41 *mais desafiador trabalhar a autocompaixão*: N. D. Ross, P. L. Kaminski e R. Herrington, "From Childhood Emotional Maltreatment to Depressive Symptoms in Adulthood: The Roles of Self-Compassion and Shame", Child Abuse and Neglect 92 (2019): 32-42.

41 *O nível de segurança que sentimos em relação*: R. C. Fraley e N. W. Hudson, "The Development of Attachment Styles", in J. Specht, ed., Development across the Lifespan (Cambridge, MA: Elsevier Academic Press, 2017), 275-92.

41 *e, em consequência, são mais gentis consigo mesmas*: M. Navarro-Gil et al., "Effects of Attachment-Based Compassion Therapy (ABCT) on Self-Compassion and Attachment Style in Healthy People", Mindfulness 1, no. 1 (2018): 51-62.

41 *pode, de fato, ser assustador sentir compaixão por si própria*: L. R. Miron et al., "The Potential Indirect Effect of Childhood Abuse on Posttrauma Pathology through Self-Compassion and Fear of Self-Compassion", Mindfulness 7, no. 3 (2016): 596-605.

41 *O rótulo que ele criou para isso e "backdraft (contracorrente)"*: C. Germer, "The Mindful Path to Self-Compassion: Freeing Yourself from Destructive Thoughts and Emotions" (Nova York: Guilford Press, 2009).

42 *focamos nossa mente em um único objeto*: A. Lutz et al., "Attention Regulation and Monitoring in Meditation", Trends in Cognitive Science 12, no. 4 (2008): 163-69.

43 *essa prática ajuda as pessoas a se autorregularem*: N. N. Singh et al., "Soles of the Feet: A Mindfulness-Based Self-Control Intervention for Aggression by an Individual with Mild Mental Retardation and Mental Illness", Research in Development Disabilities 24, no. 3 (2003): 158-69.

45 *grande artigo do New York Times*: T. Parker-Pope, "Go Easy on Yourself, a New Wave of Research Shows", New York Times, 29 de fevereiro de 2011, https://well.blogs.nytimes.com/2011/02/28/go-easy-on-yourself-a-new-wave-of-research-urges/.

45 *Sharon Salzberg compara com um tipo*: S. Salzberg, "Fierce Compassion", Omega, 2012, https://www.eomega.org/article/fierce-compassion.

45 *"uma energia de força térmica forte e poderosa"*: "Sharon Salzberg + Robert Thurman: Meeting Our Enemies and Our Suffering", On Being with Krista Tippett, October 31, 2013, https://onbeing.org/programs/sharon-salzberg-robert-thurman-meeting-our-enemies-and--our-suffering.

45 *conceito de yin e yang*: M. Palmer, Yin & Yang: Understanding the Chinese Philosophy of Opposites (Londres: Piatkus Books, 1997).

49 *A deusa budista da compaixão, Avalokiteshvara*: E. Olson, "The Buddhist Female Deities", in S. Nicholson, ed., The Goddess Re-Awakening: O Feminine Principle Today (Wheaton, IL: Quest Books, 1989), 80-90.

54 *"Inimigo próximo"*: J. Kornfield, Bringing Home the Dharma: Awakening Right

Where You Are (Boston: Shambala, 2012).

CAPÍTULO 2: O QUE O GÊNERO TEM A VER COM ISSO?

58 *"você não tem culhões"*: B. White, If You Ask Me (And of Course You Won't) (New York: Putnam, 2011).

58 *mulheres são consideradas "comunitárias" e homens "agentes"*: A. H. Eagly and V. J. Steffen, "Gender Stereotypes Stem from the Distribution of Women and Men into Social Role", Journal of Personality and Social Psychology 46, no. 4 (1984): 735–54.

59 *homens são prejudicados por uma cultura tóxica de masculinidade*: T. A. Kupers, "Toxic Masculinity as a Barrier to Mental Health Treatment in Prison", Journal of Clinical Psychology 61, no. 6 (2005): 713–24.

59 *atrapalham a inteligência emocional masculina*: Y. J. Wong and A. B. Rochlen, "Demystifying Men's Emotional Behavior: New Directions and Implications for Counseling and Research," psychology of Men and Masculinity 6, no. 1 (2005): 62–72.

60 *servem para a manter a desigualdade social*: D. D. Rucker, A. D. Galinsky, and J. C. Mage, "The Agentic–Communal Model of Advantage and Disadvantage: How Inequality Produces Similarities in the Psychology of Power, Social Class, Gender, and Race", Advances in Experimental Social Psychology 58 (2018): 71–125.

61 *três formas de sexismo*: J. K. Swim and B. Campbell, "Sexism: Attitudes, Beliefs, and Behaviors", in R. Brown and S. Gaertner, eds., The Handbook of Social Psychology: Intergroup Relations, vol. 4 (Oxford: Blackwell Publishers, 2001), 218–37.

61 *associado a vieses e discriminação*: P. Glick and S. T. Fiske, "An Ambivalent Alliance: Hostile and Benevolent Sexism as Complementary Justifications for Gender Inequality", American Psychologist 56, no. 2 (2001): 109–18.

61 *televangelista Pat Robertson*: Associated Press, "Robertson Letter Attacks Feminists," New York Times, August 26, 1992, https://www .nytimes.com/1992/08/26/us/robertson-letter-attacks-feminists.html.

61 *enforcadas como bruxas*: M. K. Roach, Six Women of Salem: The Untold Story of the Accused and Their Accusers in the Salem Witch Trials (Boston: Da Capo Press, 2013).

61 *Conferência Make Women Great Again (Faça as Mulheres Grandes de Novo)*: The 22 Convention, October 2020, https://22convention.com.

61 *MAGA para quem tem útero*: K. Fleming, "Mansplaining Conference Hopes to 'Make Women Great Again' ", New York Post, January 2, 2020, https://nypost.com/2020/01/02/mansplaining-conference-hopes-to-make-women-great-again/.

62 *líderes na manosphere:* D. Ging, "Alphas, Betas, and Incels: Theorizing the Masculinities of the Manosphere," Men and Masculinities 22, no. 4 (2019): 638–57.

62 *endossar os mitos sobre o estupro*: A. J. Kelly, S. L. Dubbs, and F. K. Barlow, "Social

Dominance Orientation Predicts Heterosexual Men's Adverse Reactions to Romantic Rejection", Archives of Sexual Behavior 44, no. 4 (2015): 903–19.

62 *suporte que mantém o patriarcado:* J. T. Jost and A. C. Kay, "Exposure to Benevolent Sexism and Complementary Gender Stereotypes: Consequences for Specific and Diffuse Forms of System Justification," Journal of Personality and Social Psychology 88, no. 3 (2005): 498–509.

63 *simplesmente nega a existência do sexismo*: J. K. Swim, "Sexism and Racism: Old--Fashioned and Modern Prejudices", Journal of Personality and Social Psychology 68, no. 2 (1995): 199–214.

63 *vítimas de discriminação reversa*: J. E. Cameron, "Social Identity, Modern Sexism, and Perceptions of Personal and Group Discrimination by Women and Men," Sex Roles 45, nos. 11–12 (2001): 743–66.

64 *"as mulheres tendem a priorizar"*: N. Bowles, "Jordan Peterson, Custodian of the Patriarchy", New York Times, May 18, 2018, https://www.nytimes.com/2018/05/18/style/jordan-peterson-12-rules-for-life.html.

64 *A variabilidade nos hormônios relacionados ao sexo*: K. D. Locke, "Agentic and Communal Social Motives", Social and Personality Psychology Compass 9, no. 10 (2015): 525–38.

64 *melhores em empatia e cooperação*: M. Schulte-Ruther et al., "Gender Differences in Brain Networks Supporting Empathy", Neuroimage 42, no. 1 (2008): 393–403.

64 *a experiência do poder aumenta a testosterona*: M. L. Batrinos, "Testosterone and Aggressive Behavior in Man", International Journal of Endocrinology and Metabolism 10, no. 3 (2012): 563–68.

64 *simulação de ambiente de trabalho*: S. M. Van Anders, J. Steiger, and K. L. Goldey, "Effects of Gendered Behavior on Testosterone in Women and Men", Proceedings of the National Academy of Sciences 112, no. 45 (2015): 13805–10.

65 *cuidando de bebês prediz os níveis de oxitocina*: I. Gordon et al., "Oxytocin and the Development of Parenting in Humans", Biological Psychiatry 68, no. 4 (2010): 377–82.

65 *ligeira tendência biológica*: A. H. Eagly and W. Wood, "The Nature-Nurture Debates: 25 Years of Challenges in Understanding the Psychology of Gender," Perspectives on Psychological Science 8, no. 3 (2013): 340–57.

65 *muito amplificado de acordo com o comportamento dos pais*: E. W. Lindsey and J. Mize, "Contextual Differences in Parent–Child Play: Implications for Children's Gender Role Development", Sex Roles 44, nos. 3–4 (2001): 155–76.

65 *impulsionador das diferenças de gênero*: J. S. Hyde, "Gender Similarities and Differences", Annual Review of Psychology 65 (2014): 373–98.

65 *exagerado pelos fatores sociais*: K. Bussey and A. Bandura, "Social Cognitive Theory of Gender Development and Differentiation", Psychological Review 106, no. 4 (1999): 676–713.

65 *afetam quase todas as áreas importantes da vida*: S. Damaske, For the Family? How Class and Gender Shape Women's Work (Oxford: Oxford University Press, 2011).

65 *conhecidos como esquemas de gênero*: S. L. Bem, "Gender Schema Theory: A Cognitive Account of Sex Typing", Psychological Review 88, no. 4 (1981): 354-64.

66 *estruturas de conhecimento organizadas*: J. Piaget, The Language and Thought of the Child, trans. M. Gabain (London: Lund Humphries, 1959; publicado originalmente em 1926).

66 *conhecido como dissonância cognitiva*: L. Festinger, "Cognitive Dissonance", Scientific American 207, no. 4 (1962): 93-106.

66 *um menino cozinhando como se fosse uma menina cozinhando*: C. L. Martin and C. F. Halverson Jr., "The Effects of Sex-Typing Schemas on Young Children's Memory", Child Development 54, no. 3 (1983): 563-74.

66 *autoconfiança sobre sua habilidade matemática*: F. Hill et al., "Maths Anxiety in Primary and Secondary School Students: Gender Differences, Developmental Changes and Anxiety Specificity", Learning and Individual Differences 48 (2016): 45-53.

66 *menos talentosas em ciências*: D. Z. Grunspan et al., "Males Under-Estimate Academic Performance of Their Female Peers in Undergraduate Biology Classrooms", PLOS ONE 11, no. 2 (2016): e0148405.

67 *as mulheres são menos inteligentes que os homens*: J. Herbert and D. Stipek, "The Emergence of Gender Differences in Children's Perceptions of Their Academic Competence", Journal of Applied Developmental Psychology 26, no. 3 (2005): 276-95.

67 *Nossos esquemas são, muitas vezes, inconscientes*: L. A. Rudman, A. G. Greenwald, and D. E. McGhee, "Implicit Self-Concept and Evaluative Implicit Gender Stereotypes: Self and Ingroup Share Desirable Traits", Personality and Social Psychology Bulletin 27, no. 9 (2001): 1164-78.

67 *filtro invisível da percepção*: L. A. Rudman, "Sources of Implicit Attitudes", Current Directions in Psychological Science 13 (2004): 79-82.

67 *projetos de casas eram considerados mais inovadores*: D. Proudfoot, A. C. Kay, and C. Z. Koval, "A Gender Bias in the Attribution of Creativity: Archival and Experimental Evidence for the Perceived Association between Masculinity and Creative Thinking", Psychological Science 26, no. 11 (2015): 1751-61.

67 *Pesquisadores da Universidade de Nova York*: M. E. Heilman and M. C. Haynes, "No Credit Where Credit Is Due: Attributional Rationalization of Women's Success in Male-Female Teams", Journal of Applied Psychology 90, no. 5 (2005): 905-16.

68 *de 1983 a 2014*: E. L. Haines, K. Deaux, and N. Lofaro, "The Times They Are a-Changing... or Are They Not? A Comparison of Gender Stereotypes, 1983-2014", Psychology of Women Quarterly 40, no. 3 (2016): 353-63.

68 *estereótipos de gênero do início da adolescência até o início da idade adulta*: K. D. Neff and L. N. Terry-Schmitt, "Youths' Attributions for Power-Related Gender Differences:

Nature, Nurture, or God?", Cognitive Development 17 (2002): 1185–1203.

69 *e o senso de identidade*: D. D. Tobin et al., "The Intrapsychics of Gender: A Model of Self-Socialization", Psychological Review 117, no. 2 (2010): 601.

69 *as primeiras categorias que os bebês aprendem*: M. E. Kite, K. Deaux, and E. L. Haines, "Gender Stereotypes", in F. L. Denmark and M. A. Paludi, eds., Psychology of Women: A Handbook of Issues and Theories, 2nd ed. (Westport, CT: Praeger, 2007), 205–36.

69 *mulheres com traços comunitárias*: C. Leaper and C. K. Friedman, "The Socialization of Gender", in J. E. Grusec and P. D. Hastings, eds., Handbook of Socialization: Theory and Research (New York: Guilford Press, 2007), 561–87.

69 *rebaixamento de status*: E. F. Coyle, M. Fulcher, and D. Trubutschek, "Sissies, Mama's Boys, and Tomboys: Is Children's Gender Nonconformity More Acceptable When Nonconforming Traits Are Positive?", Archives of Sexual Behavior 45, no. 7 (2016): 1827–38.

69 *sucesso no jogo do namoro*: J. P. Hill and M. E. Lynch, "The Intensification of Gender-Related Role Expectations during Early Adolescence", in J. Brooks-Gunn and A. C. Petersen, eds., Girls at Puberty (New York: Springer, 1983), 201–28.

70 *minimizar sua competência*: A. A. Nelson and C. S. Brown, "Too Pretty for Homework: Sexualized Gender Stereotypes Predict Academic Attitudes for Gender-Typical Early Adolescent Girls", Journal of Early Adolescence 39, no. 4 (2019): 603–17.

70 *tendem a despertar uma reação social*: L. A. Rudman and P. Glick, "Prescriptive Gender Stereotypes and Backlash toward Agentic Women", Journal of Social Issues 57, no. 4 (2001): 743–62.

70 *saúde mental das mulheres*: B. E. Whitley, "Sex-Role Orientation and Psychological Well-Being: Two Meta-Analyses", Sex Roles 12, nos. 1–2 (1985): 207–25.

70 *ansiosas e deprimidas*: E. C. Price et al., "Masculine Traits and Depressive Symptoms in Older and Younger Men and Women", American Journal of Men's Health 12 (2018): 19–29.

70 a*ngustiam em excesso com os problemas de seus entes queridos*: J. Taylor, "Gender Orientation and the Cost of Caring for Others", Society and Mental Health 5 (2015): 49–65.

70 *fortes características tanto como agentes quanto comunitárias*: B. Thornton and R. Leo, "Gender Typing, Importance of Multiple Roles, and Mental Health Consequences for Women", Sex Roles 27, no. 5 (1992): 307–17.

70 *se recuperar do fracasso*: J. S. Nevid and S. A. Rathus, Psychology and the Challenges of Life, 13th ed. (New York: Wiley, 2016).

70 *duas maneiras de lidar*: C. Cheng, "Processes Underlying Gender-Role Flexibility: Do Androgynous Individuals Know More or Know How to Cope?", Journal of Personality 73 (2005): 645–73.

70 *ao expressar seu verdadeiro eu*: S. Harter et al., "Level of Voice among High School Women and Men: Relational Context, Support, and Gender Orientation", Developmental Psychology 34 (1998): 1–10.

72 *Questionário de Atributos Pessoais (PAQ)*: J. T. Spence and R. L. Helmreich, Masculinity and Femininity: Their Psychological Dimensions, Correlates, and Antecedents (Austin, TX: University of Texas Press, 1978). Observe que apenas os itens masculinos e femininos do PAQ estão incluídos, a ordem e a redação de alguns itens foram modificados para facilitar a pontuação. Além disso, o sistema de pontuação difere ligeiramente do original. Esta versão adaptada da escala não deve ser usada para fins de pesquisa.

75 *meta-análise de 71 estudos*: L. M. Yarnell et al., "Meta-Analysis of Gender Differences in Self-Compassion", Self and Identity 14, no. 5 (2015): 499–520.

75 *tendência de sermos mais autocríticas*: P. Luyten et al., "Dependency and Self-Criticism: Relationship with Major Depressive Disorder, Severity of Depression, and Clinical Presentation", Depression and Anxiety 24, no. 8 (2007): 586–96.

75 *mais compassivas com os outros*: R. Lennon and N. Eisenberg, "Gender and Age Differences in Empathy and Sympathy", in N. Eisenberg and J. Strayer, eds., Empathy and Its Development (Cambridge, UK: Cambridge University Press, 1987), 195–217.

75 *quase 1.400 adultos*: K. D. Neff, M. Knox, and O. Davidson, "A Comparison of Self-Compassion and Compassion for Others as They Relate to Personal and Interpersonal Wellbeing among Community Adults" (manuscrito em preparação).

75 *escala de compaixão análoga*: E. Pommier, K. D. Neff, and I. Toth-Kiraly, "The Development and Validation of the Compassion Scale", Assessment 27, no. 1 (2019): 21–39.

75 *eram igualmente compassivas*: L. M. Yarnell et al., "Gender Differences in Self-Compassion: Examining the Role of Gender Role Orientation", Mindfulness 10, no. 6 (2019): 1136–52.

76 *menos medo da autocompaixão do que os homens*: P. Gilbert et al., "Fears of Compassion: Development of Three Self-Report Measures", Psychology and Psychotherapy: Theory, Research and Practice 84, no. 3 (2011): 239–55.

CAPÍTULO 3: MULHERES ZANGADAS

82 *"A verdade a libertará"*: G. Steinem, The Truth Will Set You Free, But First It Will Piss You Off!: Thoughts on Life, Love, and Rebellion (New York: Random House, 2019).

83 *o sentimento das meninas é tratado de maneira diferente na comparação com o dos meninos*: R. L. Buntaine and V. K. Costenbader, "Self-Reported Differences in the Experience and Expression of Anger between Girls and Boys", Sex Roles 36 (1997): 625–37.

83 *desencorajadas a demonstrar a feroz qualidade da raiva*: A. H. Eagly and V. Steffen, "Gender and Aggressive Behavior: A Meta-Analytic Review of the Social Psychological Literature", Psychological Bulletin 100 (1986): 309–30.

83 *algo natural e aceitável nos meninos, mas não nas meninas*: R. S. Mills and K. H. Rubin, "A Longitudinal Study of Maternal Beliefs about Children's Social Behaviors", Merrill-Palmer Quarterly 38, no. 4 (1992): 494–512.

83 *As meninas são instruídas três vezes mais do que os meninos*: K. A. Martin, "Becoming a Gendered Body: Practices of Preschools", American Sociological Review 63, no. 4 (1998): 494–511.

83 *nosso papel manter a paz*: J. B. Miller, "The Development of Women's Sense of Self", in J. Jordan et al., eds., Women's Growth in Connection: Writings from the Stone Center (New York: Guilford Press, 1991), 11–26.

83 *normal que os meninos fiquem com raiva*: R. Fivush, "Exploring Differences in the Emotional Content of Mother-Child Conversations about the Past", Sex Roles 20 (1989): 675–91.

83 *normal no caso das meninas*: T. M. Chaplin, P. M. Cole, and C. Zahn-Waxler, "Parental Socialization of Emotion Expression: Gender Differences and Relations to Child Adjustment", Emotion 5, no. 1 (2005): 80–88.

83 *conduziram um exame pioneiro*: S. P. Thomas, ed., Women and Anger (New York: Springer, 1993).

84 "*Acredito que fui socializada*": S. P. Thomas, "Women's Anger: Causes, Manifestations, and Correlates", in C. D. Spielberger and I. G. Sarason, eds., Stress and Emotion, vol. 15 (Washington, DC: Taylor and Francis, 1995), 53–74.

84 "*Meu marido me disse*": S. P. Thomas, C. Smucker, and P. Droppleman, "It Hurts Most around the Heart: A Phenomenological Exploration of Women's Anger", Journal of Advanced Nursing 28 (1998): 311–22.

85 *vê-la como algo estranho*: L. Brody, Gender, Emotion, and the Family (Cambridge, MA: Harvard University Press, 2009).

85 *conduziu entrevistas em profundidade com algumas das participantes negras*: S. P. Thomas, "Women's Anger, Aggression, and Violence", Health Care for Women International 26, no. 6 (2005): 504–22.

85 *entrevistas em profundidade com algumas das participantes negras*: S. P. Thomas, "Women's Anger, Aggression, and Violence", Health Care for Women International 26, no. 6 (2005): 504–22.

86 *mulheres negras não são realmente mais zangadas*: J. C. Walley-Jean, "Debunking the Myth of the 'Angry Black Woman': An Exploration of Anger in Young African American Women," Black Women, Gender and Families 3, no. 2 (2009): 68–86.

86 *estereotipado como Sapphire*: D. C. Allison et al., eds., Black Women's Portrayals on Reality Television: The New Sapphire (Lanham, MD: Rowman and Littlefield, 2016).

86 *jfoi desenvolvido para justificar os maus-tratos*: M. V. Harris-Perry, Sister Citizen: Shame, Stereotypes, and Black Women in America (New Haven, CT: Yale University Press, 2011).

86 *um estudo com quase 300 universitárias brancas*: C. W. Esqueda and L. A. Harrison, "The Influence of Gender Role Stereotypes, the Woman's Race, and Level of Provocation and Resistance on Domestic Violence Culpability Attributions", Sex Roles 53, nos. 11–12 (2005): 821–34.

86 *polícia tende a levar os relatos das vítimas negras de violência doméstica menos a sério*: S. Shernock and B. Russell, "Gender and Racial/Ethnic Differences in Criminal Justice Decision Making in Intimate Partner Violence Cases", Partner Abuse 3, no. 4 (2012): 501–30.

87 *simulação de deliberação do júri sobre um caso de assassinato*: J. M. Salerno and L. C. Peter-Hagene, "One Angry Woman: Anger Expression Increases Influence for Men, but Decreases Influence for Women, during Group Deliberation", Law and Human Behavior 39, no. 6 (2015): 581–92.

88 *nos julgarmos negativamente por ficarmos com raiva*: A. Campbell and S. Muncer, "Sex Differences in Aggression: Social Representation and Social Roles", British Journal of Social Psychology 33 (1994): 233–40.

88 *níveis mais baixos de autocompaixão do que os homens*: L. M. Yarnell et al., "Gender Differences in Self-Compassion: Examining the Role of Gender Role Orientation", Mindfulness 10, no. 6 (2019): 1136–52.

88 *duas vezes mais chances de sofrer de depressão*: G. Parker and H. Brotchie, "Gender Differences in Depression", International Review of Psychiatry 22, no. 5 (2010): 429–36.

88 *ativação constante do sistema nervoso simpático*: E. Won and Y. K. Kim, "Stress, the Autonomic Nervous System, and the Immune-Kynurenine Pathway in the Etiology of Depression", Current Neuropharmacology 14, no. 7 (2016): 665–73.

88 *como ataques de pânico*: I. Jalnapurkar, M. Allen, and T. Pigott, "Sex Differences in Anxiety Disorders: A Review", Journal of Psychiatry, Depression and Anxiety 4 (2018): 1–9.

88 *transtornos alimentares, como a anorexia*: C. A. Timko, L. DeFilipp, and A. Dakanalis, "Sex Differences in Adolescent Anorexia and Bulimia Nervosa: Beyond the Signs and Symptoms", Current Psychiatry Reports 21, no. 1 (2019): 1–8.

88 *que também contribui para a depressão*: P. Gilbert et al., "An Exploration into Depression-Focused and Anger-Focused Rumination in Relation to Depression in a Student Population", Behavioural and Cognitive Psychotherapy 33, no. 3 (2005): 273–83.

89 *amostra nacional bastante representativa, de 1.125 americanos*: R. W. Simon and K. Lively, "Sex, Anger and Depression", Social Forces 88, no. 4 (2010): 1543–68.

89 *o que nos faz adoecer*: S. Nolen-Hoeksema, "Emotion Regulation and Psychopathology: The Role of Gender", Annual Review of Clinical Psychology 8 (2012): 161–87.

89 *raiva pode se tornar uma emoção útil*: R. W. Novaco, "Anger and Psychopathology", in M. Potegal, G. Stemmler, and C. Spielberger, eds., International Handbook of Anger (New York: Springer, 2010), 465–97.

90 *eficaz como analgésico*: R. Stephens, J. Atkins, and A. Kingston, "Swearing as a Response to Pain", Neuroreport 20, no. 12 (2009): 1056–60.

91 *Raiva construtiva e destrutiva*: J. P. Tangney et al., "Relation of Shame and Guilt to Constructive Versus Destructive Responses to Anger across the Lifespan," Journal of Personality and Social Psychology 70, no. 4 (1996): 797–809.

91 *incluindo ataques verbais e físicos*: T. A. Cavell and K. T. Malcolm, eds., Anger, Aggression, and Interventions for Interpersonal Violence (Mahwah, NJ: Lawrence Erlbaum, 2007).

91 *levar à hipertensão*: S. A. Everson et al., "Anger Expression and Incident Hypertension," Psychosomatic Medicine 60, no. 6 (1998): 730–35.

91 *disfunção no sistema imunológico*: R. M. Suinn, "The Terrible Twos—Anger and Anxiety: Hazardous to Your Health", American Psychologist 56, no. 1 (2001): 27–36.

91 *doença cardiovasculares*: T. W. Smith et al., "Hostility, Anger, Aggressiveness, and Coronary Heart Disease: An Interpersonal Perspective on Personality, Emotion, and Health", Journal of Personality 72 (2004): 1217–70.

91 *se defende e a seus direitos, sem hostilidade ou agressão:* A. Pascual-Leone, et al., "Problem Anger in Psychotherapy: An Emotion-Focused Perspective on Hate, Rage and Rejecting Anger", Journal of Contemporary Psychotherapy 43, no. 2 (2013): 83–92.

92 *estudo com quase dois mil homens e mulheres adultos*: K. Davidson et al., "Constructive Anger Verbal Behavior Predicts Blood Pressure in a Population-Based Sample", Health Psychology 19, no. 1 (2000): 55–64.

92 *violações de direitos ou justiça*: E. Halperin, "Group-Based Hatred in Intractable Conflict in Israel", Journal of Conflict Resolution 52 (2008): 713–36.

92 *conflitos de maneira equilibrada*: M. R. Tagar, C. M. Federico, and E. Halperin, "The Positive Effect of Negative Emotions in Protracted Conflict: The Case of Anger", Journal of Experimental Social Psychology 47, no. 1 (2011): 157–64.

92 *apoio israelense ao acordo*: E. Halperin et al., "Anger, Hatred, and the Quest for Peace: Anger Can Be Constructive in the Absence of Hatred", Journal of Conflict Resolution 55, no. 2 (2011): 274–91.

93 "*A verdade é que a raiva não é o que atrapalha*": S. Chemaly, Rage Becomes Her: The Power of Women's Anger (New York: Simon and Schuster, 2018), xxiii.

93 *estudo por Diana Leonard e colegas*: D. J. Leonard et al., "We're Mad as Hell and We're Not Going to Take It Anymore: Anger Self-Stereotyping and Collective Action", Group Processes and Intergroup Relations 14, no. 1 (2011): 99–111.

94 *A ação coletiva, portanto, é definida*: D. M. Taylor et al., "Disadvantaged Group Responses to Perceived Inequity: From Passive Acceptance to Collective Action", Journal of Social Psychology 127 (1987): 259–72.

94 "*Mães Furiosas*": L. Lerer and J. Medina, "The 'Rage Moms' Democrats Are Cou-

nting On", New York Times, August 17, 2020, https://www.nytimes.com/2020/08/17/us/politics/democrats-women-voters-anger.html.

94 *Mães com Poder*: "About MomsRising", MomsRising, https://www.momsrising.org/about.

94 *Mães Exigem Ação*: "Our Story", Moms Demand Action, https://momsdemandaction.org/about/.

94 *Vidas Negras Importam*: "Herstory," Black Lives Matter, https://blacklivesmatter.com/herstory/.

95 *a raiva em mais de 200 alunos de graduação*: A. Fresnics and A. Borders, "Angry Rumination Mediates the Unique Associations between Self-Compassion and Anger and Aggression", Mindfulness 8, no. 3 (2016): 554–64.

96 *Terapia dos sistemas familiares internos (IFS)*: R. C. Schwartz and M. Sweezy, Internal Family Systems Therapy (New York: Guilford Press, 2019).

99 *pode diminuir a depressão e a autocrítica*: N. A. Shadick et al., "A Randomized Controlled Trial of an Internal Family Systems-Based Psychotherapeutic Intervention on Outcomes in Rheumatoid Arthritis: A Proof-of-Concept Study", Journal of Rheumatology 30, no. 11 (2013): 1831–41.

101 *deusa hindu Kali*: S. Kempton, Awakening Shakti: The Transformative Power of the Goddesses of Yoga (Boulder, CO: Sounds True, 2013).

102 *"A raiva é a forma mais profunda"*: D. Whyte, Consolations: The Solace, Nourishment and Underlying Meaning of Everyday Words (Edinburgh: Canongate Books, 2019).

102 *saúde, bem-estar e contentamento*: "What Is Qi? (and Other Concepts)," Taking Charge of Your Health and Wellbeing, University of Minnesota, https://www.takingcharge.csh.umn.edu/explore-healing-practices/traditional-chinese-medicine/what-qi-and-other-concepts.

102 *"A raiva é considerada um veneno"*: B. Glassman and R. Fields, "Instructions to the Cook," Tricycle Magazine, Spring 1996.

104 *SCS como medida de autocompaixão*: P. Muris, "A Protective Factor against Mental Health Problems in Youths? A Critical Note on the Assessment of Self-Compassion", Journal of Child and Family Studies 25, no. 5 (2015): 1461–65.

104 *dados empíricos sólidos para validar a escala*: K. D. Neff et al., "Examining the Factor Structure of the Self-Compassion Scale Using Exploratory SEM Bifactor Analysis in 20 Diverse Samples: Support for Use of a Total Score and Six Subscale Scores", Psychological Assessment 31, no. 1 (2019): 27–45.

105 *Depois que um estudioso descartou os dados*: P. Muris and H. Otgaar, "The Process of Science: A Critical Evaluation of More Than 15 Years of Research on Self-Compassion with the Self-Compassion Scale", Mindfulness 11, no. 6 (2020): 1469–82.

105 *uma resposta abrangente*: K. D. Neff, "Commentary on Muris and Otgaar: Let the Empirical Evidence Speak on the Self-Compassion Scale", Mindfulness 11, no. 6 (May 23, 2020): 1900–9.

CAPÍTULO 4 #METOO

111 *Existe uma força inerente*: E. Brockes, "#MeToo Founder Tarana Burke: 'You Have to Use Your Privilege to Serve Other People' ", Guardian, January 15, 2018, https://www.theguardian.com/world/2018/jan/15/me-too-founder-tarana-burke-women-sexual-assault.

112 *estudo de grande escala em 2018*: "The Facts behind the #MeToo Movement: A National Study on Sexual Harassment and Assault", conducted by Stop Street Harassment, February 2018, http://www.stopstreetharassment.org/wp-content/uploads/2018/01/Full-Report-2018-National-Study-on-Sexual-Harassment-and-Assault.pdf.

112 *submetida a assédio no trabalho*: ABC News/Washington Post poll on sexual harassment released October 17, 2017.

112 *De acordo com um estudo*: H. McLaughlin, C. Uggen, and A. Blackstone, "Sexual Harassment, Workplace Authority, and the Paradox of Power", American Sociological Review 77, no. 4 (2012): 625–47.

113 *contato sexual forçado em algum momento da vida*: "Statistics", National Sexual Violence Resource Center, https://www.nsvrc.org/statistics, acessado em 14 de novembro de 2020.

113 *sofreu tentativa de estupro*: M. C. Black et al., National Intimate Partner and Sexual Violence Survey: 2010 Summary Report, retrieved from the Centers for Disease Control and Prevention, National Center for Injury Prevention and Control, 2011, http://www.cdc.gov/ViolencePrevention/pdf/NISVS_Report2010-a.pdf.

113 *apenas uma pequena fração resulta em condenação*: Department of Justice, Office of Justice Programs, Bureau of Justice Statistics, "National Crime Victimization Survey, 2010–2016", 2017.

116 *dificuldades com a questão da confiança*: D. K. Chan et al., "Examining the Job-Related, Psychological, and Physical Outcomes of Workplace Sexual Harassment: A Meta-Analytic Review", Psychology of Women Quarterly 32, no. 4 (2008): 362–76.

116 *piora na saúde física e mental*: C. R. Willness, P. Steel, and K. Lee, "A Meta-Analysis of the Antecedents and Consequences of Workplace Sexual Harassment", Personnel Psychology 60, no. 1 (2007): 127–62.

116 *consequências da agressão sexual são ainda piores*: E. R. Dworkin et al., "Sexual Assault Victimization and Psychopathology: A Review and Meta-Analysis", Clinical Psychology Review 56 (2017): 65–81.

116 *contar a verdade e curar a nós mesmas*: A. O'Neil et al., "The #MeToo Movement: An Opportunity in Public Health?", Lancet 391, no. 10140 (2018): 2587–89.

116 *vista como objeto sexual*: L. M. Ward et al., "Sexuality and Entertainment Media", in D. Tolman et al., eds., APA Handbook of Sexuality and Psychology, 2nd ed. (Washington, DC: American Psychological Association, 2014): 373-423.

116 *definida como uma atitude machista*: D. L. Mosher and S. S. Tomkins, "Scripting the Macho Man: Hypermasculine Socialization and Enculturation", Journal of Sex Research 25, no. 1 (1988): 60-84.

116 *alimenta diretamente o assédio e o abuso sexual*: R. C. Seabrook, L. Ward, and S. Giaccardi, "Why Is Fraternity Membership Associated with Sexual Assault? Exploring the Roles of Conformity to Masculine Norms, Pressure to Uphold Masculinity, and Objectification of Women", Psychology of Men and Masculinity 19, no. 1 (2018): 3-13.

116 *probabilidade de os homens cometerem agressão sexual*: S. K. Murnen, C. Wright, and G. Kaluzny, "If 'Boys Will Be Boys,' Then Girls Will Be Victims? A Meta-Analytic Review of the Research That Relates Masculine Ideology to Sexual Aggression", Sex Roles 46, nos. 11-12 (2002): 359-75.

123 *narcisista maligno*: S. K. Huprich et al., "Are Malignant Self-Regard and Vulnerable Narcissism Different Constructs?", Journal of Clinical Psychology 74, no. 9 (2018): 1556-69.

123 *e reafirmar o controle*: A. Arabi, Becoming the Narcissists' Nightmare: How to Devalue and Discard the Narcissist While Supplying Yourself (New York: SCW Archer Publishing, 2016).

128 *em empresas com menos de quinze funcionários*: "Facts About Sexual Harassment", US Equal Employment Opportunity Commission, https://www.eeoc.gov/fact-sheet/facts-about-sexual-harassment, acessado em 18 de fevereiro de 2021.

129 *"Você realmente não pode dar a si mesma amor"*: L. McLean, M. Bambling, and S. R. Steindl, "Perspectives on Self-Compassion from Adult Female Survivors of Sexual Abuse and the Counselors Who Work with Them", Journal of Interpersonal Violence (2018): 1-24, advance online publication, DOI: 0886260518793975.

130 *emoções difíceis, como a vergonha*: A. A. Scoglio et al., "Self-Compassion and Responses to Trauma: The Role of Emotion Regulation", Journal of Interpersonal Violence 33, no. 13 (2015): 2016-36.

130 *papel da autocompaixão na recuperação do abuso*: J. M. Dicks, "Sexual Assault Survivors' Experiences of Self-Compassion" (tese de doutorado não publicada, University of Alberta, 2014).

130 *"Eu percebi que"*: Dicks, "Sexual Assault Survivors' Experiences of Self-Compassion", 75.

132 *se praticada regularmente, é altamente eficaz*: L. B. Shapira and M. Mongrain, "The Benefits of Self-Compassion and Optimism Exercises for Individuals Vulnerable to Depression", Journal of Positive Psychology 5 (2010): 377-89.

135 *ocorre boa parte das vezes dentro da família*: "Child Sexual Abuse Statistics", Darkness to Light, https://www.d2l.org/the-issue/statistics/, acessado em 15 de outubro de 2020.

CAPÍTULO 5 ABRAÇANDO A SI MESMA COM TERNURA

139 *a saída da prisão*: T. Brach, Radical Acceptance: Embracing Your Life with the Heart of a Buddha (New York: Bantam, 2004).

142 *s de maneira direta ou fria, e a mensagem*: A. Blasi et al., "Early Specialization for Voice and Emotion Processing in the Infant Brain", Current Biology 21, no. 14 (2011): 1220–24.

142 *independentemente de seu significado*: D. Buring, Intonation and Meaning (Oxford: Oxford University Press, 2016).

145 *quanto mais resistimos à dor*: F. J. Ruiz, "A Review of Acceptance and Commitment Therapy (ACT) Empirical Evidence: Correlational, Experimental Psychopathology, Component and Outcome Studies", International Journal of Psychology and Psychological Therapy 10, no. 1 (2010): 125–62.

145 *"Sofrimento = Dor × Resistência"*: S. Young, "Break through Pain", 2017, https://www.shinzen.org/wp-content/uploads/2016/12/art_painprocessingalg.pdf, acessado em 8 de janeiro de 2021.

151 *A autoestima é a avaliação do próprio valor*: K. D. Neff, "Self-Compassion, Self--Esteem, and Well-Being", Social and Personality Compass 5 (2011): 1–12.

151 *ser especiais ou estarmos acima da média*: J. D. Brown, "Evaluations of Self and Others: Self-Enhancement Biases in Social Judgments", Social Cognition 4, no. 4 (1986): 353–76.

151 *estamos continuamente nos comparando aos outros*: S. M. Garcia, A. Tor, and T. M. Schiff, "The Psychology of Competition: A Social Comparison Perspective", Perspectives on Psychological Science 8, no. 6 (2013): 634–50.

151 *assédio físico*: M. R. Di Stasio, R. Savage, and G. Burgos, "Social Comparison, Competition and Teacher–Student Relationships in Junior High School Classrooms Predicts Bullying and Victimization", Journal of Adolescence 53 (2016): 207–16.

151 *agressão relacional*: S. M. Coyne and J. M. Ostrov, eds., The Development of Relational Aggression (Oxford: Oxford University Press, 2018).

151 *levar ao preconceito*: J. Crocker et al., "Downward Comparison, Prejudice, and Evaluations of Others: Effects of Self-Esteem and Threat", Journal of Personality and Social Psychology 52, no. 5 (1987): 907–16.

152 *padrões que estabelecemos para nós mesmas*: J. Crocker and K. M. Knight, "Contingencies of Self-Worth", Current Directions in Psychological Science 14, no. 4 (2005): 200–3.

152 *domínios mais comuns*: J. Crocker and L. E. Park, "The Costly Pursuit of Self-Esteem," Psychological Bulletin 130 (2004): 392–414.

152 *pode vacilar descontroladamente*: M. H. Kernis and B. M. Goldman, "Assessing Stability of Self-Esteem and Contingent Self-Esteem", in M. H. Kernis, ed., Self-Esteem Issues and Answers: A Sourcebook of Current Perspectives (Hove, UK: Psychology Press, 2006), 77–85.

153 *comparou diretamente o impacto da autoestima e autocompaixão*: K. D. Neff and R. Vonk, "Self-Compassion versus Global Self-Esteem: Two Different Ways of Relating to Oneself", Journal of Personality 77 (2009): 23–50.

154 *aumenta o bem-estar*: Para uma visão geral da pesquisa, veja Capítulo 2 do C. K. Germer and K. D. Neff, Teaching the Mindful Self-Compassion Program: A Guide for Professionals (New York: Guilford Press, 2019).

154 *imaginassem que estavam recebendo compaixão*: H. Rockliff et al., "A Pilot Exploration of Heart Rate Variability and Salivary Cortisol Responses to Compassion-Focused Imagery", Clinical Neuropsychiatry: Journal of Treatment Evaluation 5, no. 3 (2008): 132–39.

154 *recrutaram participantes no Facebook*: L. B. Shapira and M. Mongrain, "The Benefits of Self-Compassion and Optimism Exercises for Individuals Vulnerable to Depression", Journal of Positive Psychology 5 (2010): 377–89.

156 *é uma emoção única e problemática*: J. P. Tangney and R. L. Dearing, Shame and Guilt (New York: Guilford Press, 2003).

156 *Universidade de Manitoba*: E. A. Johnson and K. A. O'Brien, "Self-Compassion Soothes the Savage Ego-Threat System: Effects on Negative Affect, Shame, Rumination, and Depressive Symptoms", Journal of Social and Clinical Psychology 32, no. 9 (2013): 939–63.

157 *sem sermos derrubadas*: A. Allen and M. R. Leary, "Self-Compassion, Stress, and Coping," Social and Personality Psychology Compass 4, no. 2 (2010): 107–18.

157 *Alguns pesquisadores pediram a adultos que haviam se divorciado*: D. A. Sbarra, H. L. Smith, and M. R. Mehl, "When Leaving Your Ex, Love Yourself: Observational Ratings of Self-Compassion Predict the Course of Emotional Recovery Following Marital Separation", Psychological Science 23 (2012): 261–69.

157 *diabetes*: A. M. Friis, N. S. Consedine, and M. H. Johnson, "Does Kindness Matter? Diabetes, Depression, and Self-Compassion: A Selective Review and Research Agenda", Diabetes Spectrum 28, no. 4 (2015): 252–57.

157 *espinha bífida*: M. R. Hayter and D. S. Dorstyn, "Resilience, Self-Esteem and Self-Compassion in Adults with Spina Bifida", Spinal Cord 52, no. 2 (2013): 167–71.

157 *esclerose múltipla*: M. Nery-Hurwit, J. Yun, and V. Ebbeck, "Examining the Roles of Self-Compassion and Resilience on Health-Related Quality of Life for Individuals with Multiple Sclerosis", Disability and Health Journal 11, no. 2 (2017): 256–61.

157   *ajudou mulheres a lidarem com a dor física crônica*: A. Barnes et al., "Exploring the Emotional Experiences of Young Women with Chronic Pain: The Potential Role of Self-Compassion", Journal of Health Psychology (2018): 1–11, advance online publication, DOI: 1359105318816509.

157   *ameaçada pelo câncer*: L. Zhu et al., "The Predictive Role of Self-Compassion in Cancer Patients' Symptoms of Depression, Anxiety, and Fatigue: A Longitudinal Study", Psycho-Oncology 28, no. 9 (2019): 1918–25.

157   *ou o HIV*: J. M. Brion, M. R. Leary, and A. S. Drabkin, "Self-Compassion and Reactions to Serious Illness: The Case of HIV", Journal of Health Psychology 19, no. 2 (2014): 218–29.

157   *pais de crianças autistas*: K. D. Neff and D. J. Faso, "Self-Compassion and Well-Being in Parents of Children with Autism", Mindfulness 6, no. 4 (2014): 938–47.

158   *dependentes de álcool:* C. L. Phelps et al., "The Relationship between Self-Compassion and the Risk for Substance Use Disorder", Drug and Alcohol Dependence 183 (2018): 78–81.

158   *drogas*: S. Basharpoor et al., "The Role of Self-Compassion, Cognitive Self-Control, and Illness Perception in Predicting Craving in People with Substance Dependency", Practice in Clinical Psychology 2, no. 3 (2014): 155–64.

158   *alimentos*: J. C. Rainey, C. R. Furman, and A. N. Gearhardt, "Food Addiction among Sexual Minorities", Appetite 120 (2018): 16–22.

158   *sexo*: Y. Kotera and C. Rhodes, "Pathways to Sex Addiction: Relationships with Adverse Childhood Experience, Attachment, Narcissism, Self-Compassion and Motivation in a Gender-Balanced Sample", Sexual Addiction and Compulsivity 26, 1–2 (2019): 54–76.

158   *se viciar em em chocolate*: A. E. Diac et al., "Self-Compassion, Well-Being and Chocolate Addiction", Romanian Journal of Cognitive Behavioral Therapy and Hypnosis 4, no. 1–2 (2017): 1–12.

158   *ajuda também pessoas a se recuperarem*: M. Brooks et al., "Self-Compassion amongst Clients with Problematic Alcohol Use", Mindfulness 3, no. 4 (2012): 308–17.

158   *Alcólicos Anônimos*: S. R. Newcombe, "Shame and Self-Compassion in Members of Alcoholics Anonymous" (tese de doutorado não publicada, Wright Institute, 2015).

158   *estudo acompanhou adolescentes chineses*: Y. Jiang et al., "Buffering the Effects of Peer Victimization on Adolescent Non-suicidal Self-Injury: The Role of Self-Compassion and Family Cohesion", Journal of Adolescence 53 (2016): 107–15.

158   *usar a dor física para se distrair da dor emocional*: P. Wilkinson and I. Goodyer, "Non-suicidal Self-Injury", European Child & Adolescent Psychiatry 20, no. 2 (2011): 103–8.

159   *que tentaram suicídio neste último ano*: D. LoParo et al., "The Efficacy of Cognitively-Based Compassion Training for African American Suicide Attempters", Mindfulness

9, no. 6 (2018): 1941–54.

168 *Universidade da Califórnia, Berkeley*: J. G. Breines and S. Chen, "Self-Compassion Increases Self-Improvement Motivation", Personality and Social Psychology Bulletin 38, no. 9 (2012): 1133–43.

168 *Universidade de Pittsburgh*: A. Vazeou-Nieuwenhuis and K. Schumann, "Self-Compassionate and Apologetic? How and Why Having Compassion toward the Self Relates to a Willingness to Apologize", Personality and Individual Differences 124 (2018): 71–6.

169 *isso os ajuda a se sentirem menos sobrecarregados*: K. D. Neff et al., "Caring for Others without Losing Yourself: An Adaptation of the Mindful Self-Compassion Program for Healthcare Communities", Journal of Clinical Psychology 76 (2020): 1543–62.

CAPÍTULO 6 PERMANECENDO FIRME E FORTE

171 *força interior em mais de 200 mulheres*: O. Stevenson and A. B. Allen, "Women's Empowerment: Finding Strength in Self-Compassion", Women and Health 57, no. 3 (2017): 295–310.

171 *Essas descobertas ecoam em outras pesquisas*: J. A. Christman, "Examining the Interplay of Rejection Sensitivity, Self-Compassion, and Communication in Romantic Relationships" (tese de doutorado não publicada, University of Tennessee, 2012).

171 *quando a mãe está protegendo seu filho*: B. L. Mah et al., "Oxytocin Promotes Protective Behavior in Depressed Mothers: A Pilot Study with the Enthusiastic Stranger Paradigm", Depression and Anxiety 32, no. 2 (2015): 76–81.

171 *a resposta do "cuidar e defender"*: C. K. De Dreu et al., "The Neuropeptide Oxytocin Regulates Parochial Altruism in Intergroup Conflict among Humans", Science 328, no. 5984 (2010): 1408–11.

172 *o país que colocou "deficientes mentais" em orfanatos*: S. R. Kaler and B. J. Freeman, "Analysis of Environmental Deprivation: Cognitive and Social Development in Romanian Orphans", Journal of Child Psychology and Psychiatry 35, no. 4 (1994): 769–81.

174 *"Eu levanto minha voz"*: M. Yousafzai, I Am Malala: The Girl Who Stood Up for Education and Was Shot by the Taliban (New York: Little, Brown, 2013).

175 *"A identidade e a influência de grupo"*: J. S. Turner, "Explaining the Nature of Power: A Three-Process Theory," European Journal of Social Psychology 35, no. 1 (2005): 1–22.

175 *complexidade da interseccionalidade*: E. R. Cole, "Intersectionality and Research in Psychology," American Psychologist 64, no. 3 (2009): 170–80.

175 *Pesquisadores na Itália*: G. Fuochi, C. A. Veneziani, and A. Voci, "Exploring the Social Side of Self-Compassion: Relations with Empathy and Outgroup Attitudes," European Journal of Social Psychology 48, no. 6 (2018): 769–83.

176 "*Senti que tinha o direito de ficar onde estava*": Interview with Rosa Parks, Scholastic, January/February 1997 http://teacher.scholastic.com/rosa/interview.htm.

178 "*costas fortes e a frente suave*": J. Halifax, Being with Dying: Cultivating Compassion and Fearlessness in the Presence of Death (Boulder, CO: Shambhala Publications, 2009).

182 *que as pessoas não gostam quando dizemos não*: W. Wood and A. H. Eagly, "Gender Identity", in M. R. Leary and R. H. Hoyle, eds., Handbook of Individual Differences in Social Behavior (New York: Guilford Press, 2009), 109–25.

182 *respostas que ela sugere*: J. de Azevedo Hanks, The Assertiveness Guide for Women: How to Communicate Your Needs, Set Healthy Boundaries, and Transform Your Relationships (Oakland, CA: New Harbinger, 2016).

184 *muitas vezes, o mais perigoso*: J. C. Campbell et al., "Intimate Partner Homicide: Review and Implications of Research and Policy," Trauma, Violence and Abuse 8 (2007): 246–69.

185 *grupo de apoio de autocompaixão num abrigo de violência doméstica*: A. B. Allen, E. Robertson, and G. A. Patin, "Improving Emotional and Cognitive Outcomes for Domestic Violence Survivors: The Impact of Shelter Stay and Self-Compassion Support Groups", Journal of Interpersonal Violence (2017), advance online publication, DOI: 0886260517734858.

185 *quem experimentou algum trauma*: C. Braehler and K. D. Neff, "Self-Compassion for PTSD", in N. Kimbrel and M. Tull, eds., Emotion in PTSD (Cambridge, MA: Elsevier Academic Press, 2020). 567–596.

185 *choque psicológico severo*: R. Yehuda, "Post-Traumatic Stress Disorder", New England Journal of Medicine 346, no. 2 (2002): 108–14.

185 *menos propensas a desenvolver TEPT*: B. L. Thompson and J. Waltz, "Self-Compassion and PTSD Symptom Severity", Journal of Traumatic Stress 21 (2008): 556–58.

186 *se sair melhor na vida diária*: K. Dahm et al., "Mindfulness, Self-Compassion, Posttraumatic Stress Disorder Symptoms, and Functional Disability in US Iraq and Afghanistan War Veterans", Journal of Traumatic Stress 28, no. 5 (2015): 460–64.

186 *pensar em suicídio*: J. K. Rabon et al., "Self-Compassion and Suicide Risk in Veterans: When the Going Gets Tough, Do the Tough Benefit More from Self-Kindness?", Mindfulness 10, no. 12 (2019): 2544–54.

186 *Departamento de Assuntos de Veteranos*: R. Hiraoka et al., "Self-Compassion as a Prospective Predictor of PTSD Symptom Severity among Trauma-Exposed US Iraq and Afghanistan War Veterans", Journal of Traumatic Stress 28 (2015): 1–7.

186 *estudo recente com 370 mulheres cisgênero*: M. A. Cherry and M. M. Wilcox, "Sexist Microaggressions: Traumatic Stressors Mediated by Self-Compassion", The Counseling Psychologist 49, no. 1 (2021), 106–137.

187 *ideia de suicídio em jovens LGBTQIA+*: J. P. Robinson and D. L. Espelage, "Bullying Explains Only Part of LGBTQ–Heterosexual Risk Disparities: Implications

for Policy and Practice", Educational Researcher 41, no. 8 (2012): 309–19.

187 *se a autocompaixão ajudava adolescentes LGBTQIA+:* A. J. Vigna, J. Poehlmann-Tynan, and B. W. Koenig, "Does Self-Compassion Facilitate Resilience to Stigma? A School-based Study of Sexual and Gender Minority Youth", Mindfulness 9, no. 3 (2017): 914–24.

187 *jovens negros LGBTQIA+*: A. J. Vigna, J. Poehlmann-Tynan, and B. W. Koenig, "Is Self-Compassion Protective among Sexual-and Gender-Minority Adolescents across Racial Groups?", Mindfulness 11, no. 3 (2020): 800–15.

187 *leva ao "crescimento pós-traumático"*: C. C. Y. Wong and N. C. Yeung, "Self-Compassion and Posttraumatic Growth: Cognitive Processes as Mediators", Mindfulness 8, no. 4 (2017): 1078–87.

188 *apego seguro como adultos*: M. Navarro-Gil et al., "Effects of Attachment-Based Compassion Therapy (ABCT) on Self-Compassion and Attachment Style in Healthy People", Mindfulness 11, no. 1 (2020): 51–62.

188 *abusadas sexual ou fisicamente na infância*: A. A. Scoglio et al., "Self-Compassion and Responses to Trauma: The Role of Emotion Regulation", Journal of Interpersonal Violence 33, no. 13 (2015): 2016–36.

188 *Terapia Focada na Compaixão (TFC)*: P. Gilbert, "The Origins and Nature of Compassion Focused Therapy", British Journal of Clinical Psychology 53, no. 1 (2014): 6–41.

188 *Pesquisas mostram que essa abordagem*: P. Gilbert and S. Procter, "Compassionate Mind Training for People with High Shame and Self-Criticism: Overview and Pilot Study of a Group Therapy Approach", Clinical Psychology and Psychotherapy: An International Journal of Theory and Practice 13, no. 6 (2006): 353–79.

188 *"me fez sentir como se estivesse vestindo uma armadura"*: E. Ashfield, C. Chan, and D. Lee, "Building 'A Compassionate Armour': The Journey to Develop Strength and Self-Compassion in a Group Treatment for Complex Post-traumatic Stress Disorder", Psychology and Psychotherapy: Theory, Research and Practice (2020), advance online publication, DOI: 10.1111/papt.12275/.

188 *esta abordagem é altamente eficaz*: C. Craig, S. Hiskey, and A. Spector, "Compassion Focused Therapy: A Systematic Review of Its Effectiveness and Acceptability in Clinical Populations", Expert Review of Neurotherapeutics 20, no. 4 (2020), 385–400.

201 *"Poder sem amor"*: M. L. King Jr., Where Do We Go from Here: Chaos or Community?, vol. 2 (Boston: Beacon Press, 2010).

202 *uma forma de resistência não violenta chamada satyagraha*: M. A. Mattaini, Strategic Nonviolent Power: The Science of Satyagraha (Athabasca, Canada: Athabasca University Press, 2013).

202 *argumentando que esta última pode vir do medo:* M. K. Gandhi, "Letter to Mr.–(25 January 1920)", The Collected Works of Mahatma Gandhi, vol. 19 (Delhi, India: Publica-

tions Division, Ministry of Information and Broadcasting, Government of India, 1958).

202 " '*Odeie o pecado e não o pecador*' ", M. K. Gandhi, My Experiments with the Truth (New York: Simon and Schuster, 2014; original work published 1928).

202 *cooptado por certos fundamentalistas*: P. Valera and T. Taylor, "Hating the Sin but Not the Sinner: A Study about Heterosexism and Religious Experiences among Black Men", Journal of Black Studies 42, no. 1 (2011): 106–22.

203 "*Você sabe que me sinto automaticamente atraído pela beleza*": D. A. Fahrenthold, "Trump Recorded Having Extremely Lewd Conversation about Women in 2005", Washington Post, October 8, 2016, https://www.washingtonpost.com/politics/trump-recorded-having-extremely-lewd-conversation-about-women-in-2005/2016/10/07/3b-9ce776-8cb4-11e6-bf8a-3d26847eeed4_story.html.

203 *o objetivo das organizadoras*: A. Jamieson, "Women's March on Washington: A Guide to the Post-inaugural Social Justice Event", Guardian, December 27, 2016, https://www.theguardian.com/us-news/2016/dec/27/womens-march-on-washington-dc-guide.

203 *maior protesto de um único dia na história dos EUA*: M. Broomfield "Women's March against Donald Trump Is the Largest Day of Protests in US History, Say Political Scientists", Independent, January 23, 2017, https://www.independent.co.uk/news/world/americas/womens-march-anti-donald-trump-womens-rights-largest-protest-demonstration-us-history-political-scientists-a7541081.html.

203 *o movimento foi incrivelmente pacífico, sem prisões relatadas*: K. Capps, "Millions of Marchers, Zero Arrests", Citylab, https://www.bloomberg.com/news/articles/2017-01-22/millions-gather-for-women-s-march-none-arrested.

204 *O movimento feminista foi corretamente criticado*: N. Caraway, Segregated Sisterhood: Racism and the Politics of American Feminism (Knoxville, TN: University of Tennessee Press, 1991).

204 *apoiavam totalmente a supremacia branca*: V. Ware, Beyond the Pale: White Women, Racism, and History (London: Verso Books, 2015).

204 *As feministas do sul, muitas vezes, apoiaram Jim Crow*: G. E. Gilmore, Gender and Jim Crow: Women and the Politics of White Supremacy in North Carolina, 1896–1920, 2nd ed. (Chapel Hill, NC: UNC Press Books, 2019).

204 "*um homem afro-americano está me ameaçando*": T. Closson, "Amy Cooper's 911 Call, and What's Happened Since", New York Times, July 8, 2020, https://www.nytimes.com/2020/07/08/nyregion/amy-cooper-false-report-charge.html.

204 *sem nem mesmo mencionar a raça*: b. hooks, Black Women and Feminism (London: Routledge, 1981).

204 *teoria da invisibilidade interseccional*: V. Purdie-Vaughns and R. P. Eibach, "Intersectional Invisibility: The Distinctive Advantages and Disadvantages of Multiple Subordinate-Group Identities", Sex Roles 59, nos. 5–6 (2008): 377–91.

CAPÍTULO 7 ATENDENDO ÀS NOSSAS NECESSIDADES

208 *"Eu sou minha própria musa"*: H. Grant, Pocket Frida Kahlo Wisdom (London: Hardie Grant Publishing, 2018).

209 *As mulheres fazem a maior parte do trabalho doméstico*: "Global Gender Gap Report," World Economic Forum, 2018.

209 *sacrifício contínuo de suas próprias necessidades:* J. H. Shih and N. K. Eberhart, "Gender Differences in the Associations between Interpersonal Behaviors and Stress Generation", Journal of Social and Clinical Psychology 29, no. 3 (2010): 243–55.

209 *um estudo da Universidade de Maryland*: M. J. Mattingly and S. M. Blanchi, "Gender Differences in the Quantity and Quality of Free Time: The US Experience", Social Forces 81, no. 3 (2003): 999–1030.

210 *existência tem um significado maior*: W. J. Phillips and S. J. Ferguson, "Self-Compassion: A Resource for Positive Aging", Journals of Gerontology Series B: Psychological Sciences and Social Sciences 68, no. 4 (2012): 529–39.

210 *experimentam mais a "paixão harmoniosa"*: B. J. Schellenberg, D. S. Bailis, and A. D. Mosewich, "You Have Passion, but Do You Have Self-Compassion? Harmonious Passion, Obsessive Passion, and Responses to Passion-related Failure", Personality and Individual Differences 99 (2016): 278–85.

212 *como os alunos da graduação resolviam conflitos*: L. M. Yarnell and K. D. Neff, "Self-Compassion, Interpersonal Conflict Resolutions, and Well-being", Self and Identity 12, no. 2 (2013): 146–59.

214 *a autenticidade cultivada pela autocompaixão*: J. W. Zhang et al., "A Compassionate Self Is a True Self? Self-Compassion Promotes Subjective Authenticity", Personality and Social Psychology Bulletin 45, no. 9 (2019): 1323–37.

219 *processo de autoatualização*: A. H. Maslow, A Theory of Human Motivation (New York: Simon and Schuster, 2013).

219 *criadores da Teoria da Autodeterminação*: R. M. Ryan and E. L. Deci, Self-Determination Theory: Basic Psychological Needs in Motivation, Development, and Wellness (New York: Guilford Press, 2017).

219 *o desenvolvimento saudável pode ser definido*: E. L. Deci and R. M. Ryan, "The 'What' and 'Why' of Goal Pursuits: Human Needs and the Self-Determination of Behavior", Psychological Inquiry 11, no. 4 (2000): 227–68.

219 *levando a um bem-estar ideal*: E. L. Deci and R. M. Ryan, eds., Handbook of Self-Determination Research (Rochester, NY: University Rochester Press, 2004).

219 *autocompaixão nos ajuda a realizar essa tarefa*: K. D. Neff, "Development and Validation of a Scale to Measure Self-Compassion", Self and Identity 2 (2003): 223–50.

219 *examinou um grupo de alunos da graduação*: K. E. Gunnell et al., "Don't Be So Hard on Yourself! Changes in Self-Compassion during the First Year of University Are Associated with Changes in Well-Being", Personality and Individual Differences 107 (2017): 43–8.

222 *moralidade baseada no cuidado*: R. A. Shweder, M. Mahapatra, and J. G. Miller, "Culture and Moral Development", in J. Kagan and S. Lamb, eds., The Emergence of Morality in Young Children (Chicago: University of Chicago Press, 1987), 1–83.

222 *Elliot Turiel argumentou contra*: E. Turiel, The Culture of Morality: Social Development, Context, and Conflict (Cambridge, UK: Cambridge University Press, 2002).

222 *autossacrifício (denominado sewa)*: N. Desai and M. Krishnaraj, Women and Society in India (Delhi, India: Ajanta Press, 1987).

222 *recebem muito menos comida, roupas, cuidados de saúde e educação*: R. Batra and T. G. Reio Jr., "Gender Inequality Issues in India", Advances in Developing Human Resources 18, no. 1 (2016): 88–101.

223 *líderes femininas, como Indira Gandhi*: I. Malhotra, Indira Gandhi: A Personal and Political Biography (Carlsbad, CA: Hay House, 2014).

223 *jovens hindus para meu estudo*: K. D. Neff, "Judgments of Personal Autonomy and Interpersonal Responsibility in the Context of Indian Spousal Relationships: An Examination of Young People's Reasoning in Mysore, India", British Journal of Developmental Psychology 19, no. 2 (2001): 233–57.

223 "*Suma, que quer ter aulas de dança clássica*": K. D. Neff, "Reasoning about Rights and Duties in the Context of Indian Family Life", (tese de doutorado não publicada, University of California, Berkeley, 1998), 128.

225 *bar em Elgin virou notícia nacional*: C. Clarke, "Texas Bar Owner Prohibits Customers from Wearing Masks", CBS News, May 28, 2020, https://www.cbsnews.com/news/texas-bar-liberty-tree-tavern-bans-masks-customers/.

227 "*Se você quiser me identificar*": T. Merton, My Argument with the Gestapo: A Macaronic Journal (New York: New Directions Books, 1969), 160–61.

228 *Terapia de Aceitação e Compromisso*: S. C. Hayes, K. D. Strosahl, and K. G. Wilson, Acceptance and Commitment Therapy: The Process and Practice of Mindful Change (New York: Guilford Press, 2011).

231 *pessoas autocompassivas se envolvem num comportamento de autocuidado saudável*: K. J. Homan and F. M. Sirois, "Self-Compassion and Physical Health: Exploring the Roles of Perceived Stress and Health-Promoting Behaviors", Health Psychology Open 4, no. 2 (2017): 1–9.

232 *idosos que têm mais autocompaixão*: A. B. Allen, E. R. Goldwasser, and M. R. Leary, "Self-Compassion and Well-Being among Older Adults", Self and Identity 11, no. 4 (2012): 428–53.

232 *estudo com indivíduos portadores de HIV/AIDS*: C. Dawson Rose et al., "Self-Compassion and Risk Behavior Among People Living with HIV/AIDS", Research in Nursing and Health 37, no. 2 (2014): 98–106.

232 *mais dispostas a se envolver no comportamento de autocuidado*: M. L. Terry et al., "Self-Compassionate Reactions to Health Threats", Personality and Social Psychology Bulletin 39, no. 7 (2013): 911–26.

233 *metas compassivas em seus relacionamentos íntimos:* J. Crocker and A. Canevello, "Creating and Undermining Social Support in Communal Relationships: The Role of Compassionate and Self-Image Goals", Journal of Personality and Social Psychology 95, no. 3 (2008): 555–75.

233 *mais atenciosas e prestativas em seus relacionamentos*: K. D. Neff and S. N. Beretvas, "The Role of Self-Compassion in Romantic Relationships", Self and Identity 12, no. 1 (2013): 78–98.

233 *falhas e deficiências dos outros*: J. W. Zhang, S. Chen, and T. K. Tomova, "From Me to You: Self-Compassion Predicts Acceptance of Own and Others' Imperfections", Personality and Social Psychology Bulletin 46, no. 2 (2020): 228–41.

233 *ligação entre autocompaixão e compaixão pelos outros*: K. D. Neff and E. Pommier, "The Relationship between Self-Compassion and Other-Focused Concern among College Undergraduates, Community Adults, and Practicing Meditators", Self and Identity 12, no. 2 (2013): 160–76.

233 *descobrimos que a participação no MSC*: K. D. Neff and C. K. Germer, "A Pilot Study and Randomized Controlled Trial of the Mindful Self-Compassion Program", Journal of Clinical Psychology 69, no. 1 (2013): 28–44.

234 *sem ficarmos esgotadas ou exauridas*: M. C. Delaney, "Caring for the Caregivers: Evaluation of the Effect of an Eight-Week Pilot Mindful Self-Compassion (MSC) Training Program on Nurses' Compassion Fatigue and Resilience", PLOS ONE 13, no. 11 (2018): e0207261.

234 *Universidade de Waterloo*: K. Miller and A. Kelly, "Is Self-Compassion Contagious? An Examination of Whether Hearing a Display of Self-Compassion Impacts Self-Compassion in the Listener", Canadian Journal of Behavioural Science/Revue Canadienne des Sciences du Comportement 52, no. 2 (2020): 159–70.

CAPÍTULO 8 TORNANDO-SE O SEU MELHOR EU

236 *"Quando realmente escolhemos nos preocupar"*: Megan Rapinoe, "Why I Am Kneeling" (blog), Players Tribune, October 2016, https://www.theplayerstribune.com/articles/megan-rapinoe-why-i-am-kneeling.

236 *Um grande impedimento para praticar a autocompaixão*: K. J. Robinson et al.,"Resisting Self-Compassion: Why Are Some People Opposed to Being Kind to Themselves?",

Self and Identity 15, no. 5 (2016): 505–24.

237 *afirmações positivas não ajudam*: J. V. Wood, W. Q. Perunovic, and J. W. Lee, "Positive Self-Statements: Power for Some, Peril for Others", Psychological Science 20, no. 7 (2009): 860–66.

239 *pessoas autocompassivas são mais sábias*: K. D. Neff, S. S. Rude, and K. Kirkpatrick, "An Examination of Self-Compassion in Relation to Positive Psychological Functioning and Personality Traits", Journal of Research in Personality 41 (2007): 908–16.

239 *ver falhas como oportunidades de aprendizagem*: Y. Miyagawa, Y. Niiya, and J. Taniguchi, "When Life Gives You Lemons, Make Lemonade: Self-Compassion Increases Adaptive Beliefs about Failure", Journal of Happiness Studies 21, no. 6 (2020): 2051–68.

239 *menos medo de falhar*: K. D. Neff, Y-P Hsieh, and K. Dejitthirat, "Self-Compassion, Achievement Goals, and Coping with Academic Failure", Self and Identity 4 (2005): 263–87.

239 *E é mais provável que tentem novamente*: M. E. Neely et al., "Self-Kindness When Facing Stress: The Role of Self-Compassion, Goal Regulation, and Support in College Students' Well-Being", Motivation and Emotion 33 (2009): 88–97.

239 *um estudo no Japão*: Y. Miyagawa, J. Taniguchi, and Y. Niiya, "Can Self-Compassion Help People Regulate Unattained Goals and Emotional Reactions toward Setbacks?", Personality and Individual Differences 134 (2018): 239–44.

239 *julgamento severo e sabedoria discriminativa*: J. Goldstein and J. Kornfield, Seeking the Heart of Wisdom: The Path of Insight Meditation (Boston: Shambhala, 1987).

241 *conhecida como coragem*: A. Duckworth and J. J. Gross, "Self-Control and Grit: Related but Separable Determinants of Success", Current Directions in Psychological Science 23, no. 5 (2014): 319–25.

241 *pessoas com autocompaixão têm mais coragem*: K. D. Neff et al., "The Forest and the Trees: Examining the Association of Self-Compassion and Its Positive and Negative Components with Psychological Functioning", Self and Identity 17, no. 6 (2018): 627–45.

245 *principal razão pela qual as pessoas são duras*: Robinson, "Resisting Self-Compassion", 505–24.

246 *a tática do medo tem uma série de consequências*: T. A. Powers, R. Koestner, and D. C. Zuroff, "Self-Criticism, Goal Motivation and Goal Progress", Journal of Social and Clinical Psychology 26 (2007): 814–28.

246 *quem foi prejudicial ou abusivo*: B. E. Gibb, "Childhood Maltreatment and Negative Cognitive Styles: A Quantitative and Qualitative Review", Clinical Psychology Review 22, no. 2 (2002): 223–46.

246 *que se opõe ao sistema de defesa contra ameaças*: P. Gilbert, "Social Mentalities: Internal 'Social' Conflicts and the Role of Inner Warmth and Compassion in Cognitive Therapy", in P. Gilbert and K. G. Bailey, eds., Genes on the Couch: Explorations in Evo-

lutionary Psychotherapy (Hove, UK: Psychology Press, 2000), 118–50.

246 *por meio de autocrítica, eleva os níveis de cortisol*: D. Hering, K. Lachowska, and M. Schlaich, "Role of the Sympathetic Nervous System in Stress-Mediated Cardiovascular Disease", Current Hypertension Reports 17, no. 10 (2015): 80–90.

247 *principal causa da depressão*: U. Dinger et al., "Interpersonal Problems, Dependency, and Self-Criticism in Major Depressive Disorder", Journal of Clinical Psychology 71, no. 1 (2015): 93–104.

247 *ativa o sistema nervoso parassimpático*: H. Kirschner et al., "Soothing Your Heart and Feeling Connected: A New Experimental Paradigm to Study the Benefits of Self--Compassion", Clinical Psychological Science 7, no. 3 (2019): 545–65.

247 *Ela nutre nossa função imunológica*: W. J. Phillips and D. W. Hine, "Self-Compassion, Physical Health, and Health Behaviour: A Meta-Analysis", Health Psychology Review (2019): 1–27.

247 *apontada para o alívio da depressão*: A. M. Ehret, J. Joormann, and M. Berking, "Examining Risk and Resilience Factors for Depression: The Role of Self-Criticism and Self-Compassion", Cognition and Emotion 29, no. 8 (2015): 1496–504.

247 *"Poupe a vara e estrague a criança"*: L. D. Eron, "Spare the Rod and Spoil the Child?", Aggression and Violent Behavior 2, no. 4 (1997): 309–11.

247 *minando a autoconfiança*: E. T. Gershoff, "Corporal Punishment by Parents and Associated Child Behaviors and Experiences: A Meta-Analytic and Theoretical Review", Psychological Bulletin 128, no. 4 (2002): 539–79.

256 *menos propensas a ter metas para realização de desempenho*: M. Shimizu, Y. Niiya, and E. Shigemasu, "Achievement Goals and Improvement Following Failure: Moderating Roles of Self-Compassion and Contingency of Self-Worth", Self and Identity 15, no. 1 (2015): 107–15.

257 *um estudo na Universidade de McGill*: N. Hope, R. Koestner, and M. Milyavskaya, "The Role of Self-Compassion in Goal Pursuit and Well-Being among University Freshmen", Self and Identity 13, no. 5 (2014): 579–93.

257 *é fomentar um crescimento, em vez de se manter numa mentalidade fixa*: R. Chu, "The Relations of Self-Compassion, Implicit Theories of Intelligence, and Mental Health Outcomes among Chinese Adolescents" (tese de doutorado não publicada, San Francisco State University, 2016).

257 *primeira a cunhar os termos*: C. W. Dweck, Self-Theories: Their Role in Motivation, Personality, and Development (Hove, UK: Psychology Press, 2000).

257 *para identificar sua maior fraqueza*: J. G. Breines and S. Chen, "Self-Compassion Increases Self-Improvement Motivation", Personality and Social Psychology Bulletin 38, no. 9 (2012): 1133–43.

258 *nível de iniciativa pessoal*: I. Dundas et al., "Does a Short Self-Compassion Intervention for Students Increase Healthy Self-Regulation? A Randomized Control Trial",

Scandinavian Journal of Psychology 58, no. 5 (2017): 443–50.

258 *teste com um alto grau de dificuldade no vocabulário*: J. G. Breines and S. Chen, "Self-Compassion Increases Self-Improvement Motivation", Personality and Social Psychology Bulletin 38, no. 9 (2012): 1133–43.

259 *principais causas de estresse e ansiedade*: D. M. Tice and R. F. Baumeister, "Longitudinal Study of Procrastination, Performance, Stress, and Health: The Costs and Benefits of Dawdling", Psychological Science 8, no. 6 (1997): 454–58.

259 *autocompaixão ajuda a quebrar esse ciclo*: F. M. Sirois, "Procrastination and Stress: Exploring the Role of Self-Compassion", Self and Identity 13, no. 2 (2014): 128–45.

260 *"Se você for muito autocompassiva"*: L. M. Sutherland et al., "Narratives of Young Women Athletes' Experiences of Emotional Pain and Self-Compassion", Qualitative Research in Sport, Exercise and Health 6, no. 4 (2014): 499–516.

260 *Universidade de Saskatchewan*: N. A. Reis et al., "Self-Compassion and Women Athletes' Responses to Emotionally Difficult Sport Situations: An Evaluation of a Brief Induction", Psychology of Sport and Exercise 16 (2015): 18–25.

260 *estudo feito pelos mesmos pesquisadores*: L. J. Ferguson et al., "Self-Compassion and Eudaimonic Well-Being during Emotionally Difficult Times in Sport", Journal of Happiness Studies 16, no. 5 (2015): 1263–80.

261 *se sentem menos ansiosos ao jogar*: Z. Huysmans and D. Clement, "A Preliminary Exploration of the Application of Self-Compassion within the Context of Sport Injury", Journal of Sport and Exercise Psychology 39, no. 1 (2017): 56–66.

261 *Universidade de Manitoba*: L. Ceccarelli et al., "Self-Compassion and Psycho-Physiological Recovery from Recalled Sport Failure", Frontiers in Psychology 10 (2019): 1564.

261 *adaptativo e desadaptativo*: J. Stoeber and K. Otto, "Positive Conceptions of Perfectionism: Approaches, Evidence, Challenges", Personality and Social Psychology Review 10 (2006): 295–319.

263 *minar nossa capacidade de realização*: S. B. Sherry et al., "Self-Critical Perfectionism Confers Vulnerability to Depression after Controlling for Neuroticism: A Longitudinal Study of Middle-aged, Community-Dwelling Women", Personality and Individual Differences 69 (2014): 1–4.

263 *almejam, igualmente, altos padrões de desempenho*: K. D. Neff, "Development and Validation of a Scale to Measure Self-Compassion", Self and Identity 2 (2003): 223–50.

263 *baixo nível de perfeccionismo mal-adaptativo*: M. Ferrari et al., "Self-Compassion Moderates the Perfectionism and Depression Link in Both Adolescence and Adulthood", PLOS ONE 13, no. 2 (2018): e0192022.

263 *um estudo com residentes de medicina*: C. M. Richardson et al., "Trainee Wellness: Self-Critical Perfectionism, Self-Compassion, Depression, and Burnout among Doctoral Trainees in Psychology", Counselling Psychology Quarterly 33, no. 2 (2018): 1–12.

265 *"O curioso paradoxo"*: C. Rogers, On Becoming a Person: A Therapist's View of Psychotherapy (Boston: Houghton Mifflin, 1995; original work published 1960), 17.

266 *"Se a primeira mulher"*: Francis Gage's version of Sojourner Truth's "Ain't I a Woman" speech, April 23, 1863, https://www.thesojournertruthproject.com/compare-the-speeches/.

CAPÍTULO 9 EQUILÍBRIO E IGUALDADE NO TRABALHO

270 *"Se tivermos uma chance"*: "Transcrição de Keynote Address por Ann Richards, the Texas Treasurer," July 1988 Democratic Convention, New York Times, July 19, 1988, https://www.nytimes.com/1988/07/19/us/transcript-of-the-keynote-address-by-ann-richards-the-texas-treasurer.html.

270 *mais probabilidade do que os homens de obter um diploma universitário*: National Center for Education Statistics, "Table 318.30. Bachelor's, Master's, and Doctor's Degrees Conferred by Postsecondary Institutions, by Sex of Student and Discipline: 2015–16", Digest of Education Statistics (2017), https://nces.ed.gov/programs/digest/d17/tables/dt17_318.30.asp?current=yes.

270 *tiram notas melhores*: A. R. Amparo, G. Smith, and A. Friedman, "Gender and Persistent Grade Performance Differences between Online and Face to Face Undergraduate Classes", in EdMedia+ Innovate Learning (Amsterdam: Association for the Advancement of Computing in Education, June 2018): 1935–39.

270 *somam até 47% da força de trabalho*: M. DeWold, "12 Stats About Working Women", US Department of Labor Blog, March 6, 2017, https://www.ishn.com/articles/105943-stats-about-working-women.

270 *superam, ligeiramente, os homens nas posições de gerência*: US Bureau of Labor Statistics, March 2017, https://www.bls.gov/careeroutlook/2017/data-on-display/women-managers.htm.

271 *existem diferenças por grupos dentro desse universo*: R. Bleiweis, "Quick Facts about the Gender Wage Gap", Center for American Progress, March 24, 2020, https://www.americanprogress.org/issues/women/reports/2020/03/24/482141/quick-facts-gender-wage-gap/.

271 *direcionadas a atuar em diferentes profissões*: N. Graf, A. Brown, and E. Patten, "The Narrowing, but Persistent, Gender Gap in Pay", Pew Research Center, March 22, 2019, https://www.pewresearch.org/fact-tank/2019/03/22/gender-pay-gap-facts/.

271 *mulheres têm cinco vezes mais probabilidade*: G. Livingston, "Stay-at-Home Moms and Dads Account for About One-in-Five US Parents", Pew Research Center, September 24, 2018, https://www.pewresearch.org/fact-tank/2018/09/24/stay-at-home-moms-and-dads-account-for-about-one-in-five-u-s-parents/.

271 *passam mais tempo em tarefas domésticas*: "Global Gender Gap Report", World

Economic Forum, 2018.

271 *desempregadas gastam mais tempo*: D. Kanal and J. T. Kornegay, "Accounting for Household Production in the National Accounts", Survey of Current Business 99, no. 6 (June 2019), https://apps.bea.gov/scb/2019/06-june/0619-household-production.htm.

271 *as coloca em desvantagem*: Y. van Osch and J. Schaveling, "The Effects of Part-time Employment and Gender on Organizational Career Growth", Journal of Career Development 47, no. 3 (2020): 328–43.

271 *23% dos lugares no conselho*: Alliance for Board Diversity, "Missing Pieces Report: The 2018 Board Diversity Census of Women and Minorities on Fortune 500 Boards", 2018, https://www2.deloitte.com/us/en/pages/center-for-board-effectiveness/articles/missing-pieces-fortune-500-board-diversity-study-2018.html.

272 *executivos-chefes chamados James*: C. C. Miller, K. Quealy, and M. Sanger-Katz, "The Top Jobs Where Women are Outnumbered by Men Named John", April 24, 2018, New York Times, https://www.nytimes.com/interactive/2018/04/24/upshot/women-and-men-named-john.html.

272 *num contexto mais amplo de estereótipos*: M. E. Heilman and E. J. Parks-Stamm, "Gender Stereotypes in the Workplace: Obstacles to Women's Career Progress", Advances in Group Processes 24 (2007): 47–77.

272 *uase nenhuma mudança no estereótipo de gênero da atividade de agente e de comunitário*: E. L. Haines, K. Deaux, and N. Lofaro, "The Times They Are a-Changing… or Are They Not? A Comparison of Gender Stereotypes, 1983–2014", Psychology of Women Quarterly 40, no. 3 (2016): 353–63.

272 *mundo tradicionalmente masculino dos negócios*: M. E. Heilman and E. J. Parks-Stamm, "Gender Stereotypes in the Workplace: Obstacles to Women's Career Progress", in S. J. Correll, ed., Social Psychology of Gender: Advances in Group Processes, vol. 24 (Bingley, UK: Emerald Group Publishing, 2007), 47–77.

273 *o uso de palavras no Wall Street Journal*: J. P. Walsh, K. Weber, and J. D. Margolis, "Social Issues and Management: Our Lost Cause Found", Journal of Management 29, no. 6 (2003): 859–81.

273 *ambientes altamente competitivos*: D. Salin, "Bullying and Organisational Politics in Competitive and Rapidly Changing Work Environments", International Journal of Management and Decision Making 4, no. 1 (2003): 35–46.

273 *maioria dos trabalhadores nos Estados Unidos sofre bullying*: A. K. Samnani and P. Singh, "20 Years of Workplace Bullying Research: A Review of the Antecedents and Consequences of Bullying in the Workplace", Aggression and Violent Behavior 17, no. 6 (2012):581–89.

273 *acionistas, mostrando pouca consideração pelos pacientes*: M. R. Reiff., "The Just Price, Exploitation, and Prescription Drugs: Why Free Marketeers Should Object to Pro-

fiteering by the Pharmaceutical Industry", Review of Social Economy 77, no. 2 (2019): 108–42.

274 *produziu uma versão genérica*: A. Keown, "Price of Teva's Generic Drug to Treat Wilson's Disease Sparks Outrage", BioSpace, February 26, 2018, https://www.biospace.com/article/price-of-teva-s-generic-drug-to-treat-wilson-s-disease-sparks-outrage/.

274 *a influência da compaixão na cultura do trabalho*: M. C. Worline and J. E. Dutton, Awakening Compassion at Work: The Quiet Power that Elevates People and Organizations (Oakland, CA: Berrett-Koehler, 2017).

274 *perda econômica e diminuição da produtividade*: P. J. Rosch, "The Quandary of Job Stress Compensation", Health and Stress 3, no. 1 (2001): 1–4.

274 *empresas que lançam incentivos de doação*: J. E. Dutton et al., "Leading in Times of Trauma", Harvard Business Review 80, no. 1 (2002): 54–61.

275 *impulsionam resultados financeiros positivos*: K. Cameron et al., "Effects of Positive Practices on Organizational Effectiveness", Journal of Applied Behavioral Science 47, no. 3 (2011): 266–308.

275 *não são atraentes para as mulheres*: J. A. Kennedy and L. J. Kray, "Who Is Willing to Sacrifice Ethical Values for Money and Social Status? Gender Differences in Reactions to Ethical Compromises", Social Psychological and Personality Science 5, no. 1 (2014): 52–59.

275 *mais qualificadas para profissões de cuidado*: K. McLaughlin, O. T. Muldoon, and M. Moutray, "Gender, Gender Roles and Completion of Nursing Education: A Longitudinal Study", Nurse Education Today 30, no. 4 (2010): 303–7.

275 *valor e a remuneração atribuídos a elas serão menores*: P. England, M. Budig, and N. Folbre, "Wages of Virtue: The Relative Pay of Care Work", Social Problems 49, no. 4 (2002): 455–73.

275 *homem que trabalha em tempo integral*: Pew Research Center, "Raising Kids and Running a Household: How Working Parents Share the Load", November 4, 2015, https://www.pewsocialtrends.org/2015/11/04/raising-kids-and-running-a-household-how-working-parents-share-the-load/.

275 *Centro para o Progresso Americano*: J. Halpin, K. Agne, and M. Omero, "Affordable Child Care and Early Learning for All Families", Center for American Progress, September 2018, https://cdn.americanprogress.org/content/uploads/2018/09/12074422/ChildCarePolling-report.pdf.

276 *sentem mais culpa trabalhando em tempo integral do que os homens*: J. L. Borelli et al., "Bringing Work Home: Gender and Parenting Correlates of Work-Family Guilt among Parents of Toddlers", Journal of Child and Family Studies 26, no. 6 (2017): 1734–45.

279 *as mulheres são, ainda, mais competentes*: A. H. Eagly, C. Nater, D. L. Miller, M. Kaufmann and S. Sczesny, "Gender Stereotypes Have Changed: A Cross-Temporal Meta-Analysis of US Public Opinion Polls from 1946 to 2018", American Psychologist

75, no. 3 (2020): 301.

279 *do que aqueles com voz feminina*: C. P. Ernst and N. Herm-Stapelberg, "Gender Stereotyping's Influence on the Perceived Competence of Siri and Co.", Proceedings of the 53rd Hawaii International Conference on System Sciences (January 2020).

279 *Madeline Heilman na Universidade de New York*: M. E. Heilman, "Gender Stereotypes and Workplace Bias", Research in Organizational Behavior 32 (2012): 113–35.

279 *serem estereotipadas como tendo traços comunitários*: Heilman, "Gender Stereotypes and Workplace Bias", 113–35.

280 *candidatos com nome John versus Jennifer*: C. A. Moss-Racusin et al., "Science Faculty's Subtle Gender Biases Favor Male Students", Proceedings of the National Academy of Sciences 109, no. 41 (2012): 16474–79.

280 *as professoras de gestão*: L. J. Trevino et al., "Meritocracies or Masculinities? The Differential Allocation of Named Professorships by Gender in the Academy", Journal of Management 44, no. 3 (2018): 972–1000.

280 *trabalhos idênticos são avaliados de forma menos favorável*: H. K. Davison and M. J. Burke, "Sex Discrimination in Simulated Employment Contexts: A Meta-Analytic Investigation", Journal of Vocational Behavior 56, no. 2 (2000): 225–48.

281 *série de estudos de pesquisadores em Yale*: V. L. Brescoll and E. L. Uhlmann, "Can an Angry Woman Get Ahead? Status Conferral, Gender, and Expression of Emotion in the Workplace", Psychological Science 19, no. 3 (2008): 268–75.

281 *disparidades de gênero no local de trabalho são justas*: J. L. Cundiff and T. K. Vescio, "Gender Stereotypes Influence How People Explain Gender Disparities in the Workplace", Sex Roles 75, nos. 3–4 (2016): 126–38.

282 *cem estudos empíricos*: A. Joshi, J. Son, and H. Roh, "When Can Women Close the Gap? A Meta-Analytic Test of Sex Differences in Performance and Rewards", Academy of Management Journal 58, no. 5 (2015): 1516–45.

282 *mulheres entram no mercado de trabalho*: C. Buffington et al., "STEM Training and Early Career Outcomes of Female and Male Graduate Students: Evidence from UMETRICS Data Linked to the 2010 Census", American Economic Review 106, no. 5 (2016): 333–38.

282 *vivenciado a discriminação de gênero no trabalho*: K. Parker and C. Funk, "Gender Discrimination Comes in Many Forms for Today's Working Women", Pew Research Center, December 14, 2017, https://www.pewresearch.org/fact-tank/2017/12/14/gender-discrimination-comes-in-many-forms-for-todays-working-women/.

284 *Backlash*: L. A. Rudman and P. Glick, "Feminized Management and Backlash toward Agentic Women: The Hidden Costs to Women of a Kinder, Gentler Image of Middle Managers", Journal of Personality and Social Psychology 77, no. 5 (1999): 1004–10.

284 *debate das primárias do Partido Democrata*: A. Linskey, "The Women Asked for

Forgiveness. The Men Tried to Sell Their Books: How a Democratic Debate Moment Put a Spotlight on Gender", Washington Post, December 20, 2019, https://www.washingtonpost.com/politics/seek-forgiveness-or-give-a-gift-how-a-democratic-debate-moment-put-gender-in-the-spotlight/2019/12/20/6b77450c-22db-11ea-a153-dce4b94e4249_story.html.

285 *descritas em termos negativos*: M. E. Heilman, C. J. Block, and R. Martell, "Sex Stereotypes: Do They Influence Perceptions of Managers?", Journal of Social Behavior and Personality 10 (1995): 237–52.

286 *Laurie Rudman, da Universidade de Rutgers*: L. A. Rudman, "Self-Promotion as a Risk Factor for Women: The Costs and Benefits of Counter-Stereotypical Impression Management", Journal of Personality and Social Psychology 74, no. 3 (1998): 629–45.

287 *aceitavam 20% a menos*: E. T. Amanatullah and M. W. Morris, "Negotiating Gender Roles: Gender Differences in Assertive Negotiating Are Mediated by Women's Fear of Backlash and Attenuated When Negotiating on Behalf of Others", Journal of Personality and Social Psychology 98, no. 2 (2010): 256–67.

287 *recebem mais e são promovidos com maior frequência*: A. Joshi, J. Son, and H. Roh, "When Can Women Close the Gap? A Meta-Analytic Test of Sex Differences in Performance and Rewards", Academy of Management Journal 58, no. 5 (2015): 1516–45.

287 *Em um experimento*: L. A. Rudman and P. Glick, "Prescriptive Gender Stereotypes and Backlash toward Agentic Women", Journal of Social Issues 57, no. 4 (2001): 743–62.

288 *pesquisadores de Israel*: R. Kark, R. Waismel-Manor, and B. Shamir, "Does Valuing Androgyny and Femininity Lead to a Female Advantage? The Relationship between Gender-Role, Transformational Leadership and Identification", Leadership Quarterly 23, no. 3 (2012): 620–40.

288 *chama de judô de gênero*: J. C. Williams, "Women, Work and the Art of Gender Judo", Washington Post, January 24, 2014, https://www.washingtonpost.com/opinions/women-work-and-the-art-of-gender-judo/2014/01/24/29e209b2-82b2-11e3-8099-9181471f7aaf_story.html.

288 *pode ajudar a diminuir a influência do viés de gênero*: J. C. Williams and R. Dempsey, What Works for Women at Work: Four Patterns Working Women Need to Know (New York: NYU Press, 2018).

291 *primeiro passo para poder mudá-lo*: J. L. Howell and K. A. Ratliff, "Not Your Average Bigot: The Better-Than-Average Effect and Defensive Responding to Implicit Association Test Feedback", British Journal of Social Psychology 56 (2017): 125–45.

291 *redução do viés de gênero*: K. McCormick-Huhn, L. M. Kim, and S. A. Shields, "Unconscious Bias Interventions for Business: An Initial Test of WAGES-Business (Workshop Activity for Gender Equity Simulation) and Google's 're: Work' Trainings",

Analyses of Social Issues and Public Policy 20, no. 1 (2020): 26–65.

293   *esquisas mostram que esse fato é bem comum*: M. E. Heilman and M. C. Haynes, "No Credit Where Credit Is Due: Attributional Rationalization of Women's Success in Male-Female Teams", Journal of Applied Psychology 90, no. 5 (2005): 905–16.

293   *mulheres tendem a ser interrompidas*: K. J. Anderson and C. Leaper, "Meta-Analyses of Gender Effects on Conversational Interruption: Who, What, When, Where, and How", Sex Roles 39, nos. 3–4 (1998): 225–52.

293   *ambas se tornam mais apreciadas:* C. A. Moss-Racusin and L. A. Rudman, "Disruptions in Women's Self-Promotion: The Backlash Avoidance Model", Psychology of Women Quarterly 34, no. 2 (2010): 186–202.

294   *equilibram nossas necessidades individuais e profissionais*: J. M. Nicklin, K. Seguin, and S. Flaherty, "Positive Work-Life Outcomes: Exploring Self-Compassion and Balance", European Journal of Applied Positive Psychology 3, no. 6 (2019): 1–13.

294   *mais confiança no desempenho do seu trabalho:* A. Reizer, "Bringing Self-Kindness into the Workplace: Exploring the Mediating Role of Self-Compassion in the Associations between Attachment and Organizational Outcomes", Frontiers in Psychology 10 (2019): 1148.

295   *o fenômeno do impostor*: P. R. Clance and S. A. Imes, "The Imposter Phenomenon in High Achieving Women: Dynamics and Therapeutic Intervention", Psychotherapy: Theory, Research and Practice 15, no. 3 (1978): 241–49.

295   *uma prestigiada universidade europeia*: A. Patzak, M. Kollmayer, and B. Schober, "Buffering Impostor Feelings with Kindness: The Mediating Role of Self-Compassion between Gender-Role Orientation and the Impostor Phenomenon", Frontiers in Psychology 8 (2017): 1289.

295   *encontrar dificuldades na busca de emprego*: L. M. Kreemers, E. A. van Hooft, and A. E. van Vianen, "Dealing with Negative Job Search Experiences: The Beneficial Role of Self-Compassion for Job Seekers' Affective Responses", Journal of Vocational Behavior 106 (2018): 165–79.

296   *níveis mais elevados de envolvimento*: Y. Kotera, M. Van Laethem, and R. Ohshima, "Cross-cultural Comparison of Mental Health between Japanese and Dutch Workers: Relationships with Mental Health Shame, Self-Compassion, Work Engagement and Motivation", Cross Cultural and Strategic Management 27, no. 3 (2020): 511–30.

296   *treinaram quase cem empresários para terem mais autocompaixão*: Y. Engel et al., "Self-Compassion When Coping with Venture Obstacles: Loving-Kindness Meditation and Entrepreneurial Fear of Failure", Entrepreneurship Theory and Practice (2019): 1–27, advance online publication, DOI: 1042258719890991.

296   *Harvard Business Review*: S. Chen, "Give Yourself a Break: The Power of Self-Compassion", Harvard Business Review 96, no. 5 (2018): 116–23.

CAPÍTULO 10 CUIDANDO DOS OUTROS SEM PERDER A SI MESMA

301 *"Cuidando de mim"*: A. Lorde, A Burst of Light: And Other Essays (Mineola, NY: IXIA Press, 2017), 130.

301 *praticam a matrifagia*: T. A. Evans, E. J. Wallis, and M. A. Elgar, "Making a Meal of Mother", Nature 376, no. 6538 (1995): 299.

301 *80% dos genitores solteiros são mulheres*: T. Grall, "Custodial Mothers and Fathers and Their Child Support: 2015", US Census Bureau, February 2020, original work published January 2018, https://www.census.gov/library/publications/2018/demo/p60-262.html.

302 *passam duas vezes mais tempo cuidando dos filhos e fazendo tarefas domésticas*: S. M. Bianchi et al., "Housework: Who Did, Does or Will Do It, and How Much Does It Matter?", Social Forces 91, no. 1 (2012): 55.

302 *Quando as mulheres começam a ganhar mais dinheiro do que seus maridos*: M. Bittman et al., "When Does Gender Trump Money? Bargaining and Time in Household Work", American Journal of Sociology 109, no. 1 (2003): 186–214.

302 *relatam sempre se sentirem apressadas*: Pew Research Center, "Who's Feeling Rushed?", February 28, 2016, https://www.pewsocialtrends.org/2006/02/28/whos-feeling-rushed/.

302 *Temos 50% mais probabilidade do que os homens*: AARP Public Policy Institute, "Caregiving in the US 2015", June 2015, https://www.aarp.org/content/dam/aarp/ppi/2015/caregiving-in-the-us-research-report-2015.pdf.

302 *relatar resultados negativos consequentes desse cuidado*: Q. P. Li, Y. W. Mak, and A. Y. Loke, "Spouses' Experience of Caregiving for Cancer Patients: A Literature Review", International Nursing Review 60, no. 2 (2013): 178–87.

302 *relatam irritação e angústia*: K. J. Lively, L. C. Steelman, and B. Powell, "Equity, Emotion, and Household Division of Labor Response", Social Psychology Quarterly 73, no. 4 (2010): 358–79.

302 *são mais propensas a sofrer esgotamento*: L. Lieke et al., "Positive and Negative Effects of Family Involvement on Work-Related Burnout", Journal of Vocational Behavior 73, no. 3 (2008): 387–96.

304 *"comunhão absoluta"*: V. S. Helgeson and H. Fritz, "A Theory of Unmitigated Communion", Personality and Social Psychology Review 2 (1998): 173–83.

304 *mulheres registrem níveis mais elevados de cuidado assimétrico*: D. M. Buss, "Unmitigated Agency and Unmitigated Communion: An Analysis of the Negative Components of Masculinity and Femininity", Sex Roles 22, no. 9 (1990): 555–68.

304 *leva à angústia e explica parcialmente*: L. Jin et al., "Depressive Symptoms and

Unmitigated Communion in Support Providers", European Journal of Personality: Published for the European Association of Personality Psychology 24, no. 1 (2010): 56–70.

305 *cuidadoras assimétricas tendem a ficar em silêncio*: H. L. Fritz and V. S. Helgeson, "Distinctions of Unmitigated Communion from Communion: Self-Neglect and Overinvolvement with Others", Journal of Personality and Social Psychology 75, no. 1 (1998): 121–40.

305 *desafios na intimidade em relacionamentos românticos*: V. S. Helgeson, "Relation of Agency and Communion to Well-Being: Evidence and Potential Explanations," Psychological Bulletin 116 (1994): 412–28.

305 *ficam descontentes com isso*: S. G. Ghaed and L. C. Gallo, "Distinctions among Agency, Communion, and Unmitigated Agency and Communion According to the Interpersonal Circumplex, Five-Factor Model, and Social-Emotional Correlates", Journal of Personality Assessment 86, no. 1 (2006): 77–88.

305 *menos propensas a visitar o médico*: V. S. Helgeson and H. L. Fritz, "The Implications of Unmitigated Agency and Unmitigated Communion for Domains of Problem Behavior," Journal of Personality 68, no. 6 (2000): 1031–57.

305 *problemas cardíacos*: H. L. Fritz, "Gender-linked Personality Traits Predict Mental Health and Functional Status Following a First Coronary Event", Health Psychology 19, no. 5 (2000): 420–28.

306 *Escala de comunhão Absoluta*: H. L. Fritz and V. S. Helgeson, "Distinctions of Unmitigated Communion from Communion: Self-Neglect and Overinvolvement with Others", Journal of Personality and Social Psychology 75, no. 1 (1998): 121–40. Observe que alguns dos os itens foram alterados para este livro, de forma que a codificação reversa seria desnecessária.

307 *estudo com 361 alunos de graduação*: V. Thornton and A. Nagurney, "What Is Infidelity? Perceptions Based on Biological Sex and Personality", Psychology Research and Behavior Management 4 (2011): 51–58.

308 *necessidade de validação externa*: D. C. Jack and D. Dill, "The Silencing the Self Scale: Schemas of Intimacy Associated with Depression in Women", Psychology of Women Quarterly 16 (1992): 97–106.

308 *contribui diretamente para sua infelicidade e depressão*: L. Jin et al., "Depressive Symptoms and Unmitigated Communion in Support Providers", European Journal of Personality 24, no. 1 (2010): 56–70.

309 *valor próprio enraizado na autocompaixão*: K. D. Neff et al., "The Forest and the Trees: Examining the Association of Self-Compassion and Its Positive and Negative Components with Psychological Functioning", Self and Identity 17, no. 6 (2018): 627–45.

309 *mais estável e menos incerto ao longo do tempo*: K. D. Neff and R. Vonk, "Self-Compassion Versus Global Self-Esteem: Two Different Ways of Relating to Oneself", Journal of Personality 77 (2009): 23–50.

310 *normas de autossacrifício entre mulheres mexicano-americanas*: K. D. Neff and M. A. Suizzo, "Culture, Power, Authenticity and Psychological Well-Being within Romantic Relationships: A Comparison of European American and Mexican Americans", Cognitive Development 21, no. 4 (2006): 441–57.

316 *mais empáticas do que os homens*: A. E. Thompson and D. Voyer, "Sex Differences in the Ability to Recognise Non-verbal Displays of Emotion: A Meta-Analysis", Cognition and Emotion 28, no. 7 (2014): 1164–95.

316 *"sentir o mundo de outra pessoa como se fosse o seu"*: C. Rogers, On Becoming a Person: A Therapist's View of Psychotherapy (Boston: Houghton Mifflin, 1995; original work published 1961), 248

316 *"neurônios-espelho"*: M. Iacoboni, "Imitation, Empathy, and Mirror Neurons", Annual Review of Psychology 60 (2009): 653–70.

316 *o fator-chave*: D. Keltner, Born to Be Good (New York: W. W. Norton, 2009).

316 *pais que apresentam melhor habilidade de espelhamento*: F. B. De Waal, "Putting the Altruism Back into Altruism: The Evolution of Empathy", Annual Review of Psychology 59 (2008): 279–300.

317 *centros de dor de nosso cérebro são ativados*: P. L. Jackson, P. Rainville, and J. Decety, "To What Extent Do We Share the Pain of Others? Insight from the Neural Bases of Pain Empathy", Pain 125 (2006): 5–9.

317 *transtorno de estresse traumático secundário*: M. Ludick and C. R. Figley, "Toward a Mechanism for Secondary Trauma Induction and Reduction: Reimagining a Theory of Secondary Traumatic Stress", Traumatology 23, no. 1 (2017): 112–23.

317 *Com o esgotamento*: C. Maslach, "Burnout: A Multidimensional Perspective", in W. B. Schaufeli, C. Maslach, and T. Marek, eds., Series in Applied Psychology: Social Issues and Questions. Professional Burnout: Recent Developments in Theory and Research (Philadelphia: Taylor and Francis, 1993), 19–32.

317 *principal causa da rotatividade*: S. E. Showalter, "Compassion Fatigue: What Is It? Why Does It Matter? Recognizing the Symptoms, Acknowledging the Impact, Developing the Tools to Prevent Compassion Fatigue, and Strengthen the Professional Already Suffering from the Effects", American Journal of Hospice and Palliative Medicine 27, no. 4 (2010): 239–42.

317 *resultando em estresse agudo*: M. Ferrara et al., "Prevalence of Stress, Anxiety and Depression in with Alzheimer Caregivers", Health and Quality of Life Outcomes 6, no. 1 (2008): 93.

317 *"fadiga da compaixão"*: C. R. Figley, ed., Treating Compassion Fatigue (London: Routledge, 2002).

317 *"fadiga de empatia"*: O. Klimecki and T. Singer, "Empathic Distress Fatigue Rather Than Compassion Fatigue? Integrating Findings from Empathy Research in Psycho-

logy and Social Neuroscience", in B. Oakley et al., eds., Pathological Altruism (Oxford: Oxford University Press, 2012), 368–83.

318 *melhor para nossa mente e corpo*: E. M. Seppala et al., eds., The Oxford Handbook of Compassion Science (Oxford: Oxford University Press, 2017).

318 *diferença entre empatia e compaixão*: T. Singer and O. M. Klimecki, "Empathy and Compassion", Current Biology 24, no. 18 (2014): R875–78.

319 *pressão alta*: M. R. Oreskovich et al., "The Prevalence of Substance Use Disorders in American Physicians", American Journal on Addictions 24, no. 1 (2015): 30–38.

320 *se envolver em cuidados pessoais*: A. Salloum et al., "The Role of Self-Care on Compassion Satisfaction, Burnout and Secondary Trauma among Child Welfare Workers", Children and Youth Services Review 49 (2015): 54–61.

320 *cuidadores que são mais autocompassivos são mais propensos a se envolverem em atividades de autocuidado*: J. Mills, T. Wand, and J. A. Fraser, "Examining Self-Care, Self-Compassion and Compassion for Others: A Cross-sectional Survey of Palliative Care Nurses and Doctors", International Journal of Palliative Nursing 24, no. 1 (2018): 4–11.

325 "*Deus, dai-nos a serenidade*": J. G. Littleton and J. S. Bell, Living the Serenity Prayer: True Stories of Acceptance, Courage, and Wisdom (Avon, MA: Adams Media, 2008), 14.

329 *pesquisa mostrando que os cuidadores*: C. Conversano et al., "Mindfulness, Compassion, and Self-Compassion Among Health Care Professionals: What's New? A Systematic Review", Frontiers in Psychology 11 (2020): 1–21.

329 *Um estudo examinou como a autocompaixão ajudou as pessoas*: M. P. Schellekens et al., "Are Mindfulness and Self-Compassion Related to Psychological Distress and Communication in Couples Facing Lung Cancer? A Dyadic Approach", Mindfulness 8, no. 2 (2017): 325–36.

329 *cuidadores profissionais, como terapeutas*: K. Raab, "Mindfulness, Self-Compassion, and Empathy among Health Care Professionals: A Review of the Literature", Journal of Health Care Chaplaincy 20, no. 3 (2014): 95–108.

329 *eles dormem melhor à noite*: K. J. Kemper, X. Mo, and R. Khayat, "Are Mindfulness and Self-Compassion Associated with Sleep and Resilience in Health Professionals?", Journal of Alternative and Complementary Medicine 21, no. 8 (2015): 496–503.

329 *trabalho gratificante*: J. Duarte, J. Pinto-Gouveia, and B. Cruz, "Relationships between Nurses' Empathy, Self-Compassion and Dimensions of Professional Quality of Life: A Cross-sectional Study", International Journal of Nursing Studies 60 (2016): 1–11.

329 *confiança em suas habilidades*: K. Olson and K. J. Kemper, "Factors Associated with Well-Being and Confidence in Providing Compassionate Care", Journal of Evidence-Based Complementary and Alternative Medicine 19, no. 4 (2014): 292–96.

330 *Nossa pesquisa mostra que o SCHC aumentou significativamente*: K. D. Neff et al., "Caring for Others without Losing Yourself: An Adaptation of the Mindful Self-Compas-

sion Program for Healthcare Communities", Journal of Clinical Psychology 76 (2020): 1543–62.

331 *Os ativistas sociais são propensos ao esgotamento*: C. Maslach and M. Gomes, "Overcoming Burnout", in R. MacNair and Psychologists for Social Responsibility, eds., Working for Peace: A Handbook of Practical Psychology and Other Tools (Atascadero, CA: Impact Publishers, 2006), 43–59.

331 *desistam totalmente de seu ativismo*: H. Rettig, The Lifelong Activist: How to Change the World without Losing Your Way (New York: Lantern, 2006).

331 *Universidade de Ottawa:* K. Rodgers, "Anger Is Why We're All Here: Mobilizing and Managing Emotions in a Professional Activist Organization", Social Movement Studies 9, no. 3 (2010): 273–91.

331 "*Há um potencial de culpa*": Rodgers, "Anger Is Why We're All Here," 280.

CAPÍTULO 11 O QUE FAZEMOS POR AMOR

333 "*Não pode haver amor*": b. hooks, Communion: The Female Search for Love (New York: Perennial, 2003), 66.

334 "*Complexo de Cinderela*": C. Dowling, The Cinderella Complex: Women's Hidden Fear of Independence (New York: Pocket Books, 1981).

335 "*Num dia frio de inverno*": A. Schopenhauer, Parerga and Paralipomena: Short Philosophical Essays, volume 2 (Oxford: Oxford University Press, 1851), 651.

335 *relacionamentos românticos mais saudáveis*: E.H.K. Jacobson et al., "Examining Self-Compassion in Romantic Relationships", Journal of Contextual Behavioral Science 8 (2018): 69–73.

335 *mais satisfeitas sexualmente*: J. S. Ferreira, R. A. Rigby, and R. J. Cobb, "Self-Compassion Moderates Associations between Distress about Sexual Problems and Sexual Satisfaction in a Daily Diary Study of Married Couples", Canadian Journal of Human Sexuality 29, no. 2 (2020): 182–196.

335 *assumem compromissos mais justos*: L. M. Yarnell and K. D. Neff, "Self-Compassion, Interpersonal Conflict Resolutions, and Well-being", Self and Identity 2, no. 2 (2013): 146–59.

336 "*Eu estava muito ocupada com escola, torcida, esportes*": Yarnell and Neff, "Self-Compassion", 156.

336 "*Sempre quero agradá-lo*": Yarnell and Neff, "Self-Compassion," 156.

336 *autocompaixão em relacionamentos românticos*: K. D. Neff and S. N. Beretvas, "The Role of Self-Compassion in Romantic Relationships", Self and Identity 12, no. 1 (2013): 78–98.

337 *Universidade Estadual do Kansas*: Z. Williams, "Relationship Satisfaction in

Black Couples: The Role of Self-Compassion and Openness" (tese de doutorado não publicada, Kansas State University 2019).

338 *o papel da autocompaixão e da aceitação em relacionamentos românticos*: J. W. Zhang, S. Chen, and T. K. Tomova Shakur, "From Me to You: Self-Compassion Predicts Acceptance of Own and Others' Imperfections", Personality and Social Psychology Bulletin 46, no. 2 (2020): 228–42.

338 *Universidade do Tennessee*: L. R. Baker and J. K. McNulty, "Self-Compassion and Relationship Maintenance: The Moderating Roles of Conscientiousness and Gender", Journal of Personality and Social Psychology 100, no. 5 (2011): 853.

345 *moldada pelo patriarcado*: S. Coontz, "The World Historical Transformation of Marriage", Journal of Marriage and Family 66, no. 4 (2004): 974–79.

345 *doctrine of coverture*: R. Geddes and D. Lueck, "The Gains from Self-Ownership and the Expansion of Women's Rights", American Economic Review 92, no. 4 (2002): 1079–92.

345 *Bater na esposa era legal até 1920*: "Domestic Violence Facts, Information, Pictures-Encyclopedia.com articles about Domestic violence", Encyclopedia.com, retrieved September 6, 2020.

345 *"Quando finalmente encontrei o Sr. Certo"*: K. Luppi, "Comedian-Actress Rita Rudner Brings a Bit of Real Life to Laguna Playhouse's 'Act 3'...", Los Angeles Times, January 8, 2016, https://www.latimes.com/socal/coastline-pilot/entertainment/tn-cp-t-et-0108-rita-rudner-20160108-story.html.

347 *"O amor, no contexto de um relacionamento homem-mulher opressor"*: A. Koedt, E. Levine, and A. Rapone, "Politics of the Ego: A Manifesto for New York Radical Feminists", in A. Koedt, E. Levine, and A. Rapone, eds., Radical Feminism (New York: Times Books, 1970), 379–83.

347 *feministas da queima de sutiã*: N. Greenfieldboyce, "Pageant Protest Sparked Bra-Burning Myth", NPR, September 5, 2008, https://www.npr.org/templates/story/story.php?storyId=94240375, acessado em 6 de fevereiro de 2012.

347 *a Marcha da Mulheres*: K. Boyle, #MeToo, Weinstein and Feminism (London: Palgrave Pivot, 2019).

348 *Universidade do Texas em Austin*: M. A. Garcia and D. Umberson, "Marital Strain and Psychological Distress in Same-Sex and Different-Sex Couples", Journal of Marriage and Family 81, no. 5 (October 2019): 1253–68.

348 *Embora casais do mesmo sexo enfrentem maior discriminação*: A. K. Randall et al., "Associations between Sexual Orientation Discrimination and Depression among Same-Sex Couples: Moderating Effects of Dyadic Coping", Journal of Couple and Relationship Therapy 16, no. 4 (2017): 325–45.

349 *dinâmicas prejudiciais do patriarcado*: A. M. Pollitt, B. A. Robinson, and D. Umberson, "Gender Conformity, Perceptions of Shared Power, and Marital Quality in

Same-and Different-Sex Marriages", Gender and Society 32, no. 1 (2018): 109–31.

349 *"Parece que há uma lacuna na minha vida"*: W. Langford, Revolutions of the Heart: Gender, Power and the Delusions of Love (Hove, UK: Psychology Press, 1999), 27.

349 *"Eu acho que talvez tenha isso em mente"*: Langford, Revolutions of the Heart, 29.

349 *"Foi adorável"*: Langford, Revolutions of the Heart, 39.

353 *"Mulheres poderosas e que amam a si mesmas"*: hooks, Communion, 152.

354 *Apenas metade de todos os casamentos*: C. E. Copen et al., "First Marriages in the United States", National Health Statistics Reports, March 22, 2012, https://www.cdc.gov/nchs/data/nhsr/nhsr049.pdf.

EPÍLOGO TORNANDO-SE UMA DESORDEIRA COMPASSIVA

365 *"Ainda podemos estar loucos"*: P. Chodron, The Wisdom of No Escape and the Path of Loving-Kindness (Boston: Shambhala, 1991), 4.

366 *"O objetivo da prática"*: R. Nairn, lecture presented at Kagyu Samye Ling Monastery, Dumfriesshire, Scotland, September 2009.

368 *a mulher sábia*: J. S. Bolen, Goddesses in Older Women: Archetypes in Women over Fifty (New York: Harper Perennial, 2002).

eureciclo

O selo eureciclo faz a compensação ambiental das embalagens usadas pela Editora Lúcida Letra.

Que muitos seres sejam beneficiados.

Este livro foi diagramado por Mariana Erthal (www.eehdesign.com), com as fontes Garamond Premier Pro e Acumin Pro Condensed. Impresso na gráfica da Editora Vozes em janeiro de 2024.